AUSTRIA

SERVICE BSO IM SPORT

Titelfoto: Ulrich Grill / Red Bull
Roman Hagara und Hans Peter Steinacher (vorne) sowie Andreas Hagara und Wolfgang Moser sorgten für den größten Erfolg des Segelsports im Jahr 1999: Sie holten im Tornado, der „Formel 1" des olympischen Segelsports, den Weltmeister- und den Vizeweltmeistertitel nach Österreich.

Foto Inneneinband hinten: Ing. Helmut Ploberger
Die Weltmeisterschaft in Sevilla (Spanien) war der Höhepunkt des Leichtathletikjahres 1999.

Redaktion: Mag. Christian Halbwachs, Dr. Walter Pillwein, Linda Lehrner, Anni Nowak

Herstellung: Edwin Bauer & Partner, Wien
Printed in Austria

310 Seiten, 31 Farbbilder, 100 Schwarzweißbilder

Personenbezogene Bezeichnungen wie z.B. "Sportler" oder "Trainer" umfassen Burschen und Mädchen bzw. Männer und Frauen gleichermaßen.

sport 1999/2000

ÖSTERREICHISCHES SPORTJAHRBUCH

HERAUSGEGEBEN
VON DER
ÖSTERREICHISCHEN
BUNDES-SPORTORGANISATION

BSO
SERVICE IM SPORT

MIT UNTERSTÜTZUNG DES
BUNDESKANZLERAMTES

INHALTSVERZEICHNIS

Dachverbände

Fachverbände

INHALTSVERZEICHNIS

Behindertensportverband

Außerordentliche Mitglieder

Sportbehörden und Sporteinrichtungen des Bundes

Diverse Verbände und Einrichtung des Sports

Landessportorganisationen

Foto: BSO /A. Fischer
BSO-Präsident Dr. Löschnak bei der Verleihung des Trainer-Cristalls 1999 an die Trainerin des Jahres, Frau Mag. Ileana Pavel (Rudern). Im Rahmen der Festveranstaltung in Innsbruck wurden auch die Trainer des Rodel-Nationalteams, Karl Rief und Robert Manzenreiter als Trainer des Jahres ausgezeichnet.

Vorwort des Präsidenten der Österreichischen Bundes-Sportorganisation

Die Nationalratswahlen des Jahres 1999 und die folgende Regierungsbildung im Jänner/Februar 2000 haben auch für den österreichischen Sport so manche Rahmenbedingung verändert. In der neuen Bundesregierung wurde der Sport nunmehr der von der FPÖ gestellten Vizekanzlerin, Frau Dr. Susanne Riess-Passer, zugeordnet, wobei noch abzuwarten sein wird, wie sehr sich dieses neue Regierungsmitglied, das bisher mit dem Sport bzw. sportpolitischen Inhalten eher wenig zu tun hatte, auf die wichtigen Fragestellungen für den österreichischen Sport einstellen wird.

Ich habe mich im Vorfeld der Verhandlungen zur Bildung einer neuen Bundesregierung öffentlich dafür eingesetzt, dass der Sport im Regierungsprogramm nicht nur entsprechend seiner Bedeutung verankert werden muss, sondern dass die Sportpolitik in der Bundesregierung auch künftig hochrangig vertreten sein muss. Das zumindest haben wir in der Zuordnung zum Bereich der Vizekanzlerin erreicht. Ob die österreichische Sportpolitik künftig auch in der Europäischen Union eine entsprechende Berücksichtigung finden kann (bisher war davon auszugehen, dass sportliche Belange in der EU einen neuen Stellenwert erhalten) steht angesichts der Probleme mit der europäischen Akzeptanz für die neue österreichische Bundesregierung noch aus.

Es zeigt sich jedenfalls, wie wichtig unsere Initiative für eine Neuregelung der Besonderen Sportförderung bis zum Jahr 2003 war. Angesichts der herrschenden Budgetsituation hätten wir jetzt wohl keine Ausweitung der Finanzmittel erreichen können.

Unabhängig von dieser Fragestellung, die uns weiterhin beschäftigen wird, gibt Ihnen das Sportjahrbuch 1999/2000 über die Arbeit der BSO und der im österreichischen Sport tätigen Organisationen umfassend Auskunft.

Angesichts der Veränderungen in der politischen Landschaft, die auch an der österreichischen Sportpolitik nicht spurlos vorübergehen werden, wünsche ich Ihnen und uns das Allerbeste.

Dr. Franz Löschnak

Foto: HBF
Bundeskanzler Klima bei der Ehrung der Österreichischen „Goldstaffel“ der Heim-WM in der Ramsau: Stadlober, Hoffmann, Botwinow und Gandler.

Vorwort des Bundeskanzlers

Das Jahr 1999 war aus sportlicher Sicht von zwei herausragenden Ereignissen gekennzeichnet – der Alpinen Ski-Weltmeisterschaft in Vail und der Nordischen Ski-Weltmeisterschaft in der Ramsau in Österreich.

Die "Alpinen" konnten mit insgesamt 13 Medaillen, 5 Gold-, 4 Silber- und 4 Bronzemedaillen einmal mehr ihre Vormachtstellung dokumentieren. Diese Erfolge wurden durch Gesamtweltcupsiege komplettiert, wobei es den Skidamen gelang, in der Skisaison 1998/99 alle 5 Kristallkugeln zu erringen.

Die "Nordischen" waren nicht weniger erfolgreich. Bei der Nordischen Ski-Weltmeisterschaft gingen 6 Medaillen an unsere Sportlerinnen und Sportler. Höhepunkt war dabei sicher die Goldmedaille unserer Langlaufstaffel.

Auch die Erfolge unserer SommersportlerInnen konnten sich in diesem Jahr sehen lassen. Im Segeln stellt Österreich in der Tornadoklasse den Weltmeister und Vizeweltmeister, unsere Tennisspieler erreichten den Wiederaufstieg in die Weltgruppe, und gegen Ende des Jahres erreichten unsere Handballdamen bei der Weltmeisterschaft in Norwegen die Bronzemedaille.

Im Jahr nach der EU-Präsidentschaft Österreichs konnten Vorschläge, die bereits in Wien an die EU herangetragen wurden, bei der Europäischen Sportkonferenz in Malta weiter vorangetrieben werden. Mit dem "Europäischen Sportmodell" begann eine Analyse der europäischen Sportstrukturen, und es beginnt ein Umdenkprozess, bei dem der Sport in Europa nicht mehr nur als Wirtschaftsfaktor gesehen wird.

Im internationalen Bereich bewirbt sich Österreich als Standort für die "World-Anti-Doping-Agency" und hat gute Chancen, diese international bedeutende Institution zu erhalten.

Innerstaatlich können wir auf das erste Jahr nach der Ausgliederung der Bundessporteinrichtungen zurückblicken und feststellen, dass diese hervorragenden Einrichtungen dem österreichischen Sport nicht nur in bewährter, sondern in verbesserter Qualität zur Verfügung stehen.

Alle sportbegeisterten Österreicherinnen und Österreicher sowie ich als Bundeskanzler können auf die Leistungen unserer Sportlerinnen und Sportler stolz sein. Nicht vergessen sollen wir dabei aber auch die für diese großartigen Erfolge mitverantwortlichen Trainerinnen, Trainer, Funktionärinnen und Funktionäre. Sie tragen wesentlich zur Leistungsentwicklung bei und leisten einen großen Beitrag zur Bekannheit und zu dem guten internationalen Ruf Österreichs.

Ich danke allen Athletinnen und Athleten, den vielen ehrenamtlich tätigen und den hauptberuflichen FunktionärInnen, den TrainerInnen und BetreuerInnen, die Österreich in herausragender Weise im In- und Ausland vertreten und schließe daran die Bitte, weiter mit derselben Begeisterung für den Sport in Österreich aktiv zu sein.

V. Klima

Mag. Viktor Klima

Österreichs Jahrhundertsportler

Annemarie Moser-Pröll aus Kleinarl, die sechsmal den alpinen Weltcup gewonnen und Gold bei Olympia und Weltmeisterschaften erobert hat, und Toni Sailer aus Kitzbühel, der 1956 in Cortina alle Goldenen erreicht hat, wurden zu Österreichs „Sportlern des Jahrhunderts" gewählt. Gewählt haben die österreichischen Sportjournalisten; sie setzten Moser und Sailer mit großem Abstand auf Platz 1.

Moser vereinte 99 Stimmen auf sich, die nachfolgende Speerwurf-Olympiasiegerin Herma Bauma kam auf 5 Stimmen. Erwähnt wurden noch Ilona Gusenbauer, Petra Kronberger und Alexandra Meißnitzer. Sailer wurde 68mal erwähnt, der folgende Niki Lauda 19-mal. Hermann Maier kam auf 2 Stimmen (wie der Fußballer Matthias Sindelar und der Judoka Peter Seisenbacher).

Die Ehrung fand im Rahmen der „Galanacht des Sports" in der Wiener Hofburg statt. Organisator Hubert Neuper konnte daraus für die Sporthilfe über eine Million Schilling Reingewinn lukrieren.

Dr. Sigi Bergmann besuchte die beiden Geehrten und gestaltete die folgenden Porträts.

VOM BERGBAUERNHOF AUF DIE STAATSOPERNBÜHNE

Das Lebensmärchen der weltbesten Skifahrerin unseres Jahrhunderts, Annemarie Moser-Pröll

Das tief verschneite Kleinarler Tal lag wie eine Märchenlandschaft vor uns, als ich mit einem Freund auf dem Weg zu Annemarie Moser Pröll war, der Skiathletin des Jahrhunderts.

Es gibt Sportler, dachte ich mir dabei und versuchte bei diesem Gedanken nicht wehmütig zu werden, die darfst du vom ersten größeren Auftreten in der Öffentlichkeit bis zum absoluten sportlichen Lebenshöhepunkt begleiten. Und dieser Höhepunkt eines mit Triumphen überhäuften Sportlerlebens war für das ehemalige Bergbauernkind Annemarie Moser Pröll der 19. November 1999, wo auf der Bühne der Wiener Staatsoper dieser unvergleichlichen Skiathletin der „World Sports Award of the Century" verliehen wurde. Das heißt im Klartext: Experten kürten sie zur weltbesten Skifahrerin unseres Jahrhunderts.

Ich saß in der letzten Parterrereihe zirka 3 Meter von der Stelle, wo ich 48 Stunden vorher (auf Stehplatz) die Verdi Oper Macbeth gesehen hatte. Und wie ich sonst bei schöner Musik gerne weine, mir kugelten diesmal bei der Ehrung der Sportlerlegende meines Reporterlebens zwei Tränen über die Wangen.

31 Jahre vorher war ich als Zeitungsjournalist beim Silberkrugrennen in Bad Gastein. Damals siegte Olga Pall, ich machte ein mit Superlativen überhäuftes Interview und dachte nur: Als Kontrast zu deinen Lobhudeleien brauchst du noch eine leicht traurig-menschliche Geschichte. Warum neben der großen Olga Pall-Story nicht ein Interview mit der Letzten. Die heißt – ich fuhr mit meinem Zeigefinger über die Ergebnisliste – 27,9 Sekunden hinter der Siegerin achtundsiebzigste: Annemarie Pröll. Ich gehe zur Österreichischen Mannschaftsführung und bitte um einen Interviewtermin mit Annemarie Pröll. Mannschaftsführerin Christl Dietfurt schaut mich verwundert an und meint dann Böses ahnend: „Aber bitte mach sie nicht fertig, weil sie Letzte wurde. Sie ist ja gestürzt und trotzdem mutig weitergefahren!" Ein wenig später betritt ein zartes Mädchen das Zimmer, gesenkter Kopf, görenhaftes Lachen und nach einer kurzen Aufwärmphase beginnt sie munter drauflos zu plappern. Wie gerne sie den Skisport mag, dass sie nicht nur Letzte wird, sondern auch schon Rennen gewonnen hat, wie sie in der Nacht zweimal schweißnass mit einem Schrei aufwacht, weil sie im Traum stürzt. „Aber eines ist sicher, schließt die Kleine: Ich werde einmal Olympiasiegerin und gewinne auch den Weltcup!"

Fast gerührt verlasse ich den Interviewplatz. Die Kleine macht das großartig, wie sie ihre Niederlage wegplappert, denke ich mir!

Wenn mir damals einer gesagt hätte: Du hast jetzt ein historisches Interview mit der zukünftig größten Skifahrerin aller Zeiten gemacht, ich hätte gelacht und gedacht, das ist ein Volltrottel. Heute weiß ich, der Vollidiot war ich!

Zurück zum 22. Dezember 1999: Wir bremsten vor dem Weltcupcafe Annemarie in Kleinarl. Die Chefin stand schon mit Hündin Fricka vor der Tür und wartete auf uns. Später erfuhren wir, dass sie schon seit 6 Uhr früh in der Mehlspeisküche gearbeitet hatte.

Foto: Neuper & Team

Solche Interviews beginnen wie ein Boxkampf zweier Routiniers. Abtasten: Geboren als sechstes von 8 Kindern des Bergbauernehepaares Josef und Maria Pröll. Die Mutter erzählt mir: Sie war ein braves Kind, aber ihren Kopf hat sie schon immer durchgesetzt! Mit 4 Jahren sei sie schon recht schneidig am kleinen Bauernhof vorbeigezischt. „Einmal," so die Mutter, „krachte sie mit voller Wucht an die Stadlmauer, blieb kurz benommen liegen, fuhr aber bald wieder weiter. Wie schon gesagt: Einen harten Schädel hatte sie immer!" Schon im Alter von 10 Jahren war ihr Wunsch klar: Olympiasiegerin. Dabei musste sie immer mit ihren Wollkleidern zu Tale rasen, denn für die 8 Kinder der armen Bergbauernfamilie gab es nur 1 Skihose und die wurde natürlich von den Buben beansprucht.

In einer Gruppe mit 3 bis 4 Burschen begann sie dann, Rennen zu fahren. „Wir sahen im Wochenendprogramm der Zeitungen nach und versuchten, uns so viele Rennen wie möglich zusammenzustellen. Kaum waren wir im Ziel, rissen wir uns die Skier von den Schuhen und fuhren zum nächsten Rennen, und das 4-5 mal an einem Wochenende. Die Mutter griff einige Male ganz geheim in die Milchkasse, um einen kleinen Fahrtenzuschuss beizusteuern.

„Meine erste Bezirksmeisterschaft gewann ich mit 13, mit 15 war ich bei meiner ersten verunglückten Weltcuppremiere und mit 17 war ich Gesamt-Weltcupsiegerin, das war im Jahr 1971.

„Trotz meiner Olympischen Goldmedaille, die mein sportliches Lebensziel in der 2. Hälfte meiner Karriere war, trotz 5 weiterer Gesamt-Weltcupsiege und 5 Weltmeistertitel, der Augenblick, wo ich den ersten Gesamtweltcup gewann, war der Höhepunkt meines Sportlerdaseins. Damals kamen 10.000 Menschen in unser kleines Nest, und es herrschte unwahrscheinlicher Jubel." Aber ein Phänomen der Masse machte dem 17-jährigen Bergbauernmädchen schon damals Angst: „Wenn ich die Hand hob, ging ein Raunen durch die Menge, und wenn ich einen Satz sagte, dann brandete der Jubel auf. Ich kann diese Hysterie um einen einzigen Menschen bis zum heutigen Tag nicht verstehen. Ich bekam richtig Angst, was wollten die Leute von mir? Ich war doch nur ein Bauernmädchen, das gut Ski fuhr."

Dabei waren das nur die positiven Reaktionen der Massen. Völlig verängstigt war die an und für sich furchtlose Annemarie, als die negativen Emotionen wie eine Meeresgischt über sie zusammenschlugen. Das war 1972, die Olympischen Spiele von Sapporo. Damals erwarteten anscheinend alle österreichischen Sportfanatiker, dass die gesamte rot-weiß-rote Olympiamannschaft aus Solidarität zum disqualifizierten

Karl Schranz auf einen Olympiastart verzichten sollten. Da dies nicht der Fall war, wurde der gesamte Hass, der sich sonst nur auf IOC-Präsidenten A. Brundage ergossen hätte, gleichmäßig auf die ganze Mannschaft verteilt.

Als dann noch dazu die große Favoritin Annemarie Pröll in der Abfahrt und im Riesentorlauf von der Schweizerin Marie-Theres Nadig geschlagen wurde, brach über die total deprimierte Salzburgerin ein Hohn- und Spottgewitter los. Die bis vor kurzem noch beliebte Sportlerin wurde mit wildesten Schimpfkanonaden eingedeckt, bekam Morddrohungen und wurde ausgebuht und bespuckt. „Dass ich in meinem Leben durch so ein tiefes Tal durchwaten musste, hätte ich mir nie gedacht. Ich bekam sogar Briefe, die waren mit Scheiße gefüllt. Und wieder machte sich in meinem Inneren Angst und Ratlosigkeit breit. Was hatte ich denn diesen Leuten getan, die mir noch vor kurzem zugejubelt hatten? Ich war mit einem Weltmeistertitel (Kombination) und 2 Olympischen Silbermedaillen (Abfahrt und Riesentorlauf) zurückgekommen und wurde wie eine Schwerverbrecherin behandelt. Das sind Reaktionen, die mir den Sport ein wenig unheimlich machten, vor allem, was er im Inneren der Menschen auslösen kann. Diese Beschimpfungen und Bedrohungen dauerten fast ein Jahr lang!"

Übrigens, Annemarie fand die einzig richtige Antwort auf diese Beflegelungen: Sie gewann noch 4 Gesamtweltcups, 4 Weltmeistertitel und holte sich nach einjähriger Rennpause (1976) in Lake Placid 1980 die heißersehnte Olympische Goldmedaille in der Abfahrt. Als sie 1980 ihre Karriere beendete, hatte sie unglaubliche 62 Weltcuprennen gewonnen.

„Der Sport hat dich zu einer wirklichen Persönlichkeit gemacht", werfe ich ein. „Ich kann mich nämlich erinnern, dass du früher zu uns Journalisten oft sehr launenhaft warst!" „Aber Sigi" antwortete sie spontan, „das Einzige, was ich wollte, war Ski fahren. Ich habe ja gar nicht verstanden, was da alles auf mich eingestürmt ist. Es war zu viel und zu heftig. Wie sollte ich damit umgehen? Und plötzlich war die gesamte Öffentlichkeit hinter mir her. Das konnte ich nicht begreifen, und auf einmal wart auch ihr Journalisten da, unheimlich lästig, überall habt ihr mich aufgespürt. Damals verstand ich noch nicht, dass ihr ein Teil vom Sport seid. Heute weiß ich das natürlich!"

Foto: Sündhofer

„Als du von Willy Bogner auf die Staatsopernbühne als die beste Skifahrerin unseres Jahrhunderts gerufen wurdest, wie schaute es da in deinem Inneren aus?"

„Es war wie ein Traum, als ich plötzlich auf dieser herrlichen Bühne stand und wie in einem Hollywoodfilm eine Hauptrolle spielen durfte mit Muhammed Ali, Mark Spitz und Carl Lewis – es war einfach unbeschreiblich. Heute kann ich meine Gefühle schon genauer analysieren: Dankbarkeit gegenüber den Eltern und allen, die mich auf meinem oft schweren Weg begleitet haben, Freude, Glück und schon ein bisschen Stolz!"

„Bleiben noch Wünsche offen?"

„Ja, dass unsere Tochter Marion (Annemarie ist seit 1974 mit Herbert Moser verheiratet) weiter so tüchtig und lieb ist, dass sie nie auf die schiefe Bahn kommt und ihr Leben meistert. Sonst bin ich glücklich und zufrieden."

Annemarie Moser-Pröll (46)
Geb.: 27.3.1953 in Kleinarl
Wohnort: Kleinarl
Verheiratet seit 1974 mit Herbert, eine Tochter (Marion, 17 Jahre)
Hobby: Jagen

GRÖSSTE ERFOLGE
Weltcup: sechs Gesamtsiege (1971-75, 1979)
12 Kleine Kristallkugeln (Abfahrt 71-75 und 78/79, RTL 71/72/75, Kombination 75/79)
62 Siege (Abfahrt 36, Riesentorlauf 16, Slalom 3 und Kombination 7)

Olympia:
Abfahrts-Gold 1980 in Lake Placid
Abfahrts-Silber und RTL-Silber 1972 in Sapporo

WM:
Fünffache Weltmeisterin: Kombination 1972 in Sapporo und 1978 in Garmisch, Abfahrt 1974 in St. Moritz, 1978 in Garmisch und 1980 Lake Placid (damals wurde für den Olympiasieg auch noch der WM-Titel vergeben)

Österreichs Jahrhundert-Sportlerin und Gewinnerin des World-Sports-Awards als beste Skiläuferin der Welt aller Zeiten
Siebenmal (Rekord) Österreichs Sportlerin des Jahres (73-75 sowie 77-80)

DER JAHRHUNDERT BLITZ AUS KITZ

Toni Sailer ist Österreichs Sportler des Jahrhunderts vor Niki Lauda

Er ist der Urvater der überschäumenden österreichischen Skibegeisterung, die seit seinen Tagen – und das ist auch schon über 44 Jahre her – wie ein Orkan den zu jener Zeit noch etwas skilahmen Osten Österreichs durchraste. Damals, als der Besitz eines Fernsehapparates noch purer Luxus war, standen wir dicht gedrängt vor den Auslagefenstern der Elektrogeschäfte und drückten uns die Nasen platt, um auf einem dort laufenden Fernsehgerät das neue österreichische Sportwunder zu bestaunen: Anton Engelbert Sailer, den „schwarzen Blitz von Kitz", den Wundermenschen aus Kitzbühel, der bei Olympia 1956 seine Gegner in Grund und Boden fuhr. Ich stand auch unter den 40.000 euphorischen Wienern, die dem dreifachen Olympiasieger einen triumphalen Empfang bereiteten. Seit damals ist in Wien – und darüber hinaus im ganzen Land – das hemmungslose Jubeln bei Skitriumphen fast ein sakraler Staatsakt geworden.

Die Österreicher hatten sich so ans Jubilieren gewöhnt, dass sie auch bei bitteren Enttäuschungen auf das Zujubeln ihrer tragischen Helden (Karl Schranz, nach seiner Olympiadisqualifikation in Sapporo 1972) nicht verzichten wollten. Der Begeisterungssturm, der unsere Skiartisten umgibt, und die Woge der österreichischen Skieuphorie, auf der heute Hermann Maier oder Alexandra Meißnitzer und Co. schwimmen und viele Millionen verdienen, sind ohne unseren Jahrhundertsportler Toni Sailer unvorstellbar.

Wenn wir die Siegertypen von einst (Toni Sailer) und jetzt (Hermann Maier) an ganz wenigen Daten vergleichen, so sehen wir, dass es kaum in einem Punkt Übereinstimmung gibt. Das beginnt schon bei der Haarfarbe: Der „schwarze Blitz von Kitz" und das „blonde Kraftpaket aus der Flachau". Über den größten Unterschied, das Geld, das in diesem Sport zu verdienen war und ist, verliere ich dabei keine Silbe.

Als Toni Sailer 1958 seine Karriere beendete, war er dreifacher Olympiasieger, siebenfacher Weltmeister und hatte ca. 200 große Siege gefeiert. Zur Zeit seines Rücktritts war der Kitzbüheler 22 Jahre alt. Als Hermann Maier seinen ersten Weltcupsieg feierte, war er 2 Jahre älter als Sailer bei seinem Rücktritt. Der Zeitunterschied bei Siegen: Als Hermann Maier im Vorjahr Super-G-Weltmeister wurde, musste er sich Gold

Foto: Sündhofer

mit dem Norweger Lasse Kjus teilen, der auf die 1/100 Sekunde genau die selbe Zeit fuhr. Nur eine einzige Hundertstelsekunde hinter der Siegerzeit landete der Schladminger Hans Knauss und bekam dafür nur Bronze. Also 3 Athleten innerhalb von 1/100 Sekunde.

Welch unglaubliche Ausnahmeerscheinung Sailer für die Athletengeneration der Fünfzigerjahre war, zeigen bei seinen olympischen Goldritten die Zeitdifferenzen zu den Geschlagenen: Im Riesentorlauf 6,2 Sekunden auf seinen schärfsten Kitzbüheler Konkurrenten Anderl Molterer (Silbermedaillengewinner). Im Slalom 4 Sekunden auf den zweitplazierten Japaner Chikaree Igaya und in der Abfahrt 3,4 Sekunden zum zweiten Platz, den sich der Schweizer Raymond Fellay sicherte.

Das soll nicht bedeuten, dass Hermann Maier schlechter sei und keine Ausnahmeerscheinung. Es zeigt nur, wie gewaltig der denkende und kreative Athlet Sailer, der schon in seiner Zeit neue Trainingswege ging, sich damals von der Konkurrenz abhob.

Betreuung und Training: Als Sailer seinen triumphalen olympischen Riesentorlaufsieg feierte, war er in aller Munde der Superstar, der „Mister unschlagbar“. Stellen sie sich vor, was heute rund um solche Superstars für eine Infrastruktur aufgebaut ist. Da gibt es neben dem Teamchef und den Spartentrainern, Serviceleute, Physiotherapeuten, Pressebetreuer und persönliche Betreuer, die auf alle Kleinigkeiten achten, die man im Rennstress leicht vergessen könnte: Rechtzeitiges Aufstehen, fast wissenschaftlich zusammengestelltes Frühstück, das Mitnehmen der am Vortag zugelosten Startnummer (sonst gibt es heute Disqualifikation), Auswahl der für alle Schneesorten präparierten Skier, usw.

Zurück zum 31. Jänner 1956: Der Riesentorlauf-Olympiasieger öffnet die Augen, er hat gut geschlafen, obwohl heute der Slalom auf dem Programm steht. Da einige Fragen an seinen Zimmerkollegen Ernst Hinterseer unbeantwortet bleiben, steht er auf: Niemand im Zimmer. Es war auch niemand in der Hotelhalle, nur in einer Ecke saßen ein paar Bobfahrer, die dem überraschten Toni mitteilten, dass die Skifahrer schon lange zum Slalomhang aufgebrochen waren. Jetzt begann sogar beim stoischen Toni die Adrenalinzufuhr dramatisch zu steigen. Die Bobfahrer brachten ihn zum Slalomhang, er hastete hinauf und bemerkte, damit war das Nervenkostüm aber fast bis zur Gänze strapaziert, dass weder er noch sein Teamchef Prof. Fred Rössner die Startnummer mitgenommen hatte. So war er also gezwungen, mit einer Ersatznummer zur zweiten Goldmedaille zu fahren.

Den Titel „Jahrhundertsportler“ verdient Sailer aber nicht nur wegen seiner großen Siege, sondern weil er mit seinen neuen Trainingsideen seinem Sport enorme Impulse gab: Er war einer der ersten, der sich über die Ernährung und den richtigen Zeitpunkt des Essens Gedanken machte, weil er merkte, dass ihn 2 Paar vor dem Start verschlungene Würstel im Rennen nach 300 Metern schon müde machten. Er versuchte, was Explosivität und Präzision der Bewegung betraf, Ballettänzer zu imitieren. „Tonai“, so sein Spitzname, begann als einer der ersten mit Atemübungen („Ich versuchte, flüssig zu atmen; nur bei einem Buckel stieß ich die Luft hinaus und versuchte, nie zu pressen.“) Schließlich war er einer der ersten, die sich vor dem Rennen einschwangen. Für die von ihm selbst aufgebaute Auflockerungsgymnastik mußte er sich in den ersten Jahren im Wald verstecken, „sonst hätten die mich damals taxfrei als verrückt erklärt. Erst in Bad Gastein machte ich es ganz offiziell, denn ich wußte ja, dass ich nach den Weltmeisterschaften 1958 ohnehin nicht mehr weiterfahren würde. Und da war es mir schon egal, ob man mich für einen Trottel hielt oder nicht!“

Danach – in den Fünfzigerjahren – wollte man auch auf dem Gebiet des Sports die Kirche im Dorf lassen: Also Sommersport im Sommer betreiben, Wintersport im Winter. Im Sommer nur ja nicht für den Winter zu trainieren, das war fast so eine Art Gentlemens' Agreement. „Natürlich hielt sich keiner der Skiläufer daran, weil man ohne sommerliche Kondition im Winter viel zu spät in Schuss gekommen wäre," erzählt Tonai. „Außerdem wollte sich keiner beim Training in die Karten schauen lassen. Daher trainierte man geheim – und das ging in Kitzbühel so: Wir waren hier wirklich exzellente Skiläufer, aber keiner wollte eingestehen, im Sommer wild Kondition zu schinden. Ich als Spengler zog in der Früh über mein Trainingsgewand meine Arbeitskluft an, hängte mir eine Leiter um, nahm einen Kübel und ging pfeifend durch den Ort. Im Wald, auf meiner Konditionsstrecke, zog ich das Spenglergewand aus und begann meine Waldläufe und Gymnastikübungen. Dann kostümierte ich mich wieder als Arbeiter, nahm Kübel und Leiter und ging pfeifend nach Hause. Ähnlich machten es Anderl Molterer und Ernst Hinterseer. Jeder wußte auch vom anderen, wo er trainierte, so dass sich unsere Wege nie kreuzten."

Damals trainierte man teilweise geheim, heute senden Agenturen, Zeitungen und Fernsehen vom Gletschertraining im Mai und Juni: Noch mehr Trainingstore gefahren, mehr Abfahrts-, mehr Laufkilometer erzielt, Laktatwerte verbessert, Krafttraining intensiviert, usw. Skilauf ist ein Vollprofisport geworden. Sieg bedeutet mehr Geld, Niederlagen sind finanzielle Einbußen. In so einem Umfeld bleibt für Spaß nur noch sehr wenig Platz.

Sailer war nicht nur ein großer Erfinder auf dem Trainingssektor, sondern ein genialer Nachahmer. „Ich hatte nie ein Idol, sondern vielmehr drei Idole, von denen ich versuchte, das beste zu kopieren und für meine Person zurechtzuschneidern. Vorbild Nummer 1: Der italienische Weltmeister und Olympiasieger Zeno Kolo, der bullig-glatzköpfige Holzfäller aus Abetone, der Abfahrtsstar seiner Generation. Nummer 2: Der elegante Superathlet aus Norwegen, Stein Erikson, und schließlich die Nummer 3, mein Kitzbüheler Lehrmeister Christian Pravda. Die Kraft, die Explosivität, die Natürlichkeit und die Sparsamkeit in ihren Bewegungsabläufen habe ich in meinem Gehirn gemischt und auf meine Person abgestimmt."

Als beim World Sports Award in der Wiener Staatsoper Jean Claude Killy als Skifahrer des Jahrhunderts auf die Bühne geholt wurde, blickte Toni Sailer für einen Augenblick traurig drein. Aber nicht nur er war traurig, sondern auch ich.

Foto: Sündhofer

Foto: Neuper & Team
Werner Grissmann und Toni Sailer

Anton Engelbert Sailer
Geb.: 17.11.1935
Wohnort: Kitzbühel
Verheiratet seit 1976 mit Gaby (aus Aachen), ein Sohn (Florian)
Hobbys: Sport (Skifahren, Tennis, Golf / derzeit Handicap 11, Radfahren, Berggehen), Musik (Oper, Musical), Theater, Lesen

GRÖSSTE ERFOLGE
Dreifacher Olympiasieger 1956 in Cortina
Siebenfacher Weltmeister (4 Cortina, 3 Badgastein 1958)
Rund 200 Rennsiege, darunter viermal Wengen, zweimal Kitzbühel Abfahrt, Slalom und Kombination
Dreimal Österreichs Sportler des Jahres: 1956, 1957 und 1958

Österreichs Jahrhundert-Sportler

Nach dem Rücktritt (1959):
Sailer nimmt Schauspielunterricht, spielt in rund 20 Filmen („Der schwarze Blitz", „Zwölf Mädchen und ein Mann"), besingt etwa ebenso viele Schallplatten und kehrt dann als Trainer und Funktionär zum Sport zurück.

Sailer ist technischer Direktor im ÖSV (72-76), gehört dem Betreuerstab von Franz Klammer an, ist Leiter der Kinder-Skischule in Kitzbühel.

Seit 16 Jahren Rennleiter des Hahnenkamm-Rennens, seit 1978 Mitglied des FIS Exekutiv-Boards, seit 1992 Vorsitzender des FIS-Alpin-Kommitees.

Dr. Sigi Bergmann

Foto: ÖHV
Mariella Gebhart im Spiel gegen den WM-Zehnten Schottland, das Österreich sensationell 3:2 gewinnen konnte. Sie zählt zu den großen Talenten in Österreich.

Foto: K. Jönsson
Barbara Strass, Mitglied von Hypo-Niederösterreich und vielfache Nationalspielerin.

Foto: ÖBGV
Bei der WM 1999 in den Niederlanden hatte sie ihren großen Auftritt: Claudia Wiesenbauer wurde im Einzel WM-Dritte und landete mit der Mannschaft auf dem 4. Platz.

Foto: Hochschulsport/C. Hofer
Die international erfolgreichen Fechter Michael Ludwig und Marco Falchetto kreuzten auch im Rahmen der Akademischen Meisterschaften die Klingen.

Foto: ÖGV
Markus Brier schaffte als erster Österreicher den Sprung auf die „European Tour“ der Profigolfer und schlägt sich hervorragend.

Foto: Hutter
Bei der EM 1999 in Wien spielte das österreichische Team (im Bild Thomas Smogawetz und Guido Stapelfeldt) gegen Europas Top-Mannschaften.

Das Sportjahr 1999 im Zeitraffer

Nein, Österreich, und damit lüftet man inzwischen auch kein Geheimnis mehr, ist keine Fußball-Nation. Das mussten die übrig gebliebenen Fans dieser Sportart auch im Jahr 1999 auf schmerzvolle Art und Weise erfahren und resignierend zur Kenntnis nehmen.

Zwar ließ Sturm-Graz gegen Jahresende das eine oder andere Mal aufhorchen, aber sonst..?

Nein, dieser Jahresrückblick soll sich nicht beschäftigen damit, dass Österreichs oftmals immer noch hochgejubelte Kicker zweimal innerhalb weniger Wochen zur europaweiten Lachnummer wurden, weil man zuerst in Spanien mit 0:9 und dann gegen das Fußball-Entwicklungsland Israel mit 0:5 unter die Räder kam.

Nein, dieser Jahresrückblick soll kein weinerlicher sein. Zu viel Schönes in Sachen Sport ist in diesem Jahr 1999 aus österreichischer Sicht passiert. Österreich ist zwar nicht auf dem Wege, eine Fußball-Größe in Europa zu werden, aber Österreich setzt in anderen Bereichen immer wieder sportliche Highlights, die man den Sportlern dieses Landes nicht so recht zutrauen würde.

Also bitten wir vor den Vorhang:

Hermann Maier

Thomas Muster, unmittelbarer Vorgänger Hermann Maiers als weltweit bewegendes und faszinierendes Sportidol aus österreichischen Landen, pflegte immer wieder einen Satz zu sagen: „Es ist viel leichter hinauf zu kommen, als oben zu bleiben." Thomas Muster hat Recht. Zu oft schon folgte auf den raschen Aufstieg eines Sportlers der rapide Fall. Also hätte Hermann Maier im Jahr 1999 tief fallen müssen. Der Mann, der 1998 aus dem Nichts kam, der über Nagano flog und doch noch zwei Olympia-Goldmedaillen und den Gesamtweltcup holte, der Mann musste doch einfach in eine tiefes Motivationsloch fallen.

Er fiel nicht. – Wieder kehrte Hermann Maier mit zwei Goldmedaillen zurück. Diesmal von der alpinen Ski-Weltmeisterschaft in Vail (Colorado). Wieder faszinierte nicht nur die Tatsache, dass er (in Super-G und Abfahrt) siegte, sondern vor allem auch der Umstand, wie er zu Gold raste. Das Bild vom Abfahrts-Goldlauf, als Hermann Maier gleichsam mit dem Schädel voran das Tor wegrammte, ging um die Welt. Ein Jahr nach seinem Jahrtausend-Flug von Nagano war es erneut der Salzburger, über den die Sportwelt den Kopf schüttelte.

Wieder mussten einem all die anderen leid tun: Wer weiß heute noch, dass in Vail dem sympathischen Herzeig-Sportler Hans Knauss im WM-Super-G eine lächerliche Hunderstel auf Hermann Maier und Ex-Aequo-Sieger Lasse Kjus fehlte, was Bronze zur Folge hatte?
Wer spricht noch darüber, dass Vollblutsportler wie Stefan Eberharter, Christian Mayer oder Benjamin Raich untergingen im kollektiven Siegesrausch des ehemaligen Maurers?

Hermann Maier ist im Rekordtempo zu einer Lichtfigur des österreichischen Sports avanciert. Er steht als Symbol für Kraft, Überwindung und Erfolg. Hermann Maier hat ausgerechnet in einer Zeit, wo dem internationalen Skisport die Stars auszugehen drohten (Alberto Tomba, Marc Giradelli,....), dem Skisport Leben eingehaucht. Er ist Werbeträger für den Skisport, für Salzburg und für Österreich. Er hat einen Status erreicht, wo man einem populären Sportler auch einmal die eine oder andere menschliche Schwäche verzeiht. Ein kleines Räuschchen da, ein Kurz-Aufenthalt bei einem US-Sheriff dort.

Alles vergeben und vergessen. Hermann Maier hat sich mit der Kraft eines Urviehs in den Sporthimmel der Allzeit-Größten gehievt. Und er wird dort so lange Platz nehmen, bis ihn ein (vielleicht noch gar nicht geborener) anderer Großer dort runterholt, falls er es vorher nicht selbst tut.

Alexandra Meissnitzer

Es ist nicht leicht, im langen Schatten von Ausnahmesportlern zur Geltung zu kommen. Um neben einem Großen groß zu werden, muss man Großes leisten.

Oder Größeres. So wie das Alexandra Meissnitzer getan hat im Jahr 1999.

Nein, Alexandra Meissnitzer hat nicht nur den Gesamt-Weltcup 1998/99 gewonnen.

Sie hat nicht nur zahlreiche Klassiker zur One-Woman-Show umfunktioniert.

Sie hat nicht nur zweimal Gold gewonnen bei der Weltmeisterschaft in Vail und sich damit auch dort auf eine Stufe neben Hermann Maier gestellt. Alexandra Meissnitzer hat Werbung gemacht. Werbung für den Skisport, Werbung für Österreich, Werbung für die Frau im Sport im Allgemeinen.

Die erfrischende und gleichzeitig tiefgehende Art, mit der die Skifahrerin, die Denkerin, das Model, die Patriotin, die Einzelkämpferin und einfach der Mensch Alexandra Meissnitzer aufgetreten sind, hat gut getan. Dem Skifan. Der Wirtschaft.

Den Journalisten. Einfach den Menschen dieses Landes.

Alexandra Meissnitzer hat es im abgelaufenen Jahr darüber hinaus geschafft, mit einem dummen Vorurteil aufzuräumen. Mit dem dummen Vorurteil, dass Skifahrerinnen „eh nur irgendwelche dicken Mädels" sind. In einem Zeitungsinterview während der Ski-WM sagte Meissnitzer, die auch als Model hervorragende Figur machte: „Wir sind eitel. Und wir stehen zu unserer Eitelkeit." Worte, die aus dem Mund einer Skifahrerin vor Jahren noch undenkbar gewesen wären.

Der Skiverband hat sich im Jahr 1999 zum wiederholten Mal als Modell-Verband präsentiert. Der einzige Gegner, den der ÖSV noch hat, könnte in der restlosen Resignation der Gegner liegen. Noch ein paar Saisonen wie in den Jahren 1998 und 1999 und in vielen Ländern außerhalb Österreichs wird man sich bald fragen, wozu man den Skisport überhaupt noch fördert, wenn am Ende eh immer nur die Österreicher alles gewinnen. So gesehen war es auch fast eine internationale Wohltat, dass der Topstar der Ski-Weltmeisterschaft in Vail ausnahmsweise nicht Hermann Maier oder Alexandra Meissnitzer, sondern Lasse Kjus hieß. Der Norweger holte in allen fünf Disziplinen Medaillen (2 Mal Gold, 3 Mal Silber).

Die Langläufer

Österreicher, das wird oft dort behauptet, wo das Bier herkommt, oder dort, wo die Uhren herkommen, ist ein Land mit netten Menschen. Und mit Gemütlichen. Und mit Faulen.

Zu den schönsten Dingen des Lebens gehört es, Vorurteile zu widerlegen. Und so soll an dieser Stelle noch einmal Dank gesagt werden: Danke Österreichs Langläufern, die in einer Sportart für Furore gesorgt haben, die als eine der härtesten gilt.

Beim Langlauf kann man sich nicht durchlavieren. Da gibt es kein Wenn und Aber.

Langlaufen ist eine der grausamsten Methoden, die Menschen zu quälen. Und daher wird der 26. Februar 1999 als sporthistorischer Tag in Österreichs Annalen eingehen: Markus Gandler, Alois Stadlober, Mikhail Botwinow und Christian Hoffmann sicherten sich bei der Nordischen Ski-Weltmeisterschaft in der Ramsau Gold mit der Langlauf-Staffel.

Gold für Österreich, Silber für Norwegen.

Damit wurde wahr, wovon manche in Österreich geträumt hatten, was aber keiner auszusprechen wagte. Österreichs Langläufer waren vor ein paar Jahren stets nur dann in den Ergebnislisten zu finden, wenn der Veranstalter so viel Papier hatte, um auch die ganz hinten Plazierten auszudrucken.

Österreichs kleine Langlauf-Familie, die Mayers, die Stadlobers, die Gandlers und wie sie alle heißen, haben einen Traum gehabt, ihn gelebt und ihn an diesem historischen 26. Februar 1999 zelebriert.

Gold vor Norwegen auch deshalb, weil der junge Christian Hoffmann in einem mitreißenden Zielsprint den für unschlagbar gehaltenen norwegischen Superstar Thomas Alsgaard niederfightete.

Und dann war die ganze Ramsau ein Tollhaus, mit einem Schlag schien Österreich eine Nation von Langläufern zu sein. Auf einmal wollten es alle eh schon immer gewußt haben, dass unsere Burschen...

Die Wahrheit sieht freilich anders aus. Niemand hat es gewusst. Eine Handvoll Idealisten hat sich zusammengetan und der Welt und Österreich gezeigt, was man erreichen kann, wenn man es nur will. Und wenn man daran glaubt.

Barbara Schett
„Barbara Schett ist ein Riesentalent. Sie kann alles erreichen." Dieses Zitat stammt aus dem Mund von ungefähr 100 Tennisexperten. Und aus dem Jahr 1993, aus dem Jahr 1994, aus dem Jahr 1995, aus dem Jahr 1996, aus dem Jahr 1997, aus dem Jahr 1998.

Nicht, dass Barbara Schett in all den Jahren eine Pleite nach der anderen erlebt hätte. Nein, für wahr nicht. Aber der berühmte Knoten, der ist eben erst 1999 geplatzt.

Schon im Jänner hat sich abgezeichnet, dass es das Jahr der Barbara Schett werden könnte. Ihre Siege in Sydney und Melbourne über Arantxa Sanchez und Conchita Martinez hatten damals noch erhebliches Gewicht.

Bei den US-Open in New York erreichte Schett erstmals in ihrer Karriere das Viertelfinale eines Grand-Slam-Turnieres und wurde fortan vom Computer des Weltverbandes WTA als Nummer 7 der Welt ausgespuckt. Vor ihr hatte es nur Barbara Paulus (als Nummer 10) geschafft, in die Top 10 der Welt einzudringen.

Ähnlich wie Meissnitzer hat auch Schett wesentlich dazu beigetragen, ein positives Erscheinungsbild des Sports in Österreich zu zeichnen. Schett kehrte ebenfalls mit Erfolg die Frau heraus. Ihre Fotos im Bikini gingen um die Welt, und im Vorfeld des Turniers in Wimbledon (wo sie erst im Achtelfinale an der späteren Siegerin Lindsay Davenport gescheitert war) kürte sie eine englische Boulevard-Zeitung zur schönsten Tennisspielerin der Welt.

Barbara Schett hat sich in den vergangenen Jahren auch stets dazu bekannt, eine Österreicherin zu sein. Mit Herz und Hirn. An der Seite von Barbara Schwartz, Sylvia Plischke und Patricia Wartusch schaffte sie den Wiederaufstieg Österreichs in die Fed-Cup-Weltgruppe.

Geschichte schrieb sie auch am Ende des Jahres. Beim Masters in New York gewann sie als erste Österreicherin (wieder gegen Sanchez) ein Match.

Barbara Schett war 1999 übrigens nicht die einzige österreichische Tennisspielerin, die für Aufregung sorgte. Bei den French-Open in Paris traten mit dem Viertelfinal-Einzug Plischke und Schwartz ins Rampenlicht. Vor allem der Triumph von Schwartz über die haushohe Turnierfavoritin Venus Williams wurde weltweit als Sensation gefeiert.

Die Weichen der ÖTV-Damen sollten auch in Zukunft auf Erfolg gestellt sein. Barbara Schett beispielsweise sieht sich noch lange nicht am Horizont angelangt: „Es gibt noch so viel zu verbessern. Und auch im körperlichen Bereich habe ich noch weitere Reserven". Schett ist es in den vergangenen Jahren auf nahezu geniale Art gelungen ihren Lebenspartner Thomas Prerovsky in ihr Leben als Frau und Tennisspielerin einzubinden. Prerovsky ist ihr Trainer und weiß als ehemaliger Daviscupper, wovon er spricht.

Die Daviscupper
Österreichs Tennis werde nach Thomas Muster, so mutmaßten viele immer wieder, in ein tiefes, schwarzes Loch fallen. Das trat nicht ein. Das lag zum einen an den erwähnten Erfolgen der Tennisdamen, zum anderen aber auch daran, dass sich die Ebene hinter Thomas Muster doch wesentlich schneller entwickelte, als man dies angenommen hatte.

Am 2. Mai verließ der Kärntner Stefan Koubek, der Wochen später auch in Paris bis ins Achtelfinale vorstieß, die Olympiastadt von 1996, Atlanta, als Turniersieger. Auf dem Weg zu diesem Triumph besiegte er unter anderen auch Michael Chang souverän.

Beim Raiffeisen GP von St. Pölten kam es dann zum historischen Aufeinandertreffen zwischen Thomas Muster und Stefan Koubek. Koubek siegte klar und die Hofübergabe war formal vollzogen.

Ende September trat dann auch Markus Hipfl, der Junior-Partner Thomas Musters im Stall von Ronald Leitgeb, ins Rampenlicht. Er sorgte beim Daviscup-Relegationsspiel gegen Schweden mit zwei Einzelsiegen (Koubek sorgte für den dritten) dafür, dass Österreich das Comeback in der Weltgruppe feiern durfte.

Markus Hipfl und Stefan Koubek deuteten im Jahr 1 nach Thomas Muster (er bestritt 1999 nach seinem Erstrunden-Out gegen Nicolas Lapentti in Paris kein Match mehr) an, wozu sie fähig sind. Und dass

Österreichs Tenniszukunft zu Hoffnungen Anlass gibt.

Nicht unerwähnt sollte in diesem Zusammenhang bleiben, dass Österreich mit Jürgen Melzer einen Junioren-Sieger in Wimbledon feiern durfte.

Werner Schlager

Wenn man, wie der Autor dieser Zeilen, Werner Schlager seit dessen 6. Lebensjahr kennt, dann muß man sich eingestehen, dass man sich geirrt hat. Niemand in ganz Süd-Niederösterreich, wo die sportliche Wiege des Tischtennisspielers Werner Schlager stand, hätte es seinerzeit für möglich gehalten, dass aus diesem Burschen jemals ein ernstzunehmender Spieler werden kann.
Werner Schlager erweckte jahrelang den Eindruck ein Weich-Ei zu sein, ein Muttersöhnchen, ein verspielter Bub, dem es wichtiger ist, einen schönen Ball statt eines guten Balles zu spielen.

Werner Schlager hat alle eines Besseren belehrt. Sein Jahr 1999 im Überblick:

- Einzel-Bronze bei der Weltmeisterschaft in Eindhoven.
- WM-Viertelfinaleinzug im Doppel an der Seites seines Freundes Karl Jindrak. Im Viertelfinale fehlte den beiden gegen die späteren Weltmeister aus China fünfmal nur ein einziger Punkt zur ganz großen Sensation.
- 2. Platz beim Weltcup im chinesischen Xiaolan und damit verbunden der Aufstieg bis auf Platz 7 der Einzel-Weltrangliste. In Xiaolan feierte Schlager gegen die Tischtennislegende Jan Ove Waldner seinen wahrscheinlich größten Sieg überhaupt.
- Doppel-GP-Sieger von Melbourne und Prag.
- An der Seite von Karl Jindrak, Ding Yi, Qian Qianli und Kostadin Lengerov schaffte Schlager den Einzug ins Finale der Europaliga-Super-Divison gegen Deutschland.
- Werner Schlager zählt gemeinsam mit Jan Ove Waldner und dem Weißrussen Wladimir Samsonow zu den technisch besten Spielern der Welt, eine weitere Steigerung wäre logisch.

Von einer solchen darf auch Österreichs Mädchen-, pardon, Damen-Doppel Liu Jia/Judith Herczig träumen. Die gebürtige Chinesin, seit ihrer frühen Jugend in Linz zu Hause, kürte sich heuer zur zweifachen Jugend-Europameisterin, im Doppel qualifizierten sich die beiden (wie auch Schlager/Jindrak) für die Olympischen Spiele 2000 in Sydney.

Die Handballdamen

Gunnar Prokop zählt mit Sicherheit nicht zu den angenehmsten Menschen in Österreichs Sportfamilie. Das will er auch gar nicht. Gunnar Prokop lebt (vergleichbar mit den Langläufern) seinen Traum. Seinen Traum vom ganz großen Wurf. Der soll seinen Handball-Damen bei den Olympischen Sommerspielen 2000 in Sydney gelingen. Den ersten Schritt auf dem Weg dorthin taten Iris Morhammer, Ausra Fridrikas und Kolleginnen gegen Ende des Jahres in Norwegen. Bronze in einem Herzschlagfinale gegen Rumänien war der Lohn für jahrelange Arbeit.

Zwar bleibt auch weiterhin der Weg („Die beste Handballerin ist eine Eingebürgerte"), den Prokop gewählt hat, zu hinterfragen, aber der Erfolg ist ihm und den Seinen nicht zu nehmen. Und zu gönnen.....

Steffi Graf

Die größte Tennisspielerin aller Zeiten trat 1999 noch vor Beginn der US-Open zurück, aber schließlich hat auch Österreich seine Steffi Graf. Die Kärntnerin schaffte sowohl bei der Hallen-Weltmeisterschaft im japanischen Maebashi, als auch bei der Freiluft-Weltmeisterschaft in Sevilla den Vorstoß ins Finale.

Obgleich die junge Dame mit dem berühmten Namen in diesen Finalläufen leer (sprich ohne Medaillen) ausging, zeigte sie eindrucksvoll ihr Leistungspotential. Auch der Sieg (in Rekordzeit) beim Linzer-Gugl-Meeting unterstrich, dass Steffi Graf längst fixer Bestandteil in der 800-Meter-Weltklasse ist. Und dass sie sehr wohl (wie zehn andere 800-Meter-Läuferinnen auch) das Potential hat, in Sydney (so sie dort am Start und gesund ist) eine Olympiamedaille zu holen.

Foto: C. Graf
Mario Knögler in Bordeaux, wo er mit dem Freien Kleinkaliber Gewehr Europameister über 50m-60 Schuß liegend wurde.

Foto: ÖTV
Barbara Schett schaffte 1999 den Sprung unter die Top-Ten des Damentennis.

Foto: H. Eckstein
Der Seniorinnen-B-Leichtgewichtsdoppelzweier mit Martina Miesgang und Theresa Jamnik in Vorbereitung auf die WM-U23.

Foto: OKV
Violetta Peters konnte im Slalom bereits einen Quotenplatz für die Olympischen Spiele in Sydney erreichen.

Foto: ÖRSV
Ein großer Erfolg war der erste Inline-Skate-Marathon rund um die Wiener Innenstadt.

Foto: C. Breitschädel
Bei der Junioren-WM in Bulgarien, Österreich (Birgit Eisl, ganz rechts) übergibt in der Staffel sensationell an dritter Stelle liegend, hinter Schweden und Finnland.

Foto: J. Maislinger
Zielsprint der Bank-Austria-Tour '99 in Bad Hofgastein: Werner Riebenbauer vor Matthias Buxhofer.

Foto: privat
Seit Jahren leistungsstark, gelang der Triathletin Jasmine Hämmerle mit dem 3. Platz bei der Langdistanz-WM der erste große internationale Erfolg.

Foto: R. Fuhrich
Die neue Nr. 1 der Rhythmischen Gymnastik in Österreich: Ursula Zigler.

Foto: R. Labner
Die Weltgymnaestrada in Göteborg war das Breitensport-Highlight 1999 für den ÖFT. Über 300 Aktive aus Österreich nahmen daran teil.

Foto: L. Paterno
WM-Teilnehmer Marco Mayr in voller Aktion.

Foto: E. Spieß
Hermann Maier stand sowohl bei der WM als auch im Gesamtweltcup in der Saison 1998/1999 im Schatten des Norwegers Lasse Kjus. In der Saison 1999/2000 gelang ihm eindrucksvoll die Revanche.

Foto: E. Spieß
Mario Matt war der Aufsteiger der Saison 1999/2000 im Slalom.

Die vielen kleinen Heldinnen und Helden

Österreichs Sport kann frohen Mutes in die Zukunft blicken. Man sollte jetzt noch die Ringerin Nicola Hartmann erwähnen, die in ihrer Sportart in Europa neue Dimensionen erschlossen hat.

Oder Vera Lischka, die seit nunmehr vier Jahren konstant zur europäischen Elite der Brust-Schwimmerinnen zählt.

Oder Österreichs Ruder-Vierer, die bei der WM in Kanada ins Finale ruderten und dort weniger von den Kontrahenten, als vom starken Gegenwind besiegt wurden.

Oder der junge Schwimmer Markus Rogan, der in den USA lebt und in seiner Altersklasse zu den besten Rückenschwimmern Europas gehört.

Oder Uschi Profanter,.....

Niederlagen am grünen Tisch

Österreich hat 1999 großartige Sporterfolge gefeiert, über Niederlagen geweint oder geschmunzelt. Österreichs Sport ist aber auch zweimal auf dem glatten Parkett der Funktionärswelt ausgerutscht.

Sowohl die Bewerbung für die Olympischen Winterspiele 2006 in Kärnten, als auch jene für die Ausrichtung der Fußball-Europameisterschaft 2004 in Österreich wurde verloren.

Konnte man sich des Eindrucks nicht erwehren, dass der Olympia-Zuschlag für Turin zumindest eine schiefe und nicht ganz nachvollziehbare Optik hatte, so ist die Fußball-EM 2004 (Portugal) zumindest in einem Land gelandet, wo der Fußball blüht.

Und genau diesen Eindruck konnten jene, die darüber zu entscheiden hatten, im Jahr 1999 von Österreich nicht gewinnen.

Martin Sörös

50 Jahre Toto - 8,6 Mrd. Schilling Sportförderung

Toto wurde am 23. Oktober 1999 fünfzig. An diesem Tag vor 50 Jahren konnte man auf den ersten Zwölfer in Österreich wetten. Seit 50 Jahren sind Toto und der österreichische Sport Partner. Mehr als ATS 8,6 Milliarden wurden seither an Sportförderung aufgebracht.

Toto war von Beginn an ein Erfolg. Und das, obwohl das Spiel anfänglich in - aus heutiger Sicht undenkbar - komplizierter Weise abgewickelt wurde. Quittungsmarken waren zu kleben, die Auswertung und Gewinnermittlung erfolgten händisch durch eine Hundertschaft von Mitarbeitern. Eine erste Erleichterung brachte die Ausstattung der Annahmestellen mit Registriergeräten, eine weitere - und sehr wesentliche - das Mikrofilmverfahren und die automatische Wettscheinauswertung, ehe die Österreichischen Lotterien mit der Einführung des online-Spielbetriebes in Europa zu den Wegbereitern der elektronischen Spielabwicklung wurden. Rund 350 Spielteilnehmer wurden in den 50 Jahren zu Millionären.

Toto als finanzielle Basis für den Sportbetrieb

Toto ist heute ein Spiel, das mit modernster Technik und höchsten Sicherheitsvorkehrungen abgewickelt wird. Der Fußball und die Faszination am Spiel lässt Woche für Woche tausende Begeisterte Wettscheine ausfüllen. Kaum jemand denkt noch an die Hintergründe der Einführung. Denn die Motivation, dieses Spiel einzuführen, war die finanzielle Unterstützung des heimischen Sports, nachdem der zweite Weltkrieg in Österreich schwere Schäden hinterlassen hatte.

Schon bald nach Kriegsende kam der Gedanke auf, ähnlich wie in anderen Ländern, auch in Österreich eine Sporttoto-Organisation einzuführen und somit dem, wie es damals hieß, „Amateur-Körpersport" jene Hilfen zu verschaffen, die zu seinem Ausbau erforderlich waren.

Nach langen Verhandlungen zwischen den verantwortlichen Ministerien und den Vertretern der Sportverbände wurde die Einführung von Toto mit dem Sporttoto-Gesetz am 18. Dezember 1948 beschlossen. Festgehalten wurde dabei, dass Sporttoto eine staatliche Einrichtung sein muss und das Reinerträgnis ausschließlich zur Förderung des Sports verwendet werden soll.

Neuregelung der Sportförderung

Bedingt durch die Einführung von Lotto im Jahr 1986 und die Übernahme von Toto durch die Österreichischen Lotterien erfuhr auch die Sportförderung eine Neuregelung. Nicht mehr der Reingewinn aus Toto, sondern ein im Glücksspielgesetz verankerter Mindestbetrag kam fortan dem Sport zugute. Der ursprüngliche Betrag von 311 Millionen Schilling wurde nach einigen Novellen nun auf 3,5 Prozent vom Gesamtumsatz der Österreichischen Lotterien geändert.

Bis Ende 1999, also in 50 Jahren Toto, kamen dem österreichischen Sport mehr als 8,6 Milliarden Schilling an Sportförderungsmitteln zugute. Davon profitieren der Österreichische Fußball-Bund, die Dachverbände ASKÖ, ASVÖ und SPORTUNION, das Österreichische Olympische Comité sowie mittlerweile 54 Fachverbände von Aero-Club bis Wasserski.

Weitere Kooperationen

Über die Sportförderung hinaus traten die Österreichischen Lotterien im Jahr 1999 als Sponsor weiterer Sportprojekte auf. Der Internationale Jugend Toto Cup wurde zum elften Mal durchgeführt, die Toto Jugendliga absolvierte ihre zehnte Saison. Außerhalb des Bereiches Fußball wurden u.a. der Wiener Frühlingsmarathon, die Basketball-Superliga, das Fest der Pferde sowie die Special Olympics Weltsommerspiele unterstützt. Weiters schlossen die Österreichischen Lotterien auf der Grundlage des Glücksspielgesetzes auch 1999 u.a. mit der Österreichischen Sporthilfe und dem ÖOC Verträge über die generelle mediale Unterstützung ab. Im Rahmen der generellen medialen Unterstützung erhielt die Sporthilfe 16,75 Mio. ATS und das ÖOC 12,5 Mio. ATS.

Das 20. Jahrhundert im Sportrückblick

Wie wurde gejammert über sportliche Fehlleistungen in rot-weiß-rot. Wie wurde neidvoll über die Grenzen geschielt, wenn dort einer Rekorde erzielte. Jetzt, da es Zeit ist, Bilanz zu ziehen an der Schwelle des neuen Jahrtausends, stellt sich heraus: Österreicher entpuppten sich nicht nur als die Weltmeister im Raunzen. Österreich war im 20. Jahrhundert auch ein Land der Olympiasieger. Um sie alle plus die vielen Welt- und Europameister zu würdigen, müssten die Gummiseiten erfunden werden. Nicht weniger als 243-mal winkten Österreicher bei Olympischen Spielen vom Podest. 94-mal bei Sommer-, 145-mal bei Winterolympia. 61 holten Gold. Doch just der allererste Olympionike wurde erst 68 Jahre nach seinem Triumph als Österreicher entdeckt. Und das kam so: Julius Lenhart war um die Jahrhundertwende nach Amerika ausgewandert. In Philadelphia schloss sich der Wiener der dortigen deutschsprachigen Turngemeinde an. Als Lenhart bei den Olympischen Spielen 1904 in St. Louis sein für damalige Begriffe einzigartiges Allroundkönnen zu einem Sieg im Einzel-Zwölfkampf im US-Team nutzte, wurde dieser Erfolg Deutschland zugeordnet. Zumal Lenhart mit den Deutschen auch in der Mannschaftswertung Gold erobert hatte. Es dauerte Wochen, bis sich dieser Turntriumph nach Mitteleuropa durchsprach. Und fast sieben Jahrzehnte, bis Lenhart vom Grazer Sporthistoriker Erich Kamper als Wiener identifiziert wurde. Kampers akribische Arbeit wurde belohnt, auch wenn Lenhart keine österreichische Ehrung mehr erleben durfte. Zehn Jahre nach Lenharts Tod stand fest: Er war tatsächlich immer Österreicher gewesen. Der bis heute einzige österreichische Turn-Olympiasieger wurde somit posthum wieder eingebürgert. In einer Zeit, in der Nationalitätenwechsel im Sport bald zur Mode werden sollten. Der gebürtige Russe Botwinow gehörte jener Langlaufstaffel an, die bei der WM 99 in der Ramsau für einen sporthistorischen österreichischen Triumph im Langlauf (erstmals Gold) sorgte. Der gebürtige Kroate Ivica Vastic führte Fußballmeister Sturm Graz zu erstaunlichen internationalen Erfolgen und wurde zum Kapitän des Nationalteams ernannt. Und das österreichische Damenhandball-Team, das in Norwegen die Olympia-Qualifikation für Sydney 2000 schaffte, gleicht seit Jahren schon einer multikulturellen Auswahl, in der wiederholt Mädchen aus Kroatien und Serbien Seite an Seite spielten. Der Sport kann also sehr wohl noch völkerverbindend sein, obwohl der Trend zu Legionären nicht so weit ausufern sollte, dass er nur noch dubiosen Managern zu deren persönlicher Bereicherung dient. Nicht zuletzt auch aus diesem Grund sehnt sich der Sportfreund nach Sportarten, in denen Idealismus noch ein bissel über Profitdenken dominiert. Gleichsam nach dem Motto „Back to the roots". Zurück zu den Wurzeln. Da drängt sich die Frage auf, welche Österreicher als Pioniere gefeiert wurden in ihren Sparten. Am Beispiel:

Fussball

Der erste Fußballklub fuhr zehn Jahre nach seiner Gründung (1894) auch als erster ins Ausland. Die Vienna. Die Schottland-Tournee im 4-er-Jahr hatte für den Vienna-Tormann aufregende Folgen. Denn: Der erste Legionär sollte alsbald Karl Pekarna heißen, nachdem der Döblinger Tormann den Schotten trotz hoher Vienna-Niederlagen (2:7, 0:9) dermaßen gefallen hatte, dass ihn die Glasgow Rangers im Jänner 1905 engagierten. Den ersten Sieg über Briten durfte der WAC (Wiener Athletic Club) feiern, als Sunderland im Jahr 1909 2:1 geschlagen wurde. Zuvor waren Wiener Teams von ihren britischen Lehrmeistern nur gedemütigt worden. Dies ging soweit, dass ein schottischer Tormann während eines Spieles gegen WAC gelangweilt im Strafraum saß und demonstrativ Ansichtskarten schrieb.

Der erste Titelgewinn gelang dem späteren Rekordmeister Rapid auf der neueröffneten Hütteldorfer Pfarrwiese (wo heute nur noch Tennis gespielt wird) im Jahre 1912. Der erste Länderspielsieg gegen Ungarn (2. Mai 1915) wurde als ebenso außergewöhnliches Ereignis empfunden wie sieben Jahre später die erste Niederlage gegen Deutschland (23. April 1922) auf der Hohen Warte. Ein Jahr danach kam es auf dieser Döblinger Naturarena während des Spieles gegen Italien zu einem Erdrutsch. Mehrere tausend Zuschauer kollerten über den Nordweststand, die Rettung hatte Hochbetrieb. Doch die Berichterstattung beschränkte sich anderntags in der Presse auf den Satz, dass die Zuschauer viel Staub aufgewirbelt hätten. Fast 90.000 Besucher füllten damals die Hohe Warte. Heute sind es im günstigsten Fall 1200 bei Spielen der Vienna.

Die erste Profimeisterschaft wurde in der Saison 1924/25 gespielt. Das erste Wunderteam (ein zweites sollte 30 Jahre später unter Teamchef Karl Decker nach einer Siegesserie bei Freundschaftsspielen so genannt

Nr. 1 sein, setzt Maßstäbe

Foto: G. Reip
Bernhard Patschg setzt die Tradition der starken österreichischen Eisstocksportler im Weitenwettbewerb fort. Sein erster großer Erfolg: U18-Europameister.

Foto: E. Spieß
Renate Götschl trat in der Saison 1999/2000 eindrucksvoll die Nachfolge der verletzten Alexandra Meissnitzer an.

Foto: E. Spieß
Österreichs Biathleten (im Bild: Wolfgang Rottmann) schlossen zur Weltspitze auf und eroberten sensationell bei der WM-2000 den Weltmeister- und den Vizeweltmeistertitel.

Foto: E. Spieß
Silvia Berger ließ mit Spitzenergebnissen im Weltcup aufhorchen, bis ein schwerer Sturz die Newcomerin stoppte.

Foto: E. Spieß
Rainer Schönfelder gehört zu den Aufsteigern der Saison 1999/2000.

Foto: ÖSBV
Der vielfache Weltmeister Walter Kroneisl verabschiedete sich bei der Skibob-WM in St. Johann im Jänner 2000 vom Rennsport.

Foto: E. Spieß
Thomas Stangassinger erreichte 1999 sein großes Ziel: Gewinn des Slalom-Weltcups.

werden) verdankte diese euphorische Bezeichnung nicht der Wiener, sondern der Berliner Presse, nachdem die Österreicher zuerst Schottland mit 5:0 und dann zweimal die Deutschen (5:0 und 6:0) deklassiert hatten. Folgende Aufstellung hatte ein grantiger Verbandskapitän Hugo Meisl den noch grantigeren Wiener Sportreportern im Ring-Cafe mit der Bemerkung „Da habt's euer Schmieranski-Team" auf einen Zettel geschrieben: Hiden (WAC); Schramseis (Rapid), Blum (Vienna); Mock (Austria), Smistik (Rapid), Gall (Austria); Zischek (Wacker), Gschweidl (Vienna), Sindelar (Austria), Schall (Admira), Horvath (Wacker). Das erste Mitropacupfinale mit rein Wiener Beteiligung wurde 1931 von der Vienna gewonnen. 3:2 und 2:0 gegen WAC.

Die erste WM-Teilnahme endete 1934 mit Misstönen. Die Regierung Mussolini des Gastgeberlandes Italien hatte Millionen in die WM-Organisation gepumpt mit dem Ziel, der Welt zu zeigen, zu welchen Glanztaten der Faschismus fähig sei. Dazu gehörte natürlich der WM-Titel für Italien. Als das Semifinale die Mannschaft des Gastgebers mit jener von Österreich zusammenspannte, musste man von der ersten Minute an schwarz sehen für Rot-Weiß-Rot. Der Schiedsrichter sah weg, als ein wütend attackierender Italiener den auf dem Boden liegenden Tormann Platzer samt dem Ball ins Netz drückte. Und der schwedische Referee Eklind ließ auch das italienische Rauhbein Monti ungestraft gegen die Knochen von Spielmacher Matthias Sindelar treten. Folge: Österreich verlor 0:1. Und Sindelar konnte nicht einmal mehr im Spiel um Platz drei mitwirken, worauf Österreich gegen Deutschland 2:3 verlor. Und die Kronen-Zeitung den vierten Rang gnadenlos als eine Blamage bezeichnete.

Foto: Sündhofer
Wunderteam

Der erste deutsche Pokalsieg gelang Rapid, als die vermeintlichen Wiener Kaffeehausfußballer auf Schneeboden in Berlin das Finale gegen FSV Frankfurt klar dominierten. Balltechnik der Frankfurter? Die war nicht ihr Kaffee. Bimbo Binders Schusskraft hatten auch andere deutsche Mannschaften in diesem politisch bedingt intensiven Spielverkehr nichts entgegenzusetzen.

Im selben Jahr (1939), in dem der Stern des Rapid-Torjägers immer heller strahlte, wurde der Austria-Regisseur Mathias Sindelar zu Grabe getragen. 18 Tage vor seinem 36. Geburtstag war Sindelar in einer Wohnung im 1. Bezirk in Wien neben deren Besitzerin tot aufgefunden worden. Laut Obduktionsbericht soll es sich um einen Unfall (Einatmen von Kohlenmonoxyd) gehandelt haben.

Der erste nicht-deutsche Meister hieß am 22. Juni 1941 Rapid. Am frühen Morgen waren die deutschen Truppen in die Sowjetunion eingefallen. Ein russischer Luftangriff in Berlin wurde befürchtet. Zunächst schien es, als würde das Endspiel um die deutschen Meisterschaft gar nicht angepfiffen werden. Später wiederum rechnete niemand mehr mit Rapid. Schalke führte bereits 3:0. Doch der selbe Rapidler, der bei diesem Spielstand einen Elfer vergab, drehte die Partie noch um. Bimbo Binder! Endstand 4:3 für Rapid. Dreifacher Schütze Binder.

Das erste Länderspiel nach dem Krieg gewann Österreich am 7. Dezember 1945 vor unfreiwillig leicht bekleideten, frierenden 50.000 Zuschauern im bombenbeschädigten Prater-Stadion gegen Frankreich 4:1.

Der erste Meister-Vergleich zwischen dem englischen Champion Arsenal und dem (inoffiziell) besten Klub von Festland-Europa nutzte Rapid 1953 in Brügge zu einem 6:1-Schützenfest, worauf die Londoner Spieler applaudierend Spalier standen. Rapid mit Zeman, Happel, Hanappi, Probst, Dienst und den Körner Brüdern stand am Zenit seines Könnens, die Gründung des Europacups (1956) erfolgte aus Hütteldorfer Sicht leider ein paar Jahre zu spät.

Der ersten Weltauswahl, die am 21. Oktober 1953 gegen England 4:4 spielte, gehörten mit Tormann Walter Zeman, Ernst Ocwirk und Gerhard Hanappi gleich drei Österreicher an. Hanappi sollte es nicht nur auf 92 Teamberufungen, sondern auch zu akademischen Ehren bringen. Das West-Stadion in Hütteldorf wurde von Dipl. Ing. Hanappi erbaut und trägt seinen Namen, seit der einzigartige Rapidler im Alter von 51 Jahren verstarb.

Foto: Sündhofer „Panther" Walter Zeman

Der erste (und einzige) Podestplatz österreichischer Fußballer bei einer WM war 1954 in der Schweiz der Lohn für unglaubliche Kämpfe. Der Höhepunkt: Wie ein 0:3 gegen die Schweiz bei glühender Hitze in Lausanne in ein 7:5 verwandelt wurde, und Tormann Kurt Schmid das Resultat nicht mehr wusste. Er hatte einen Sonnenstich erlitten, aber taumelnd im Tor durchhalten müssen. Spielertäusche waren zu dieser Zeit noch nicht erlaubt.

Euphorisch, doch erschöpft schlitterte Österreich danach in ein 1:6-Debakel gegen den späteren Weltmeister Deutschland, bevor mit einem 3:1 gegen Uruguay im Spiel um Platz 3 die Wiedergutmachung gelang. Der erste Sieg gegen Real Madrid im neuen Europacup blieb unbelohnt. Nach einem 2:4 in Madrid gewann Rapid dank Ernst Happel (drei Tore als Verteidiger) zwar 3:1, aber 1956 galt noch nicht die Auswärtstorregel. Rapids Management ließ sich für ein Schmiergeld von einer Million Schilling zu einem Entscheidungsspiel in Madrid überreden, wo es dann keine Geschenke mehr gab: 0:2.

Der erste Vierfach-Schütze im Meistercup hieß Pepi Hamerl. Er und der kongeniale Angriffspartner Erich Hof hätten nach dem sensationellen 7:0-Sieg des Wiener Sportklubs gegen die Stars von Juventus Turin (1. Oktober 1958) nach Italien wechseln können. Aber die Verbandsstatuten gestatteten zu diesem Zeitpunkt keinem Spieler unter 30 einen Auslandstransfer. Ernst Ocwirk war bereits 1956 zu Sampdoria Genua gewechselt. Er galt als größter Austrianer der Nachkriegszeit.

Der erste Triumph über Wien gelang 1965 dem LASK. Noch nie zuvor war ein Klub aus den Bundesländern Meister geworden.

Der erste Sieg in Wembley wurde von der englischen Presse mit „Weltuntergang" getitelt. Eine extrem junge österreichische Mannschaft (Durchschnittsalter 23 Jahre) besiegte am 20. Oktober 1965 den späteren Weltmeister England 3:2. Und der spätere US-Freekicker und zweifache Super Bowl-Gewinner Toni Fritsch (Rapid/Dallas Cowboys) schoss zwei Tore.

Foto: Sündhofer Meister 1964/65: LASK

Der erste österreichische Weltpokalsieger ließ sich 1970 bei Feyenoord Rotterdam feiern: Franz Hasil. 30 Jahre danach ist der Ex-Rapidler dort noch immer ein Begriff. Mehr noch. Hasil wurde in Holland zum besten Legionär aller Zeiten gewählt. Und das, obwohl in Holland auch Auslandsprofis wie der brasilianische Weltmeister Romario spielten.

Der erste Finaleinzug in den Europacup der Pokalsieger gelang (nach einem Elfmeterkrimi mit Tormann Hubert Baumgartner) der Wiener Austria. In der selben Saison 77/78, in der die Nationalmannschaft zum ersten Mal nach 20 Jahren wieder zu einer WM durfte. Und als krasser Außenseiter die Erwartungen in Argentinien weit übertraf. Den ersten Krach gab es bereits nach den Gruppenspielen. 2:1 gegen Spanien, 1:0 gegen Schweden, 0:1 gegen Brasilien. Als ein Bankinstitut sein voreilig abgegebenes Versprechen (Bei Aufstieg fliegen wir die Spielerfrauen nach Argentinien ein) einhalten musste und die Damen im Teamcamp nächtigen wollten, soll das Verbot des Teamchefs Senekowitsch einige Starspieler mehr geärgert haben als das 1:6 in der Zwischenrunde gegen (die von Ernst Happel genial gecoachten) Holländer. Fäuste wurden geballt. Gute Freunde (Krankl nannte Prohaska einen Feigling) verstanden einander plötzlich nicht mehr. Doch Reibung erzeugt bekanntlich Energie. Deutschland wurde in Cordoba sensationell 3:2 geschlagen. Und für den zweifachen Torschützen Hans Krankl stand die Tür zum Schlaraffenland offen. Die Folge: Der erste österreichische Schützenkönig in Spanien hieß ein Jahr später Hans Krankl. Er wurde zum Goleador des FC Barcelona.

Die erste WM, die Fans in Österreich und Deutschland schon nach der Vorrunde vergessen wollten, war jene von 1982 in Spanien. Dort kam der Nichtangriffspakt zwischen Deutschland und Österreich nicht nur Insidern spanisch vor. Deutschland mußte in Gijon 1:0 gewinnen und gewann 1:0. Beide Teams stiegen auf, aber beide Teams waren vom Image her out. Und out war letztlich dann auch Österreich nach einem 0:1 gegen Frankreich und einem 2:2 gegen Nordirland, das Hans Krankl, von Teamchef Felix Latzke eliminiert, nur noch von der Tribüne aus mitverfolgte.

Die erste Rapid-Mannschaft, die bis in ein Europacupfinale vordrang, war jene des Otto Baric. Herbst 1985: Zuerst hielt man die Rapidler in Glasgow für Flaschen. Dann flogen dort auch welche. Dann kam es zu einem Wiederholungsspiel in Manchester. Dann zu einem Sensationssieg über Celtic. Dann wurde Dresden in Wien 5:0 geschlagen. Dann Moskau 4:1. Nur der FC Everton war im Finale eine Nummer zu groß. 1:3. Ehrentorschütze? Der graue Evergreen der Grünen: Hans Krankl.

Foto: Sündhofer
Rapid-Ehrenkapitän: Heribert Weber

Das erste Länderspiel im wieder eröffneten Wiener Stadion endete am 29.Oktober 1986 für Lothar Matthäus mit einem Ausschluss, für den deutschen Teamchef Franz Beckenbauer mit einer Rüge bei der FIFA (weil er den italienischen Referee beleidigt hatte) und für Österreich mit einem 4:1-Sieg gegen Deutschland. 49.000 waren nicht nur von den beiden zweifachen Schützen Polster und Kienast, sondern auch von der neuen Stadion-Atmosphäre begeistert. Eine veraltete Riesen-Arena, einem sterilen Ostblockbau ähnlich, war dank einer genialen österreichischen Dachkonstruktion zu einem modernen Stadion geworden, das von der Europäischen Fußball-Union daraufhin gleich zweimal zum Schauplatz eines Meistercupfinales auserkoren wurde.

Das erste Länderspiel, bei dem außer dem DDR-Botschafter auch andere ostdeutsche Bürger zusehen durften in Wien, bedeutete zugleich den Abschied von einer Sportnation. Und die WM-Qualifikation für Österreich. Und den Triumph für einen, dem noch ein Jahrzehnt lang Bewunderung und Spott gelten sollten. Toni Polster erzielte drei Tore gegen die DDR. Am 15. November, sechs Tage nach dem Fall der Berliner Mauer.

Das erste WM-Spiel 1990 war mit einem 0:1 gegen WM-Gastgeber Italien in Rom noch erträglich. Das zweite 0:1 gegen die CSSR empörte die 30.000 Schlachtenbummler in Florenz. Das dritte WM (2:1 gegen die USA) vermochte sie nicht mehr zu versöhnen. Erst sieben Wochen später wurde Fußball-Österreich bewußt, dass es noch viel Peinlicheres gibt. 0:1 gegen die Faröer. Daraufhin ließ sich Teamchef Josef Hickersberger in die Wüste schicken. Inzwischen ist er schon wieder dort. Hickersberger coacht in Dubai.

Der erste Fußball-Klub, der die TV-Einschaltziffern seit Erfindung der elektronischen Quoten-Ermittlung über die Zwei-Millionen-Seher-Marke schnellen ließ, war die Salzburger Austria: Dank der Regie von Trainer Otto

Baric; dank des großartigen Tormanns Otto Konrad, der nicht nur Elferbälle hielt, sondern auch selbst einen schoß; dank der Publikumslieblinge Wolfgang Feiersinger und Heimo Pfeifenberger; dank kämpferischer Sonderleistungen. Salzburg warf als erste österreichische Mannschaft erstmals in einem europäischen Klubbewerb mit Eintracht Frankfurt eine deutsche Mannschaft aus dem Pokalsiegerbewerb und wiederholte dieses Kunststück auch im Semifinale gegen Karlsruhe. Die beiden ausverkauften Endspiele gegen Inter in Wien und Mailand brachten trotz zweier 0:1-Niederlagen einen weiteren Sympathiegewinn.

Der erste Klub, der zweimal ins Europacupfinale kam, war Rapid. Mit einem mickrigen 1:0 gegen Leoben im ÖFB-Pokalfinale hatte alles begonnen. Und das Glück sollten die tüchtigen Rapidler bis zum Europacupfinale 1996 (0:1-Niederlage gegen Paris SG) nicht mehr verlassen. Ein Glück war, dass der anfänglich verlachte deutsche Hüne Carsten Jancker zum richtigen Augenblick die Experten widerlegte; dass dem Bulgaren Ivanow das Fußballspielen zu diesem Zeitpunkt noch richtig Spaß machte; dass Billigtrainer Ernst Dokupil zum richtigen Zeitpunkt der richtige Mann war; und dass Tormann Michael Konsel nicht nur von seiner Reaktionsschnelligkeit, sondern auch von seiner Routine profitierte, die ihm bei seinem ersten Finaleinsatz elf Jahre zuvor noch gefehlt hatte. Die Folgen des Rapid-Teamworks, das später unter Dokupil nie mehr so funktionieren sollte, waren aufregende Heimspiele gegen Ploesti, Sporting Lissabon, Dynamo Moskau und Feyenoord Rotterdam, in denen Rapid kein einziges Tor bekam. Das Brüsseler Finale gewann Paris SG 1:0.

Zur ersten WM mit 32 Nationen (Frankreich '98) steuerte Österreich die weise Erkenntnis bei, dass ein Match bis zum Schlußpfiff dauert. In Toulouse: Ausgleichstor gegen Kamerun durch Toni Polster in der letzten Spielminute (1:1). In Lyon: Ausgleichstor gegen Chile durch Ivica Vastic in der letzten Minute. In Paris: Ehrentor gegen Italien durch Andi Herzog in der letzten Minute (1:2). Sieglos flog das Nationalteam aus der WM und heim.

Dem ersten steirischen Meistertitel folgte eine berauschende Feier und die Ernüchterung in der Champions League. Für die gleiche Sturm-Mannschaft, die Verfolger Rapid in der Bundesliga 97/98 um 19 Punkte distanziert hatte, reichte es in sechs Meistercup-Spielen nur zu einem Zähler. Die Grazer Spieler zahlten Lehrgeld, ihr Präsident Kartnig kassierte 55 UEFA-Millionen.

Das erste 0:9 bedeutete die zweithöchste Länderspiel-Niederlage. Der schwache Trost: 91 Jahre vor dem spanischen Bestschießen in Valencia war Österreich in Wien von England mit 11:1 vom holprigen Platz geschossen worden. Die große Hoffnung: Das Los, das Österreich in der WM-Qualifikation erneut mit Spanien und Israel zusammenspannte, ermöglicht eine Revanche im neuen Jahrtausend. Das kleine Vorbild: Sturm Graz. Vielleicht lernt auch das Nationalteam aus Niederlagen und steigert sich nach der Durststrecke zu erstaunlichen Leistungen, wie sie den Grazern in ihrem zweiten internationalen Jahr gegen Marseille, Croatia Zagreb und Parma gelungen sind.

Leichtathletik

40.000 Zuschauer im Wr. Prater-Stadion. 1:0 gegen Schweden. Der 4. September 1971 aber ging nicht wegen der Fußballer und des Torschützen Sepp Stering in die Annalen ein. Sportgeschichte schrieb an diesem Tag eine Dame. Ilona Gusenbauer wurde vom Pausenfüller zur Weltrekordlerin. Sie stahl den Herren Kickern die Show und löste unter den vielen Leichtathletik-Laien im Publikum unbeschreiblichen Jubel aus. Die attraktive Blondine sprengte im Ländermatch-Rahmenprogramm den Rahmen des Vorstellbaren, indem sie die Höhe von 1,91 Meter übersprang und damit die Rumänin Yolanda Balas als Weltrekordlerin ablöste. Eine Leistung, nach der sich die westliche Leichtathletik-Familie förmlich gesehnt hatte, zumal die Elementarsportart zusehends von Ostblock-Walküren dominiert worden war. Schon drei Wochen vor dem Weltrekord hatte die französischen Sportbibel L'Equipe nicht bloß aus sportlichen Gründen der langbeinigen Ilona die ganze Titelseite gewidmet, als man anlässlich der Leichtathletik-EM in Helsinki die Österreicherin in Hot Pants formatfüllend abbildete. Miss Hochsprung rechtfertigte die Vorschusslorbeeren und wurde (mit 1,87) Europameisterin.

Gusenbauer war eine aus dem Südstädter Dreimäderlhaus, in dem es nicht immer konfliktfrei zuging. Die Rivalinnen Eva Janko, Liese Prokop und Ilona Gusenbauer, zu denen bald auch noch die friedlich-schüchterne Maria Sykora aufschließen sollte, trieben einander gegenseitig an. Und man durfte streiten, wer ehrgeiziger war: Die großen Damen oder ihre Männer dahinter. Ilona Gusenbauer wurde von Roland Gusenbauer gecoacht, der im Gegensatz zu seiner Gattin im Hochsprung nur Durchschnitt gewesen war. Speerwerferin Eva Janko, Olympiadritte 1968 in Mexiko, wurde auch von ihrem Mann betreut. Herbert Janko war gleichfalls Hochspringer. Und wie Roland Gusenbauer kein Ausnahmekönner. Liese Prokop, olympische Silbermedaillengewinnerin 1968, Europameisterin 1969 und Weltrekordlerin im Mehrkampf, verdankte ihre Rekorde (darunter jenen im Kugelstoßen, der 24 Jahre hielt) in erster Linie dem einzigartigen Talent. Und in zweiter Linie einem einzigartigen Sportnarren, dem späteren Handball-Zampano Gunnar Prokop. Schon als Athletin hatte die nunmehrige Frau Landeshauptmann-Stellvertreter von Niederösterreich die Hosen an. Ihre Schwester Maria Sykora gehorchte hingegen widerspruchslos dem Drill des Gunnar Prokop. Auch das mit Erfolg. Oft konnte sie im Training kaum noch stehen. Aber Maria mußte laufen. Und TV-Zuseher riefen angesichts der Tortur betroffen: Jessas Maria. Der erbarmungslose Schwager trieb sie zu einer EM-Bronzemedaille im 400-Meter-Lauf und zur Hallen-EM-Goldenen über 800 Meter in der ausverkauften Wiener Stadthalle.

Foto: Sündhofer *Ilona Gusenbauer*

Das schwache Geschlecht war in den Medien über Jahre viel stärker präsent als die männliche Leichtathletik. Daran hat sich nicht viel geändert. Zudem verlor eine Erkenntnis der 70-er-Jahre bis heute nicht ihre Aktualität: LA-Medaillen waren und sind nicht so sehr die Ernte eines Systems, sondern vielmehr das Produkt von individueller Betreuung, vererbter Liebe zu Leichtathletik, verwandtschaftlicher Hilfe oder Folge einer sportbesessenen Zweier-Beziehung. Im Falle des Rudi Klaban war dessen Trainervater viele Jahre täglich mit Stoppuhr am Aschenbahnrand gestanden, ehe sich Rudis Nachfolger 27 Jahre erfolglos bemühten, Klabans 800-Meter-Rekord auf der Kunststoffbahn zu brechen. Im Falle der Hallen-Vizeeuropameisterin Karoline Käfer (400 Meter) eskalierte der Konflikt zwischen ihrem unberechenbaren Trainergatten und dem Verband dermaßen, dass Journalisten ausnahmsweise sogar Partei für unpopuläre Funktionäre ergriffen. Im Falle des vierfachen Olympia-Zehnkämpfers Georg Werthner hatte ein Linzer Leichtathletik-Pionier die Mehrkampf-Leidenschaft auf seinen Sohn übertragen. Im Falle des Hallen-Europameisters Dietmar Millonig war (Trainer-)Bruder Hubert der Vater des Erfolgs, und im Soge der beiden schmächtigen Kärntner wurden auch Wolfgang Konrad und Robert Nemeth zu internationalen Laufgrößen. Im Falle des Sprint-Hallen-Europameisters Andreas Berger mußte Religionslehrer Heimo Tiefenthaller ein Sünde beichten: seine 100 Meter laufenden Jünger, die er fürsorglich wie seine Kinder betreute, waren gedopt gewesen.

Als erste Österreicherin eroberte Theresia Kiesl 1998 in Atlanta eine olympische Laufmedaille. Genau 40 Jahre, nachdem Herma Bauma den Speer auf die damalige olympische Rekordweite von 45,57 Meter geschleudert hatte. Bauma allerdings war stets ihr eigener Herr.

Foto: Sündhofer
Kapfer, Neumer, Prokop, Sykora

Mehr noch: Sie übernahm, nachdem die österreichische Olympiadelegation per Bahn in der Holzklass' von Wien quer durch die Besatzungszonen nach London gereist waren, eine Art Coach-Funktion. Bauma musste enorme Energien besessen haben, verkraftete sie ihre Zusatzaufgabe als Funktionärin doch ebenso wie körperliche Defizite nach einer kaum überstandenen Blutvergiftung. Was die g'lernte Handballerin auch anfasste, es hatte Hand und Fuß. Bauma wurde als erste Österreicherin in der Leichtathletik Olympiasiegerin. Sie ist in diesem Jahrtausend auch die einzige geblieben.

Judo

Weil ihn die Mutter nicht mehr bändigen konnte, schickte sie den kleinen Peter zum Aggressionsabbau in einen Judo-Kurs. Und weil der Kerl alle aufs Kreuz legte, wurde er Olympiasieger. So einfach war das. Die Praxis sah anders aus. Zwischen der Lausbubenzeit des Peter Seisenbacher und den olympischen Höhenpunkten lagen brutal harte Jahre. Er trainierte monatelang ab sechs Uhr früh in ungeheizten japanischen Hallen, um sich abzuhärten. Er musste sich täglich im Kampf gegen Japaner durchsetzen, die nichts anderes im Sinn hatte, als den europäischen Eindringling auf den Boden der Wirklichkeit zu werfen. Er war einer der wenigen Ausländer, die in der Mannschaft der Tokai-Universität mitkämpfen durften. Und er war schließlich der einzige Österreicher, der seinen Olympiasieg erfolgreich verteidigen konnte. Nicht einmal Skisportler haben das geschafft.

An der ersten Olympiagoldenen konnten Miesmacher noch herumkratzen, waren doch die Sommerspiele 1984 in Los Angeles von Russen, Ungarn und DDR-Athleten boykottiert worden. Aber sein japanischer Angstgegner Nose war noch allemal dabei. Und der französische WM-Zweite Canu. Und der amerikanische Finalist Berland. Sie alle besiegte der Österreicher vor der Zeit. Vier Jahre später beeindruckte Seisenbacher die letzten Zweifler. Auch jene, die Judosportler bis dahin herablassend Pyjamaraufer genannt hatten. Schließlich trumpfte er in Korea auf. Dort, wo Judo ähnlich populär ist wie in Japan. Und wo sie ihn trotz seines Olympiasieges '84 nur für einen Außenseiter gehalten hatten auf Grund zweier kaum überstandener Knieoperationen. Aber Seisenbacher, der bei unbedeutenderen Turnieren manchmal von unbedeutenden Gegner bezwungen worden war, erwies sich erneut als Mann der Höhepunkte. Er verdrängten Schmerzen und konditionelle Mängel. Und nach Erfolgen über Canu, den Japaner Osako, den koreanischen Lokalmatador Kim und im Finale über den Russen Schestjakow ballte er die Faust zum Triumph und die kleine Fankolonie in Seoul schrie „Immer wieder Österreich".

Foto: Sündhofer
Peter Seisenbacher

Heute leitet Seisenbacher Judo-Kurse für Jugendliche abwechselnd in der Blattgasse im 3. Bezirk in Wien und in einem alten Bauerhaus in Fürstenfeld. Wirklich versilbert hat der gelernte Goldschmied seine Medaillen nie. Zum großen Geschäft fehlte dem Judosport letztlich doch die Popularität und dem kantigen Peter die Diplomatie. Von Kompromissen hielt er nichts.

Kanu, Rudern

Weil ihn die Ruderer für ein zu schwaches Bürschchen hielten, wandte sich der Kremser Gregor Hradetzky dem Kajaksport zu, in dem er zu einer Ausnahmeerscheinung avancierte: Zwischen 1932 und 1938 holte er achtzehn österreichische, zehn deutsche und drei tschechoslowakische Titel und wurde 1936 in Berlin zweifacher Olympiasieger (Kajak-Einer 1.000 m, Faltboot-Einer 10.000 m). Er ist damit der einzig rot-weiß-rote Sommersportler, dem sozusagen mit einem Streich zweimal Gold gelungen ist.

Der Nurmi des Wassers, der nach internationaler Presse-Meinung raddampferte, war überhaupt ein Phänomen: Er schaffte auch den Sprung in den Olympiakader der Nordischen Kombinierer und wurde später ein international renommierter Orgel-Bauer. Es hat sich in den letzten Jahren 50 Jahren so viel verändert, in den nächsten 50 Jahren wird sich noch mehr verändern. Aber eines wird gleich bleiben: „Das unbeschreibliche, einmalige Gefühl des Sieges", meinte Hradetzky fast prophetisch wenige Monate vor seinem Tod, der ihn beim Skilanglauf ereilen sollte.

Mit insgesamt dreizehn Olympia-Medaillen hat Österreich im Kanu-Sport bisher so viele Medaillen gewonnen wie in keiner anderen Sommersport-Disziplin. Für Aufsehen sorgte auch Norbert Sattler, der 1972 bei der olympischen Wildwasser-Premiere im Augsburger Eiskanal Slalom-Silber eroberte. Bei den Damen ist der mehrfachen Wildwasser-Weltmeisterin Ursula Profanter der Umstieg aufs Flachwasser in beeindruckender Manier gelungen.

Im Rudern verfehlten 1992 in Barcelona die Ex-Weltmeister Arnold Jonke/Christoph Zerbst im Doppel-Zweier die erste Olympia-Goldmedaille für Österreich nur um wenige Zentimeter.

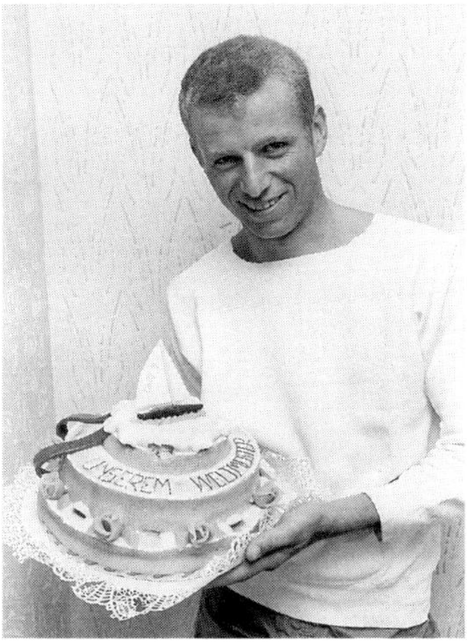

Foto: Sündhofer
Hubert Raudaschl

Segeln

Der Mann fürs Buch der Olympia-Rekorde kommt vom Wolfgangsee: Es handelt sich um Evergreen Hubert Raudaschl. Der 55-jährige Segelmacher ist mit zehn Olympia-Starts (1960 in Rom war er Ersatzmann) Weltrekordler. Raudaschl holte in seiner Ausnahme-Karriere bisher zweimal Olympia-Silber (1968 Finn, 1980 Star/mit Karl Ferstl), zwei WM-Titel (Finn, Mini-Tonner), fünf EM-Kronen und acht weitere Medaillen.

In der Formel 1 des Segelsports, der Tornado-Klasse, schrieben die Brüder Hagara Segelgeschichte. 1987 wurden Andi und Roman Weltmeister, 1990 Europameister. Zwei Jahre später trennte sich das Erfolgsduo – auch Roman übernahm das Ruder eines Bootes – und segelte mit neuen Partnern weiter auf Erfolgskurs. Vorläufiger Höhepunkt der Olympia-Mitfavoriten: 1999 wurden Roman Hagara/Hans-Peter Steinacher Weltmeister, Andi Hagara/Wolfgang Moser Vize-Weltmeister.

Schwimmen

Mit exakt 16 Jahren und 134 Tagen ist Otto Scheff, ein gebürtiger Berliner, der bis heute jüngste österreichische Olympiasieger. Er gewann bei den Zwischenspielen 1906 in Athen die 400 m Kraul. In London (1908) eroberte der spätere Rechtsanwalt und Nationalratsabgeordnete Bronze. Seit dem Gewinn der Bronzemedaille durch die Damen-Kraulstaffel 1912 in Stockholm gab's für Österreich bei Olympischen Spielen keinen Stockerlplatz mehr. Allerdings war Aushängeschild Vera Lischka in Atlanta 1996 drauf und dran, eine Jahrhundert-Sensation zu liefern, als sie Bronze über 100 m Brust nur um fünf Hundertstel Sekunden verpasste. Auf der Kurzbahn wurde die Linzerin dann einige Monate später Europameisterin.

Fechten

Die gebürtige Deutsche Ellen Müller-Preis, später Hochschul-Professorin und Fechtmeisterin am Wiener Reinhardt-Seminar, ist Österreichs erfolgreichste Teilnehmerin an Sommerspielen: 1932 eroberte die 20-jährige in Los Angeles nach viertägigem (!) Wettkampf als jüngste Teilnehmerin Florett-Gold. 1936 und 1948 wurde die elegante

Foto: Sündhofer
Gert Salbrechter, Marco Falchetto, Michael Ludwig und Joachim Wendt

Dame jeweils Dritte. Außerdem sicherte sich die fünffache Olympiastarterin („Wer als Sportler Charakter hat, gilt immer als Vorbild, egal, ob er Erfolg hat oder nicht.") drei Mal die WM-Krone. Seit den Tagen von Müller-Preis gab's keine Olympiamedaillen mehr - im Gegensatz zu EM und WM. Allerdings hatte das Herren-Florett-Team zweimal Pech: 1984 und 1996 musste sich die von Benny Wendt angeführte Equipe mit Olympia-Blech zufrieden geben.

Schießen

„Um 9 Uhr begann der Wettbewerb, um 16.30 Uhr hatte ich die Goldmedaille und war völlig durchnässt, obwohl ich zweimal die Wäsche gewechselt hatte", erinnert sich Hubert Hammerer an seinen Olympiasieg 1960 in Rom mit dem 300 m-Freigewehr. Die bisher einzigen goldenen Schüsse eines Österreichers in der Olympia-Geschichte absolviert auf einem nicht überdachten Schießstand bei Wind und Regen blieben allerdings medial unbeobachtet. Grund: Kein einziger heimischer Journalist war beim Olympia-Auftritt des gelernten Zimmermanns vor Ort gewesen. Was auffällt: Seit Rom haben Österreichs Schützen ihr Olympia-Visier immer wieder hervorragend eingestellt. Wolfram Waibel jun. schoss sich in Atlanta 1996 gleich zweimal aufs Podest.

Gewichtheben

Kaum zu glauben, weil's schon so lange her ist, aber wahr: Stemmen ist nach wie vor die erfolgreichste olympische Sommersportart aus österreichischer Sicht. Die bisher vier Goldmedaillen erkämpften der Wiener Beislwirt Josef Steinbach (1906, einarmiges Heben), Hans Haas (1928, Leichtgewicht), Franz Andrysek (1928, Feder) und Robert Fein (1936, Leicht). Als Titelsammler entpuppte sich Schwergewichtler Josef Grafl, der zwischen 1904 und 1931 sechsmal Weltmeister und zweimal Europameister war und vier Weltrekorde aufstellte. Auf vier Olympia-Starts brachte es Walter Legel in der Neuzeit.

Foto: Sündhofer
Walter Legel

Reiten

Weil Elisabeth Theurer sich 1980 dem Boykott der westlichen Reiter nicht angeschlossen hatte, eroberte die Industriellen-Tochter bei den Olympischen Spielen in Moskau mit dem unvergleichlichen Mon Cherie Gold in der Dressur. Und genoss trotz kritischer Stimmen den Triumph: Am schönsten wär's gewesen, hätte der Tag ewig angedauert. Mittlerweile schickt sich schon Victoria, das Töchterl von Gold-Sissy, an, in die Fußstapfen ihrer berühmten Mutter zu treten.

Weil der deutsche Verband 1972 nicht an Hugo Simon, sondern an seinem Toppferd Fair Lady interessiert war, erinnerte sich der kleine Mann mit dem großen Kämpferherzen seiner altöster-

Foto: Sündhofer
Elisabeth Max-Theurer

Foto: Sündhofer
Hugo Simon

reichischen Vorfahren und wechselte die Nationalität. Bei den Spielen in München scheiterte er mit Lavendel erst am letzten Hindernis - nur Blech. Ein Mißgeschick, das sich bei Großereignissen (Olympia, WM, EM) noch oft wiederholen sollte. Trotzdem ist der Publikumsliebling einer der erfolgreichsten Springreiter der Gegenwart: Dreifacher Weltcupgesamtsieger, Mannschafts-Olympiazweiter (mit Thomas Frühmann und Jörg Münzner) in Barcelona, lange Zeit Weltranglistenerster, Abonnement-Sieger bei Großen Preisen, Gewinner der Welt-Spiele (Olympia-Ersatz) im Jahr 1980 in Rotterdam, sechsfacher Olympiastarter.

Rad

Nimmt man die Tour de France, das berühmteste und schwerste Straßen-Rennen der Welt als Maßstab, dann war der kleine Wiener Adolf „Dolfi" Christian der zeitlos Größte aus österreichischer Sicht bei den Giganten der Landstraße. Der Tapezierer, von Italiens Radidol Fausto Coppi ins Schweizer Team geholt, belegte 1957 bei der Tour der Leiden den sensationellen dritten Platz. Lohn für die Mühen: Rund 18.000 S, die Christian erst mit einjähriger Verspätung erhielt. . . . . Sieger wurde bei seinem ersten Antreten der unvergessliche Jacques Anquetil (der noch vier Mal gewinnen sollte). Peter Luttenberger beendete die Große Schleife 1996 auf Platz 5, Gerhard Zabrobilek, einziger Österreicher, der bisher ein Straßen-Weltcuprennen und eine MTB-Weltcupkonkurrenz gewinnen konnte, wurde 1987 Vierzehnter. 1997 gehörte Georg Totschnig dem siegreichen Telekom-Team des Triumphators Jan Ullrich an. Vor dem Krieg hatte Max Bulla, Sechster der Profi-WM 1928, erster Gewinner der Tour de Suisse, zwei Tour-Etappen (davon eine über den Galibier) in der Kategorie Einzelfahrer für sich entschieden und in dieser Spezialwertung auch den Gesamtsieg gefeiert.

Foto: Sündhofer
Adolf „Dolfi" Christian

Eine unglaubliche Radsport-Begeisterung entfachte der ehemalige Südtiroler Richard Menapace bei der ersten Österreich-Rundfahrt 1949, die in der Besatzungszeit noch über die Demarkationslinie führte. Der 36-jährige gewann fünf von sieben Etappen und hatten im Ziel in Wien einen Vorsprung von 39 Minuten. Legendär waren bei der Tour d'Autriche in den Siebziger Jahren auch die Duelle zwischen den Bergspezialisten Wolfgang Steinmayr und Rudi Mitteregger. Der Tiroler gewann die Tour viermal, der Steirer dreimal.

Foto: Sündhofer
Ferry Dusika

Österreichs Stars waren aber auch auf der Bahn Weltklasse. Ferry Dusika z. B. ist bis heute als Sprinter Österreichs erfolgreichster Bahnfahrer geblieben. Der Asket, Sieger vieler Großen Preise, gründete eine Rennfahrerschule, rief die Dusika-Jugendtour ins Leben, engagierte die Größten der Szene (sein Liebling war Eddy Merckx) für das Hallen-Meeting in Wien. Spektakuläre Erfolge gelangen auch Roland Königshofer, der drei Mal Steher-Weltmeister wurde und insgesamt zwölf Medaillen auf sein Konto buchen konnte.

Tischtennis

Richard Bergmann, bester Abwehrstratege seiner Zeit, war zwischen 1937 und 1953 sieben Mal Weltmeister (Einzel, Doppel, Mannschaft), aber nur zwei Mal für Österreich, weil er 1938 als rassisch Verfolgter nach England emigrieren musste. Über ein halbes Jahrhundert später sorgte Werner Schlager mit Bronze bei der Weltmeisterschaft 1999 in Eindhoven für gewaltiges Aufsehen. Analog zu Bergmann galt bei den Damen die Wienerin Trude Pritzi seinerzeit als eine der bedeutendsten Spielerinnen. Die dreifache Weltmeisterin (1938 Einzel, 1939, 1947 jeweils Doppel) brachte mit ihren geschupften Bällen ihre stürmisch angreifenden Gegnerinnen immer wieder an den Rand der Verzweiflung.

Foto: Sündhofer
Werner Schlager

Tennis

Thomas Muster ist Österreichs Tennis-Spieler des Jahrhunderts. Mit seinem Grand-Slam-Sieg 1995 in Paris gegen Michael Chang erfüllte sich der Österreicher einen Lebenstraum. Der 44-fache Turniersieger, der in seiner Heimat allerdings nur Kitzbühel (1993) gewinnen konnte, war 1996 sechs Wochen lang die Nummer 1 der Welt. Und ging auch als Daviscup-Held in die Annalen ein. Unvergesslich der legendäre 5:0-Triumph Österreichs gegen den 26-fachen Gesamtsieger Australien sowie das bittere 2:3 im Wiener Semifinale gegen die Großmacht USA. Eines der tollsten und aufregendsten Spiele seiner Laufbahn lieferte Tom im Daviscup 1994 gegen Deutschland, als er von den Zuschauern frenetisch angefeuert in Graz-Unterpremstätten Michael Stich, damals die Nr. 2 der Welt, in einem denkwürdigen 5:25-Stunden-Marathon mit 6:4, 6:7, 4:6, 6:3, 12:10 niederringen konnte. Trotzdem verlor Österreichs Equipe den von leidenschaftlichem Emotionen begleiteten Länderkampf. Als der große Kämpfer fünf Jahre vorher in Key Biscayne von einem betrunkenen Autorowdy niedergemäht und am linken Knie schwer verletzt worden war, schien die Karriere des wohl fittesten Tennis-Athleten aller Zeiten zu Ende. Doch mit ungeheurer Zähigkeit, Härte und Selbstüberwindung gelang ihm schließlich der Weg zurück auf die Siegerstraße.

Foto: Sündhofer
Thomas Muster

Bei den Damen schaffte Barbara Schett 1999 mit Rang 7 die bisher beste Platzierung einer Österreicherin in der Weltrangliste. Außerdem gewann sie als erste Österreicherin eine Partie beim hoch dotierten Masters.

Boxen

Einen Rekord für die Ewigkeit (?) hält der Wiener Ernst Weiß: 1936 Europameister im Fliegengewicht, 1939 im Bantam, 1941 im Federgewicht. Den Kampf um die WM-Krone hat er denkbar knapp verloren und sich dabei beide Hände gebrochen. Als Manager verhalf Weiß dem 24 Jahre alten Joschi Weidinger 1947 zum Start beim größten Schwergewichts-Turnier der Welt in Brüssel. Nach dem sensationellen Sieg des Österreichers pries ihn Ex-Weltmeister Jack Dempsey

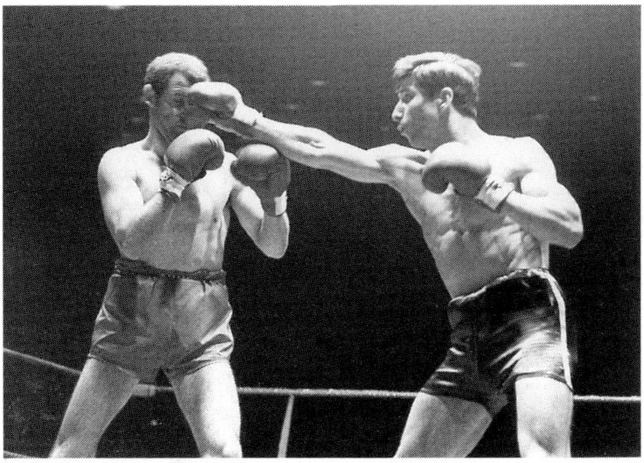

Foto: Sündhofer
Hans Orsolics

in den USA als neue weiße Hoffnung an. Aber „Joe Weidin" wurde ein Opfer der brutalen Gangart in den Übersee-Ringen. Nach der Rückkehr aus den USA eroberte Weidinger am 3. Juni 1950 vor 35.000 begeisterten Zuschauern im Wiener Stadion durch einen Punktesieg gegen „Eisenschädl" Stefan Olek aus Frankreich den EM-Titel.

27 Jahre später löste der junge Rauchfangkehrer Hans Orsolics eine hierzulande für unmöglich gehaltene Box-Begeisterung aus, nachdem er als 20-jähriger dem deutschen Dauerbrenner Conny Rudhof das EM-Championat im Superleichtgewicht entreißen konnte. Nach dem Gewinn der Welter-EM gegen den Franzosen Josselin vergab der Publikumsliebling — legendär sind noch die stimmgewaltigen Hansee, Hansee-Chöre — die große Chance auf einen WM-Kampf gegen Jose Napoles durch eine fürchterliche K.o.-Niederlage in Runde 4 gegen Aufbaugegner Eddie Perkins. Der K.o.-Schlag war letztlich auch ausschlaggebend dafür, dass Hanse in ein schweres privates Tief schlitterte. Womit letztlich die glanzvolle Karriere in ein potschertes Leben umschlug. Mit Hilfe einiger Freunde, in erster Linie von TV-Sport-Mann Sigi Bergmann, gelang es dem einstigen Liebling der Nation aber wieder, sein Leben in geordnete Bahnen zu lenken.

Ski Alpin

Achtlos schlenderten Rennläufer in Chamonix vor den ersten Rennen im Jahr 2000 an Plakaten mit Motiven aus der Pionierzeit des Skisports vorbei. Ihre karge Freizeit erlaubte den Österreichern auch keinen Besuch des Wintersportmuseums in der Bergsteigerstadt am Mont Blanc. Und außerdem: Einen Hermann Maier interessiert ohnehin nur die Gegenwart. Maier weiß nicht, dass Eiskunstläufer in Chamonix 1924 für die ersten österreichischen Olympia-Goldmedaillen gesorgt hatten. Er weiß auch nicht, dass den besten österreichischen Skifahrern vor dem Krieg ein Olympiastart untersagt gewesen war, weil ihr Skilehrerjob als unvereinbar mit den Amateurbestimmungen gegolten hatte. Und Maier wird auch nicht wissen, dass die erste österreichische alpine Goldmedaille erst 1948, also 24 Jahre nach den ersten Winterspielen, von einer Frau errungen wurde. Trude Beiser gewann 1948 Gold in der Kombination und vier Jahre später als Trude Beiser-Jochum Gold im Abfahrtslauf. Wie sehr aber sind dem Pisten-Macho die männlichen Altmeister und deren Heldentaten ein Begriff?

Foto: Sündhofer
Karl Schranz

Den dreifachen Weltmeister Karl Schranz, der 28 Jahre später in Maier erst einen österreichischen Nachfolger als Gesamtweltcupsieger fand, nannte der Hermann, befragt, ob er Schranz kenne, „den liaben älteren Herren, der in der Kronen-Zeitung öfters so a Spalt'n schreibt". Den Vergleich mit

Olympiasieger Franz Klammer (1976 Gold am Patscherkofel) hält Maier für ehrenvoll, seit ihn Journalisten im November 1999 darauf aufmerksam gemacht haben, dass er, Hermann, des Klammers Weltcuprekord (26 Siege) schon bald brechen werde. Und von Toni Sailer hat Maier gehört, dass der „amol a Menge Goldene“ gemacht hat. Konkret: 1956 bei Olympia in Cortina und 1958 bei der Heim-WM in Badgastein insgesamt sieben erste Plätze.

Foto: Sündhofer
Franz Klammer

So sehr sich die Zeiten, der Stil, der Schnee und das Material geändert haben, Parallelen zwischen den Champions von einst und jetzt gibt es sehr wohl noch. Zum Beispiel was Bluff und Geheimhaltung betrifft. Wenn Thomas Stangassinger (Olympiasieger 1994) Kurz-Skier testet, dann will er genau so wenig von den Jungen beobachtet werden wie einst Karl Schranz, der in Wahrheit viel mehr trainiert hatte als die Konkurrenz. Und wenn Hermann Maier in Obertauern stundenlang am Fahrrad-Ergometer schwitzt, dann legt er auf Augenzeugen genauso wenig wert wie in den Fünfziger-Jahren ein Toni Sailer beim Waldlauf. Sailer tarnte sich seinerzeit sogar mit einem Trenchcoat über dem Trainingsanzug, ehe er in Kitzbühel zum Joggen ausrückte. Die Tiroler Stadt am Hahnenkamm galt zu dieser Zeit (dank Sailer, Slalom-Olympiasieger Ernst Hinterseer, Christian Pravda und Anderl Molterer) als das Mekka des alpinen Skisports. Heute ist es Kitz nur des Hahnenkamms, nicht aber seiner Rennläufer wegen. Ähnlich verhält es sich mit dem Arlberg. Der letzte erfolgreiche Arlberger, Abfahrts-Olympiasieger Patrick Ortlieb, zieht bekanntlich als Abgeordneter das hohe Haus dem hohen Tempo vor. 28 Jahre hatte es gedauert, bis der Arlberger Egon Zimmermann (Gold 1964 in Innsbruck) mit Ortlieb (Gold 1992 in Albertville) einen olympischen Nachfolger bekam. Im Falle von Kitzbühel ist die Durststrecke noch viel länger.

Die Vorherrschaft Kitzbühler Skistars der Fünfziger Jahre war seinerzeit auch damit begründet worden, dass Kitzbühel schon eine Seilbahn besaß. So soll Christian Pravda die Streif einmal an einem Tag nicht weniger als zwölf Mal herunter gerast sein, während anderorts ein Großteil der Trainingszeit für mühsame Fußmärsche aufgewendet werden musste. Inzwischen gibt es im Ski-Paradies Österreich nicht weniger als 330 Seilbahnen, 437 Sessellifte und 2416 Schlepplifte. Und inzwischen stellte mit Ausnahme Wiens und des Burgenlands schon jedes Bundesland den Gewinner (bzw. die Gewinnerin) eines Weltcuprennens. Die Erfolgsregion Nummer 1 aber wurden die Tauern beiderseits der Landesgrenze von Salzburg und der Steiermark. Von Annemarie Moser (Kleinarl) bis Hermann Maier (Flachau), von David Zwilling bis Alexandra Meissnitzer (beide Abtenau), von Petra Kronberger (Pfarrwerfen) bis Andreas Schifferer (Radstadt), von Michael Tritscher bis zu Hans Knauß (beide Schladming), nirgendwo sonst wurde im letzten Viertel des 20. Jahrhunderts auf einem derart kleinen Raum eine so große Medaillenflut lokaler Skikünstler registriert.

Doch der Grat zwischen Triumph und Tragödie war gerade dort sehr schmal. Ein Rückblick macht eine Gedenkminute für österreichische, tragisch ums Leben gekommene Spitzenläufer zur Pflicht. Abfahrts-Weltmeister Sepp Walcher, der die schwersten Pisten gemeistert hatte, wurde 1984 ein Hobbyrennen daheim in Schladming zwei Jahre nach seinem Rücktritt zum Verhängnis. Ulli Maier fand auf dem Rauriser Friedhof ihre letzte Ruhestätte, nachdem die einzige Mutti im Austria-Ski-Team am 29. Jänner 1994 bei der Abfahrt in Garmisch tödlich verunglückt war. Rudi Nierlich starb am 18. Mai 1991, nur vier Monate nachdem er zum dritten Mal Weltmeister geworden war, wenige Meter von seinem Wohnort entfernt bei einem Autounfall in St. Wolfgang. Peter Wirnsberger II stürzte am 20. Dezember 1992, zwei Stunden nach seinem FIS-Rennsieg in Zauchensee, bei einer privaten Abfahrt mit seiner Freundin so unglücklich, dass für ihn jede Hilfe zu spät kam. Richard Kröll aus dem Zillertal wurde wie — Nierlich — am 5. Oktober 1996 ein Opfer seiner Autoleidenschaft. Und der junge Gernot Reinstadler verblutete am 18. Jänner 1991 auf dem Lauberhorn-Zielhang vor den Augen seiner entsetzten Kameraden. Auf dem Bergfriedhof von Jerzens, wo

Reinstadler seine letzte Ruhestätte fand, steht ein schlichtes Holzkreuz mit fünf eingravierten Worten: Gottes Wille kennt kein Warum.

Skispringen

Er flog als erster Mensch über die ominöse 100-m-Marke. In Planica landete er am 15. März 1936, nachdem er die Arme als Ruder benutzt und fünf Mal durchgezogen hatte, bei 101,5 m. Zwei Jahre später verbesserte er den Weltrekord auf 107 m. 1939 wurde er Weltmeister. 1953 gewann er die erste Vierschanzentournee. Sepp „Bubi Bradl" war ein Idol seiner Zeit. Nach seiner aktiven Karriere wurde er Trainer, wobei Ex-Flugweltrekordler Reinhold Bachler, Silbermedaillengewinner von Grenoble, und der Olympia-Dritte Baldur Preiml seine Schützlinge waren. Jener Preiml, der später als ÖSV-Trainer eine Schanzen-Revolution auslöste (mit neuen Sprunganzügen, Skiern, autogenem Training, Ernährungsumstellung) und als Vater des österreichischen Springer-Wunders gilt, der Wissenschaft und Erfahrung ideal verknüpft und einen Quantensprung in dieser Sportdisziplin ausgelöst hat. Der Kärntner führte seinen Landsmann Karl Schnabl ebenso zum Olympiasieg (in Innsbruck 1976) wie den Vorarlberger Toni Innauer, der vier Jahre später in Lake Placid Gold gewinnen konnte (Silber für Hubert Neuper, seines Zeichens zweifacher Tournee- und erster Weltcupgesamtsieger). Nach dem zweiten Platz in Innsbruck war Springer- und Flieger-Star Innauer zornig und gereizt und begründete dies so: Eine normale Reaktion, die man für die psychische Hygiene braucht. Als Innauer Trainer wurde, formte er seinerseits Ernst Vettori zum Olympiasieger und Mannschafts-Silbernen in Albertville 1992. Bemerkenswert: Martin Höllwarth konnte sich in Frankreich dreimal versilbern. Insgesamt fünf Medaillen bedeuteten Teamrekord.

Foto: Sündhofer
Anton Innauer

Eine bisher kaum gekannte Euphorie löste Andi Goldberger aus, der als 16-jähriger beim Mattenspringen in der Kaderschmiede Stams die Elite in die Schranken wies, womit der sensationelle Aufstieg des unbekümmerten Oberösterreichers beginnen sollte. Der zweifache Olympia-Medaillengewinner, dreifache Weltcupgesamtsieger und zweifache Tournee-Gewinner wurde von seinen Fans auch nicht fallen gelassen, als er mit privaten Affären in die Schlagzeilen geraten war. Und nach seinem sportlichen Absturz setzte er erneut zu Höhenflügen an. Für Schlagzeilen sorgte er auch, als er am 17. März 1994 in Planica als erster Mensch die 200 m-Schallmauer brach, nach einem 202 m-Flug aber mit der Hand in den Schnee greifen musste.

Skilanglauf

Jahrzehnte lang schienen Top-Ten-Plätze für Österreich, keine Langlauf-Nation im klassischen Sinn, das Höchste aller Gefühle. Aber der Salzburger Walter Mayer, 1980 Sensationssieger des legendären Wasalaufs in Schweden über 86 km und 1992 Zweiter dieses größten Langlaufspektakels der Welt, löste eine Art Loipen-Wunder in der Alpenrepublik aus. Bei den Olympischen Spielen 1998 in Nagano sorgte Markus Gandler aus der ehemaligen Alpin-Hochburg Kitzbühel für die erste Medaille-Silber über 10 km klassisch. Und der Mühlviertler Christian Hoffmann eroberte im Marathon über 50 km (Freistil) ebenso überraschend Bronze. 1999 gehörten beide der siegreichen WM-Staffel in der Ramsau an.

Nordische Kombination

Beim Klettern holte sich der drahtige Kitzbühler Klaus Sulzenbacher jene Härte, die ihn später zum Zugpferd der Austria-Kombinierer machen sollte. Bei Olympischen Spielen sprang und lief er zu vier Medaillen (Silber und Bronze im Einzel in Calgary 1988 bzw. Albertville 1992, zwei mit der Mannschaft). Außerdem wurde er Mannschafts-Weltmeister (mit Ofner und Csar) und feierte Weltcupsiege en masse.

Eiskunstlauf - Nostalgie in Gold, Silber und Bronze

Österreichs Eiskünstler schrieben eines der wichtigsten Kapitel rot-weiß-roter Sportgeschichte. Zwischen den beiden Weltkriegen waren unsere Läufer eine Großmacht, es wimmelte nur so von Olympiasiegern, Weltmeistern, Europameistern und weiteren Medaillengewinnern. Herausragende Erscheinung: Der begnadete Wiener Eiskönig Karl Schäfer, der zweimal Olympiasieger (1932 in Lake Placid, 1936 in Garmisch), siebenmal Weltmeister und achtmal Europameister wurde. Ein Rekord für die Ewigkeit.

Schäfer, unnachahmlich elegant und kreativ, ein Bewegungstalent, Erfinder immer neuer Schrittkombinationen, Sprünge und Pirouetten, war ein sportliches Phänomen. Als Kind begeisterter Fußballer, drang er als 200-m-Brustschwimmer 1928 bis ins Olympia-Halbfinale vor. Und als exzellenter Musiker (Saxophon, Geige, Kapellmeister) hätte der liebevoll „Karli" genannte Schäfer, der auch eine eigene Eis-Mode kreierte und später Revueläufer wurde, sicher auch Karriere machen können.

Foto: Sündhofer
Schwarz, Schuba, Danzer

Für Österreichs erste Goldmedaillen bei Winterspielen hatten 1924 Herma Plank-Szabo, die auch noch siebenmal Weltmeisterin und mit Ludwig Wrede zweimal Paarlauf-Weltmeisterin wurde, und die Paarläufer Helene Engelmann/Alfred Berger gesorgt. Auf Gold-Spuren zogen nach dem 2. Weltkrieg die Paarläufer Sissy Schwarz/Kurt Oppelt (1956), vom ehemaligen Eispapst Grünauer zusammengespannt, Wolfgang Schwarz (1968) und Pflicht-Königin Trixi Schuba (1972) ihre olympischen Kreise. Auf die zweithöchste Stufe des Podests tanzten und sprangen Eva Pawlik, Helmut Seibt und Regine Heitzer. Ingrid Wendl wurde in Cortina Dritte.

Fast schon legendär sind die brisanten Duelle zwischen Wolfgang Schwarz und dem dreifachen Weltmeister Emmerich Danzer. Bei den Olympischen Spielen in Grenoble war der tänzerisch elegante Danzer klarer Favorit, verhaute aber eine Pflichtfigur (Schlangenbogen-Schlinge) und musste sich trotz der besten Kür seines Lebens — krass unterbewertet — mit Platz 4 zufrieden geben. Sieger wurde Schwarz in einem wahren Eis-Krimi vor dem Amerikaner Tiger Wood.

Bis zu Schubas Triumph in Japan waren Österreichs Eiskünstler seit 1924 lediglich 1960 in Squaw Valley ohne Medaille geblieben. Die bisher letzte Goldmedaille der ehemaligen Großmacht erkämpfte Claudia Kristofics-Binder mit dem EM-Titel 1982 in Lyon. „Ich war die letzte, die Katarina Witt geschlagen hat, nach mir hat sie dann immer gewonnen" erinnert sich Claudia nicht ohne Stolz.

Eisschnellauf

Nach der Bronzemedaille über 10.000 m durch Ex-Weltrekordler Max Stiepl 1936 in Garmisch dauerte es über ein halbes Jahrhundert, ehe der Tiroler Michael Hadschieff bei den Spielen 1988 in Calgary mit zwei Medaillen (Silber über 10.000 m, Bronze über 1500 m) eine neue Begeisterungswelle aus heimischer Sicht entfachte. Die dann die ehemalige ungarische Eis-Gräfin Emese Hunyady noch weiter steigern konnte. Nach Bronze über 3.000 m 1992 in Albertville („Ich weiß, dass ich noch viel besser laufen kann") wurde sie vier Jahre später im Wikingerschiff von Hamar erste österreichische Olympiasiegerin und tanzte nachher mit der rot-weiß-roten Fahne einen Eis-Walzer. Über 3.000 m musste sich Emese nur der Russin

Foto: Sündhofer
Emese Hunyady

Baschanowa geschlagen geben. 1999 wurde Emese Weltmeisterin, aber ihr Tatendurst ist noch lange nicht gestillt.

Eishockey

Österreichs große Erfolge haben schon Patina angesetzt. 1931 WM-Bronze, 1947 detto. Damals kürte die österreichische Equipe durch einen sensationellen 2:1-Sieg über Beinahe-Weltmeister Schweden die CSR zum Champion. Im Tor der Österreicher brillierte Fredi Huber, der auch ein Tennis-Crack war. Prämie der Tschechen für die österreichische Schützenhilfe: Ein Waggon Zucker. Zu den herausragenden Akteuren dieses Sports zählte hierzulande Sepp Puschnig, der von 1965 bis 1978 für Furore sorgte, mit dem KAC 13-mal Meister wurde, insgesamt zwölf Weltmeisterschaften und drei Olympische Spiele absolvierte.

Rodeln

Paukenschlag durch Österreich bei den erst seit Innsbruck 1964 olympischen Rodel-Bewerben: Doppelsitzer-Gold durch Feistmantl/Stengl, Silber durch Senn/Thaler. Weil ein Großteil der heimischen Journalisten damals den 50 km-Langlauf in Seefeld vorgezogen hatte, wurden nur Funktionäre und enge Verwandte Zeugen des historischen Erfolgs im Morgengrauen. In Grenoble sicherte sich Manfred Schmid den Olympiasieg.

Beim österreichischen Medaillen-Fest in Albertville überstrahlte ein schwesterlicher Triumph alles: Doris vor Angelika Neuner. Markus Prock, neunfacher Weltcupgesamtsieger sowie zweifacher Welt- und Europameister, musste sich nur „Turbo-Schorsch" Hackl geschlagen geben. Ebenso vier Jahre später in Lillehammer. Rückstand auf den Bayern: 13 Tausendstel.

Foto: Sündhofer
Josef Feistmantl

Bob - Gold und Silber lieb' ich sehr

Österreichs Bob-Asse rasten bei drei Olympischen Spielen gleich drei Mal aufs Podest. Und zwar jeweils im Vierer. Erwin Thaler war dabei 1964 in Innsbruck ebenso Pilot wie vier Jahre später in Grenoble. Der große Coup (sprich Gold) gelang aber dem gelernten Goldschmied Ingo Appelt aus Tirol 1992 in Albertville. Später stieg der Olympiasieger dann wie Patrick Ortlieb in die Politik ein.

Wolfgang Winheim

LEISTUNGSSPORT IM 3. JAHRTAUSEND

Die Jahrtausendwende war – nicht nur für die BSO – Anlass, zurückzublicken. Die Vorstellung der österreichischen Jahrhundertsportler sowie der Rückblick auf die Höhepunkte eines Jahrhunderts im Sport in diesem Jahrbuch belegen eindrucksvoll die große Rolle, die der Sport und seine herausragenden Vertreter, die Spitzensportlerinnen und Spitzensportler, im öffentlichen Leben spielen.

Die BSO nahm aber die Jahrtausendwende auch zum Anlass, im Rahmen ihres jährlich stattfindenden Trainerforums am 15. Oktober 1999 in Innsbruck Experten aus verschiedenen Forschungsgebieten einzuladen, ihre Vorstellungen darzulegen, in welche Richtung sich der Leistungs- und Spitzensport im beginnenden nächsten Jahrtausend entwickeln wird. Walter Kratzer hat die Referate des renommierten Kölner Sportmediziners Univ. Prof. Dr. Wildor Hollmann und des weltbekannten Sportphilosophen Univ. Prof. Dr. Hans Lenk zusammengefasst, die für jeden Sportinteressierten und -verantwortlichen viel Stoff zum Nachdenken bieten.

Foto: BSO
BSO-Präsident Dr. Löschnak beim 9. Trainerforum der BSO mit Dr. Wildor Hollmann und DDr. Hans Lenk

Univ. Prof. Dr. Wildor Hollmann über Sport und Körper:

Der Sport und die Gene

Wie es um die Grenzen der menschlichen Leistungsfähigkeit und der sportlichen Rekordentwicklung bestellt ist, illustrierte der Kölner Sportmediziner, Universitätsprofessor Dr. Wildor Hollmann mit einem einleuchtenden Beispiel: „Von Vorteil im Hochsprung und im Basketball ist der überdurchschnittlich hohe Wuchs, im Gerätturnen das relativ geringe Gewicht, im Gewichtheben sind es kurze Arme: Einer hochfunktionsfähigen Skelettmuskulatur als Kraftfaktor muss eine möglichst geringe inaktive Körpermasse gegenüberstehen."

Nicht das „Kraftpaket" im üblichen Sinn macht es also aus, sondern das Zusammenspiel verschiedener Faktoren. Hollmann: „Der Mensch stellt eine psycho-physische Einheit dar, dessen Aktionen und Reaktionen netzartig miteinander verknüpft sind." Hollmann hat für eine überdurchschnittliche sportliche Leistungsfähigkeit vier Grundfaktoren ausgemacht:

- Körperbaumerkmale (Länge, Gewicht, Proportionen),
- Morphologie und Struktur der Organe, sowie der Prozentsatz der fettfreien Körpermasse,
- chemischer Aufbau der Organe, sowie
- nervale und hormonelle Steuerung.

Bei den motorischen Beanspruchungsformen unterscheidet er zwischen Koordination, Flexibilität, Kraft, Schnelligkeit und Ausdauer. Die Bedeutung der Motorik setzt bereits im Kindergartenalter ein. Der Mensch wird mit 160 bis 180 Milliarden Nervenzellen geboren, die sich bis zum Kindergartenalter auf 100 Milliarden verringern. Bei der Geburt besitzen die einzelnen Nervenzellen (Neuronen) keine Verbindung untereinander (Synapsen). Das ist aber die Voraussetzung zum Überleben. Die stärkste Antriebskraft zur Synapsenbildung ist Motorik. Hollmann: „Die Aufmerksamkeit des kleinen Kindes bis zur Schulreife kann zum Beispiel durch einen hüpfenden Ball gefesselt werden. Der Versuch ihn zu greifen, fallen zu lassen und immer wieder neu in Besitz zu bringen, stellt die stärkste Synapsenförderung dar, die theoretisch denkbar ist."

Den Einfluss der Gene auf den Hochleistungssport skizzierte Professor Hollmann an Hand der Skelettmuskulatur, wobei er in einer groben Differenzierung zwischen langsamen und schnellen Skelettmuskelfasern unterschied: Langsame kontrahieren und erschlaffen langsam, schnelle kontrahieren schnell und erschlaffen schnell. Langsame Muskelfasern sind schwer ermüdbar und dienen vor allem Ausdauerleistungen, während schnelle Muskelfasern als schnell ermüdbare Zellen für Schnelligkeit und Schnellkraftleistungen (Sprint, Wurf, Stoß, Sprung, Zug, Schlag) zuständig sind. Üblicherweise verfügt der Mensch im Körperdurchschnitt über 50 Prozent langsame und 50 Prozent schnelle Muskelfasern. Genetische Ausnahmen betreffen ca. 0,5 Prozent der Bevölkerung. Diese Menschen besitzen schon von Kindheit an entweder einen überdurchschnittlich hohen Prozentsatz an langsamen oder an schnellen Muskelfasern. Sie sind gewissermaßen die potentiellen Olympiasieger von morgen. In experimentellen Untersuchungen an Weltklassesportlern konnte nachgewiesen werden, dass etwa Langstreckenläufer einen überdurchschnittlich hohen Prozentsatz an langsamen Muskelfasern, Sprinter oder Werfer hingegen in der beanspruchten Muskulatur einen überdurchschnittlich hohen Prozentsatz an schnellen Muskelfasern besitzen. Durch Training kann man zwar die Masse langsamer oder schneller Muskelfasern vergrößern, jedoch den Prozentsatz der Muskelfaserarten nur in einem sehr beschränkten Umfang. Darum spielt der genetische Gesichtspunkt eine so große Rolle.

Was die Genforschung betrifft, so verwies Professor Hollmann darauf, dass derzeit rund 40 Prozent aller menschlichen Gene in ihrem Code entschlüsselt sind und bis 2004 der gesamte menschliche Code entschlüsselt sein könnte. Dann könnten - theoretisch - vorhandene Genprogramme umprogrammiert, also manipuliert werden. Stephen Hawking glaubt, dass derartige Genmanipulationen unter dem Druck des Hochleistungssports kommen werden. Professor Hollmann setzt da eher auf die Weltraumforschung, da in diesem Bereich nach Möglichkeiten gesucht wird, Menschen zu ermöglichen, die Beschleunigung bis zum Ausmaß von Lichtgeschwindigkeit körperlich auszuhalten. Das würde möglicherweise auch dem Hochleistungssport neue Möglichkeiten erschließen. Hollmann schließt das für sich allerdings aus: „Ich freue mich, das nicht mehr erleben zu können!"

Univ. Prof. Dr. Hans Lenk über die Zukunft des Sports:

Weg von der Goldmedaillen-Hysterie!

Wie geht es weiter im Sport, wie ist es um seine Zukunftsfähigkeit bestellt? Diese Fragen stellte sich der deutsche Experte Universitätsprofessor Dr. Hans Lenk am 15. Oktober 1999 beim Trainerforum der BSO.

Wenn Lenk auch mit Voltaire meinte, es sei alles schwer vorherzusagen, „besonders die Zukunft", so kam er doch immerhin zu einer Reihe von vorausschätzbaren Entwicklungen und Trends: So werde etwa die Ausrichtung an Höchstleistung und Leistungssteigerung, also an Rekorden, auch in Zukunft eine bestimmende Grundlage des sportlichen Wettkampfs bleiben. Immerhin, so Lenk, sei ja „der abendländische Mensch und sein Sport auf Übertreffen und Überbieten des Bisherigen angelegt". Dabei rechnet der Wissenschaftler vermehrt mit sogenanntem „Grenznutzen": Denn es werden erhebliche Verbesserungen bei der Talentauswahl und in den Trainingsmethoden, aber auch wissenschaftlich gestützte Intensivierung und Verlängerung sowie eine „raffinierte Periodisierung" des Trainings nötig sein, die jedoch tendenziell zu immer geringeren Leistungszuwächsen führen werden. Auch die Orientierung am Wettkampf und der Konkurrenz werde selbstverständlich bleiben, allerdings nicht wesentlich zunehmen. Denn während die Hochleistung gleichstarker Finalgegner vermutlich weiterhin geschätzt werden wird, dürfte die Abhängigkeit des Meisterschaftserfolges vom Zufallsglück und anderen Faktoren deutlicher werden.

Einfluss der Sponsoren nimmt zu

Der deutsche Experte rechnet weiterhin damit, dass der Einfluss der Sponsoren und der medialen Bedingungen der elektronischen Medien zunehmen wird. Er erinnerte etwa daran, dass schon bisher der Zeitpunkt eines sportlichen Finalkampfes (entgegen optimalen Bedingungen aus sportlicher Sicht) nach den Prime-time-Bedingungen amerikanischer TV-Stationen angesetzt wurde. Gleichzeitig wird die Resonanz der elektronischen Medien auf sportliche Ereignisse weiterhin vom sportlichen „Infotainment" abhängig sein und der Prämien-Tourismus von Meisterathleten, wie auch der Jackpot- und Cup-Zirkus nach internationalen Meisterschaften weiter zunehmen.

Im Zusammenhang mit der steigenden Bedeutung der elektronischen Medien wird überdies die Tendenz zu Risiko- und Natursportarten zunehmen; etwa Sportevents mit Abenteuer- oder Expeditionscharakter - Lenk erinnerte etwa an Messners Alleinbesteigung des Mount Everest ohne Sauerstoffmaske.

Schlechte Aussichten im Kampf gegen Dopingsünder

Schlechte Aussichten prophezeite Lenk für den breiten Bereich des Dopings: Die Neigung zur physischen und gesundheitlichen Selbstausbeutung der Athleten werde zunehmen, die Vielzahl von Meisterschaften und Wettkämpfen werde zu überlastungs- und verletzungsbedingten Ausfällen und Abbrüchen führen und zu entsprechenden Gegenmanipulationen oder zu legitimen wie auch illegalen „Vorbeugungs"-Tricks. Auch energieliefernde und leistungsförderliche Substanzen werden vermehrt und raffinierter benutzt werden, wobei der Trend auch zu Placebo-Effekten gehen werde - vielleicht auch zu hypnotischen und mentalen Strategien zur Leistungssteigerung.

Schlechte Nachrichten hatte Professor Lenk auch für Anti-Doping-Strategen: Auch internationale, verbesserte oder gar flächendeckende Dopingkontrollen würden Doping auch in Zukunft nicht verhindern können: Die „Trickser" werden auch künftig den Kontrolleuren meistens um ein Präparat oder einen Verdeckungsmechanismus voraus sein. „Hier helfen nur international organisierte, z.B. politisch beaufsichtigte, aber vor allem auch unabhängige Kontrollen, die nicht von den am Erfolg interessierten Verbänden selbst vorgenommen werden oder beaufsichtigt werden."

Allerdings setzt der Wissenschafter auf das Selbstwertgefühl der Sportler. Unter den Athleten, meinte Lenk, würden sich vermehrt Initiativen zur Sauberhaltung des Sports ausbreiten, gewissermaßen als eine Art von besonderer Selbstverpflichtung und Selbstbindung, um die Glaubwürdigkeit des Sport durch den freiwilligen Verzicht auf Doping zu erhalten.
Schließlich wird das Erlebnis von sportlicher Eigenaktivität die bisherige Fitnesswelle über die Fitnesszentren hinaus noch differenzieren, d.h. neben der persönlichen Leistungssteigerung bekommt vermehrt auch ein „inneres Spielen", das Eigenerleben größere Bedeutung. Lenk konnte dem durchaus einen positiven Nebeneffekt abgewinnen: Diese Tendenz dürfte der immer größer werdenden Kluft zwischen den sportlichen Höchstleistungsartisten auf der einen und den „Fernsehsportlern" auf der anderen Seite tendenziell etwas entgegenwirken.

Mehr Leistungsgerechtigkeit!

Als zentrale Forderung aus seiner Prognose für die Zukunft des Sports definierte Professor Lenk den Leitsatz: „Mehr Leistungsgerechtigkeit im Leistungssport!" Er wandte sich damit nicht nur gegen die ausschließliche Konzentration von Medien, Öffentlichkeit und Sportverbänden auf den Sieger, sondern auch gegen die „fragwürdige Addition von Punktebewertungen", wie sie etwa im leichtathletischen Mehrkampf bei Punktegleichheit oder bei völlig von Punktewertungen abhängigen Disziplinen, wie Turnen oder Eiskunstlauf angewendet werden. Generell, so Lenk, sollte die absolute Bevorzugung des Siegers gegenüber dem Zweiten oder Dritten vermindert werden. Als Alternativen schlug Lenk die Berücksichtigung aller Wettkampfteilnehmer bei der Siegerehrung vor, oder „die Vermeidung von Goldmedaillen-Hysterie" durch die Sportverbände und in der Öffentlichkeit.
Ein interessanter Vorschlag, aber wer tut den ersten Schritt?

Walter Kratzer

BSO

ÖSTERREICHISCHE BUNDES-SPORTORGANISATION

vereinsrechtlich eingetragen 1969

Haus des Sports, Prinz Eugen-Straße 12, A-1040 Wien
Telefon 01 / 505 37 42 / 260 oder 261, Fax 01 / 505 08 45,
http://www.asn.or.at/bso/; e-mail: bso@asn.or.at

Präsident: Dr. Franz Löschnak

Generalsekretär: Dr. Walter Pillwein

ÖSTERREICHISCHER BUNDES-SPORTFACHRAT
(bestehend aus den 53 anerkannten Fachverbänden)

Präsidium
Dr. Theodor Zeh, Vorsitzender (Tennis)
Dr. Karlheinz Demel (American Football)
Dr. Klaus Leistner (Ski)

ÖSTERREICHISCHER BUNDES-SPORTRAT
(bestehend aus Vertretern der Bundes- und Landesleitungen der Dachverbände ASVÖ, ASKÖ, SPORTUNION, der Ministerien, der Landessportorganisationen und des ÖOCs)

Präsidium
Liese Prokop (SPORTUNION), Vorsitzende (ab 19.11.1999)
Ernst Fili (ASKÖ), Vorsitzender (bis 19.11.1999)
Dr. Gernot Wainig (ASVÖ)
Dr. Hermann Gruber (SPORTUNION) (bis 19.11.1999)

VORSTAND
Der Präsident der BSO und die Präsidien des Bundes-Sportfachrates und des Bundes-Sportrates sowie
Ing. Fritz Augustin (Fußball)
Gerhard Hofbauer (Handball)
Min.-Rat Dr. Lothar Scheer (Amateurboxen)
Felix Netopilek (ASVÖ)
Michael Maurer (ASKÖ)
Mag. Fritz Smoly (SPORTUNION)

Mit beratender Stimme:
Dr. Walter Pillwein (Generalsekretär)
Min.-Rat Dr. Erich Irschik (BKA)
Dr. Heinz Jungwirth (ÖOC)
Dr. Peter Pilsl (LSOs)

Offizielle Publikationen:
"ÖSTERREICH-*Sport*", 5mal jährlich
BSO-TERMINKALENDER, 2mal jährlich
"ÖSTERREICHISCHES SPORTJAHRBUCH"

Die Österreichische Bundes-Sportorganisation ist die nicht-staatliche Dachorganisation des österreichischen Sports, deren ordentliche Mitglieder die Dachverbände (ASKÖ, ASVÖ, SPORTUNION), die derzeit 53 anerkannten Fachverbände und der Österreichische Behindertensportverband als „Mitglied mit besonderer Aufgabenstellung" sind.

Eine Reihe von Verbänden, Einrichtungen und Institutionen, die für den österreichischen Sport von besonderer Bedeutung sind, insbesondere die 9 Landes-Sportorganisationen, gehören der BSO als außerordentliche Mitglieder an.

Die BSO vertritt den gesamtösterreichischen Sport und koordiniert Angelegenheiten des Sports mit den für den Sport zuständigen staatlichen Stellen.

In folgenden Einrichtungen des Sports ist die BSO vertreten:
- Österreichisches Olympisches Comité (ÖOC)
- Österreichisches Komitee für internationale Sportbeziehungen (KIS)
- Österreichische Sporthilfe
- Österreichischer Spitzensportausschuss
- Österreichisches Anti-Doping-Comité (ÖADC)

Österreichisches Institut für Schul- und Sportstättenbau (ÖISS)
Österreichisches Institut für Sportmedizin (ÖISM)
Institut für medizinische und sportwissenschaftliche Beratung (IMSB)
Sport-Leistungsmodell Südstadt
Österreichisches Olympia- und Sportmuseum

A) Interessensvertretung

Die Basisfinanzierung des österreichischen Sports konnte in schwierigen Verhandlungen mit Bundeskanzler Mag. KLIMA, Staatssekretär Dr. WITTMANN und Finanzminister EDLINGER für die nächsten drei Jahre gesichert werden. Die Besondere Bundes-Sportförderung wurde nach Änderung des Glücksspielgesetzes weiterhin an die Umsätze der Österreichischen Lotterien gebunden. Durch eine 3,5 %-ige Umsatzbeteiligung bis zum Jahre 2002 kann mit einer stufenweise Erhöhung des derzeitigen Grundbetrages von ATS 440 Mio. im Jahre 2000 auf ATS 500 Mio. gerechnet werden.

50 % der zusätzlichen Mittel für die Dachverbände und dem Österreichischen Fußballbund sind laut Gesetz für arbeitsplatzschaffende Maßnahmen zu widmen. In Erfüllung dieser Auflage zeigen die Dachverbände und der ÖFB Solidarität. Aufgrund eines einstimmigen Beschlusses des BSO-Vorstandes (28.09.1999) wird die Hälfte dieser Mittel für dringende, bisher nicht finanzierbare Bedürfnisse des Sports verwendet werden, die vor allem auch den Fachverbänden zugute kommen.

Wichtige Themen der im Jahre 1998 herausgegebenen BSO-Studie „Sport 2000" wurden von Arbeitskreisen des Bundes-Sportrates und des Bundes-Sportfachrates bearbeitet und brachten vorläufig folgende (Teil-)Ergebnisse :
Der Betriebssport hat sich in den letzten Jahren eigenständig entwickelt und legt darauf Wert, diese Eigenständigkeit zu bewahren. Kooperationen mit den Dachverbänden sowie mit einigen Fachverbänden funktionieren klaglos. Deponiert wird allerdings der Wunsch nach größerer Unterstützung bei der Öffnung von Sportstätten für den Betriebssport und bei der Durchführung von Meisterschaften. Schon allein aus diesen Gründen werden weite Bereiche der Zusammenarbeit zwischen der BSO (als Dachorganisation des Sports) und dem Betriebssport offensichtlich.

Für die Verbesserung vor allem der ehrenamtlichen Arbeit der Funktionärinnen und Funktionäre liegt eine Reihe von Vorschlägen und Ideen vor, deren schrittweise Umsetzung nun begonnen werden sollte. Hervorgehoben wurde, dass die Aufgaben des Vereinsfunktionärs in den letzten Jahren besonders aus rechtlicher Sicht (Steuer, Werkverträge, Sozialversicherung, etc.) wesentlich erschwert wurden. Es besteht daher dringender Handlungsbedarf, den Funktionären die entsprechende Unterstützung für die Führung eines Vereins zu geben. Ziel muss sein, erfahrene Funktionäre in ihrer Aufgabe zu bestärken und neue Funktionäre für die Mitarbeit zu motivieren.

Foto: BSO
Fortbildungsseminare für LehrerInnen und VereinsvertreterInnen waren Teil des Projekts „Kooperation Schule&Sportverein".

Bezüglich der Freizeitunfälle muss sich der Sport seit Jahren dagegen wehren, als Hauptverursacher zu gelten. Um diese Unterstellung zu objektivieren, wurde über Anregung der BSO vom BMAGS eine Studie „Sport und Gesundheit" in Auftrag gegeben, welche die positiven Auswirkungen des Sports aufzeigen und diese den negativen gegenüber stellen soll. Bis Mitte 2000 sollen die Ergebnisse dieser Studie vorliegen.

Der Sportausschuss (Arbeitsgremium der Dachverbände) setzte gemeinsam mit dem BMUK ein Kooperationsmodell für Volksschulen erfolgreich um. Synergien zwischen Schul- und Vereinssport in dieser Altersstufe wurden genutzt, der Turnunterricht in Volksschulen konnte durch den praktischen Einsatz von Lehrwarten und Trainern optimiert werden.

Der Fachausschuss (Arbeitsgremium der Fachverbände) betreute die laufenden Agenden der Fachverbände, wobei die Erstellung des Finanzverteilers und die Trainerfortbildungen (siehe „Veranstaltungen") zentrale Themen waren.

Die BSO ist durch ihre Delegierten in folgenden internationalen Gremien vertreten:
- ENGSO (European Non-Governmental Sports Organization)
- EU-Sportforum
- Exekutive der ESK (Europäische Sportkonferenz)
- Sportlenkungsausschuss des Europarates (CDDS).

Die BSO unterstützte weiterhin eine Verankerung des Sports in den Verträgen der Europäischen Union und war aktiv in den regen Informations- und Meinungsaustausch mit den zuständigen Verantwortlichen der österreichischen Bundesregierung eingebunden.

B) BSO-Veranstaltungen und Aktionen

Im Rahmen der Tagungen der BSO-Gremien (Bundes-Sportrat, Bundes-Sportfachrat, Bundes-Sportversammlung) standen unter anderem Referate von Dipl.Ing. Friedrich STICKLER („Partnerschaft: der Österreichischen Lotterien mit dem gemeinnützigen Sport"), Univ. Prof. Dr. Wolfgang SCHULZ („Die Auswirkungen der gesellschaftlichen Änderungen auf den Leistungssport im 3. Jahrtausend") und Dr. Rosa DIKETMÜLLER („Fair play - auch für Frauen im Sport") auf dem Programm.

Das 9. Trainerforum 1999, organisiert in Zusammenarbeit mit dem BKA und der Tiroler Landesregierung, stand unter dem Motto „Leistungs- und Spitzensport im 3. Jahrtausend". Folgende Themen wurden den zahlreichen interessierten Zuhörern vorgetragen: „Die Sportpolitik im 3. Jahrtausend" (Dr. Franz LÖSCHNAK), „Die Grenzen der Leistungsentwicklung" (Univ.Prof. DDr. Wildor HOLLMANN), „Die Zukunft- des Leistungssports - Gedanken eines Olympiasiegers und Philosophen" (Univ.Prof. DDr.h.c.mult. Hans LENK) und „Soziologische, demographische und gesellschaftliche Aspekte des Leistungssports im 3. Jahrtausend" (Univ.Prof. Dr. Wolfgang SCHULZ).

Im Vorfeld dieser Veranstaltung wurden die „Trainerin des Jahres" und der „Trainer des Jahres" geehrt. Eine prominente Expertenjury, bestehend aus StS Dr. Peter WITTMANN (BKA), den Präsidenten Dr. Franz LÖSCHNAK (BSO), Dr. Leo WALLNER (ÖOC), HR Prof. Friedl LUDESCHER (LSO-Tirol), Elmar OBERHAUSER (ORF), Roland KNÖPPEL (Österr. Sportjournalisten Club) sowie Dir. Rudolf WOLF (Swarovski) und Dir. Mag. Johann GLOGGNITZER (Trainerreferat), wählte die Preisträger aus. Die Trainerin bzw. der Trainer des Jahres 1999 sind Mag. Ileana PAVEL (Rudern / Frauen) und Robert MANZENREITER / Karl RIEF (Rodeln / Kunstbahn), die dafür den Trainer-Cristall und den damit verbundenen Förderpreis des Bundeskanzleramts in der Höhe von je ATS 50.000,– erhielten.

Weiters wurden im Rahmen der BSO-Trainerfortbildung folgende Seminare abgehalten, die auf sehr großes Interesse stießen
- „Sportpsychologie für Trainer"
- „Nachwuchstraining"
- „Technik"
- „Strategien - Taktik - Coaching"

Foto: BSO
Fortbildung in Sportpsychologie unter der Leitung von Dr. Amesberger

Die beiden von der BSO traditionell organisierten Breitensport-Aktivitäten (FIT-Lauf und FIT-Marsch am Nationalfeiertag und der Radwandertag zu Christi Himmelfahrt) wurden auch 1999 mit großem Interesse der lokalen Veranstalter und TeilnehmerInnen durchgeführt.

Das Sportjahrbuch 98/99, der halbjährlich erscheinende Terminkalender sowie das BSO-Magazin „Österreich-Sport" sind die wesentlichen Publikationen, die einerseits als Nachschlagewerk, andererseits als aktuelle Informationsquelle dienen.

Im Bereich des Internets wurden die Aktivitäten die BSO (Vernetzung der Sportverbände auf einer Kommunikationsebene) fortgesetzt. Die Homepage der BSO ist unter der Adresse http://www.asn.or.at/bso zu finden.

C) Leistungssport

Im Sportjahr 1999 wurden bei Welt- und Europameisterschaften von den österreichischen Athletinnen und Athleten vieler Fachverbände hervorragende Leistungen erbracht, die sich in 101 Medaillen bei Weltmeisterschaften (29 Gold, 35 Silber, 37 Bronze) und 105 Medaillen bei Europameisterschaften (41 Gold, 26 Silber, 38 Bronze) widerspiegeln.

Im Jahre 1999 wurden in 57 Sportarten 1036 Staatsmeistertitel vergeben und eine sehr große Anzahl weiterer Österreichischer Meisterschaften abgewickelt.

Als Gastgeberland sportlicher Großveranstaltungen wurde Österreich auch im Jahre 1999 seinem hervorragenden Ruf gerecht.

Das ausgewogene österreichische Sportsystem, in dem generell die Dachverbände Grundlagenarbeit leisten und die Fachverbände für die fachliche Betreuung des Hochleistungssports verantwortlich sind, sowie das Engagement der vielen ehrenamtlichen Mitarbeiterinnen und Mitarbeiter waren ein wesentlicher Beitrag zu den erfreulichen. sportlichen Erfolgen. Ein bedeutender Anteil daran ist auch der ausgezeichneten Zusammenarbeit zwischen dem BKA, dem OOC und der BSO im „Österreichischen Spitzensport–ausschuss" zuzuschreiben.

Foto: BSO
Preisübergabe an den Hauptgewinner des „Schenk lieber Sport"-Gewinnspiels durch Dr. Löschnak und Dkfm. Aichinger (WKÖ).

BKA-SPORT

BUNDESKANZLERAMT Sport

BUNDESKANZLERAMT

Bundeskanzler: Mag. Viktor Klima

Staatssekretär im Bundeskanzleramt: Dr. Peter Wittmann
1014 Wien, Ballhausplatz 1
Telefon: 01 / 531 15 - 0, Fax 01 / 535 56 56

ab 1.4.2000:

BUNDESMINISTERIUM FÜR ÖFFENTLICHE LEISTUNG UND SPORT

Bundesministerin: Dr. Susanne Riess-Passer
1014 Wien, Minoritenplatz 3
Palais Dietrichstein
Telefon 01 / 531 15-2142, Fax 01 / 531 15-2133

Gruppe I/B - SPORT

1040 Wien, Prinz-Eugen-Straße 12
Telefon 01 / 505 37 42, Fax 01 / 505 62 35

Leiter: Min.-Rat Dr. Erich Irschik

Abteilung I/B/13 - **Sportförderung**
Leiter: Min.-Rat Dr. Erich Irschik

Abteilung I/B/14 - **Bundessporteinrichtungen - Sportleistungsabzeichen**
Leiter: Min.-Rat Mag. Peter Wychera

Abteilung I/B/15 - **Nachwuchs-, Leistungs- und Spitzensport**
Leiter: Min.-Rat Mag. Gerhard Scherbaum
e-mail: Gerhard.Scherbaum@bka.gv.at

Abteilung I/B/16 - **Koordination und Dokumentation**
Leiter: dzt. unbesetzt

Abteilung I/B/17 - **Internationale Angelegenheiten**
Leiterin: Min.-Rat Mag. Karin Grossmann
e-mail: Karin.Grossmann@bka.gv.at

Natürlich war das Jahr 1999 vorrangig von sportlichen Ereignissen geprägt. Einerseits die sportlichen Erfolge bei der Alpinen Ski-Weltmeisterschaft in Vail, andererseits die Nordische Ski-Weltmeisterschaft in der Ramsau in Österreich, bei der Österreichs Sportler und Sportlerinnen hervorragende Leistungen erzielen konnten.

Im internationalen Bereich ging es um das weitere Vorantreiben jener den Sport betreffenden Vorschläge, die im Rahmen der EU-Präsidentschaft Österreichs bereits an die EU herangetragen wurden. Der Bereich Anti-Doping, der in Wien besonders hervorgehoben wurde, führte letztlich dazu, dass sich Österreich als Standort für die „World Anti Doping Agency" bewirbt.

Im innerstaatlichen Bereich können wir auf das erste Jahr nach der Ausgliederung der Bundessporteinrichtungen zurückblicken und feststellen, dass sich die Ausgliederung bewährt hat. Die Einrichtungen der „Bundessport- und Freizeitzentren" werden von den Vereinen und Verbänden in zunehmenden Ausmaß genutzt und stehen nicht nur in bewährter, sondern in verbesserter Qualität zur Verfügung.

Die Vorbereitung der SportlerInnen auf die Olympischen Spiele 2000 in Sydney konnte im Rahmen der Spitzensportförderung erfolgreich weitergeführt werden und zeigte bei einer Reihe von AthletInnen bereits in der Saison 1999 deutlich steigende Tendenz.

Letztlich konnte 1999 der Verein „Österreichisches Anti-Doping-Comité" gegründet und damit die Rechtsstellung dieser Institution erreicht werden.

Das Budget des Bundes für die allgemeine Sportförderung betrug 1999 ATS 254,7 Mio, an Besonderen Bundessportmitteln wurden an die Dach- und Fachverbände sowie das Österreichische Olympische Comité insgesamt ATS 440,000.000,– ausgeschüttet.

Bundessporteinrichtungen

Die neu gegründete „Bundessporteinrichtungen Gesellschaft mbH." erhielt im Wege der Gesamtrechtsnachfolge am 1. Jänner 1999 das Eigentum über nachfolgende Bundessporteinrichtungen: Bundes-

sportzentrum Südstadt, Bundessportheim Wien „Blattgasse“, Bundessportschule Obertraun, Bundessportschule Schielleiten, Bundessportschule Hintermoos, Bundessportheim Faaker See, Bundessportheim Kitzsteinhorn, Bundessportheim St. Christoph und Bundessportschule Spitzerberg.
Kitzsteinhorn und St. Christoph befinden sich zwar im Eigentum der Betriebsgesellschaft, werden jedoch vom Österreichischen Skiverband geführt (prekaristischer Vertrag). Das Flugsportzentrum Spitzerberg wurde dem Österreichischen Aero-Club ebenfalls in Form eines Prekariums übergeben.

Der Geschäftsführer der neugegründeten Bundessporteinrichtungen Gesellschaft mbH. ist Mag. Michael Sulzbacher. Die Zentrale befindet sich in 1120 Wien, Schönbrunner Allee 53.

Aufgrund des Bundesgesetzes über die Neuorganisation der Bundessporteinrichtungen haben an die Gesellschaft jährlich Förderungen zu erfolgen – 1999 waren es rund 117 Mio. S.

Haus des Sports

Das Haus des Sports war von der Ausgliederung der Bundessporteinrichtungen ausgenommen und verblieb als nachgeordnete Dienststelle des Bundeskanzleramtes in der Bundesverwaltung.

In seiner bewährten Form steht es weiterhin allen österreichischen Sportvereinen- und -verbänden als Veranstaltungsort für nationale und internationale Sitzungen zur Verfügung. Der Spiegelsaal wurde erst kürzlich generalsaniert und steht seit Herbst 1999 wieder allen Nutzern zur Verfügung.

Besonders die Servicestelle (Fahnen-, Nationentafel-, Simultandolmetschanlage- und Funkgeräteverleih) erfreut sich immer wieder großer Beliebtheit.

Sportleistungsmodell Südstadt

Im Jahr 1999 wurden insgesamt 95 junge Sportler und Sportlerinnen im Sportleistungsmodell in 8 Sportarten (Fußball, Handball, Fechten, Judo, Leichtathletik, Radsport, Schwimmen und Tennis) betreut. Die Möglichkeiten des Bundes-Sport- und Freizeitzentrums Südstadt gaben einerseits das notwendige Umfeld für die sportlichen Leistungen, andererseits dienten sie den jungen Sportlern zur Entspannung und als Ausgleich von Schule und Sport. Dass diese Erholung auch einen entsprechenden Niederschlag im schulischen Bereich fand, bewiesen Stephan Wieser, Michael Holocher-Ertl, Philipp Müller und Nina Winter, die das vergangene Schuljahr mit der Matura abgeschlossen haben.

Aus sportlicher Sicht brachte das letzte Jahr im vergangenen Jahrtausend viele Höhepunkte. Zu den wichtigsten internationalen Erfolgen zählen die Siege unserer Judokas Sabrina Filzmoser, Valerie Krumpl, Andreas Mittelfellner, Georg Eggenfellner und Eric Krieger sowie der Sieg von Jürgen Melzer in Wimbledon und bei den Austrialian Open.

Österreichischer Spitzensportausschuss

Aufgabe des Österreichischen Spitzensportausschusses ist es, den für den Sport zuständigen Bundeskanzler über den Weg des Staatssekretariats in sportrelevanten Fragen kompetent zu beraten.

Diese Kompetenz beinhaltet auch Empfehlungen, welche Projekte der Fachverbände aus dem Budgetsatz „Spitzensportförderung“ gemeinsam mit dem ÖOC, der Österreichischen Sporthilfe und den Ländern unterstützt werden sollen.

Förderungskriterien:

1. Förderungswürdig sind nur lang- bzw. mittelfristige Projekte von Sport-Fachverbänden, die Medaillen bei Olympischen Spielen bzw. Weltmeisterschaften als Ziel haben.
2. Projekte können auch vom Spitzensportausschuss angeregt werden. Sie werden mit dem Sportverband diskutiert und gemeinsam detailliert ausgearbeitet.
3. Projektansuchen müssen detaillierte Angaben über Zieldefinitionen, realistische sportliche Perspektiven bis zum dem Jahr der Olympischen Spiele, Zwischenziele sowie alle zur Realisierung anfallenden Massnahmen beinhalten.
4. Jedes Projekt wird durch einen fachlich versierten Experten professionell betreut (Controlling).
5. Bei Nichterreichen der konkreten Zwischenziele kann der Spitzensportauschuss die Einstellung eines Projektes vorschlagen.

Diese Regelungen sollen dazu beitragen, die zur Verfügung stehenden Mittel optimal und effizient einzusetzen und einen wesentlichen Beitrag zur „Produktion“ sportlicher Weltklasseleistungen zu leisten.

Sportkoordinatoren

Um die fachliche Situation der Sportverbände zu verbessern, wurden die Sportkoordinatoren, Fachleute mit einer sportrelevanten wissenschaftlichen Ausbildung oder Trainerausbildung, für die Organisation der wissenschaftlichen flankierenden Maßnahmen zur Trainingsoptimierung und Leistungssteigerung eingesetzt und gefördert.

Die Arbeit der Sportkoordinatoren ist in allen Fachverbänden positiv zu beurteilen. Derzeit werden insgesamt 10 Sportkoordinatoren von BKA und BSO in folgenden Sportverbänden gefördert: Ö. Badmintonverband, Ö. Faustballbund, Ö. Handballbund, Ö. Judoverband, Ö. Leichtathletikverband, Ö. Ruderverband, Ö. Segelverband, Ö. Tischtennisverband, Ö. Fachverband f. Turnen, Ö. Volleyballverband

Es ist leider zu vermerken, dass einige Verbände die positiven Auswirkungen eines Sportkoordinators noch nicht erkannt haben.

Jugendsportmultiplikatoren

Im Herbst 1995 wurde das Projekt „Jugendsportmultiplikatoren“ konzipiert und als Pilotprojekt erfolgreich installiert.

Die Zielsetzung des Projektes war und ist: hochqualifizierte TrainerInnen für den Nachwuchsbereich zu rekrutieren, sie österreichweit zum Wohle aller Dach- und Fachverbände aus- und fortzubilden und sie untereinander zu vernetzen. Es soll damit eine Qualitätssteigerung im Nachwuchstraining erreicht werden und den Fachverbänden die Möglichkeit gegeben werden, effizient Nachwuchs an die Spitze heranzuführen.

Im Jahr 1998 wurde das Projekt auf jene Jugendsportmultiplikatoren eingeschränkt, die eine gesamtösterreichische Tätigkeit ausüben. Diese Tätigkeit wird einerseits direkt bei den Fachverbänden, andererseits im Rahmen von Schulen mit Leistungs- bzw. Spitzensportschwerpunkt ausgeübt.

Im Jahr 1999 waren Jugendsportmultiplikatoren in folgenden Fachverbänden bzw. mit Schulen mit Leistungssportschwerpunkt tätig:
Ö. Volleyballverband, Ö. Amateurringerverband, Ö. Tennisverband, Ö. Fachverband für Turnen, Ö. Segelverband, Ö. Kanuverband, Arbeitsgemeinschaft für Sport und Körperkultur in Österreich, Schulsport-Leistungsmodell Winterthur Salzburg, BORG für Leistungssportler Graz, Schule und Sportmodell Burgenland, Schulsport-Leistungsmodell Kärnten

Nachwuchs-Verbandsförderung

Das Projekt „Verbandsförderung Nachwuchs“, das gleichzeitig eine finanzielle Absicherung auch der Tätigkeiten der Jugendsportmultiplikatoren dient und den Verbänden eine gezielte Nachwuchsförderung ermöglicht, hat sich seit dem Jahr 1995 bewährt. Es wurden entsprechende Leistungen von den Nachwuchsathleten erbracht, die eine Weiterführung des Projektes auch im Jahr 2000 sinnvoll erscheinen lassen.

Im Jahr 1999 erhielten im Rahmen dieses Projektes folgende Verbände Förderungen: Ö. Badmintonverband, Ö. Faustballbund, Ö. Fechtverband, Ö. Handballbund, Ö. Kanuverband, Ö. Leichtathletikverband, Ö. Fachverband für Orientierungslauf, Ö. Amateurringerverband, Ö. Ruderverband, Ö. Segelverband, Verband Ö. Schwimmvereine, Ö. Skiverband, Ö. Tischtennisverband, Ö. Volleyballverband

Sportwissenschaftliche Koordinatoren

Das Projekt „Sportwissenschaftliche Koordinatoren“ wurde verlängert und läuft derzeit bis Oktober 2000.

Nach Gesprächen mit den Koordinatoren und Gesprächen mit den Ordinarien der einzelnen Universitäten wurde die Aufgabenstellung adaptiert. Die sportwissenschaftlichen Koordinatoren haben neben ihren bisherigen Aufgaben, die Verbindung zwischen Praxis und der Sportwissenschaft herzustellen, auch die weitere Führung des Projektes „Jugendsportmultiplikatoren“ und die Ausrichtung der gemeinsamen Seminare übernommen.

Frauenförderung

Der Staatssekretär für Sport, Dr. Peter Wittmann hat im Budget einen Bereich „Frauenförderung“ mit einer Summe von öS 3,000.000,– in den Jahren 1998 und 1999 sowie 2000 vorgesehen.

Mit diesem Betrag soll eine spezielle Förderung von Sportlerinnen erfolgen, die derzeit nicht in die

Spitzensportförderung fallen, aber bereits einen sehr hohen Leistungsstand erreicht haben. Zweck dieser Förderung ist es, Sportlerinnen zu unterstützen, die nach den Richtlinien des Österreichischen Spitzensportausschusses deshalb nicht gefördert werden, weil die Sportart nicht olympisch ist, oder die mit ihrer Leistung knapp die Förderung in einem Spitzensportprojekt verpaßt haben.

Folgende Beispiele können angeführt werden.

- Nikola HARTMANN - Ringen, 4 fache Welt- und Europameisterin, aber noch keine Olympische Sportart
- Sabrina FILZMOSER, Claudia HEILL - Judo, dzt. noch nicht im Olympiakader
- Doris AUER, Linda HORVATH, Susanne PUMPER - Leichtathletik, gerade am Sprung in die Weltklasse
- Lucie BÖHM - Orientierungslauf, Welt- und Vizeweltmeisterin, keine Olympische Sportart

Überlegung bei der Frauenförderung ist es, ein Auffangnetz zu schaffen, um jenen Sportlerinnen, die derzeit aus anderen Bereichen (Österreichischer Spitzensportausschuss, Sporthilfe, ÖOC oder HSNS) keine oder nur geringe Förderung erhalten, zu einer positiven Leistungsentwicklung zu verhelfen.

Trainerförderungen

- Grundsätze und Ausmaß

1999 wurden 143 Trainer (17 hauptamtliche Trainer und 126 nebenamtliche Trainer) seitens des Bundeskanzleramtes subventioniert. Hiefür standen S 11,400.000,– zur Verfügung.

- Trainerkontrollen

Im Jahre 1999 wurden 20 Kontrollen bei hauptamtlich und nebenamtlich beschäftigten Trainern durchgeführt. Am häufigsten wurden diese Kontrollen im Raum Wien und Umgebung von einem vom Bundeskanzleramt, Gruppe Sport, beauftragten Controller (Dr. Ilia Popov), wahrgenommen. Bei diesen Kontrollen wurde auf die Anwesenheit der Trainer, der Athleten, aber auch auf die physische sowie psychologische Betreuung der Athleten durch den Trainer während des Trainings geachtet. Darüber wurde der Gruppe Sport laufend berichtet. Bei eventuell aufgetretenen Problemen (Trainer- bzw. Athletenabwesenheit ohne schriftliche oder mündliche Begründung), wurden diese von der Gruppe Sport mit dem dafür zuständigen Verband geklärt. Das Ziel für 2000 ist es, diese Kontrollen weiter zu führen, um weiterhin einen effektiven sportlichen Aufbau unserer Athleten zu gewährleisten.

Leistungszentren

Folgende Leistungszentren werden vom Bundeskanzleramt gefördert:

Fußball-Bundesliga Nachwuchszentren (Toto-Jugendliga), Nordisches Ausbildungszentrum Eisenerz, Skihandelsschule Schladming, Tischtennis-Leistungszentrum Stockerau, Handball-Leistungszentrum Krems, Judo-Leistungszentrum Stockerau, Basketball-Leistungszentrum Klosterneuburg/St.Pölten, Leistungszentrum St. Pölten, Leistungszentrum Dornbirn

Die Förderung der Leistungszentren hat sich in allen Bereichen bewährt, konnte doch eine große Anzahl von Nachwuchssportlern an die internationale Spitze herangführt werden.

Sport und EU

Nach dem Erfolg der Sportpolitik in der Europäischen Union im Jahr 1998, vor allem während der Präsidentschaft Österreichs, gekrönt durch die Aufnahme der Anliegen des Sports in die Schlussfolgerungen des Wiener Gipfels, war das Jahr 1999 von weniger markanten Ereignissen gekennzeichnet.
Gemäß den Schlussfolgerungen des Europäischen Rates in Wien standen zwei Themen zur Diskussion: die Erhaltung der Strukturen des Sports und seiner sozialen Funktion, also die Wahrung des europäischen Sportmodells, und Maßnahmen gegen Doping im Sport.
Anfang des Jahres wurde von der Europäischen Kommission den Verantwortlichen des europäischen Sports unter dem Titel „Das Europäische Sportmodell" ein Themenpapier vorgelegt und um Stellungnahme zu folgenden Punkten ersucht:

- Rolle der nationalen Verbände im europäischen Sport
- Prinzip des Auf- und Abstiegs bei Wettbewerben
- Verbindung von Solidarität und Sportförderung
- Vermarktung von Fernsehübertragungsrechten
- Verflechtung von Sport und Medien

- Sport als Instrument der Sozial- und Gesundheitspolitik
- Beschäftigungpotential und
- Doping im Sport.

Österreich betont in seiner Stellungnahme die Bedeutung der spezifischen Strukturen und der Funktionsweise des europäischen Sports und fordert notwendige Schutzmaßnahmen zu deren Erhaltung. Gleichzeitig wird aber festgehalten, dass der Einfluss der Kommerzialisierung und der damit zusammenhängenden Entwicklungen nur auf wenige medienpräsente Sportarten begrenzt ist. Weite Bereiche des traditionellen Sports bleiben davon unberührt.

Die Erste Europäische Konferenz der EU in Olympia im Mai 1999 befasste sich in Arbeitskreisen mit diesen Themen und legte in den Schlussfolgerungen fest, dass der Sport vor übermäßiger Kommerzialisierung zu schützen sei, da andernfalls die Werte und die Autonomie des Sports gefährdet seien. Die typisch europäische Organisation des Sports mit dem Verbands- und Vereinssystem bilde ein wesentliches Element des gesellschaftlichen Zusammenhaltes, wie auch das Prinzip des Auf- und Abstiegs für Chancengleichheit unter den Wettkampfteilnehmern sorge. Die Ehrenamtlichkeit, die maßgeblich zur Entwicklung des Sports in Europa beigetragen hat, werde immer mehr durch Hauptberuflichkeit ergänzt; damit könnten neue Arbeitsplätze geschaffen werden. Weiters gelte es, die Solidarität zwischen Profi- und Amateursport zu erhöhen und auch die weniger mediengerechten Sportarten zu stützen. Im Kampf gegen Doping herrschte Einigkeit über die Notwendigkeit der Verbesserung der Zusammenarbeit aller involvierten Organisationen.

Der Kampf gegen Doping war auch das zentrale Anliegen der Sportministertreffen des Jahres 1999. Zur Koordinierung einer gemeinsamen Position bei der vom IOC im Februar in Lausanne einberufenen Anti-Doping Weltkonferenz trafen sich die Sportminister der Europäischen Union zu Beginn des Jahres in Bonn. Unter deutscher Präsidentschaft fand auch ein Treffen Ende Mai/Anfang Juni in Paderborn statt, bei dem sich die Regierungsvertreter einstimmig für die Notwendigkeit eines international gleichwertigen Systems von Sanktionen aussprachen, das bei erstmaligem Dopingvergehen eine zweijährige Mindestsperre vorsieht. Zudem wurde die Kommission aufgefordert, eine Arbeitsgruppe einzurichten, um herauszuarbeiten, wie die Belange des Sports im EU-Vertrag berücksichtigt werden können.

Am 10. November 1999 wurde auf Initiative des Internationalen Olympischen Comités (IOC) die „World Anti-Doping Agency (WADA)" eingerichtet. Hauptaufgabe der Agentur ist die Koordination eines umfassenden Anti-Doping Programmes auf internationalem Niveau. Das Führungsgremium der WADA besteht paritätisch aus staatlichen und nichtstaatlichen Vertretern. Das Internationale Olympische Comité hat eine Grundfinanzierung bis Ende 2001 von 25 Millionen Dollar zugesagt. Österreich bewirbt sich gemeinsam mit sechs anderen Ländern um den administrativen Sitz der Agentur. Die Ansiedlung in der UNO-City in unmittelbarer Nähe zum Sitz des United Nations International Drug Control Programme (UNDCP) und anderer internationaler Einrichtungen samt Infrastruktur, macht den Standort Wien besonders interessant und attraktiv. Für Österreich ist die Dopingbekämpfung im Sport ein besonderes Anliegen (Anti-Doping Konvention, Wiener Gipfel, Referenzlabor Seibersdorf). Am 23. November 1999 hat der Ministerrat die Bewerbung Österreichs um den Sitz der World Anti-Doping Agency zustimmend zur Kenntnis genommen.

Entsprechend der Forderung des Europäischen Rates in Wien wurde auf dem Gipfel von Helsinki im Dezember von der Europäischen Kommission Bericht gelegt „im Hinblick auf die Erhaltung der derzeitigen Sportstrukturen und die Wahrung der sozialen Funktion des Sports im Gemeinschaftsrahmen".

Nach einer eingehenden Analyse des Status quo des europäischen Sports zieht der Bericht die Schlussfolgerung, dass bei der derzeitigen Entwicklung des Sports eine Garantie für den Fortbestand seiner Strukturen und seiner sozialen Rolle nicht gegeben werden könne.
Um so dringender erscheint die Forderung einer rechtlichen Verankerung des Sports in den Rahmenverträgen der Europäischen Union. Österreich hat dies schon bei seinem Eintritt in die Gemeinschaft gefordert. Nach der erfolgreichen Arbeit für den Sport während der Präsidentschaft Österreichs ist es 1999 leider nicht gelungen, die von den Sportministern in Paderborn geforderte Arbeitsgruppe zur Vorbereitung einer Verankerung zu realisieren. Die Anliegen des Sports waren auf den Gipfeln in Berlin, Köln und Tampere kein Thema.

ÖOC

ÖSTERREICHISCHES OLYMPISCHES COMITÉ

gegründet 1912

1038 Wien, Rennweg 44, Telefon 01 / 799 55 11, Fax 01 / 799 55 12
e-mail: oeoc@telecom.at; http://www.oeoc.at
Dienstzeit: Montag - Donnerstag 8 - 17 Uhr, Freitag 8 - 13 Uhr

Schirmherr: Bundespräsident Dr. Thomas Klestil

Präsident: Dr. Leo Wallner

Generalsekretär: Dr. Heinz Jungwirth, p.A. ÖOC

Offizielle Verbandszeitung: „OLYMPIA AKTUELL", 4mal jährlich

Vom **Internationalen Olympischen Komitee (IOC)** anerkannt.

CH-1007 Lausanne, Château de Vidy
Telefon 0041 / 21 / 621 61 11, Fax 0041 / 21 / 621 62 16
Telex 45 40 24 ACIO CH

Österreichs Vertreter
DVw. Philipp Schoeller und Dr. Leo Wallner sind die vom IOC gewählten Vertreter in Österreich.

Olympia 2006 in Turin – dennoch Gratulation für Klagenfurts Bewerbung

Das wichtigste Ereignis des Jahres 1999 für das ÖOC und die österreichische Bewerberstadt um die Olympischen Winterspiele 2006, Klagenfurt, war die 109. IOC-Session im Juni 1999 in Seoul, Korea, wo die Wahl des Austragungsortes der Olympischen Winterspiele 2006 am Programm stand.

Folgende 6 Kandidaten kämpften um den Zuschlag: Helsinki (Finnland), Klagenfurt (Österreich), Poprad-Tatry (Slowakei), Sion (Schweiz), Turin (Italien), Zakopane (Polen). Jede Stadt hatte die Gelegenheit, ihre Kandidatur der IOC-Vollversammlung zu präsentieren. Eine Auswahlkommission, bestehend aus 16 Personen, wählte aus den 6 Bewerbern zwei Finalstädte aus. Aus diesen beiden Städten - Sion und Turin - ging schließlich Turin siegreich hervor, gewählt von der IOC-Vollversammlung mit 53 Stimmen (Sion erhielt 36 Stimmen).

Die Präsentation Klagenfurts war hervorragend; zahlreiche Gratulationen konnten dafür entgegengenommen werden – für den Einzug in das Finale hat es leider nicht gereicht; offenbar waren die Zweifel an der organisatorischen Machbarkeit einer Bewerbung, die sich über 3 Länder erstreckt, doch größer als die Begeisterung für diese Idee der grenzüberschreitenden Durchführung von Olympischen Spielen.

Gelohnt hat sich die Kandidatur dennoch: Der Image- und Werbewert für die beteiligten Städte und die Region sind enorm. Ebenso wurde eine weitere intensive Zusammenarbeit der 3 Regionen – auch auf wirtschaftlichem und kulturellem Gebiet – in die Wege geleitet.

Olympische Jugendtage – Erfolge für Österreich

Fotos: ÖOC
Sieben der Medaillengewinner (v.l.n.r.): Sabrina Raich, Astrid Vierthaler, Stefan Kaiser, Florian Liegl, Martin Koch, Philipp Schörghofer; Mario Scheiber (vorne sitzend)

Auch sportliche Höhepunkte gab es im Jahr 1999 für das ÖOC und die „zukünftigen" Olympioniken: Die Europäischen Olympischen Jugendtage Winter in Poprad Tatry brachten für Österreich folgende Erfolge:

Gold: Sprunglauf-Team (Stefan Kaiser, Florian Liegl, Martin Koch)
Silber: Stefan Kaiser (Einzelspringen), Astrid Vierthaler (Slalom), Mario Scheiber (Super-G), Christian Lukas (Short Track 1000 m)
Bronze: Mario Scheiber (RTL), Phillip Schörghofer (Super-G), Sabrina Raich (Super-G), Veronika Windisch (Short Track 1000 m)

Bei den Europäischen Olympischen Jugendtagen Sommer in Esbjerg (Dänemark), konnten wir uns ebenfalls über Medaillen freuen:

Gold:	Hilde Drexler	(Judo, -57 kg)
Silber:	Stephanie Locher	(Judo, -52 kg)

Shorttrack-Überraschung Christian Lukas (Silber) und Veronika Windisch (Bronze)

Judo-Medaillengewinnerinnen: Stephanie Locher holte Silber (-52 kg), Hilde Drexler Gold (-57 kg)

Sydney bereit Olympia im September 2000
Alle Wettkampfstätten sind so gut wie fertiggestellt. Das ÖOC hat die entscheidenden Vorkehrungen auch schon getroffen: Die österreichischen AthletInnen werden zur Akklimatisierung in Adelaide sein, wo nahezu idente Bedingungen wie in Sydney vorzufinden sind (Klima, Wettkampfstätten).

In Sydney wurden 2 Stützpunkte angemietet: ein Kommunikationstreff im Zentrum Sydneys, den „Rocks", sowie ein Haus unweit des Olympischen Dorfes, welches der Entspannung und Regeneration der AthletInnen dienen soll.

Dachverbände

ARBEITSGEMEINSCHAFT FÜR SPORT UND KÖRPERKULTUR IN ÖSTERREICH

seit 1892, 4.193 Vereine, 1.171.792 Mitglieder

Generalsekretariat: 1233 Wien, Postfach 1, Steinergasse 12
Telefon 01 / 869 32 45-47, Fax 01 / 869 32 45 28
e-mail:mm@askoe.or.at; http://www.askoe.or.at
Öffnungszeiten: Montag - Donnerstag 8 - 17 Uhr, Freitag 8 - 12.30 Uhr

Präsident: BM a.D. Dr. Franz Löschnak, p.A. ASKÖ-Generalsekretariat

Generalsekretär: Michael Maurer, p.A. ASKÖ-Generalsekretariat

Offizielle Verbandszeitung: "SPORT - in Österreich", monatlich
Chefredakteur: Michael Maurer, p.A. ASKÖ-Generalsekretariat

Mitglied des
Confédération Sportif International du Travail (CSIT)
gegründet 1913, 32 Verbände, 11 Millionen Mitglieder

c/o TUL, Paasivourenkatu 4-6A, P.O.B. 315, 00530 Helsinki, Finnland

1. Neues aus der Geschäftsführung

Anfang 1999 schied der seit 1990 im Amt befindliche Generalsekretär Mag. Michael Sulzbacher durch die Übernahme der Geschäftsführung der neu gegründeten Gesellschaft „Bundes-Sport- und Freizeitzentren“ aus der ASKÖ aus. Nachfolger Sulzbachers wurde Michael Maurer, ehemaliger Handball-Generalsekretär und Handball-Nationalteamspieler sowie Sportreferent im Staatssekretariat. Unter dem neuen Generalsekretär wurde kontinuierlich an den laufenden Aktivitäten und Projekten sowie an dem Verbandskonzept weitergearbeitet. Interessenvertretung sowie Dienst- und Serviceleistungen für die Mitgliedsvereine stehen nach wie vor im Vordergrund.

2. Sportstätten

Eine zentrale Aufgabe der ASKÖ bleibt die Förderung der Errichtung und Erhaltung von Sportstätten sowie vielfach auch deren Betreibung. Die ASKÖ betreibt allein in Wien elf eigene Sportanlagen und insgesamt rund 1100 in ganz Österreich, für die rund 40% der Mittel aufgewendet werden. Dieser hohe finanzielle Einsatz ist notwendig, um den Sportaktiven in Österreich erst die Möglichkeit zur Sportausübung zu geben. Ohne eine geeignete Sportstätten-Infrastruktur wäre dies vielfach nicht möglich.

3. Sportarten-Betreuung

86 Sportarten können derzeit bundesweit in der ASKÖ ausgeübt werden. Entsprechende finanzielle Unterstützung von Trainingskursen des Nachwuchses, Weiterbildungsmaßnahmen für Lehrwarte und Trainer, nationale und internationale Wettkämpfe dienen dazu, auch seitens unseres Dachverbandes einen Beitrag zur leistungsmäßigen Entwicklung des Sportes in Österreich beizusteuern.

Schule und Sport

Das Kooperationsmodell „Volksschule und Sportverein“, initiiert von der Bundes-Sportorganisation und dem Bundesministerium für Unterricht wird vorerst bis zum Ende des Schuljahres 1999/2000 fortgesetzt. Erst dann kann entschieden werden, ob eine Fortsetzung bzw. Ausweitung der Aktion sinnvoll ist. Die bisherigen Erfahrungen zeigen, daß die Tätigkeit der Vereinsübungsleiter in den Schulklassen sehr gut aufgenommen wird, jedoch das ursprüngliche Ziel, die verstärkte Bindung der Kinder an den Sportverein, nur in wenigen Fällen gelungen ist.

Mehr Autonomie für Bundesreferenten

Seit zwei Jahren können die Referenten der 86 in der ASKÖ betreuten Sportarten selbstständig über den Einsatz ihrer zur Verfügung stehenden Geldmittel entscheiden. Diese Veränderung hat sehr wesentlich zu einem kostenbewussteren Vorgehen beigetragen. Die Einhaltung der Rahmenrichtlinien, wie Förderung des Nachwuchses in Form von Trainingskursen, nationale und internationale Wettkämpfe sowie Weiterbildungsmaßnahmen für Lehrwarte und Trainer, ist dabei nach wie vor oberstes Prinzip. Damit können die Aktivitäten der jeweiligen Fachverbände sinnvoll unterstützt und ergänzt werden.

Breitensport

Die umfangreichen und vor allem kostengünstigen Angebote der ASKÖ-Vereine für die Bevölkerung Österreichs werden von der großen Zahl der ehrenamtlichen Mitarbeiterinnen und Mitarbeiter getragen. Ihre Tätigkeit kann nicht hoch genug bewertet werden, wird jedoch von der Öffentlichkeit noch viel zu wenig gewürdigt. Die ASKÖ-Bundesorganisation greift hier unterstützend in Form von vielfältigen Aus-und Weiterbildungsveranstaltungen für Übungsleiter und Lehrwarte ein. Besonders hervorzuheben ist die Zusammenarbeit mit den Sportgruppen des Österreichischen Pensionistenverbandes, da gerade ältere Menschen den Zugang zum Sportverein nicht mehr so leicht finden.

Foto: ASKÖ

4. Fitness- und Gesundheitsförderung

Im zweiten Jahr der Aktion „Sicher fit mit jedem Schritt“ sandten die Teilnehmer über 6500 Gewinnspielkarten zurück. Vor dem Hintergrund der Diskussion über Sportunfälle und deren volkswirtschaftlich negative Auswirkungen wurden die positiven Seiten körperlicher Aktivität neben 40.000 Aktionsfoldern über zusätzliche Aussendungen kommuniziert. Die Aktion „Langsam-Lauf-Treff“ hält bei rund 220 aktiven Treffpunkten. Das nun schon 14 Jahre laufende Wiener Modell „Herz-Training“ (Herz-Kreislauf-Prävention) wurde durch einen dritten Standort auf insgesamt 24 Kurse erweitert. Ebenso fortgeführt wurden die Kurse „Frauen-Fit“ (Osteoporose, Beckenboden- und Venenschwäche). Das Kurs-Modell „Diabetes-Fit“ zeigt zum Teil äußerst positive Auswirkungen auf Insulin- und Medikamentenverbauch, wurde aber aufgrund der geringen Teilnehmerzahl statistisch noch nicht ausgewertet. Über 110 Rücken-Fit-Kurse wurden alleine von der Bundesorganisation angeboten. Die Kinder-Fit-Aktion „Fit und locker mit Hopsi Hopper“ wurde (wie die Kursangebote auch) zu einer in ganz Österreich fest etablierten Aktion, die in 62 Kindergärten, 220 Volksschulen und vielen Vereinen sowie bei Spielfesten ihre Anhänger gefunden hat. Das Hopsi Hopper-Weckerl als Produkt-Innovation des Jahres 1998 setzte sich nicht wirklich durch und wurde durch das Hopsi Hopper-Gebäck ersetzt. Hauptsponsor war wieder die „Wiener Städtische Versicherung“. Gefördert aus den Mitteln des Fonds Gesundes Österreich wurden vom Club Aktiv gesund Salzburg das Projekt „Sicher fit über 50“ und von der ASKÖ-Bundesorganisation das „Netzwerk Gesundheitssport NEU“ initiiert.

5. ASKÖ-Marketing-Aktivitäten

Die erfolgreiche Umsetzung der im Unternehmens-(Verbands)konzept formulierten Ziele und Strategien wurde auch 1999 fortgeführt. Im Zuge der bereits erfolgten Verbesserung der internen Kommunikationsmaßnahmen wurden Vorbereitungen für den Bereich der externen Kommunikation getroffen. Ziel ist es, die angebotenen Service-Leistungen noch mehr an die Mitglieder heranzubringen, aber auch neue Mitglieder in der breiten Öffentlichkeit zu erreichen.

Ein neues Projekt war der Aufbau der „ASKÖ-Vorteilscard", die österreichweit den Funktionärinnen und Funktionären der ASKÖ-Sportvereine angeboten wird und ab 1. Jänner 2000 wirksam ist.

6. ASKÖ-Sportfreunde-Kampagne

Wurde 1998 im Rahmen der Sportfreunde-Kampagne das Thema Rassismus unter dem Motto „Es zählt nicht, woher Du kommst" behandelt, so lautetet 1999 das Thema im Jahr der älteren Generation „Jung und alt - gemeinsam im Sport". Beworben wurde die Kampagne mit großen und kleinen Plakaten sowie mit Foldern. Neben der öffentlichen Behandlung dieses Mottos wurde auch wieder ein Vereinswettbewerb durchgeführt, zu dem alle Sportvereine Österreichs - unabhängig von ihrer Mitgliedschaft - eingeladen waren. Die Vereine sollten ihre Aktivitäten in bezug auf generationsunabhängigen Sport darstellen. Die Anzahl der eingesandten Projekte und deren Qualität zeigten einerseits das Interesse am Generationenthema auf. Andererseits wurden verschiedenartigste Aktivitäten aus dem Leistungssport, Gesundheitssport, Breitensport etc. aufgezeigt. Gewinner des Projektes, das unter der Patronanz von Bundeskanzler Mag. Viktor Klima stand, wurde das Referat für Generationensport des ASKÖ-Landesverbandes Steiermark, der gemeinsam mit verschiedenen Vereinen nicht nur Sportfeste für Jung und Alt, sondern auch Seminare zum Generationenthema im Sport durchführte. Daneben kürte die Prominentenjury, bestehend aus Sport-Staatssekretär Dr. Peter Wittmann, der zweimaligen Eiskunstlauf-Europameisterin Ingrid Turkovic-Wendl, Weltklasse-Leichtathletin Stephanie Graf und Skisprung-Olympiasieger Mag. Toni Innauer, weitere neun Projekte, die von Bundeskanzler Klima persönlich die Ehrenpreise überreicht bekamen.

Die ASKÖ-Bundesorganisation prämierte die ersten Drei mit Geldpreisen im Gesamtwert von ATS 50.000,-. Für das Jahr 2000 wird die Sportfreunde-Kampagne der ASKÖ mit einem neuen Thema durchgeführt werden.

7. Frauen im Sport

Aus der Arbeitsgruppe „Frauensport" hat sich innerhalb kurzer Zeit das ASKÖ-Frauensportreferat entwickelt. Entsprechende Beschlüsse fasste der letzte ASKÖ-Bundestag. Nach einer Erhebung des IST-Zustandes innerhalb unserer ASKÖ-Vereine wurde festgestellt, daß eine Vielzahl von Frauen zwar an einer verstärkten Mitarbeit interessiert sind, die Einstiegsbarrieren jedoch in den meisten Fällen zu hoch eingeschätzt werden. Wichtigstes Anliegen ist daher ein entsprechendes Schulungsangebot für die Interessentinnen, welches noch wesentlich verstärkt wird.

Im Jahr 2000 wird aus diesen Aspekten den Frauenanliegen im Sport ein besonderes Augenmerk gewidmet. In Fortsetzung unserer Sportfreundekampagne läuft zum Beispiel unter dem Slogan „Sport macht fit - Frauen, macht mit" ein weiterer Ideenwettbewerb, von dem erhofft wird, dass er genauso erfolgreich sein wird wie die vorhergegangenen.

8. Sportpolitik

Die ASKÖ konnte auch 1999 durch die Arbeit ihrer Funktionärinnen und Funktionäre in entscheidenden Fragen einen wesentlichen Beitrag zur Verbesserung der Situation des Sportes erreichen. Ziel ist es, eine effiziente und kraftvolle Interessensvertretung zu betreiben und vor allem in sportpolitischen Verhandlungen die Wünsche und Bedürfnisse des organisierten gemeinnützigen Sports entsprechend berücksichtigen zu lassen.

Die wohl wichtigste Arbeit lag 1999 in der Neuverhandlung der Bundes-Sportförderungsmittel ab dem Jahr 2000. In schwierigen Verhandlungen konnte erreicht werden, daß auch für die Jahre 2000 bis 2002 jeweils mit ATS 20 Mio. mehr zu rechnen sein wird, sodass die Gesamtsumme im Jahr 2002 ATS 500 Mio. erreichen kann. Dadurch kommen dem Sport auch in den kommenden Jahren zusätzliche, dringend benötigte Mittel zu. Auf Ebene der Österreichischen Bundes-Sportorganisation ist die ASKÖ in allen Arbeitsgruppen vertreten und versucht dort, mit kompetenten Funktionärinnen und Funktionären eine dynamische Weiterentwicklung des Sportes in Österreich zu gewährleisten. Die bearbeiteten Themenbereiche waren 1999 „Frauen im Sport", „Funktionäre im Sport", „Trainer im Sport", „Trendsport", „Schule und Sport", „Sport und Beschäftigung" und „Sicher im Sport".

9. Internationales

Der internationale Sportverkehr ist weiterhin ein wesentlicher Bestandteil der Arbeit innerhalb der Arbeitsgemeinschaft für Sport und Körperkultur in Österreich. Einer der Schwerpunkte unserer internationalen Aktivitäten liegt nach wie vor im CSIT (Confédération Sportive Internationale du Travail). Vor allem für viele Jugendliche bietet sich im Rahmen von CSIT-Wettkämpfen die Möglichkeiten, internationale Sporterfahrung zu sammeln. Im Jahr 1999 führte die ASKÖ in Salzburg die CSIT-Meisterschaft im Judo durch und konnte auch durch die hervorragende Organisation überzeugen.

10. Die ASKÖ in Zahlen

Die ASKÖ betreut derzeit 1.172.792 Mitglieder, die in 4.193 Vereinen insgesamt 86 Sportarten ausüben. Die neun ASKÖ-Landesverbände, die mit Ausnahme der ASKÖ-Niederösterreich in den jeweiligen Landeshauptstädten stationiert sind, sehen ihre Aufgaben vor allem darin, Dienstleistungen für ihre Mitgliedsvereine anzubieten und sowohl administrative als auch materielle und informelle Hilfe bzw. Unterstützung zu leisten.

ALLGEMEINER SPORTVERBAND ÖSTERREICHS

gegründet 1949, 4.109 Vereine (7.361 Sektionen), 1.048.190 Mitglieder

1130 Wien, Dommayergasse 8, Postfach 114
Telefon 01 / 877 38 200, Fax 01 / 877 38 20 22
office@asvoe.asvoe.at, http://www.asvoe.at
Dienstzeit: Montag - Donnerstag 7.30 - 16 Uhr, Freitag 7.30 - 13.30 Uhr

Präsident: Dr. Gernot Waining p.A. Allg. Sportverband Österreichs
e-mail: gernot.waining@asvoe.asvoe.at

Generalsekretär: Felix Netopilek, p.A. Allg. Sportverband Österreichs
e-mail: felix.netopilek@asvoe.asvoe.at

Offizielle Verbandszeitung: „SportAs", erscheint 10mal jährlich

Ein Fest geht zu Ende

Das Jahr 1999 wurde von den Aktivitäten des 50jährigen Bestandsjubiläums des ASVÖ geprägt.

Dank der großzügigen Unterstützung des Bundeskanzleramtes bzw. des Staatssekretariates für Sport und einiger Sponsoren konnte der ASVÖ sein Jubiläum in einem würdigen Rahmen mit einem attraktiven Sport- und Veranstaltungsangebot feiern, ohne die notwendige Förderung der Vereine zu reduzieren.

Alle Fotos: ASVÖ

Begonnen wurden die Feierlichkeiten am 28. Mai 1999 mit einem Festakt „50 Jahre ASVÖ" im Festsaal der Bank Austria in Wien, an dem neben Vertretern aus allen Bundesländern auch zahlreiche Ehrengäste aus Sport, Politik und Wirtschaft teilnahmen. Als besondere Auszeichnung empfand es der ASVÖ, dass auch eine Delegation des Deutschen Sportbundes, mit Präsident Manfred von Richthofen und Vizepräsidentin Erika Dienstl an der Spitze, dem ASVÖ die Ehre gab.

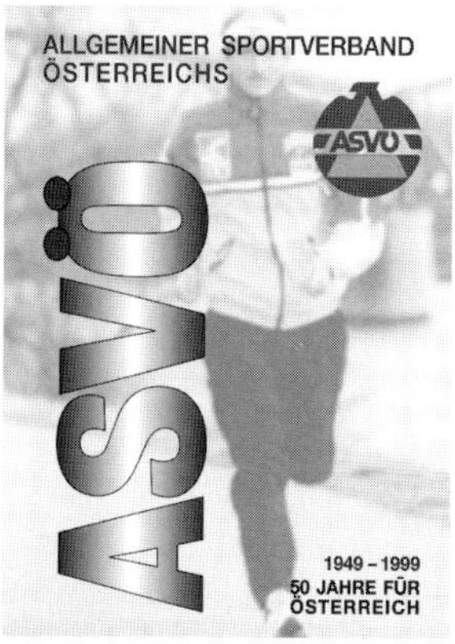

Im Vorfeld zu diesem Festakt konnte das Jubiläumsbuch des ASVÖ der Öffentlichkeit vorgestellt werden.

Eine weitere Auszeichnung für den ASVÖ war die Herausgabe einer Sonderbriefmarke „50 Jahre ASVÖ" durch die Österreichische Post mit einem Nominalwert von ATS 7,–.

Sportlicher Schwerpunkt waren die neun großen zentralen Sportveranstaltungen in allen Bundesländern:

Tirol: Int. 50 JAHRE ASVÖ-Boxgala, 9. April Olympiahalle in Innsbruck
Burgenland: Int. 50 JAHRE ASVÖ-Radwandertag, 13. Mai in Markt St. Martin
Salzburg: Int. 50 JAHRE ASVÖ-Grand Prix im Segeln, 11. bis 13. Juni in Mattsee
Oberösterreich: Int. 50 JAHRE ASVÖ-Windhaager Radsporttage, 31. Juli bis 1. August in Windhaag
Vorarlberg: Int. Schützenfest 50 Jahre ASVÖ, 6. bis 8. August in Frastanz
Kärnten: Int. 50 JAHRE ASVÖ-Ruderregatta in Villach, 11. bis 12. September am Ossiachersee

Steiermark: Int. 50 JAHRE ASVÖ-Flugtag in Fürstenfeld, 11. bis 12. September in Fürstenfeld
Wien: Int. 50 JAHRE ASVÖ-Sportfest, 24. bis 26. September in Wien
Niederösterreich: Int. 50 JAHRE ASVÖ-Turnier im Stockschießen, 02. bis 03. Oktober in Traisen

Dazu gab es noch zahlreiche Veranstaltungen in den Bundesländern, welche von den Landesverbänden des ASVÖ selbst organisiert wurden - sowohl im sportlichen, als auch im gesellschaftlichen Bereich.

Erstmals in der Geschichte des ASVÖ wurden auch die Vereine und deren Mitglieder direkt in die Festlichkeiten mit einbezogen. Am 4. September 1999 wurde eine große Geburtstagsfeier organisiert, zu der aus ganz Österreich die Basis des ASVÖ, die Vereine bzw. deren Funktionäre und Mitglieder, nach Wien eingeladen wurden. 6000 Vereinsmitglieder waren der Einladung des ASVÖ gefolgt, mit dem ASVÖ zu feiern und dem Fußball-Länderspiel Österreich gegen Spanien beizuwohnen. Vor dem Spiel wurden vor einer herrlichen Kulisse im Wiener Happel-Stadion die ASVÖ-Sportler der 5 Jahrzehnte, welche von den

Mitgliedern des ASVÖ gewählt wurden, geehrt. Nach dem Fußballspiel wurde in einem Festzelt gemeinsam mit dem ASVÖ der Geburtstag ausgiebig gefeiert.

Drei besondere Geburtstagsgeschenke

Im Hinblick darauf, dass in den nächsten Jahren der ASVÖ als kompetente Servicestelle im Sport ausgebaut werden soll, machte der ASVÖ sich und vor allem den sporttreibenden Menschen und Funktionären drei besondere Geburtstagsgeschenke:

- „Wellness 4 You" - der ASVÖ-Gesundheitsscheck

Der ASVÖ sieht seine Aufgabe nicht nur darin, seine Million Mitglieder zu betreuen, sondern alle Menschen anzusprechen, die in ihrer Freizeit Sport betreiben und ihnen mit dem ASVÖ-Gesundheits-Scheck eine regelmäßige sportmedizinische Betreuung zu ermöglichen. Damit leistet der Allgemeine Sportverband Österreichs einen wertvollen Beitrag, um den Gesamtgesundheitszustand der Bevölkerung zu erhöhen. Was bietet der ASVÖ-Gesundheits-Scheck?

Die durch den ASVÖ-Gesundheits-Scheck angebotene sportmedizinische Untersuchung wurde durch das IMSB entwickelt, speziell für Amateur- und Ausgleichssportler optimiert und umfasst folgende Leistungen:

Feststellung des Ruhe-EKG, Ermittlung des Belastungs-EKG, Feststellung des Ruhepulses, Ermittlung des Belastungsblutdrucks, Durchführung einer sportärztlichen Ergometrie, sportärztliche Trainingsberatung – individuell abgestimmt aufgrund der IMSB-Auswertung.

- „FunAK“ – die ASVÖ-Funktionärsakademie

Der ASVÖ weiß um die Wichtigkeit professioneller Weiterbildung, um die Bedeutung von Ausbildung und von Ausbildungssystemen im Sport. Die Nachfrage nach qualifizierten Funktionären, Trainern und Sportwissenschaftern ist groß; Experten im Aufspüren von Leistungspotentialen, in der Unterstützung von Entscheidungsfindungen, im Straffen von Abläufen, in der Messung der Qualität des Erfolges sind gefragt.

Die Sportentwicklung wird ganz wesentlich davon bestimmt sein, ob es gelingt, intelligente Ausbildungssysteme und Instrumentarien der Fortbildung zu entwickeln, die allen Anforderungen gerecht werden können. Aus- und Fortbildung ist ein lebenslanger Prozess, der ASVÖ muss alles daransetzen, die Voraussetzungen dafür zu bieten.

Die FunAK bietet vielfältige Veranstaltungen zur individuellen Qualifikation von haupt- und ehrenamtlichen Führungskräften im ASVÖ und im Sport allgemein, die Entwicklung der persönlichen Handlungsfähigkeit steht im Vordergrund. Neben den sportlichen Aspekten sind auch wirtschaftliche, rechtliche und soziale Gesichtspunkte von Bedeutung.

Hauptaufgaben:

- Mittler zwischen Organisationen, Vereinen und Einrichtungen innerhalb des Sports
- Ausbau der Qualifikation für Führungskräfte
- Entwickeln und Vermitteln eines sportspezifischen Managements
- „ASVÖ - Die Adresse im Sport - http://www.asvoe.at“

Der dritte Bereich ist die Information und die Verbesserung des Servicebereiches. Dazu bedient sich der ASVÖ des Infor-mationsmediums der Zukunft, des Internet. Der Ausbau der ASVÖ-Homepage in Richtung Information für jeden Sportinteressierten ist der Schwerpunkt der Öffentlichkeitsarbeit im kommenden Jahr. Dazu erwartet der ASVÖ aber auch Wünsche und Anregungen von allen, wofür folgende E-Mail-Adressen zur Verfügung stehen:

Präsident Dr. Gernot Wainig: gernot.wainig@asvoe.asvoe.at
Generalsekretär Felix Netopilek: felix.netopilek@asvoe.asvoe.at
Homepage des ASVÖ: internet@asvoe.asvoe.at

SPORTUNION

ÖSTERREICHISCHE TURN- UND SPORTUNION

gegründet 1945, 3.975 Vereine und zu betreuende Sportgruppen, die der Österreichischen Turn- und SPORTUNION angeschlossen sind, 1.054.772 Mitglieder (Stand 1.1.1999)

1010 Wien, Falkestraße 1, Telefon 01 / 513 77 14, Fax 01 / 513 40 36
e-mail: sportunion@ibm.net; http://www.sportunion.at
Dienstzeiten: Montag - Donnerstag 8 - 16.30 Uhr, Freitag 8 - 12 Uhr

Präsident: Liese Prokop, p.A. Österr. Turn- und SPORTUNION

Generalsekretär: Mag. Fritz Smoly, p.A. Österr. Turn- und SPORTUNION

Offizielle Verbandszeitung: „SPORTIV", monatlich (außer Juli und August)

Mitglied der
Fédération Internationale Catholique d'Education Physique et Sportive (FICEP)
gegründet 1911, 18 Länder

F-75011 Paris, 22 rue Oberkampf
Telefon 0033 / 1 / 433 85 057, Fax 0033 / 1 / 402 18 717

„Wellness-Wege ins neue Jahrtausend"

Am 6. November 1999 fand im Casino Baden der 19. Ordentliche Bundestag der SPORTUNION mit Neuwahlen statt. Frau Landeshauptmann-Stv. Liese Prokop löste Dr. Hermann Gruber als Präsident ab.

Foto: SPORTUNION
Die neue Präsidentin der Sportunion bei der Ehrung des ehemaligen Spitzensportlers und engagierten Funktionärs Dr. Raimund Haberl.

Am Vorabend des Bundestages fand ebenfalls im Casino Baden die SPORTUNION-Gala 1999 statt, in deren Rahmen die Preisträger der SPORTUNION-Sportlerwahl geehrt wurden. SPORTUNION-Sportlerin 1998/99 wurde Alexandra Meissnitzer vor Britta Grebe-Llewellyn und Ursula Fingerlos. Bei den Herren siegte Christian Hoffmann vor Hermann Maier und Wolfgang Fasching. Bei den Mannschaften erreichte SÜBA St. Pölten (Basketball) vor SPU-Schwanenstadt (Karate) und Fecht-union Mödling den ersten Platz.

Vom 17. bis 28. August 1999 fanden in Niederöblarn (Dachstein-Tauernregion, Steiermark) die Segelkunstflug Weltmeisterschaften 99 statt. 61 Piloten aus 12 Nationen (USA, Großbritannien, Russland, Polen, Italien, Schweiz, Tschechien, Niederlande, Deutschland, Ungarn, Slowenien und Österreich) gingen an den Start. Da diese Weltmeisterschaften inmitten der Alpen geflogen wurden, stellte die Konkurrenz für die Piloten eine besondere Herausforderung dar. Sieger wurde der Pole Jerzj Makula, Österreich erreichte in der Mannschaftswertung den 6. Platz.

Vom 8. bis 11. April 1999 organisierte die SPORTUNION als Mitgliedsland der FICEP (Federation Internationale Catholique d´Education Physique et Sportive) den diesjährigen FICEP-Kongreß in Wien, an welchem Vertreter aus Deutschland, Niederlande, Italien, Schweiz, Tschechien, Slowakei und Polen teilnahmen.

Foto: SPORTUNION
Der 2351 Meter hohe Grimming dominiert die Kulisse der Segelflug-WM´99

Fitness für Kids

Foto: SV AMPASS
Wurfkegeln: Gruppe der 5 u. 6jährigen

Die KINDER SPORT SPIELE erfreuen sich weiterhin großer Beliebtheit, da auch heuer wieder die Beteiligung vom Vorjahr überboten werden konnte. 46.000 Kinder im Alter von 6 bis 14 Jahren machten von der Gelegenheit Gebrauch, bei einem der insgesamt 125 ausrichtenden SPORTUNION-Vereine im Rahmen eines Bewegungsparcours (8 Stationen mit Aufgaben für Ausdauer, Sprungkraft, Geschicklichkeit, Treffsicherheit, Gewandtheit, Kraft, Sicherheit und Schnelligkeit) ihre Fitness zu beweisen und sich den „Grad ihrer Fitness" auf einer Urkunde bestätigen zu lassen. Anschließend gab es eine kleine Erfrischung in Form von Getränken.

Mega-Card Beach-Challenge

1999 fand bereits zum vierten Mal die Mega-Card Beach-Challenge statt. Am 10. und 11. Juli trafen sich die Sieger und Zweitplatzierten der Landes-Finali der allgem. Klasse und Jugendklasse zum Finale in Podersdorf am Neusiedlersee.

Foto: SPORTUNION
Mega-Card-Beach-Challenge

Nicht zuletzt aufgrund der Unterstützung unseres Hauptsponsors, der alle Vorrunden stets mit attraktiven Side-Events begleitete, gelang es mittlerweile, diese Beachvolleyball-Serie zur größten österr. Beachvolleyball-Serie im Hobbybereich und damit zu einem Fixpunkt in der österr. Beachvolleyball-Szene zu machen.

- SPORTUNION-Bundesmeisterschaften

Auch heuer fanden in den Sparten Badminton, Bahnengolf, Boxen, Eis- und Stocksport, Faustball, Fußball, Gerätturnen, Handball, Judo, Reiten, Rhythm. Gymnastik, Schießen, Schwimmen, Segelflug, Skilauf alpin und Triathlon Bundesmeisterschaften statt, an denen insgesamt ca. 1.000 Sportlerinnen und Sportler aus ganz Österreich teilnahmen.

• SPORTUNION-Bundeslehrgänge
Unsere Lehrgangsangebote in den Sparten Aerobic, Badminton, Billard, FIT-Allgemein, FIT-Gesundheitssport, Golf, Kanu, Rhythm. Gymnastik, Ringen, Skilanglauf, Sportjugendleiter, Taekwondo, Tennis, Tischtennis, Volleyball, Wandern und Wintersport nahmen ca. 900 Sportler und Sportlerinnen wahr.

• SPORTUNION-Landesfachwarte-Tagungen
In den Sparten Bahnengolf, Boxen, Eis- und Stocksport, Faustball, Flugsport, Fußball, Gerätturnen, Radfahren, Rhythm. Gymnastik, Schwimmen, Skilauf alpin, Triathlon und Volleyball trafen sich die SPORTUNION-Landesfachwarte aller Bundesländer, um anstehende Probleme zu besprechen und einer Lösung zuzuführen.

• FICEP-Meisterschaften

• Bei den FICEP-Meisterschaften Fußball vom 12. bis 16. Mai in Uherske Hradiste/Tschechien konnte das Damenteam der SPORTUNION den 1. Platz erreichen, das U-14-Team den 2. Platz und das U-16-Team den 3. Platz.

• Organisatorische Mithilfe, Technische Leitung sowie Teilnahme bei den FICEP-Meisterschaften Handball vom 12. bis 16. Mai in Bratislava/Slowakei: Herren 2. Platz, Damen 1. Platz, männliche Jugend 2. Platz, weibliche Jugend 2. Platz

• Organisation und Ausrichtung der FICEP-Meisterschaften Schwimmen vom 20. bis 24. Mai in Linz. Die SPORTUNION-Auswahl schaffte den 1. Platz in der Nationenwertung.

SPORTAKADEMIE

Die SPORTAKADEMIE hat die Zielsetzung, die notwendigen Grundlagen und Randbedingungen praxisgerecht aufzubereiten, die für eine erfolgreiche und zukunftsorientierte Weiterentwicklung des Sports in seinen vielfältigen Erscheinungsformen innerhalb der Österreichischen Turn- und SPORTUNION notwendig sind.

Die SPORTAKADEMIE ist bestrebt, Ergebnisse der Sportwissenschaften, Erkenntnisse im Bereich der Aus- und Fortbildung, Informationen über die den Sport betreffenden gesetzlichen Regelungen, die Grundzüge einer wirksamen Öffentlichkeitsarbeit sowie den Zugang zu den Themen „Sport und Gesundheit", „Wellness" und „Gesundheitsmanagement" in einer Form anzubieten, die geeignet ist, die praktische Arbeit im Verein zu erleichtern, zu beleben und zu fördern.

Die Umsetzung erfolgt durch ein weitgefächertes Angebot von Lehrgängen und Seminaren zu innovativen Themenstellungen aus dem Bereich der Sportwissenschaften und der ganzheitlichen Gesundheit.

Einen wichtigen Schwerpunkt stellt hier das Angebot des „Gesundheitsbus" dar. Die Mobile Leistungsdiagnostik der SPORTUNION kann österreichweit angefordert werden und kommt mit High-Tech-Ausrüstung und einem Expertenteam, bestehend aus Sportärzten und Sportwissenschaftern zum Verein, wodurch sichergestellt ist, daß die Hemmschwelle wegfällt, die viele FreizeitsportlerInnen gegenüber der Leistungsdiagnostik aufgebaut haben.

Ein wesentlicher Beitrag zur Volksgesundheit wurde mit der Initiierung des Walking-Projekts „EAMUS" geleistet. Im gesamten Bundesgebiet wurden Walking-Gruppen als ideales Bewegungsangebot für (Wieder-)EinsteigerInnen installiert und die ÜbungsleiterInnen dafür speziell ausgebildet.

Als Ergänzung dazu wurde für die Wintermonate die **Initiative „Skiwandern mit 49, 50, ..."** gestartet, die die gesundheitlichen Wirkungen des dosierten Skilanglaufes gerade für diese Altersgruppe bewusst machen und zur Durchführung von Skiwanderwochen anregen soll.

SPORTUNION: auf „WELLNESS-WEGEN" ins dritte Jahrtausend

Unsere erfolgsorientierte Leistungsgesellschaft hat Denkschablonen, Verhaltensgewohnheiten und allgemeine Rahmenbedingungen entwickelt, die lange Zeit auch von wachsendem Wohlstand begleitet waren. Die Kehrseite der Medaille: ein gehäuftes Auftreten ernährungs- und trägheitsbedingter Zivilisationskrankheiten, allen voran Herz-Kreislauf-Defekte und psychische Störungen.

Gleichzeitig brachte ein Wandel der Rahmenbedingungen zusätzliche Probleme mit sich. Aus Sorge um den Arbeitsplatz, in der Hektik tiefgestaffelter „Qualifizierungsoffensiven", unter dem Erfolgszwang des Karrierestrebens, im Spannungsfeld zwischen dienstlichen und privaten Pflichten neigen viele dazu, sich selbst zu überfordern oder von anderen überfordern zu lassen.

Gesundheitswesen – Krankheitswesen

Die großen Erfolge der modernen Medizinwissenschaft haben zu einer deutlichen Verminderung in Auftrittshäufigkeit und Behandlungsdauer vieler Erkrankungen geführt und die Lebenserwartung erheblich gesteigert. Die hohe Lebenserwartung wird jedoch häufig mit einem langen Kranksein im Alter und einem Siechtum in den letzten Lebensjahren erkauft.

„Die moderne Medizin ist eine wunderbare Sache, aber es gibt zwei Probleme: die Menschen erwarten zu viel von ihr und zu wenig von sich selbst."

Moderne Medizin ist nicht gleich Gesundheit. Wenn wir Gesundheit kaufen könnten, hätten wir einen guten Kauf getätigt. Aber Gesundheit kann man nicht kaufen - zu keinem Preis. Wir geben große Summen für die Behandlung von Krankheiten aus, denen kostenlos vorgebeugt werden könnte.

Die Weltgesundheitsorganisation entwickelte bereits in den 40-er Jahren eine Definition, die die Gesundheit als „Zustand des vollkommenen körperlichen, seelischen und sozialen Wohlbefindens (well-being), und nicht nur als das Fehlen von Beschwerden und Schwäche" beschreibt.

Wellness

Inzwischen wurde diese Definition geändert, um zwei Hauptkritikpunkten begegnen zu können: 1. ist nach dieser Definition praktisch niemand gesund, und 2. legt der Begriff „Zustand" den Gedankengang nahe, dass Gesundheit etwas ist, das nicht verändert werden kann.

Das Ergebnis ist eine neue Definition, das wellness-illness-continuum (Kontinuum (lat.): „lückenlos Zusammenhängendes"). Dieses zeigt deutlich, daß es verschiedene Grade von Gesundheit gibt, und dass es möglich ist, sich von einer Ebene zur anderen weiterzuentwickeln.

„Wellness beginnt, wenn sich ein Individuum als wachsende, verändernde Person sieht. Wellness bedeutet, sich um das physische Selbst zu kümmern, den Verstand konstruktiv zu nutzen, Stress-Energien positiv zu kanalisieren, Gefühle wirkungsvoll auszudrücken, sich mit anderen qeativ zu erleben und in Berührung mit der Umwelt zu bleiben."

Von Ottilie oder Otto Normalverbraucher zum persönlichen Training

Heute wissen wir, dass jeder Mensch ein Original ist, eine einzigartige Persönlichkeit mit ganz persönlichen körperlichen Voraussetzungen und einer ganz persönlichen Lebensgeschichte.

Daher braucht jeder Mensch einen auf seine persönlichen Bedürfnisse und Voraussetzungen genau abgestimmten individuellen Trainingsplan mit Anleitungen für die Bereiche Bewegung, Ernährung und Entspannung.

Die SPORTUNION ist sich ihrer Verantwortung bewusst und bietet eine Ausbildung als „PERSÖNLICHER WELLNESS TRAINER" an, die ÜbungsleiterInnen und TrainerInnen in den einzelnen Vereinen in die Lage versetzt, Vereinsmitgliedern auf Wunsch ein „maßgeschneidertes" persönliches Trainingsprogramm erstellen zu können.

Diese Ausbildung umfasst drei Wochenendseminare zu den Themen Bewegung, Ernährung und Entspannung. Voraussetzung zur Teilnahme ist eine staatliche Ausbildung (Lehrwart, Trainer, Dipl. Sportlehrer, Leibeserzieher, ...).

Führungskräfte

Richtungsweisend ist auch die **Aus- und Fortbildung von Führungskräften** nach dem Modulsystem, die dem Motto „Fortbildung ist die beste Investition in die Zukunft" entsprechend einen Wissensvorsprung für die im Vereinsalltag anfallenden Fragestellungen und Probleme liefert.

Mitgliederstatistik Stand: 1.1.2000	Burgenland		Kärnten		Niederösterreich		Oberösterreich		Salzburg		Steiermark		Tirol		Vorarlberg		Wien		Gesamt		
	Vereine	Mitglieder	Vereine	Mitglieder	Vereine	Mitglieder	Vereine	Mitglieder	Vereine	Mitglieder	Vereine	Mitglieder	Vereine	Mitglieder	Vereine	Mitglieder	Vereine	Mitglieder	Vereine	Mitglieder	
Dachverbände																					
ASKÖ	271	40.607	531	96.979	751	193.005	650	227.035	273	72.080	728	197.423	410	64.874	84	21.136	495	258.653	4.193	1.171.792	
ASVÖ	577	-	356	-	273	-	448	-	421	-	423	-	746	-	587	-	278	-	4.109	1.048.190	
SPORTUNION	158	35.379	398	53.487	756	198.236	779	226.758	363	66.948	735	194.216	289	75.213	199	38.621	298	165.914	3.975	1.054.772	
Ordentliche Fachverbände:																					
American Football	-	-	5	236	10	1.901	3	220	3	250	3	350	1	105	4	235	4	920	33	4.217	
Badminton	4	72	8	282	24	889	42	1.490	8	282	17	565	16	541	24	1.346	20	541	163	6.008	
Bahnengolf	-	-	2	27	23	1.708	11	446	7	319	6	118	13	1.323	8	549	8	625	78	5.115	
Base-& Softball	1	23	1	25	9	533	7	481	2	83	4	209	6	397	5	487	8	581	43	2.819	
Basketball	12	945	15	770	22	2.251	25	1.997	9	918	26	1.507	16	1.092	8	598	52	4.570	185	14.648	
Billard	1	13	10	227	31	635	21	317	10	168	22	262	17	308	12	210	27	1.007	151	3.147	
Bob & Skeleton	-	-	2	-	2	-	-	-	3	-	3	-	18	-	1	-	1	-	30	722	
Bogenschießen	5	65	8	90	14	190	16	250	7	210	12	240	16	530	4	125	4	150	86	1.850	
Boxen	-	-	5	77	10	955	8	610	4	273	4	191	7	420	3	124	8	250	49	2.900	
Casting	-	-	-	-	4	153	7	584	-	-	-	-	-	-	-	-	5	320	16	1.057	
Curling	-	-	-	-	1	38	-	-	1	20	1	25	2	156	-	-	1	20	6	259	
Eishockey	siehe NÖ		57	2.096	10	397	6	502	16	563	14	556	36	1.343	32	1.681	22	675	193	7.813	
Eislauf	3	248	5	705	10	443	7	798	10	845	15	1.558	9	1.958	5	1.073	20	2.307	84	9.935	
Eisstocksport	29	1.531	217	16.538	224	10.048	433	21.000	137	18.080	633	46.873	135	9.319	18	489	18	1.322	1.844	125.200	
Faustball	-	-	8	267	17	380	107	3.734	10	709	13	509	-	-	10	344	13	425	178	6.398	
Fechten	-	-	5	152	9	224	5	151	5	144	5	181	3	69	5	208	12	196	49	1.325	
Flugsport	17	470	37	1.479	93	3.597	63	2.396	35	1.703	83	2.522	63	1.774	26	948	28	1.864	445	16.753	
Fußball	180	18.000	191	19.000	519	100.000	385	92.000	129	25.000	360	70.000	147	30.000	67	20.000	275	16.000	2.253	390.000	1)
Gewichtheben	-	-	-	-	25	2.892	8	1.055	4	326	4	377	3	350	2	198	11	1.185	57	6.383	
Golf	3	921	8	3.720	28	16.075	20	9.697	11	7.931	15	8.539	12	4.863	5	1.437	3	1.520	105	54.703	2)
Handball	4	54	9	426	29	1.720	16	946	12	201	23	1.092	12	480	9	817	17	978	131	6.714	
Hockey	-	-	-	-	6	750	4	554	-	-	2	196	-	-	-	-	10	2.103	22	3.603	
Jagd- u. Wurftaubenschießen	9	1.485	5	580	33	2.636	10	2.610	3	703	17	1.377	5	360	3	431	24	1.906	109	12.088	
Judo	12	700	17	1.100	31	2.100	41	2.700	24	1.700	40	1.600	10	1.400	8	600	38	4.500	221	16.400	
Kanu	1	16	3	356	11	724	12	1.684	2	15	11	368	9	372	-	-	8	728	57	4.263	
Karate	6	295	7	695	31	1.989	23	1.540	12	925	16	1.265	-	-	12	1.062	9	875	116	8.646	
Kickboxen	4	206	6	334	3	135	5	225	3	133	21	1.357	7	386	4	135	10	575	63	3.486	
Kraftdreikampf	2	21	4	68	10	478	14	460	9	307	8	239	11	255	2	30	10	866	70	2.724	
Leichtathletik	17	581	26	1.701	59	6.791	73	5.179	18	1.689	53	2.811	33	2.178	37	1.975	22	4.611	338	27.516	
Mod. Fünfkampf	1	16	1	12	3	308	1	20	1	6	2	36	1	12	-	-	2	27	12	437	
Orientierungslauf	4	123	10	115	9	198	8	90	5	97	9	201	7	135	1	2	14	337	67	1.298	

Pferdesport	64	2.242	76	3.032	408	12.621	153	6.754	73	2.210	163	6.176	69	2.846	33	1.523	27	1.879	1.066	39.283	
Radsport	11	1.740	34	2.862	79	6.282	58	5.990	29	2.982	59	6.270	55	4.861	30	4.122	41	5.984	396	41.093	
Ringen	3	352	-	-	siehe Wien		5	703	5	651	2	275	5	698	5	996	4	590	29	4.265	
Rodeln	-	-	43	-	17	-	12	-	17	-	50	-	111	-	14	-	37	-	301	25.600	
Rollsport	3	95	5	189	11	329	-	-	7	226	3	56	3	57	6	259	17	710	55	1.921	
Rudern	1	16	7	967	9	840	12	1.142	6	384					2	346	12	1.203	49	4.898	
Schießen	30	1.016	61	1.373	133	4.640	146	6.426	56	4.870	100	4.050	170	11.159	44	2.460	27	1.548	767	37.542	
Schwimmen	8	2.835	16	7.842	26	8.390	30	9.325	25	10.965	15	4.861	15	4.925	9	3.420	15	21.885	159	74.448	
Segeln	14	2.437	8	1.320	4	335	20	6.252	7	1.520	8	924	5	959	6	1.083	12	2.656	84	18.614	2)
Skibob	siehe Wien		3	77	10	741	12	615	14	624	3	84	15	521	5	411	3	135	65	3.208	
Skilauf	27	1.049	112	14.460	98	9.876	228	26.044	177	15.979	214	17.586	249	37.374	106	17.194	66	5.949	1.218	146.199	2)
Sportkegeln	30	1.204	26	378	62	1.934	42	2.210	26	1.342	22	1.206	60	1.818	12	308	107	2.905	387	13.305	9)
Squash	-	-	3	84	9	405	14	292	4	105	12	360	8	361	3	81	12	537	65	2.225	
Taekwondo	4	87	1	49	12	811	12	1.620	9	978	5	455	31	2.310	5	365	15	286	94	6.961	
Tanzen	1	14	10	269	22	558	16	1.063	7	514	25	721	5	184	4	305	18	960	108	4.588	
Tauchen	1	25	7	405	13	545	13	911	14	725	5	510	2	285	4	467	41	2.075	100	5.948	
Tennis	140	10.578	163	12.356	494	45.254	365	50.091	100	12.596	261	31.474	142	19.783	66	10.235	84	11.691	1.815	204.058	
Tischtennis	29	1.160	41	1.209	120	4.946	189	5.773	27	2.042	53	2.776	44	2.526	20	1.315	53	3.612	576	25.359	
Triathlon	-	-	9	246	20	726	25	892	7	297	25	945	11	424	10	332	15	572	122	4.434	
Turnen	11	790	19	6.558	70	17.642	169	31.630	37	8.473	33	8.633	37	10.636	39	8.840	35	3.000	450	96.202	3)
Volleyball	7	249	19	938	63	2.101	77	2.994	32	1.369	36	1.315	31	2.718	29	1.221	57	5.899	351	18.804	
Wasserskilauf	siehe Wien		9	1.193	siehe Wien		13	1.442	3	298	2	80	-	-	5	405	10	1.011	42	4.429	
Behindertensportverband	3	174	9	663	10	570	17	1.012	9	413	10	609	14	1.259	11	361	8	1.488	91	6.549	4)
Vorgemerkte Verbände:																					
Boccia	-	-	-	-	-	-	-	-	-	-	-	-	2	99	4	285	-	-	6	384	
Sonstige Verbände:																					
Alpinismus (VAVÖ)	-	-	-	-	-	-	-	-	-	-	-	-	-	-	-	-	-	-	-	421.030	
Heeressport	6	1.377	7	1.799	27	8.910	15	3.692	4	2.414	17	3.312	11	2.283	1	458	7	2.609	96	29.263	5)
Jiu-Jitsu 6)	2	190	1	9	18	864	3	122	-	-	1	40	-	-	-	-	17	517	42	1.742	
Motorboot	-	-	-	-	-	-	-	-	-	-	-	-	-	-	-	-	-	-	74	3.108	
Motorsport (OSK)	-	-	-	-	-	-	-	-	-	-	-	-	-	-	-	-	-	-	96	1.500	8)
Schach	30	556	48	1.552	68	1.941	75	2.587	28	820	81	2.147	37	1.185	20	606	83	1.904	470	13.298	
Wasserrettung	-	41	-	1.692	-	1.020		3.200	-	2.000	-	1.000	-	1.955	-	1.500	-	1.050	-	13.458	
Zillensport 7)	-	-	-	-	-	-	-	-	-	-	-	-	-	-	-	-	-	-	45	3.678	

1) inkl. 24 Bundesligavereine; 2) inkl. Direktmitglieder im Österr. Verband; 3) Wien insgesamt 99 Vereine, 39.000 Mitglieder - nicht alle an ÖFT gemeldet

4) inkl. Fachausschuß für Geistig- und Mehrfachbehinderte (450), Fachausschuß für Gehörlose (200); 5) inkl. AUSBATT-Tennis-Club (283) und unterstützende Mitglieder (2.126)

6) Selbständiges Mitglied des Österr. Judoverbandes; 7) Selbständiges Mitglied des Österr. Ruderverbandes; 8) 96 Veranstalter / ca.1500 Lizenznehmer;

9) alle Verbandsmitglieder (nicht nur Lizenzspieler wie in den Vorjahren)

Fachverbände

AMERICAN FOOTBALL

AMERICAN FOOTBALL BUND ÖSTERREICH (AFBÖ)

gegründet 1982, 33 Vereine, 4.217 Mitglieder

1210 Wien, Am Rollerdamm 2
Telefon 01 / 263 71 10, Fax 01 / 269 13 21
e-mail: afboe@football.at
http://www.asn.or.at/v/afboe, http://www.football.at

Präsident: Werner Raabe, p.A. American Football Bund Österreich

Sekretariat: Montag - Freitag 9 - 13 Uhr

Offizielle Verbandszeitung: „AFBÖ-NEWS", 12mal jährlich

Mitglied der
European Federation of American Football (EFAF)
30 Länder

Das österreichische Spitzenteam Vienna Vikings konnten dieses Jahr ein amerikanisches Team schlagen sowie den österreichischen Staatsmeistertitel holen. Sie stehen an 5. Stelle der europäischen Rangliste.

Das österreichische Junioren-Nationalteam errang einen historischen Sieg gegen den regierenden Europameister Deutschland und bereitet sich intensiv auf die EM 2000 vor.

ÖSTERREICHISCHE STAATSMEISTER 1999

Männer	**Vienna Vikings**	W

ÖSTERREICHISCHE MEISTER 1999

Schüler	Vienna Vikings	W
Jugend	Levis Graz Giants	St
Junioren	Vienna Vikings	W

Foto: AFBÖ
Im Bild der Nachwuchs der Vienna Vikings und der Amstetten Thunderbolts.

ÖBV

ÖSTERREICHISCHER BADMINTON VERBAND (ÖBV)

gegründet 1957, 163 Vereine, 6.008 Mitglieder

1107 Wien, Kurbadstraße 16, Postfach 40
Telefon 01 / 689 79 91, Fax 01 / 689 79 92
e-mail: office@badminton.at; http://www.badminton.at
Sekretariat: Montag - Donnerstag 9 - 16 Uhr, Freitag 9 - 13 Uhr

Präsident: Robert Pfleger

Sportkoordinator: Mag. Gregor Herrmann

Sekretariat: Tina Riedl

Interne Verbandsmeldungen: „Österreichische Badminton-Nachrichten", sind ein Teil des offiziellen Organs des Österreichischen Badmintonverbandes „Badminton News", 8x jährlich

Mitglied der
Internationalen Badminton Federation (IBF)
gegründet 1934, 140 Mitgliedsverbände

Manor Park Place, Rutherford Way, Cheltenham,
Gloucestershire, GL 51 9TU, Großbritannien, UK
Telefon 00 44 / 1242 / 23 49 04, Fax 00 44 / 1242 / 22 10 30
e-mail: info@intbadfed.org, http://www.intbadfed.org

und der
Europäischen Badminton Union (EBU)
gegründet 1967, 47 Mitgliedsverbände

Generalsekretärin: Gisela Hoffmann,
47799 Krefeld, Vluyner Platz 7+8, Deutschland
Telefon 00 49 / 2151 / 50 30 20, Fax 00 49 / 2151 / 50 31 11
e-mail: ebu.gen.sec@t-online.de; http://www.eurobadminton.org

Österreichs Vertreter
Horst Kullnigg ist Finanzreferent der EBU.

Zu Ostern war Innsbruck Schauplatz der European Veteran Championships, einer Veranstaltung mit Rekordnennergebnis von über 400 Spielern aus insgesamt 20 Nationen. Bei diesem Turnier waren die Österreicher Tariq Farooq und Hilde Kreulitsch erfolgreich, die im Herren-Einzel AK +40 bzw. Damen-Einzel AK +55, die Silber- bzw. Bronzemedaille gewinnen konnten.

Beim Sudirman-Cup (Mannschafts-Weltmeisterschaft), der heuer in Kopenhagen (Dänemark) stattfand, konnte die österreichische Mannschaft unter der Leitung des neuen Nationaltrainers Klaus Fischer den Klassenerhalt in der 3. Division schaffen und belegte Platz 21.

Weiters wurde wieder in Zusammenarbeit mit der Fa. Champ ein Länderkampf in der Lugner City (Wien) durchgeführt. Dabei trat diesmal die österreichische Mannschaft gegen Spanien an und konnte mit 4 : 1 gewinnen.

Olympiasieger und Weltmeister Park Joo Bong aus Korea leitete die offizielle Trainer- und Lehrwartefortbildung des ÖBV. Für das Projekt „Europaliga 2000" konnte ebenfalls Park Joo Bong als Trainer beim Sommeraufbaukurs gewonnen werden. Dieses Projekt befindet sich nun in der Endphase und zielt auf die im Jänner 2000 in Pressbaum stattfindenden Jugend-Mannschafts-Europameisterschaften der Gruppe B (Finlandia Cup). Bei diesem Turnier soll der Aufstieg in die Gruppe A und damit die Qualifikation für den Mannschaftsbewerb der Jugend-Europameisterschaften im Jahr 2001 fixiert werden.

Der Donaupokal der dieses Jahr in Budapest (Ungarn) stattfand wurde eindrucksvoll von den „Wildcats" Linz gewonnen.

Im September fand in Dornbirn der Europacup der Vereinsmannschaften statt. ASKÖ Raiba Traun verpasste mit Platz 2 in der Vorrunde nur denkbar knapp den Aufstieg in das Viertelfinale. Anlässlich dieser Veranstaltung wurde Herrn Walter Breitwieser durch den Internationalen Badminton Verband, vertreten durch Torsten Berg (Präsident der Europäischen Badminton Verbands), der IBF-Meritorious-Service-Award für seine langjährigen Dienste für den Badmintonsport überreicht.

ÖSTERREICHISCHE STAATSMEISTER 1999

Damen	Einzel	**Irina SEROVA**	O
	Doppel	**Irina SEROVA/ Bettina WEILGUNI**	O
Herren	Einzel	**Jürgen KOCH**	O
	Doppel	**Jürgen KOCH/ Harald KOCH**	O
	Mannschaft	**ASKÖ Raiba Traun**	O
	Mixed Doppel	**Harald KOCH/ Bettina WEILGUNI**	O

ÖSTERREICHISCHE MEISTER 1999

U 13	Einzel	weibl.	Julia FRANZ	N
		männl.	Christoph HELLAUER	O
	Doppel	weibl.	Julia FRANZ/Eva BRUNNER	N
		männl.	Christoph HELLAUER/Markus HELMBERGER	O
		mixed	Christoph HELLAUER/Karin GERSTL	O/N
U 15	Einzel	weibl.	Ruth KLEINFELDER	O
		männl.	Filip HULAK	T
	Doppel	weibl.	Claudia MAYER/Cornelia GUTMANN	W
		männl.	Michael TROJAN/Stefan WIZANI	K/S
		mixed	Michael TROJAN/Claudia MAYER	K/W
U 17	Einzel	weibl.	Bettina UNTERLEITNER	T
		männl.	Roman ZIRNWALD	N
	Doppel	weibl.	Christina DANDER/Bettina UNTERLEITNER	T
		männl.	Manuel BERGER/Manuel WEBER	O
		mixed.	Manuel BERGER/Bettina UNTERLEITNER	O/T
U 19	Einzel	weibl.	Veronika LEITL	N
	Doppel	weibl.	Veronika LEITL/Andrea PIPAN	N
		männl.	Tobias KARASEK/Markus HELLAUER	S/O
		mixed	Thomas PIPAN/ Andrea PIPAN	N
U 22	Einzel	weibl.	Simone PRUTSCH	St
		männl.	Werner ZIRNWALD	N
	Doppel	weibl.	Simone PRUTSCH/Sabine FRANZ	St/N
		männl.	Christoph RADINGER/Daniel PESSERER	K/T
		mixed	Christoph RADINGER/Sabine FRANZ	K/N
Schüler	Mannschaft		WAT Badminton Hernals	W
Schülerliga-	Unterstufe		BRG/BORG Schwaz	T
Schülerliga-	Oberstufe	weibl.	BRG/BORG Schwaz	T
		männl.	HTL Steyr	O
Jugend-Mannschaft			ASV Pressbaum	N

EUROPAMEISTERSCHAFTEN 1999

20.-24.1.1999, Lisburn, IRL

Mannschaft	6. Österreich	13 Länder	13 Mannschaften

EUROPEAN BADMINTON CIRCUIT 1999

29.4.-2.5.1999, Int. Meisterschaften Österreich, Pressbaum, AUT

Herren	Doppel	3. Jürgen KOCH/Harald KOCH	13 Länder	31 Doppel

1.-5.9.1999, Int. Meisterschaften Bulgarien, Sofia, BUL

Herren	Doppel	3. Jürgen KOCH/Harald KOCH	11 Länder	24 Doppel
	Einzel	3. Jürgen KOCH	15 Länder	55 Teilnehmer

17.-19.9.1999, Joe Open, Timisoara, ROM				
Herren	Doppel	**1. Jürgen KOCH/Harald KOCH**	7 Länder	19 Doppel
21.-24.10.1999, Slovenia Int., Ljubljana, SLO				
Herren	Einzel	3. Jürgen KOCH	20 Länder	89 Teilnehmer

EUROPEAN VETERAN CHAMPIONSHIPS

1.-4.4.1999, Innsbruck, AUT				
Damen	Einzel AK +55	3. Hilde KREULITSCH	8 Länder	16 Teilnehmerinnen
Herren	Einzel AK +40	2. Tariq FAROOQ	16 Länder	37 Teilnehmer

Foto: G. Egger
Einmal mehr ging der Badmintonsport bei der Compeed Challenge powered by PSK zum Publikum. Dort kam es zum Länderkampf Österreich-Spanien: Jürgen Koch (weiß) und Heimo Götschl (schwarz) im Herren-Doppel.

BAHNENGOLF

ÖSTERREICHISCHER BAHNENGOLFVERBAND (ÖBGV)

gegründet 1967, 78 Vereine, 5.115 Mitglieder

1050 Wien, Kleine Neugasse 15-19/1/4/11
Telefon und Fax 01 / 581 81 81;
e-mail: oebgv@asn.or.at;http://www.asn.or.at/oebgv
Dienstzeiten: Montag - Donnerstag 9 - 17 Uhr

Präsident: Leo Moik, p.A. Österr. Bahnengolfverband

Sekretär: Gertrud Moik, p.A. Österr. Bahnengolfverband

Offizielle Verbandszeitung: „Bahnengolf-Info“, 4mal jährlich

Mitglied der
World-Minigolf-Federation (WMF)
gegründet 1980, 27 Länder

Präsident WMF: Klaus Engels, Dörrenberg 108, D-42899 Remscheid

Österreichs Vertreter
Leo Moik ist Sportwart und Leiter der Technischen Kommission.
Dieter Helmke ist Mitglied im Jugendausschuss,
Horst Spirk im Seniorenausschuss.

Präsident Leo Moik wurde bei den Neuwahlen der World Minigolf Sport Federation (WMF) im Präsidium, dem er seit 1982 angehört, wieder einstimmig bestätigt.

Der Medaillenspiegel 1999 in allen Kategorien ist ausgezeichnet. Österreichische Bahnengolfer verbesserten sich von 1998 – dritter Platz – auf den zweiten Platz.

Der im Vorjahr begonnene Aufschwung in Richtung Breitensport setzte sich 1999 fort.

ÖSTERREICHISCHE STAATSMEISTER 1999

Damen	Einzel	**Heike PLACHOTA**	UBSG 1979 Salzburg	S
	Mannschaft	**UBSG 1979 Salzburg**		S
Herren	Einzel	**Bernd GAIDA**	MGC Bischofshofen	S
	Mannschaft	**MGC ASKÖ Bischofshofen**		S

ÖSTERREICHISCHE MEISTER 1999

Schülerinnen		Stephanie DALLINGER	N
Schüler		Gerhard SAURWEIN	N
Schülermannschaft		MGC Ybbstal	N
Weibl. Jugend		Elisabeth GRUBER	N
Männl. Jugend		Stefan WALLNER	V
Jugend Mannschaft		USGC Thiersee	T
Senioren 1	weibl. Einzel	Elisabeth KAMMERER	W
Senioren 2	weibl. Einzel	Margaret SCHLAGER	O
Senioren 1	männl. Einzel	Walter FELBAB	W
Senioren 2	männl. Einzel	Kurt MARTINI	T
Senioren	Mannschaft	BGC Union Rot-Gold	W

WELTMEISTERSCHAFTEN 1999

Allg. Klasse, 25.8. - 28.8.1999, Papendal, NED

Damen	Einzel	3. Claudia WIESENBAUER	12 Länder	12 Teilnehmer
	Mannschaft	4. Claudia WIESENBAUER/Karin FISCHER/ Heike PLACHOTA/Renate RAIDL	12 Länder	12 Mannschaften
Herren	Einzel	3. Bernd SCHALLER	21 Länder	16 Teilnehmer

	Mannschaft	2. Günter INNMANN/Michael GEBETSHAMMER/Bernd SCHALLER/ Manfred LINDMAYR/Heinz WEBER/Reinhard SCHUSTER	16 Länder	16 Mannschaften

EUROPAMEISTERSCHAFTEN 1999

Jugend, 12.8. - 14.8.1999, Kosice, SVK

männlich	Einzel	2. Herbert PICHER	13 Länder	75 Teilnehmer
weiblich	Einzel	**1. Alexandra SCHRIMMEL**	13 Länder	33 Teilnehmer
		2. Elisabeth GRUBER	13 Länder	33 Teilnehmer
		3. Elisabeth RELLA	13 Länder	33 Teilnehmer
	Mannschaft	**1. Österreich**	7 Länder	7 Mannschaften

Senioren, 8.9. - 11.9.1999, Bystrice, CZE

Frauen	Einzel	**1. Elisabeth KAMMERER**	7 Länder	21 Teilnehmer
Mannschaft	Frauen	**1. Elisabeth KAMMERER/Anna WAGNER/ Martha STURM/Ingrid PINTER**	7 Länder	7 Mannschaften

Foto: ÖBGV
Alexandra Schrimmel stand bei der Jugendeuropameisterschaft an der Spitze eines österreichischen Dreifacherfolges. Silber und Bronze gewannen Elisabeth Gruber bzw. Elisabeth Rella.

BASEBALL-SOFTBALL

ÖSTERREICHISCHER BASEBALL-SOFTBALL VERBAND (ÖBSV)

gegründet 1983, 43 Vereine, 2.819 Mitglieder

1030 Wien, Baumgasse 28/1
Telefon 01 / 774 41 13, Fax 01 / 774 41 15
e-mail: office@baseballaustria.com, http://www.baseballaustria.com
Montag-Freitag 9 - 12 Uhr, Donnerstag 13 - 18 Uhr

Präsidentin: Marlene Campbell, 1030 Wien, Stanislausgasse 2/6
Telefon und Fax 01 / 718 86 31

Mitglied der
International Baseball Federation (IBAF)
ÖBSV ist Mitglied seit 1984, 109 Verbände

Avenue de Mon Repos 24
1000 Lausanne 5, Schweiz

der
Confédération Européenne de Baseball Amateur (C.E.B.)
gegründet 1953, ÖBSV ist Mitglied seit 1983, 37 Verbände

Thonetlaan 52, Antwerpen 2050, Belgien

der
International Softball Federation (ISF)
ÖBSV ist Mitglied seit 1992, 105 Verbände

4141 NW Expressway Ste 340, Oklahoma City, OK 73116, USA

und der
European Softball Federation (ESF)
gegründet 1976, ÖBSV ist Mitglied seit 1991, 31 Verbände

B-2100 Deurne, De Borrekensstraat 1, Belgien

Österreichs Vertreter
Marlene Campbell ist im Vorstand der IBAF.

Bei den Europameisterschaften der Damen B-Pool im Softball Fastpitch in Antwerpen (Belgien) erreichte die Damen-Nationalmannschaft mit dem dritten Platz das bisher beste Ergebnis in der Verbandsgeschichte. Obwohl der Zulauf bei weitem nicht so stark ist wie zum Baseball, wird für das nächste Jahr bereits ein Junioren-Nationalteam vorbereitet.

Die Linz Bandits konnten mit der Veranstaltung des Europacups in Österreich gleich drei große Ziele erreichen: Einen den internationalen Richtlinien entsprechenden Platz, einen großen Zulauf an Jugendlichen und das Erreichen des Österreichischen Finales. Beim Turnier verpassten sie knapp den Aufstieg in den A-Pool.

Nach dem Erfolg des Junioren-Nationalteams im Jahre 1996 mit dem Aufstieg in den A-Pool erlebt der Baseballnachwuchs einen stetigen Aufschwung. Ausdruck dieses Trends ist auch die Teilnahme von 27 Nachwuchsteams an regionalen und österreichischen Meisterschaften sowie die erstmalige Durchführung eines bundesweiten Schulcups, der am Finalwochenende im Juni in Voitsberg seinen Höhepunkt mit 13 Schulmannschaften aus ganz Österreich fand.

Neben den großen Erfolgen im sportlichen und im Nachwuchsbereich ist auch die Auszeichnung der Verbandspräsidentin Frau Marlene Campbell zum ‚International Executive of the Year 1998' hervorzuheben. Diese hohe Auszeichnung wurde erstmalig in der Geschichte der IBAF an eine Frau vergeben.

ÖSTERREICHISCHE STAATSMEISTER 1999

Baseball		
Männer	**Dornbirn Indians**	V
Softball		
Frauen	**Vienna Wanderers**	W

ÖSTERREICHISCHE MEISTER 1999

Baseball	Junioren	Grödig Rangers	O
	Jugend	Vienna Lions	W
	Schüler	Vienna Lions	W

EUROPAMEISTERSCHAFTEN 1999

Softball,
Allg. Klasse 19.7. - 24.7.1999, Antwerpen, BEL

Frauen	3. Österreich	9 Länder	9 Mannschaften

Foto: A. Herzog
Das erfolgreiche Damen-Softball-Nationalteam, das bei der EM in Antwerpen die Bronzemedaille gewann.

Foto: A. Herzog
Lukas Meier am Schlag.

BASKETBALL

ÖSTERREICHISCHER BASKETBALL-VERBAND (ÖBV)

gegründet 1948, 185 Vereine, 14.648 Mitglieder

1040 Wien, Favoritenstraße 22/11
Telefon 01 / 505 96 49, Fax 01 / 505 96 49 / 15
e-mail: office_oebv@yahoo.com; http://www.oebv.or.at
Dienstzeiten: Montag - Freitag 9 - 14 Uhr

Präsident: Walther Kaszelik, 1210 Wien, Anton Störckgasse 56/5/12

Büroleiterin: Magdalena Simovici, p.A. Österr. Basketball-Verband

Offizielle Verbandzeitung: „Basketball-Zeitschrift", offizielle Zeitschrift des ÖBV und der Bundesliga

Mitglied der
Fédération Internationale de Basketball (FIBA)
gegründet 1932, 192 Länder

D-81306 München, P.O. Box 700607, Telefon 0049 / 89 / 74 81 58-0

Österreichs Vertreter
Walter Kaszelik ist Mitglied der „Council for Basketball for Young People".
Dr. Heinz Günter ist Mitglied des Medical Councils der FIBA.
Werner Spreitzer ist Mitglied der Kommission für internat. Bewerbe.

Beginnend im November 1999 spielt das Herren-Nationalteam bis Februar 2001 insgesamt 10 Länderspiele im Rahmen der Semifinalspiele der Europameisterschaft 2001.

Das Damen-Nationalteam konnte sich bei der EM-Vorrunde im Sommer 1999 in Bulgarien nicht qualifizieren.

In den Jahren 1998 und 1999 hat der Österreichische Basketballverband im Nachwuchsbereich an nahezu allen EM-Qualifikationsrunden und einer Zwischenrunde (weibliche Junioren) teilgenommen. Auf Grund der unbefriedigenden Ergebnisse werden künftig EM-Qualifikationen nur mehr mit selektierten Jahrgängen und nach mehrjähriger Vorbereitungsdauer beschickt.

ÖSTERREICHISCHE STAATSMEISTER 1999

Frauen	**BK Tecto Klosterneuburg**	N
Männer	**UKJ SÜBA St. Pölten**	N

ÖSTERREICHISCHE MEISTER 1999

U 22	männl.	Basket Clubs of Vienna	W
Junioren	weibl.	DBK Steyr	O
	männl.	U-Photoplay Gmunden	O
Jugend	weibl.	DBK Steyr	O
	männl.	Oberwart Gunners	B
Schüler	weibl.	GAK/PSK Kangaroos	St
	männl.	UKJ SÜBA St. Pölten	N

EUROPACUP 1999 (SAPORTA CUP)

Herren

UKJ SÜBA St. Pölten	-	Partizan Zepter Belgrad (YUG)	67 : 70 (30 : 31)
FC Porto (POR)	-	UKJ SÜBA St. Pölten	78 : 58 (35 : 31)
UKJ SÜBA St. Pölten	-	BK Slovakofarma Pezinok (SVK)	72 : 81 (38 : 36)
Herkules Thessaloniki (GRE)	-	UKJ SÜBA St. Pölten	86 : 53 (50 : 30)
UKJ SÜBA St. Pölten	-	Telekom Baskts Bonn (GER)	68 : 77 (38 : 39)
Partizan Zepter Belgrad	-	UKJ SÜBA St. Pölten	69 : 58 (31 : 36)
UKJ SÜBA St. Pölten	-	FC Porto	56 : 68 (30 : 32)

BK Slovakofarma Pezinok	-	UKJ SÜBA St. Pölten	88 : 66 (45 : 34)
UKJ SÜBA St. Pölten	-	Herkules BC Rubikon	75 : 90 (44 : 43)
Telekom Baskets Bonn	-	UKJ SÜBA St. Pölten	69 : 58 (31 : 36)

RONCHETTI CUP DER DAMEN

BK Tecto Kierling	-	AB Contern Howald (LUX)	85 : 53 (38 : 30)
AB Contern Howald (LUX)	-	BK Tecto Kierling	58 : 87 (32 : 51)
BK Tecto Kierling	-	TS Wisla Krakow (POL)	75 : 72 (45 : 34)
USK Blex Prag (CZE)	-	BK Tecto Kierling	73 : 76 (24 : 29)
ZKK Zrinski Mostar (BIH)	-	Gustino Wiesbauer Wels	31 : 90 (16 : 41)
Gustino Wiesbauer Wels	-	ZKK Zrinski Mostar (BIH)	110 : 31 (49 : 16)
Gustino Wiesbauer Wels	-	Lavezzini Basket Parma (ITA)	74 : 76 (39 : 39)
Beziktas JK Istanbul (TUR)	-	Gustino Wiesbauer Wels	58 : 55 (32 : 29)
Lavezzini Basket Parma	-	Gustino Wiesbauer Wels	83 : 56 (40 : 30)
Gustino Wiesbauer Wels	-	Beziktas JK Istanbul (TUR)	64 : 58 (32 : 32)
TS Wisla Krakow (POL)	-	BK Tecto Klosterneuburg	74 : 64 (33 : 32)
BK Tecto Klosterneuburg	-	USK Blex Prag	64 : 51 (33 : 24)
BK Tecto Klosterneuburg	-	Bne Yehuda Tel Aviv (ISR)	74 : 72 (39 : 38)
Bne Yehuda Tel Aviv	-	BK Tecto Klosterneuburg	80 : 65 (42 : 39)

KORAC CUP

BK Sparta Prag (CZE)	-	Arkadia Traiskirchen	63 : 70 (30 : 36)
Arkadia Traiskirchen	-	BK Sparta Prag (CZE)	67 : 78 (38 : 37)
Oberwart Gunners	-	Brother Gent (BEL)	58 : 66 (35 : 36)
Brother Gent (BEL)	-	Oberwart Gunners	61 : 57 (28 : 32)
Goldene Seiten Kapfenberg	-	BC Zrinjevac Zagreb (CRO)	69 : 67 (34 : 38)
BC Zrinjevac Zagreb (CRO)	-	Goldene Seiten Kapfenberg	63 : 58 (23 : 25)

Foto: ÖBV
Serguei Orekhov, Kapitän von Meister UKJ SÜBA St. Pölten, im Kampf um den 7. Meistertitel in Folge.

BILLARDSPORTVERBAND ÖSTERREICH (BSVÖ)

gegründet 1931, 151 Vereine, 3.147 Mitglieder (inkl. Pool)

1150 Wien, Wiener Stadthalle, Vogelweidplatz 14
Telefon 01 / 98 100 / 362, Telefon und Fax 01 / 985 75 74
http://www.asn.or.at/oebv

Präsident: Herbert Doleschal
p.A. Billardsportverband Österreich, Telefon 0676 / 464 19 36

Generalsekretär: Peter Stöger, p.A. Billardsportverband Österreich

Offizielle Verbandszeitung: „Billard", wird privat herausgegeben und enthält einen offiziellen Verbandsteil

Mitglied der
Confédération Européenne de Billard (CEB)
gegründet 1923, 24 Länder

c/o Johny Houtsch, Rue Edw. Speichen 54,
L-3324 Bivange/Berchen, Luxemburg

und der
Union Mondiale de Billard (UMB)
gegründet 1959, 39 Länder

ÖSTERREICHISCHER POOL-BILLARD VERBAND (ÖPBV)
gegründet 1995, 96 Vereine, 1.508 Lizenzspieler

Geschäftsstelle: Johann Moser (Sekretär), Grubtalstraße 14,
3150 Wilhelmsburg
Telefon 0664 / 312 86 98, Fax 02746 / 76 323
e-mail: moser@pgv.at; http://www.oepbv-billard.magnet.at

Präsident: Dr. Heinz-Werner Eckhardt, Rudolf von Altplatz 7, 1030 Wien
Telefon 0664 / 421 81 18
e-mail: oepbv.pool@magnet.at; http://www.oepbv-billard.magnet.at
Offizielle Verbandszeitung: „break – Das Billardmagazin"

Mitglied der

European Pocket Billard Federation (EPBF), 30 Nationalverbände

World Poolbillard Association (WPA), 44 Nationalverbände

Carambol

Dem BSVÖ ist im Ausbildungssektor ein entscheidender Schritt gelungen: Europameister Arnim Kahofer durchläuft derzeit die Ausbildung zum staatlich geprüften Trainer. Nach Abschluß dieser Ausbildung wird der BSVÖ dann über zwei staatliche Trainer verfügen. Derzeit wird bereits an einem Konzept bundesweiter Ausbildungsmaßnahmen gearbeitet, das Sportler, Übungsleiter und Sportwarte einbindet. Im Nachwuchsbereich werden regional Schwerpunkte gesetzt, Talentegruppen wurden gebildet und es ist auch daran gedacht, besonders förderungswürdige Spieler zu Spitzentrainern ins Ausland zu schicken.

Pool

Die verstärkte Jugendarbeit beginnt Früchte zu tragen: bei der Jugend-EM gab es Platz 2 in der Statistik aller teilnehmenden Nationen, was vor allem auf das Supertalent Jasmin Ouschan zurückzuführen ist, die es auf zwei Goldene brachte. Von ihr wird man in Hinkunft viel hören. In den Landesverbänden tritt die Jugendliga in die zweite Saison, sie ist ein voller Erfolg geworden. Die neuen Medien sind im ÖPBV bereits Alltag, die Homepage des ÖPBV wird ständig aktualisiert und um neue Dienstleistungen bereichert.

ÖSTERREICHISCHE STAATSMEISTER 1999

Carambol

Damen	Freie Partie	**Ingrid ENGLBRECHT**	W
Herren	Cadre 47/1	**Arnim KAHOFER**	W
	Cadre 47/2	**Michael HIKL**	W
	Cadre 71/2	**Michael HIKL**	W
	Einband	**Michael HIKL**	W

	Freie Partie	**Michael HIKL**	W
	Polyathlon	**Franz STENZEL**	W
	Polyathlan Mannschaft	**Kurt MASTNY/Hans WERNER/Hans MURZEK/ Gerhard RALIS/Andreas KRONLACHNER**	W
	Dreiband Mannschaft	**Manfred MÜLLER/Franz STENZEL/ Rudolf NUSKE**	W
Pool			
Damen	14-1 endlos	**Marion DRESSEL**	V
	8-Ball	**Claudia HECHENBICHLER**	K
	9-Ball	**Marion DRESSEL**	V
Herren	14-1 endlos	**Karl HANSCHO**	K
	8-Ball	**Nedeljko STEVANOVIC**	W
	9-Ball	**Karl HANSCHO**	K
	Mannschaft	**UBSC Pfisterer Pongau**	S

ÖSTERREICHISCHE MEISTER 1999

Kleinbillard			
Damen	Freie Partie	Helga MITTERBÖCK	N
Herren	Freie Partie	Thomas FREUDENTHALER	N
	Cadre 35/2	Thomas FREUDENTHALER	N
	Cadre 52/2	Thomas FREUDENTHALER	N
	Einband	Otto HITZINGER	W
	Dreiband	Michael RAKOVIC	W
Junioren	Freie Partie	Gregor SCHLOSSER	W
	Mannschaft	Fritz LEVY/Walter GUGUMUCK/ Kurt MASTNY/Alfred NEBUDA	N
Matchbillard			
Damen	Dreiband	Ingrid ENGLBRECHT	W
Junioren	Dreiband	Christoph OBERBERGER	St
	Freie Partie	Christoph OBERBERGER	St
Senioren	Dreiband	Albert KNEZAUREK	W
Pool			
Schüler	14/1 endlos	Boris URAN	K
	8-Ball	Boris URAN	K
	9-Ball	Boris URAN	K
Junioren	14/1 endlos	Sascha ERTL	W
	8-Ball	Niclas GERDEY	K
	9-Ball	Sascha ERTL	W
Senioren	14/1 endlos	Wilfried STRÖTGES	V
	8-Ball	Wilfried STRÖTGES	V
	9-Ball	Wilfried STRÖTGES	V

EUROPAMEISTERSCHAFTEN 1999

Carambol

30.4.-2.5.1999, Porto, POR

Herren	Dreiband	6. Andreas EFLER	14 Länder	32 Teilnehmer

25.-30.5.1999, Venlo, NED

Herren	Cadre 47/2	5. Michael HIKL	11 Länder	45 Teilnehmer
	Freie Partie	6. Arnim KAHOFER	10 Länder	44 Teilnehmer

5.-7.6.1999, Montgeron, FRA

Damen	Freie Partie	5. Ingrid ENGLBRECHT	5 Länder	8 Teilnehmerinnen

Pool

14.-24. 5. 1999, Poznan, POL

Herren	8-Ball	3. Andreas RINDLER	24 Länder	64 Teilnehmer

Jugend 1.-8. 8. 1999, Kielce, POL

Mädchen	8-Ball	**1. Jasmin OUSCHAN**	9 Länder	13 Teilnehmerinnen
	9-Ball	**1. Jasmin OUSCHAN**	9 Länder	13 Teilnehmerinnen
		3. Sabine LACKNER	9 Länder	13 Teilnehmerinnen
SchülerInnen	Mannschaft	3. Österreich (Müllner, Ouschan, Uran, Riepl)		10 Länder

Senioren 22.-26. 8. 1999, Seget-Trogir, CRO

Damen	8-Ball	**1. Sylvia HUTTER**	4 Länder	4 Teilnehmerinnen
	9-Ball	**1. Sylvia HUTTER**	4 Länder	4 Teilnehmerinnen
Herren	9-Ball	3. Albert SCHWARZ	10 Länder	25 Teilnehmer

Foto: ÖPBV
Jasmin Ouschan präsentiert stolz ihre drei Medaillen von der Jugend-EM 1999.

BOB/ SKELETON

ÖSTERREICHISCHER BOB- UND SKELETON-VERBAND (ÖBSV)

gegründet 1922, 30 Vereine, 722 Mitglieder

6020 Innsbruck, Hallerstraße 129
Telefon +43 / 512 / 200 250, Fax +43 / 512 / 200 250 - 14
Mobil: +43 / 664 / 207 16 20, e-mail: austriabob@EUnet.at
Dienstzeiten: Montag - Freitag 09.00 Uhr - 12.30 Uhr
Präsident: Walter Delle Karth, 6020 Innsbruck, Klammerstr. 18
Telefon 0664/26 42 816

Mitglied der
Fédération Internationale de Bobsleigh et de Toboganing (FIBT)
gegründet 1923, 52 Mitgliedsländer

I-20137 Mailand, Via Piranesi 44/B, Italien
Telefon 00 39 / 02 / 757 3319, Fax: 00 39 / 02 / 757 33 84
e-mail: egarde@tin.it

Der ÖBSV stand am Beginn der Saison 98/99 durch die Selbstdisqualifikation von Hubert Schösser vor keiner leichten Aufgabe. Es mußte in kürzester Zeit versucht werden, unseren bisherigen Leistungsträger zu ersetzen. Unsere Wahl fiel auf Wolfgang Stampfer. Dieser noch unerfahrene Nachwuchspilot wurde mit der Aufgabe betraut, das Team in Calgary und Park City zum Saisonstart als Österreich II zu vertreten, obwohl er weder die eine noch die andere Bahn kannte.

Unsere Wahl erwies sich als Glücksgriff. Schon beim ersten 4-er-Bob Weltcuprennen in Calgary fuhr der Neuling mit Platz 11 einen Startplatz in der ersten Startgruppe ein. Auf der künftigen Olympiabahn von Park City (Salt Lake City) gelang dem jungen Innsbrucker im Viererbob beinahe die zweite Überraschung. Nach dem ersten Lauf lag das Stampfer-Team auf Rang sechs. Im 2. Lauf wurde seine Fahrt leider durch einen Kippsturz in Kurve 13 gestoppt. Ein sensationelles Ergebnis wurde damit vergeben. Weitere gute Ergebnisse im Laufe der Saison, ein fünfter Platz beim Weltcup in Innsbruck, bestätigten das Talent von Wolfgang Stampfer. Den Höhepunkt setzte er bei den Europameisterschaften in Winterberg. Damit ließ Stampfer erkennen, dass er in den nächsten Jahren den österreichischen Bobsport bestens vertreten wird.

ÖSTERREICHISCHE STAATSMEISTER 1999

Bob	Zweierbob	**Kurt EINBERGER/Michael MÜLLER**	T
	Viererbob	**Wolfgang STAMPFER/Erwin ARNOLD/ Klaus SEELOS/Martin SCHÜTZENAUER**	T/T/T/N
Skeleton	Skeleton	**Alex MÜLLER**	T

ÖSTERREICHISCHE MEISTER 1999

Skeleton

Damen	Astrid EBNER	T
Junioren	Florian SPIESS	T

WELTMEISTERSCHAFTEN 1999

21.2.1999, Altenberg, GER

Skeleton	3. Franz PLANGGER	13 Länder	30 Teilnehmer

EUROPAMEISTERSCHAFTEN 1999

16.-17.1.1999, Winterberg, GER

4-er Bob	3. STAMPFER/BUCK/ARNOLD/SCHÜTZENAUER	11 Länder	25 Mannschaften

BOGEN-SCHIESSEN

ÖSTERREICHISCHER BOGENSCHÜTZEN-VERBAND (ÖBSV)

gegründet 1963, 86 Vereine, 1.850 Mitglieder

10. Oktoberstraße 3, 9560 Feldkirchen

Präsident: Veit Österreicher, p.A. ÖBSV, Telefon 0662 / 45 92 60
Offizielle Verbandszeitung: „ÖBSV-Info", 12mal jährlich
Mitglied der

European and Mediterranean Archery Union (EMAU)
Via Vitorchiano 113/115, 00189 Roma, Italien
Telefon 00 39 / 334 00 43, Fax 00 39 / 36 85 66 53

Fédération Internationale de Tir à l'Arc (FITA)
gegründet 1941, 118 Länder

F.I.T.A. Executive Bureau, Avenue de Cour 135, 1007 Lausanne, Schweiz, Telefon 00 41 / 21 / 614 30 50, Fax 00 41 / 21 / 614 30 55, e-mail: fita@worldcom.ch

Erstmals wurde im 3D-Bogenschießen eine Österreichische Staatsmeisterschaft durchgeführt.

Erfolgreiche Teilnahme der österreichischen Schützen an Internationalen Turnieren: Herauszuheben ist Gerhard Kranabeter, der nicht nur einen neuen Weltrekord aufstellen konnte und auch bei der WM hervorragend schoss. Petra Friedl gewann das GP Turnier Outdoor in Antalya/TUR, bei dem sie einen Europarekord erzielte. Es wurde heuer die EM im 3D-Bogenschießen in Filzmoos veranstaltet, wobei die österreichischen Schützen einige Medaillenplätze erzielten.

Die Vorjahrsweltmeisterin im Feldbogenschießen, Sabine Mayrhofer, gibt die Hoffnung nicht auf und kämpft weiter um einen Startplatz bei den Olympischen Spielen 2000, letzte Qualifikationschance dafür ist die EM-Outdoor 2000 in Antalya/TUR.

ÖSTERREICHISCHE STAATSMEISTER 1999

Damen	Barebow Feld	Einzel	**Eva WENINGER**	N
	Compound Feld	Einzel	**Petra FRIEDL**	O
	Compound Halle	Einzel	**Birgit LINHART**	N
	Compound Scheibe (Outdoor)	Einzel	**Petra FRIEDL**	N
	Feld	Mannschaft	**Reingild LINHART/Elisabeth GRUBE/ Eva WENINGER**	N
	Recurve Feld	Einzel	**Sabine MAYRHOFER**	T
	Recurve Halle	Einzel	**Elisabeth GRUBE**	N
		Mannschaft	**Magret PLESCHBERGER/Gudrun PRESSIEN/Renate PLATSCHKA**	K
	Recurve Scheibe (Outdoor)	Einzel	**Elisabeth GRUBE**	N
Herren	Barebow Feld	Einzel	**Friedrich PUREGGER**	St
	Compound Feld	Einzel	**Christian LINHART**	N
	Compound freie Klasse	Einzel	**Johann WILFING**	St
	Compound Halle	Einzel	**Manfred HAUER**	O
		Mannschaft	**Hans-Jörg KAIN/Walter LICHTENEGGER/ Manfred HAUER**	O
	Compound limitierte Klasse	Einzel	**Christian OUCHERIF**	O
	Compound Scheibe (Outdoor)	Einzel	**Walter LICHTENEGGER**	O
		Mannschaft	**Walter WURZINGER/Christian VÖLKL/ Christian LINHART**	N
	Feld	Mannschaft	**Christian LINHART/Rudolf GRUBE/ Josef WENINGER**	N

Recurve Feld		Einzel	**Rudolf GRUBE**	N
Recurve Halle		Einzel	**Horst GALLER**	K
		Mannschaft	**Johann SUCHAN/Helmut VATER/ Andreas HÖRTENHUBER**	O
Recurve Scheibe (Outdoor)		Einzel	**Horst GALLER**	K
		Mannschaft	**Johann SUCHAN/Helmut VATER/ Andreas HÖRTENHUBER**	O

ÖSTERREICHISCHE MEISTER 1999

Indoor

Recurve				
	Schüler II	Einzel	Florian SUPPAN	N
	Kadetten	Einzel	Andreas HÖRTENHUBER	O
	Seniorinnen I	Einzel	Eva SCHEFFKNECHT	V
	Senioren I	Einzel	Rudolf GRUBE	N
Blankbogen				
	Damen	Einzel	Christine HAYDU	St
	Herren	Einzel	Max WOITSETSCHLÄGER	St
		Mannschaft	Robert EHRENREICH/Thomas CHIBA/ Wolfgang SCHNEIDER	N
	Schüler I	Einzel	David WÜHL	St
	Schüler II	Einzel	Christoph ROHRER	St
	Senioren I	Einzel	Peter FRIEDL	W
Compound				
	Kadetten	Einzel	Eva ZECHA	N
	Senioren I	Einzel	Josef KOLM	N

Feld

Compound				
	Senioren I	Einzel	Josef KOLM	N
Recurve	Senioren I	Einzel	Rudolf GRUBE	N
Blankbogen	Senioren I	Einzel	Josef HAUBERT	N

3D Bogenschießen

Blankbogen	Herren	Einzel	Otto NEMEC	W
Compound	Damen	Einzel	Karin BESTE	S
	Hunter	Einzel	Wolfgang GANGL	S
Recurve	Herren	Einzel	August KERSCHBACHER	O
Traditional	Herren	Einzel	Wilfried HUMER	V
Olympic	Herren	Einzel	Wolfgang SÖLLRADL	T
Compound UL	Damen	Einzel	Edith ZECHA	S

Scheibe (Outdoor)

Blankbogen	Senioren I	Einzel	Otto NEMEC	W
Compound	Senioren I	Einzel	Franz PUSNIK	K
	Kadetten	Einzel	Andreas VORDEREGGER	S
Recurve	Senioren I	Einzel	Rudolf GRUBE	N
	Kadetten	Einzel	Andreas HÖRTENHUBER	O

Ski Arc

Herren		Einzel	Wolfgang WERNITZNIG	K

WELTMEISTERSCHAFTEN 1999

22. - 29.7.1999, Riom, FRA

Herren	Compound	4. Gerhard KRANABETER	38 Länder	118 Teilnehmer

EUROPAMEISTERSCHAFTEN 1999

7.9. - 11.9.1999, Filzmoos, AUT

Damen	Barebow	2. Andrea MARKGRAF	2 Länder	3 Teilnehmer
		3. Christine HAYDU		
	Compound 3D	3. Belinda EICHER	3 Länder	4 Teilnehmer
	Compound Unlimited	**1. Edith ZECHA**	4 Länder	9 Teilnehmer
Herren	Barebow	3. Otto NEMEC	4 Länder	6 Teilnehmer
	Langbogen	**1. Martin-Roland MÜLLER**	4 Länder	11 Teilnehmer
		3. Christian BECK		
	Olympic	**1. Helmut VATER**	3 Länder	8 Teilnehmer
	Recurve	**1. Otto WIMMER**	4 Länder	10 Teilnehmer
Mannschaft	3D, CRB, CU, CU	**1. Christian OUCHERIF/Willi SCHERSCH/Johann WILFING/ Edith ZECHA**	4 Länder	6 Mannschaften
	BB, RC, TRLB, TRRB	**1. Otto NEMEC/Helmut VATER/Martin-Roland MÜLLER/ Otto WIMMER**	3 Länder	3 Mannschaften
Junioren männlich	Compound 3D	3. Martin TIEFENTALER	2 Länder	5 Teilnehmer

Foto: P. Friedl
Gerhard Kranabeter beim XII. Golden Arrow Grand Prix in Antalya (TUR).

BOXEN

ÖSTERREICHISCHER AMATEURBOXVERBAND (ÖABV)

gegründet 1921, 49 Vereine, 2.900 Mitglieder

Präsident: Ing. Waldemar Mencel
4400 Steyr, Punzerstraße 41/5
Telefon und Fax 07252 / 72 785

Mitglied der
Association Internationale de Boxe Amateur (AIBA)
gegründet 1946, 181 Länder

P.O. Box, 76343, Atlanta, Georgia 30358, USA
Telefon 001 / 770 / 455 8350, Fax 001 / 770 / 454 6467
und der
European Amateur Boxing Association (EABA)
gegründet 1970, 46 Länder

75 Vasil Levski Blvd., Sofia, Bulgaria
Telefon und Fax 00359 / 981 9758, Telex 22 723

Österreichs Vertreter
Dr. Heinrich Lenz ist Mitglied der Medizinischen Kommission der EABA.

Für die WM 17.-28. August 1999 in Houston (USA) qualifizierten sich Adrian Suteu und Zdravomir Dimitrijevic. Im Halbschwergewicht – 22 Boxer – verlor Dimitrijevic seinen Kampf im Achtelfinale gegen Ismailov (AZE) nach Punkten. Suteu besiegte Karklins (LAT) in der Vorrunde und Saputo (ARG) im Achtelfinale nach Punkten, im Viertelfinale verlor er gegen den späteren Weltmeister Hernandez (CUB) nach Punkten.

ÖSTERREICHISCHE STAATSMEISTER 1999

Fliegengewicht	**Huai Huai HU**	S
Leichtgewicht	**Manfred DIMTER**	T
Halbweltergewicht	**Albert LUKIC**	W
Weltergewicht	**Adrian SUTEU**	O
Halbmittelgewicht	**Salah JALAL**	S
Schwergewicht	**Hermann BINEK**	T

ÖSTERREICHISCHE MEISTER 1999

Jugendklasse	Papier „B“	Mario MIKSCH	S
	Fliegen	Suren JAZITSCHGAN	N
	Bantam	Mario MISKOVIC	K
	Feder	Elvis MILIVOJEVIC	S
	Leicht	Boban MITROVIC	S
	Halbwelter	Ivan SPASOJEVIC	O
	Welter	Stefan MOSER	T
	Halbmittel	Aragan DEREK	T
	Mittel	Alexander PODERSCHAN	K
	Schwer	Brederag BANZIG	V
	Superschwer	Michael LIEBENSTEINER	T
Juniorenklasse	Halbwelter	Selmon KUTLESHI	O
	Welter	Andreas HAWELKA	O
	Halbmittel	Amir ANDAMI	O
	Mittel	Adem PIR	S
	Halbschwer	Stefan HAWELKA	O
	Schwer	Sascha TOTOROVIC	V
Allg. Klasse	Bantam	Mustafa YLMAZ	T
	Mittel	Hannes SALZBURGER	T
	Schwer	Zdravomir DIMITRIJEVIC	T

WELTMEISTERSCHAFTEN 1999

17. - 28.8.1999,Houston, USA

Welter	5. Adrian SUTEU	30 Länder	30 Starter

DOLOMITEN TURNIER

27. - 29.8.1999, Lienz

Federgewicht	**1. Manfred DIMTER**	3 Länder	3 Starter
Mittelgewicht	**1. Hannes SALZBURGER**	4 Länder	4 Starter
Halbwelter	2. Albert LUKIC	4 Länder	4 Starter

NATIONEN CUP

7. - 10.10. 1999, Wr. Neustadt

Halbschwer	**1. Zdravomir DIMITRIJEVIC**	4 Länder	4 Starter
Halbwelter	2. Christian PEHERSDORFER	4 Länder	4 Starter

Foto: Dr. R. Wehrl
Zdravomir Dimitrijevic (links) besiegte im Finale des Nationencups in Wr. Neustadt den Tschechen Milan Kralik nach Punkten.

CASTING

ÖSTERREICHISCHER TURNIERSPORT (CASTING)-VERBAND (ÖTCV)

gegründet 1966, 16 Vereine, 1.057 Mitglieder

4020 Linz, Pfarrgasse 2
Telefon und Telefax 0732 / 77 82 79

Präsident: Franz Mordax, 2000 Stockerau, Ernst-Körner-Platz 10
Telefon 02266 / 71 388

Mitglied der
World Casting Association (WCA)
gegründet 1983, 34 Länder

2584 GG Den Haag, Sleepnetstraat 661, Niederlande
Telefon 0031 / 70 / 502 710

und der
Föderation Castingsport in der CIPS (FCS)
gegründet 1957, 21 Länder

p.A. Österr. Turniersport (Casting)-Verband

Österreichs Vertreter
Franz Mordax ist Vorsitzender der WCA und Präsident der FCS.
Wilhelm Fischill ist Generalsekretär der FCS.

Organisatorischer Schwerpunkt des Sportjahres 1999 war die systematische Verbesserung in den westlichen Bundesländern. Der Erfolg zeigte sich bereits durch die zunehmenden Anzahl von Castingbewerben an neuen Schauplätzen.

In sportlicher Hinsicht können wir im abgelaufenen Sportjahr mit den Spitzenleistungen sehr zufrieden sein, da wir bei den Damen-, Herren- und Junioren – Europameisterschaften Medaillen gewannen.

Im Europacup landeten sowohl bei den Damen als auch bei den Herren mehrere Sportlerinnen und Sportler im Spitzenfeld.

ÖSTERREICHISCHE STAATSMEISTER 1999

Fliege	Weit Einhand	**Erwin MEINDL**	O
	Weit Zweihand	**Kurt WALLNSTORFER**	O
	Ziel	**Gerhard PIRKLBAUER**	O
Gewicht	Präzision	**Harald MEINDL**	O
	Weit 7,5 g	**Gerhard PIRKLBAUER**	O
	Weit 18 g	**Gerhard LAY**	O
	Ziel	**Harald MEINDL**	O

ÖSTERREICHISCHE MEISTER 1999

Fünfkampf	Damen	Alena ZINNER	W
	Herren	Gerhard PIRKLBAUER	O
	Jugend	Michael PIRKLBAUER	O
Siebenkampf	Herren	Gerhard PIRKLBAUER	O
Fliege Ziel	Damen	Alena ZINNER	W
	Jugend	Michael PIRKLBAUER	O
Weit Einhand	Damen	Alena ZINNER	W
	Jugend	Michael PIRKLBAUER	O
Gewicht Präzision	Damen	Alena ZINNER	W
	Jugend	Michael PIRKLBAUER	O
Ziel	Damen	Alena ZINNER	W
	Jugend	Michael PIRKLBAUER	O
Weit	Damen	Alena ZINNER	W
	Jugend	Michael PIRKLBAUER	O

Fünfkampf	Herren	Gerhard PIRKLBAUER	O
Siebenkampf	Herren	Gerhard PIRKLBAUER	O

EUROPAMEISTERSCHAFTEN 1999

Allg. Klasse, 1.9. - 5.9.1999, Pilsen, CZE

Frauen	Fliege Weit Einhand	2. Alena ZINNER	9 Länder	18 Teilnehmer
	Fünfkampf	2. Alena ZINNER	9 Länder	18 Teilnehmer
	Gewicht Ziel	**1. Alena ZINNER**	9 Länder	18 Teilnehmer
Männer		3. Gerhard PIRKLBAUER	15 Länder	71 Teilnehmer

Juniorenklasse, 16.7. - 18.7.1999, Ceské Budéjovice, CZE

männlich	Gewicht Präzision	3. Michael PIRKLBAUER	11 Länder	37 Teilnehmer

Foto: ÖTCV
Europameisterin Alena Zinner beim Weitwurf.

CURLING

ÖCV

ÖSTERREICHISCHER CURLING VERBAND (ÖCV)

gegründet 1980, 6 Vereine, 259 Mitglieder

Sekretariat: Birkenstraße 5, 6380 St. Johann/Tirol
Telefon 05352 / 62676-0, Fax 05352 / 63946
e-mail: office@hutterdruck.at

Präsident: Günther Hummelt, p.A. Österr. Curling Verband

Offizielle Verbandszeitung: „Curling-Programm", 1x jährlich

Mitglied der
European Curling Federation (ECF)
gegründet 1975, 23 Länder

Paulaland 21, 2591 JC, The Hague, Niederlande
Telefon 0031 / 70 / 383 57 49, Fax 0031 / 70 / 383 90 70

und der
World Curling Federation (WCF)
gegründet 1966, 30 Länder

81 Great King Street, Edinburgh EH3 6NR, Großbritannien
Telefon 0044 / 31 / 556 48 84, Fax 0044 / 31 / 556 94 00

Österreichs Vertreter
Günther Hummelt ist Präsident des Welt Curling Verbandes (WCF).

Der Kitzbühel Curling Club konnte sich heuer bei den Staatsmeisterschaften für die Vorjahresniederlage revanchieren und wird Österreich Anfang Dezember 1999 bei der EM in Chamonix vertreten. Eine Überraschung lieferte das Juniorenteam um Marco Reiner, das sich über die Bronzemedaille freuen konnte.

Das konsequente Training der Jugendlichen mit dem Schweizer Erfolgstrainer Heinz Sommerhalder zeigte erste Früchte. Anfang Jänner 2000 wird die Junioren-Mannschaft bei der Ausscheidung in Kopenhagen um einen Startplatz bei der Junioren-WM im März 2000 kämpfen. Das Team der Juniorinnen sammelt bei Turnieren in den angrenzenden Ländern Wettkamperfahrung und sollte 2001 berechtigte Chancen auf eine Teilnahme bei der WM haben.

ÖSTERREICHISCHE STAATSMEISTER 1999

Herren	Mannschaft	Team EA-Generali –	**Alois KREIDL/Stefan SALINGER/ Franz HUBER/ Mag. Werner WANKER**	T

Foto: ÖCV
Jubel bei der Siegermannschaft der Österr. Staatsmeisterschaft 1999.

EISHOCKEY

ÖSTERREICHISCHER EISHOCKEY-VERBAND (ÖEHV)

gegründet 1912, 193 Vereine, 7.813 Mitglieder
1040 Wien, Prinz-Eugen-Straße 12
Telefon 01 / 505 73 47, Fax 01 / 503 16 48
e-mail: oehv@eishockey.at; http://www.eishockey.at

Dienstzeit: Montag 8 - 17 Uhr, Dienstag - Donnerstag 7.30 - 17 Uhr, Freitag 7.30 - 16.30 Uhr
Präsident: HR Dr. Dieter Kalt

Geschäftsführer und Sekretär:
Rita Hrbacek, p.A. Österr. Eishockey-Verband

Mitglied der
International Ice Hockey Federation (IIHF)
gegründet 1908, 57 Länder

René Fasel, c/o IIHF

Sekretariat der IIHF: CH-8002 Zürich, Parkring 11, Schweiz
Telefon 0041 / 1 / 289 86 00

e-mail: iihf@iihf.com, ehl@iihf.com; http://www.iihf.com
Generalsekretär: Jan-Ake Edvinsson

Erfreulich war am Ende der Saison 1998/99, dass sich die österreichische Eishockey-Nationalmannschaft durch Erreichung des 10. Platzes bei der Weltmeisterschaft der Gruppe A 1999 in Norwegen für die nächstjährige Weltmeisterschaft der Gruppe A qualifizieren konnte, ohne abermals Qualifikationsspiele bestreiten zu müssen. Dies bei der A-WM 2000 in St.Petersburg zu wiederholen wird nicht leicht sein.

Durch den Wiedereintritt der italienischen Vereine in die Elite-Alpenliga hat sich die Anzahl der teilnehmenden Mannschaften im Vergleich zu der Vorsaison beinahe verdoppelt. Waren es 1997/98 9 Mannschaften, so haben 1998/99 16 Vereine an der Elite-Alpenliga teilgenommen. Sieger wurde neuerlich die Erste VEU Feldkirch.

Die Meisterschaft der ÖEHL-2.Division wurde mit 8 Mannschaften ausgetragen. Ein interessanter Modus, spannende Spiele und teilweise überraschende Ergebnisse brachten eine ausgezeichnete Meisterschaft 1998/99.

Zum ersten Mal in der Geschichte des österreichischen Eishockeys wurde eine gesamtösterreichische Damenmeisterschaft mit 4 Vereinen ausgetragen.

Als Vorbereitung für die U 20-Weltmeisterschaft der Gruppe C in Litauen wurden, wie in den vergangenen Jahren, 4-Nationen-Turniere durchgeführt, wobei jeweils ein Turnier in Ungarn, Kroatien, Slowenien und Österreich stattgefunden hat. Zwei Turniere wurden gewonnen, zweimal belegte das österreichische Team Platz 2. Bei der WM ist der Aufstieg in die B-Gruppe, trotz vielversprechender Siege bei den ersten beiden Spielen, nicht gelungen. Österreich belegte den 4. Platz.

Bei der B-Weltmeisterschaft stieg die U 18-Nationalmannschaft durch großartige Leistungen gegen Polen, Ungarn und Frankreich als Gruppensieger gemeinsam mit Polen in die Finalrunde auf. In den beiden Spielen gegen Dänemark und Weißrussland wäre beinahe die Sensation geglückt, das Turnier zu gewinnen. Letztendlich wurde es aber ein hervorragender 2. Platz.

ÖSTERREICHISCHE STAATSMEISTER 1999

EC Heraklith VSV	K

ÖSTERREICHISCHE MEISTER 1999

Männer	ÖEHL-2. Division	EC Pewag KSV	St
	Regionalliga	Erster EC-Wattens-Pinguins	T
	Österr. Inline Hockey Liga	EC Heraklith VSV	K
Damen		Gipsy Girls	K
Jugend		EC KAC	K
Schüler		EC KAC	K
Knaben		EC KAC	K
Miniknaben		EC Heraklith VSV	K
Superminiknaben		EC KAC	V

WELTMEISTERSCHAFTEN 1999

1. - 11.5.1999, Oslo, NOR

Gruppe A	10. Österreich	16 Länder	16 Mannschaften

ELITE – ALPENLIGA

1. ERSTE VEU Feldkirch	3 Länder	16 Mannschaften

Foto: W. Pessentheiner
Kärntner Derbys gab es auch in der Internationalen Eishockey-Liga: Darcy Martini (KAC), Gino Cavallini (VSV) und Michael Puschacher im Tor des KAC.

ÖSTERREICHISCHER EISLAUFVERBAND (ÖEV)

gegründet 1889, 84 Vereine, 9.935 Mitglieder

1040 Wien, Prinz-Eugen-Straße 12

Telefon und Fax 01 / 505 75 35, e-mail: oeev@asn.or.at
http://www.asn.or.at/oeev
Dienstzeiten: Montag - Freitag 8 - 12 Uhr

Generalsekretärin: Elisabeth Smetana, 1220 Wien, Argonautenstr. 11

Österreichischer Eisschnellaufverband, gegründet 1995
Prinz Eugen-Straße 12/35, 1040 Wien

Präsident: Dkfm. Manfred Zojer, 9010 Klagenfurt, Linsengasse 27
Telefon 0463 / 544 600, Fax 0463 / 514 558

Bürozeiten: Dienstag und Freitag 8 - 12 Uhr
Tel. 01 / 505 23 24, Fax 01 / 505 72 08
e-mail: oeev@asn.or.at, http://www.asn.or.at/oeev

Österreichischer Eiskunstlaufverband, gegründet 1995
Prinz Eugen-Straße 12/22, 1040 Wien
Präsident: Hans Kutschera, 1030 Wien, Marokkanergasse 1
Telefon 01 / 713 82 61, 01 / 440 32 17 (April - Okt.)
Bürozeiten: Montag, Mittwoch, Donnerstag 8 -12 Uhr
Telefon und Fax 01 / 505 75 35,
e-mail: oeekv@asn.or.at; http://www.asn.or.at/oeekv

Mitglied der
International Skating Union (ISU)
gegründet 1892, 72 Länder

CH-1007 Lausanne, Schweiz, Chemin de Primerose 2
Telefon 00 41 / 21 612 66 66, Fax 00 41 / 21 / 612 66 67

Im Eisschnelllaufen konnte durch den verstärkten Einsatz des Sportkoordinators eine weitere Steigerung im Eisschnelllaufen und Short Track erreicht werden.

Im Eiskunstlauf wurde mit finanzieller Unterstützung der ISU und öffentlichen Stellen ein intensives Training für die in Frage kommenden Sportler zur Teilnahme an der EM 2000 in Wien fortgesetzt. Bei den Junioren- und Nachwuchsläufern wurden ebenfalls Steigerungen bei ihren Leistungen sichtbar.

ÖSTERREICHISCHE STAATSMEISTER 1999

Eiskunstlauf				
Damen	Einzel	**Jubilee Jenna MANDL**	ISC	W
Herren	Einzel	**Clemens JONAS**	ATK	T
Eistanzen		**Angelika FÜHRING/**		
		Bruno ELLINGER	WEV	W
Eisschnelllauf				
Damen	Allround	**Emese HUNYADY**	ERC	W
	Sprint	**Emese HUNYADY**	ERC	W
	Short Track	**Silvia STEINER**	VGK	St
	Short Track Staffel		VGK	St
Herren	Allround	**Marnix ten KORTENAAR**	UEC	T
	Sprint	**Roland BRUNNER**	EVW	K
	Short Track	**Christian LUKAS**	VGK	St
	Short Track Staffel		VGK	St

ÖSTERREICHISCHE MEISTER 1999

Eiskunstlaufen				
Paare		Claudia KOLL	EVG	O
		Björn LOBENWEIN	UEL	O

Junioren	Damen		Elisabeth ANGERER	WEV	W
	Herren		Clemens JONAS	ATV	T
	Eistanzen		Sabine PICHLER	WEV	W
			David VINCOUR	WEV	W
Jugend	Damen		Nina KOTNAUER	FEV	V
	Herren		Philipp MORSCHER	FEV	V
	Eistanzen		Sophie WAGNER/		
			Daniel LOBENWEIN	UDG	St
Schüler	Damen		Kathrin FREUDELSPERGER	GEV	St
	Herren		Viktor PFEIFER	FEV	V

Eisschnelllauf

Junioren A	weibl		Brigitte BINNA	UEC	T
	männl.		Markus SANDBICHLER	ERC	W
Junioren B	weibl		Verena TSCHERNER	UEC	T
	männl.		Thomas FALGER	REC	T
Junioren C	weibl.		Silvia SCHWARZ	REC	T
	männl.		Christian FALGER	REC	T
Junioren D	weibl.		Anna ROKITA	UEC	T
	männl.		Sebastian ROKITA	UEC	T
Junioren E	weibl.		Claudia THALER	UEC	T
	männl.		Stephan BITTNER	UEC	T
Team	Damen		Rot-Weiß-Salzburg		S
	Herren		Verein Grazer Kunsteisbahn		St

Short-Track

Junioren A	Damen	Einzel	Veronika WINDISCH	AWZ	St
		Staffel	Marfled LINTNER/	RWS	S
			Stephanie PETERLUNGER/		
			Eva BURGSTALLER/		
			Karin BURGSTALLER		
	Herren	Einzel	Andreas ZECHNER	VGK	St
		Staffel	Andreas ZECHNER/	VGK	St
			Gerhard RAINER/		
			Christian LUKAS/		
			Thomas WIELITSCH		
Junioren B	Damen	Einzel	Veronika WINDISCH	AWZ	St
	Herren	Einzel	Andreas ZECHNER	VGK	St
Junioren C	Damen	Einzel	Daniela MÜLLER	VGK	St
	Herren	Einzel	Michael HEDRICH	RWS	S
Junioren D	Damen	Einzel	Anna ROKITA	UEC	T
	Herren	Einzel	André PULEC	ERC	W
Junioren E	Damen	Einzel	Melanie KAISER	ERC	W
	Herren	Einzel	Benjamin KOCH	ERC	W

ÖSTERREICH-CUP FINALERGEBNISSE

Damen	Senioren	Katharina KERN	VGK	St
	B-Damen	Stephanie PETERLUNGER	RWS	S
	C-Damen	Eva BURGSTALLER	RWS	S
	D-Damen	Anna LORENZ	RWS	S
Herren	Senioren	Hannes NIKL	ERC	W
	B-Herren	Christian GROISSBERGER	RWS	S

C-Herren	Michael HEDRICH	RWS	S
D-Herren	Andreas BURGSTALLER	RWS	S

WELTMEISTERSCHAFTEN 1999

Eisschnelllaufen / Allround, 6. - 7.2.1999, Hamar, NOR

Damen	500 m	3. Emese HUNYADY	9 Länder	24 Teilnehmerinnen
	1.500 m	3. Emese HUNYADY	9 Länder	24 Teilnehmerinnen
	3.000 m	6. Emese HUNYADY	9 Länder	24 Teilnehmerinnen
	Gesamt	5. Emese HUNYADY	9 Länder	24 Teilnehmerinnen

Eisschnelllaufen, Einzelstrecke 12. - 14.3.1999, Heerenveen,NED

Damen	1.500 m	**1. Emese HUNYADY**	10 Länder	24 Teilnehmerinnen

EUROPAMEISTERSCHAFTEN 1999

Eisschnelllaufen, 8. - 10.1.1999, Heerenveen, NED

Damen	500 m	3. Emese HUNYADY	13 Länder	27 Teilnehmerinnen
	1.500 m	4. Emese HUNYADY	13 Länder	27 Teilnehmerinnen
	Gesamt	6. Emese HUNYADY	13 Länder	27 Teilnehmerinnen

IV. Europäische Olympische Jugendtage

10. - 13.3.1999, Poprad-Tatry, SVK

Eisschnelllaufen, Short Track

Damen	1.000 m	3. Veronika WINDISCH	16 Länder	26 Teilnehmerinnen
Herren	1.000 m	2. Christian LUKAS	20 Länder	33 Teilnehmer

Foto: H. B. Giles

Emese Hunyady, Weltmeisterin 1999 über die 1.500m-Einzelstrecke.

EISSTOCK-SPORT

BUND ÖSTERREICHISCHER EIS- UND STOCK-SPORTLER (BÖE)

gegründet 1935, 1.844 Vereine, 125.200 Mitglieder

9020 Klagenfurt, Lastenstraße 14
Telefon und Fax 0463 / 31 500
e-mail: boee@asn.or.at; http://www.asn.or.at/boee/
Dienstzeiten: Montag, Dienstag, Donnerstag 14 - 18 Uhr,
Mittwoch und Freitag 8 - 12 Uhr

Präsident: Dr. Vincenz Liechtenstein, 8122 Waldstein
Telefon 01 / 533 31 83

Geschäftsführender Bundesobmann:
Dir. Siegfried Ruppnig, p.A. Bund österr. Eis- und Stocksportler

Mitglied der
Internationalen Föderation für Eisstocksport (IFE)
gegründet 1950, 26 Länder

Geschäftsstelle der IFE, Käthe-Kollwitz-Straße 23, D-68169 Mannheim
Tel.: 00 49 / 621 / 44 10 06, Fax: 00 49 / 621 / 82 76 65

Österreichs Vertreter
Dr. Eduard Mader ist Schatzmeister im Vorstand der IFE.
Dipl.-Ing. Anton Sorger ist Vorsitzender der Technischen Kommission der IFE.

Bei den Europameisterschaften wurden 9 Gold-, 9 Silber- und 5 Bronzemedaillen gewonnen. Veränderungen sind aus dem Internationalen Verband (IFE) zu berichten. Eine lange sowie auch erfolgreiche Ära des Präsidenten Edelbert List ging zu Ende. Sein Nachfolger, Herr Dkfm. Manfred Schäfer, kommt ebenfalls aus Deutschland.

Die österreichweite Ausbreitung der Sportinformation im Internet ging auch an unserem Verband nicht vorüber. Alle nennenswerten Daten, Fakten und Zahlen sind über unsere oben angeführte Internetadresse abrufbar.

Der sportliche Schwerpunkt für das Jahr 2000 ist ganz auf die Europameisterschaften, die in der Zeit vom 29.2. bis 4.3. in Klagenfurt zur Austragung gelangen, ausgerichtet.

ÖSTERREICHISCHE STAATSMEISTER 1999

Eisstocksport

Damen	Ziel	Einzel	**Christine HOLZEGGER**	St
		Mannschaft	**Traude TASCHLER/Alexandra SZUMER/ Karin WOHLMUTH/Christine HOLZEGGER**	St
	Mannschaft		**Anni KUEN/Maria SCHIEGL/ Edith MIESS/Anneliese HAUSBERGER**	T
Herren	Ziel	Einzel	**Franz SATTLER**	O
		Mannschaft	**Michael LAIMER/Anton METESCH/ Franz SATTLER/Gerald NEUMÜLLER**	O
	Weit	Einzel	**Johann GRUBER**	St
	Mannschaft		**Manfred NIEDERL/Johann BERNEGGER/ Franz SATTLECKER/Rupert GIMPL/Erwin PERAN**	S

Stocksport

Damen	Ziel	Einzel	**Ladda LANG**	O
		Mannschaft	**Karin MILLACHER/ Erika AUGUSTIN/ Gertrude SCHEUCHL/Ladda LANG**	O
	Mannschaft		**Roswitha DENIFL/Frieda ARMELLINI/ Susanne SOHM-ARMELLINI/Christine MANGENG/ Ingrid BISCHOFBERGER**	V

Herren	Ziel	Einzel	**Volker TRUSCHNEGG**	St
		Mannschaft	**Georg THALER/Markus REITER/ Helmut WIESMÜLLER/Anton METESCH**	O
	Weit	Einzel	**Alexander SOMMERER**	S
	Mannschaft		**Lorenz BRANDTNER/Robert KÖNIGHOFER/ Johann BREININGER/Heribert NEUKAMP/ Max BRANTNER**	St

ÖSTERREICHISCHE MEISTER 1999

Eisstocksport

Herren	Bundesliga I	Mannschaft	ESV Sparkasse Oberdorf/Weiz	St
	Bundesliga II	Mannschaft	ESV Eudora Wels	O
		Weit	Bernhard PATSCHG	S
Junioren U 21	weibl.	Ziel	Manuela GRINTSCHACHER	K
	männl.	Mannschaft	ESV Union Edla	St
		Weit	Bernhard PATSCHG	S
		Ziel	Christian ECKERSTORFER	O
Jugend U 18	weibl.	Ziel	Silvia KOBLER	O
	männl.	Mannschaft	ER Hubertushof Lach	K
		Weit	Bernhard PATSCHG	S
		Ziel	Volker TRUSCHNEGG	St
Jugend U 16	männl.	Weit	Markus BISCHOF	B
		Ziel	Wolfgang SCHWARZ	O
Schüler U14		Mannschaft	ESR Wölzertal	St
	männl.	Ziel	Robert LINDORFER	O
Senioren		Mannschaft	ER Raika Wernberg	K
		Ziel	Rudolf SCHALLER	K
	mixed	Mannschaft	ATSV Trimmelkam	S

Stocksport

Herren		Mannschaft	ESV Olympia Vogel&Noot	St
	Bundesliga	Weit	Bernhard PATSCHG	S
	mixed	Mannschaft	ESV Hintenburg	N
Junioren U 21		Mannschaft	EV Spk. Stattersdorf	N
	weibl.	Ziel	Manuela GRINTSCHACHER	K
	männl.	Ziel	Christian ECKERSTORFER	O
		Weit	Bernhard PATSCHG	S
Jugend U 18	weibl.	Ziel	Silvia KOBLER	O
	männl.	Weit	Bernhard PATSCHG	S
		Mannschaft	ER St. Peter Honeywell 2	K
		Ziel	Volker TRUSCHNEGG	St
Jugend U 16	männl.	Weit	Markus BISCHOF	B
		Ziel	Markus AICHRIEDLER	O
Schüler U14		Mannschaft	ESV Saaz	St
	männl.	Ziel	Johannes KOGLER	St
Senioren	männl.	Mannschaft	EV Fritzens	T
		Ziel	Anton METESCH	O

EUROPAMEISTERSCHAFTEN 1999

Eisstocksport

Allg. Klasse
10.3.-13.3.1999, Strakonice, CZE
Frauen

Mannschaft	**1. Roswitha DENIFL/ Susanne SOHM-ARMELLINI/Marianne ALLERSTORFER/ Bettina ECKERSTORFER/Manuela GRINTSCHACHER**	8 Länder	8 Mannschaften
Mannschaft / Zielbewerb	**1. Karin WOHLMUT/Roswitha DENIFL/ Christine HOLZEGGER/Maria KÖGLER**	7 Länder	7 Mannschaften
Ziel/Einzel	3. Roswitha DENIFL 6. Karin WOHLMUTH	9 Länder	33 Teilnehmer
Männer	4. Rüdiger WAGNER 5. Gerald NEUMÜLLER	12 Länder	37 Teilnehmer
Mannschaft / Ziel	5. Rüdiger WAGNER/Markus REITER/ Andreas GUTTENBERGER/Gerald NEUMÜLLER	10 Länder	10 Mannschaften
Männer Mannschaft	2. Franz STRANIG/Manfred NIEDERL/ Thomas FUCHS/ Manfred GUTMANN/Albert SCHOBER	11 Länder	11 Mannschaften

16.1. - 17.1.1999, Mönichwald, AUT
Männer

Weit	3. Johann GRUBER 4. Markus WEICHINGER 6. Rene GENSER	5 Länder	19 Teilnehmer

Jugend
16.1. - 17.1.1999, Mönichwald, AUT
männlich

U 16 / Weit	**1. Markus BISCHOF** 2. Daniel ENNSMANN	3 Länder	12 Teilnehmer

18.2. - 20.2.1999, Bled, SLO
männlich

U 16 / Ziel	**1. Martin LAFFER** 2. Patrik FISCHER	4 Länder	16 Teilnehmer
U 16 / Mannschaft	2. Thomas EICHHORN/Patrik FISCHER/ Martin LAFFER/Roland MAYR/Wolfgang SCHWARZ	5 Länder	5 Mannschaften
U 16 / Mannschaft Ziel	2. Patrik FISCHER/Martin LAFFER/ Thomas ROSSMANN/Wolfgang SCHWARZ	4 Länder	4 Mannschaften
U 18 / Ziel	**1. Volker TRUSCHNEGG** 2. Thomas RÜBENBAUER	4 Länder	16 Teilnehmer
U 18 / Mannschaft	**1. Heinz MITTERLEHNER/Stefan MOSER/ Mario PITZL/Daniel PRIMESSNIG/Nikolaus PRIMESSNIG**	4 Länder	7 Mannschaften
	3. Michael BRANTNER/Simon FERCHER/ Thomas RÜBENBAUER/Andreas SCHURIAN/ Volker TRUSCHNEGG	4 Länder	7 Mannschaften

U 18 / Mannschaft			
Ziel	**1. Thomas RÜBENBAUER/Andreas SCHURIAN/ Volker TRUSCHNEGG/Matthias TAXACHER**	4 Länder	4 Mannschaften

Juniorenklasse			
16.1. - 17.1.1999, Mönichwald, AUT			
männlich			
U 18 / Weit	**1. Bernhard PATSCHG**	4 Länder	15 Teilnehmer
	2. Bernhard HUTTER		
	3. Markus TOBISCH		
U 21 / Weit	2. Bernhard PATSCHG	4 Länder	15 Teilnehmer
18.2.-20.2.1999, Bled, SLO			
männlich			
U 21 / Ziel	2. Gerhard KAUFMANN	5 Länder	20 Teilnehmer
U 21 / Mannschaft	3. Günter DOBREZBERGER/ Christian ECKERSTORFER/Gerhard FUCHS/ Andreas KAUFMANN/Günther MAIER	5 Länder	8 Mannschaften
U 21 / Mannschaft			
Ziel	**1. Christian ECKERSTORFER/ Andreas KAUFMANN/ Gerhard KAUFMANN/Robert KÖPF**	5 Länder	5 Mannschaften

EUROPACUP 1999

27.-28.11.1999, Kundl, AUT			
Herren			
Mannschaft	**1. ESV Wartberg Olympia Vogel & Noot**	6 Länder	21 Manschaften
	2. BSG Kaltenhausen		
	3. EV Rottendorf		
14.-16.5.1999, Klagenfurt, AUT			
Herren			
Weit	2. Rene GENSER		
	4. Alexander SOMMERER		
	5. Johann GRUBER		
	6. Markus WEICHINGER		

FAUSTBALL

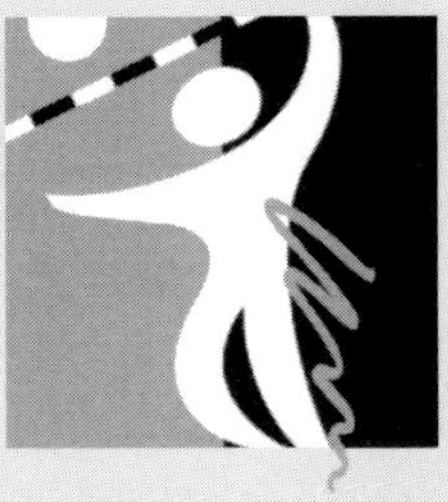

ÖSTERREICHISCHER FAUSTBALLBUND (ÖFBB)

gegründet 1993, 178 Vereine, 6.398 Mitglieder

5020 Salzburg, Josef-Brandstätter-Straße 2
Telefon 0662 / 42 31 98, Fax 0662 / 42 31 98-1
e-mail: faustball.austria@faustball.com
Dienstzeit: Montag - Freitag 8 - 12 Uhr

Präsident: Karl Weiß p.A. Österr. Faustball-Bund

Sportkoordinator: Dr. Christian Atzmüller p.A. Österr. Faustball Bund

Offizielle Verbandszeitung: „Faustballmagazin", 4mal jährlich, Auflage 5.000 Stk.

Mitglied des
Internationalen Faustballverbandes (IFV)
gegründet 1960, 17 Länder

c/o Generalsekretär Walter Kapp, Heltorfer Mark 134
D-40489 Düsseldorf, Deutschland

Österreichs Vertreter
Österreich stellt den Vizepräsidenten des IFV.
Walter Zöttl ist Referent des Ausbildungswesens sowie Mitglied der technischen Kommission.
Karl Weiß ist Mitglied der Jugendkommission und Mitglied der technischen Kommission.
Peter Oberlehner ist Kassenprüfer.

Den Schwerpunkt des sportlichen Bereiches bildete die Teilnahme an der Herren-Weltmeisterschaft in der Schweiz. An dieser Großveranstaltung nahmen 12 Nationen teil. Den Weltmeistertitel holte Brasilien, Vizeweltmeister wurde Deutschland.

Im Rahmen der EM der weiblichen und männlichen Jugend fand ein internationales Jugendlager in Rohrbach statt.

Der Verein ASKÖ Linz Urfahr wurde Sieger beim Europapokal der Herren in Linz und vor ÖTB Martin Sepp Neusiedl. TS VB Kremsmünster belegte beim IFV-Pokal in Jona/SUI den 3. Platz.

Bei den diesjährigen Schulmeisterschaften in den Bundesländern nahmen wiederum über 500 Mannschaften teil. Den Höhepunkt bildete die Bundesschulmeisterschaft in Böheimkirchen, an der 31 Schulmannschaften teilgenommen haben.

Die gemeinsam mit der BafL Wien veranstaltete Lehrwarteausbildung haben 27 Teilnehmer positiv abgeschlossen.

Der 3. ÖFBB Bundestag unter dem Motto „Sport ins neue Jahrtausend" fand im April in Salzburg statt. Alle Mitglieder des Präsidums wurden einstimmig wiedergewählt.

Ein schwerer Schlag für den Faustballsport war das Ableben des ÖFBB-Präsidenten Eduard Pollhammer im Jänner 2000. Er war ein Mann der Taten. Das bewies er speziell 1993 mit der Gründung des ÖFBB, den er zu einem modernen und anerkannten Fachverband formte. Mit Eduard Pollhammer hat der Faustballsport einen großen Funktionär verloren.

ÖSTERREICHISCHE STAATSMEISTER 1999

Frauen	Feld	**SK VOEST Linz**	O
	Halle	**Union Raika Arnreit**	O
Männer	Feld	**ÖTB Martin Sepp Neusiedl**	N
	Halle	**ÖTB Martin Sepp Neusiedl**	N

ÖSTERREICHISCHE MEISTER 1999

Jugend	weibl. C	Halle	Union Rohrbach/Berg	O
		Feld	TS Schwarzbach	V
	männl. C	Halle	ATV Drösing	N
		Feld	Union Waldburg	O
	weibl. A	Halle	TS Schwarzberg	V
		Feld	Union Rohrbach/Berg	O
	männl. A	Halle	Union Nußbach	O
		Feld	Union Rohrbach/berg	O
Senioren	AK I	Halle	TS VB Kremsmünster	O
		Feld	TS VB Kremsmünster	O
	AK II	Halle	ÖTB Kaiserebersdorf	W
		Feld	ÖTB Kaiserebersdorf	W
	AK III	Halle	TV Perg	O
		Feld	Union Wels	O
	AK IV	Halle	ASKÖ Raika Laakirchen	O

Österreich-Pokal

Jugend	weibl. C	Feld	Oberösterreich	O
	männl. C	Feld	Oberösterreich	O
	weibl. A	Halle	Vorarlberg	V
		Feld	Oberösterreich	O
	männl. A	Halle	Oberösterreich	O
		Feld	Oberösterreich	O

Bundesmeisterschaften

Mädchen	Unterstufe	SHS Böheimkirchen I	N
	Oberstufe	BG Admont	St
Knaben	Unterstufe	HS Süd Laakirchen	O
	Oberstufe	BG/BRG Vöcklabruck	O

WELTMEISTERSCHAFTEN 1999

25.-29.8.1999, Olten, SUI

Männer	3. Österreich	12 Länder	12 Mannschaften

EUROPAMEISTERSCHAFTEN 1999

4.-5.9.1999, Aschaffenburg, GER

Frauen	3. Österreich	6 Länder	6 Mannschaften

4.-5.9.1999, Freistadt, AUT

Junioren männl.	**1. Österreich**	4 Länder	4 Mannschaften

ÖSTERREICHISCHER FECHTVERBAND (ÖFV)

gegründet 1929, 49 Vereine, 1.325 Mitglieder

1030 Wien, Blattgasse 4
Telefon 01 / 714 14 47, Fax 01 / 714 14 46, Telex 133 132
Dienstzeiten: Montag - Freitag 9 - 12 Uhr

Präsident: Dr. Hans-Klaus Vorreither, p.A. Österr. Fechtverband

Generalsekretär: Alfred Grasnek

Mitglied der
Fédération Internationale d' Escrime (FIE)
gegründet 1913, 101 Länder, 1,9 Mio. Mitglieder
F-75008 Paris, 32 rue La Boétie, Frankreich

Österreichs Vertreter
Peter Ulrich-Pur ist Ehrenmitglied der FIE.
Dkfm. Rainer Mauritz ist Mitglied der FIE.
Dr. Hans-Klaus Vorreither ist FIE Delegierter des ÖFV.
Dr. Eduard Rille ist Delegierter zum Europäischen Verband der Seniorenfechter.

Bei der WM in Seoul verfehlte die Florett-Mannschaft der Herren mit einer Niederlage gegen den späteren Weltmeister Frankreich die Qualifikation für die Olympischen Spiele in Sydney. Bis Mai 2000 besteht aber noch die Möglichkeit für die Florettfechter, sich über die Europaausscheidung zu qualifizieren.

Die Herren-Degen-Mannschaft, die schon bei der WM 1988 mit nur einem Treffer gegen Italien das 8er Finale verfehlte und beim EC den 5. Platz belegte, schaffte mit Siegen über Finnland, Schweden und Weißrußland die Olympiaqualifikation und scheiterte nur knapp gegen Kuba im Gefecht um die Bronzemedaille. Auch die Junioren zeigten bei der EM in Portugal in den Florettbewerben durch einen Medaillengewinn von Veronika Schlosser und einer guten Platzierung von ihrem Bruder Roland Schlosser ihr Können.

ÖSTERREICHISCHE STAATSMEISTER 1999

Damen	Degen	Einzel	**Dorothea TANZMEISTER**	W
		Mannschaft	**UWK Graz**	St
	Florett	Einzel	**Martina GENSER**	N
		Mannschaft	**FU Mödling**	N
Herren	Degen	Einzel	**Christoph MARIK**	N
		Mannschaft	**TU-Innsbruck**	T
	Florett	Einzel	**Marco FALCHETTO**	N
		Mannschaft	**FU Mödling**	N
	Säbel	Einzel	**Stefan RATHAUSKY**	W
		Mannschaft	**WSC**	W

ÖSTERREICHISCHE MEISTER 1999

Juniorinnen	Florett	Einzel	Martina GENSER	N
		Mannschaft	Dornbirn 1	V
	Degen	Einzel	Stefanie STOSCHITZKY	St
		Mannschaft	Dornbirn 1	V
Junioren	Florett	Einzel	Peter WIESNER	V
		Mannschaft	Dornbirn 1	V
	Degen	Einzel	Roland SCHLOSSER	V
		Mannschaft	FU Linz	O
	Säbel	Einzel	Marco HADERER	S
		Mannschaft	AFC Salzburg	S

Kadetten				
weibl.	Florett	Einzel	Barbara CSAR	S
		Mannschaft	Dornbirn	V
	Degen	Einzel	Sandra KLEINBERGER	K
		Mannschaft	KAC	K
männl.	Florett	Einzel	Roland SCHLOSSER	V
		Mannschaft	Dornbirn	V
	Degen	Einzel	Roland SCHLOSSER	V
		Mannschaft	Dornbirn I	V
	Säbel	Einzel	Marco HADERER	S
		Mannschaft	ASC Salzburg	S
Jugend				
weibl.	Florett	Mannschaft	Dornbirn I	V
	Degen	Einzel	Kathrin GENSER	K
		Mannschaft	KAC	K
männl.	Florett	Mannschaft	Mödling	N
	Degen	Einzel	Niki HOFER	O
		Mannschaft	FU Linz	O
	Säbel	Mannschaft	FK Villach I	K
Jugend B				
weibl.	Florett	Einzel	Annette WILHELMINA	V
männl.	Florett	Einzel	Thomas FAULAND	N
	Säbel	Einzel	David FRANK	K
Jugend C				
weibl.	Florett	Einzel	Fanny KREISS	K
männl.	Florett	Einzel	Thomas MACHER	K
	Säbol	Einzel	Matthias KUNCIC	K

WELTMEISTERSCHAFTEN 1999

4.-9.11.1999, Seoul, KOR

Herren	Degen	Mannschaft	4. Österreich	28 Länder	28 Mannschaften

Militär WM, 10.-14.8.1999, Zagreb, CRO

Herren	Florett	Einzel	4. Joachim WENDT	12 Länder	37 Teilnehmer
			5. Marco FALCHETTO		
		Mannschaft	2. Österreich	12 Länder	12 Mannschaften
	Degen	Einzel	6. Christoph MARIK	22 Länder	67 Teilnehmer
		Mannschaft	6. Österreich	22 Länder	22 Mannschaften

EUROPAMEISTERSCHAFTEN 1999

24.-29.6.1999, Bozen, ITA

Herren	Florett		5. Marco FALCHETTO	21 Länder	62 Teilnehmer

Junioren, 15.-21.11.1999, Porto, POR

Damen	Florett		3. Veronika SCHLOSSER	21 Länder	47 Teilnehmerinnen

UNIVERSIADE 1999

2.-6.7.1999, Palma de Mallorca, ESP

Herren	Florett	Einzel	2. Michael LUDWIG	14 Länder	59 Teilnehmer
	Degen	Mannschaft	3. Österreich	13 Länder	62 Mannschaften

FLUGSPORT

ÖSTERREICHISCHER AERO-CLUB (ÖAeC)

gegründet 1901, 445 Vereine, 16.753 Mitglieder

1040 Wien, Prinz-Eugen-Straße 12
Telefon 01 / 505 10 28 oder 29, Fax 01 / 505 79 23
e-mail: office@oe.aeroclub.at; http://www.oe.aeroclub.at
Dienstzeiten: Montag - Donnerstag 8 - 17 Uhr, Freitag 8 - 12.30

ÖAeC-Sektion FAA, 1030 Wien, Blattgasse 6
Telefon 01 / 718 72 97, Fax: 01 / 718 72 97-17
e-mail: faa@oe.aeroclub.at
Technik Segelflug:
Telefon 01 / 715 02 23 od. 24, Fax 01 / 715 02 23-18
Parteienverkehr: Montag - Donnerstag 8.30 - 12 Uhr,
Freitag 8.30 - 11 Uhr

Präsident: NR a.D. Reg. Rat Alois Roppert,
p.A. Österr. Aero-Club

Generalsekretär: S.H. Schlager, p.A. Österr. Aero-Club

Publikationen:
"Sky Revue"
Modellflugmagazin „prop", p.A. Österr. Aero-Club
"Österreichische Flugsportzeitung", 3101 St. Pölten, Postfach 398

Mitglied der
Fédération Aéronautique Internationale (FAI)
gegründet 1905, 90 Mitglieder

Avenue Mon Repos 24, CH-1005 Lausanne, Schweiz
Telefon 00 41 / 21 / 345-1070, Fax 00 41 / 21 / 345-1077

Österreichs Vertreter
Seit November 1994 ist NR a.D. Reg. Rat Alois Roppert Vizepräsident der FAI.

ÖSTERREICHISCHE STAATSMEISTER 1999

Ballonfahren			
Heißluftballon		**Helmut PÖTTLER**	St
Fallschirmspringen			
Freestyle	Skydiving	**Manfred MÖRZINGER/Gerhard STADLINGER (Video)**	O
Skysurfen		**Josef LECHNER/Christian WAGNER (Video)**	W
Damen			
Einzel	Ziel	**Irene HOCHRIESER**	O
Herren			
Einzel	Stil	**Mark SCHWARZL**	B
	Ziel	**Bernhard NAGELE**	St
	Kombination	**Mark SCHWARZL**	B
Gruppe	Ziel	**Michael EGGER/Wolfgang SCHWEITL/ Horst PURRER/Thomas REISENBICHLER**	S
Relativ	Vierer Formation	**Walter HANZMANN/Martin PICHLER/ Michael ROTTER/Ernst BÖHM/Raimund SCHÜTZ**	W
	Achter Formation	**Wolfgang DULLER/Robert SCHWENDINGER/ Franz ARNOLD/Helmut ASCHAUER/ Thomas HOLZBAUR/Peter GAPPMAIER/ Gisela HEITZINGER/Robert KLEISSL/ Peter KOCH/Thomas SCHALLING**	V/T/O/B
Hängegleiten			
Hängegleiten	Einzel	**Wolfgang RUHMER**	O
Streckenflug	Einzel	**Wolfgang DERTNIG**	S

	Mannschaft	**Wolfgang DERTNIG/Christoph FRIEDL/ Josef BRANDNER**	S
Modellflug			
F 1E		**Reinhard WOLF**	N
F 3B	Einzel	**Peter HOFFMANN**	N
	Mannschaft	**Robert PISS/Harald MICHL/Wolfgang SCHEDA**	W
F 3C		**Wolfgang WORGES**	B
F 4C		**Adam JASKIEL**	W
F 5B		**Rudolf FREUDENTHALER**	O
Motorflug			
Navigationsflug (Kl.1)		**Johann GUTMANN/Christian LANDERL**	N
Präzisionsflug (Kl.2)		**Hubert HUBER**	K
	Mannschaft	**Johann GUTMANN/Wolfgang SCHNECKENREITHER**	N/O
Paragleiten			
Paragleiten	Einzel	**Christian HEINRICH**	O
Streckenflug	Einzel	**Thomas WALDER**	T
	Mannschaft	**Drunken Eagles Andreas WALDER/Thomas WALDER/ Josef WECHSELBERGER**	T
Segelflug			
Klasse 1	Club Klasse	**Markus WIESER**	O
	Halbakrobatik	**Martin STRIMITZER/Volker FUCHS/Christoph GANNER**	N/T
	Vollakrobatik	**Dietmar POLL/Werner SCHEURINGER/Werner SÖLLE**	St/N
Klasse 2	15 m Klasse	**Friedrich HOFINGER**	O
	Club Klasse	**Dietmar WEINGANT**	St
	Motorsegeln	**Gerhard TOMANI**	St
	Offene Klasse	**Hermann EINGANG**	St
	Standard Klasse	**Eduard SUPERSPERGER jun.**	O

ÖSTERREICHISCHE MEISTER 1999

Fallschirmspringen			
Junioren			
Einzel	Ziel	Wolfgang REITHMAYER	N
Paraski Kombination			
Herren	Einzel	Thomas REISENBICHLER	S
	Mannschaft	HSV Red Bull Salzburg Michael EGGER/Thomas u. Nikolaj REISENBICHLER/ Wolfgang SCHWEITL	S
Senioren	Einzel	Karl KREUZER	T
Modellflug			
F5B-600	Einzel	Rudolf FREUDENTHALER	O
RC-H2	Einzel	Mathias WASS	S
RC III	Einzel	Dieter MOTZKO	W
RC/SL		Martin WINKLER/Karl STÖLLINGER	S
Motorflug			
Präzisionsflug		Manfred KUNSCHITZ/Heinz PERNER	St
Ultralight		Edwin FETZ	O
Segelflug			
Team		Dietmar POLL/Konrad ZEILER/Christian ORTNER	St/T

WELTMEISTERSCHAFTEN 1999

Hängegleiten, Allg. Klasse, 26.7.-7.8.1999, Monte Cucco, ITA

Herren Kl. I	Einzel	**1. Manfred RUHMER**	38 Länder	169 Teilnehmer
	Mannschaft	3. Manfred RUHMER/ Gerolf HEINRICHS/Rupert PLATTNER/Josef ZWECKMAYR/ Robert REISINGER/Werner KORNTHALER	38 Länder	38 Mannschaften
Kl. II	Mannschaft	6. Johann POSCH/ Manfred TRIMMEL/Hans-Jörg GSCHIESL	9 Länder	9 Mannschaften

Motorflug

4.-12.9.1999, Ravenna, ITA

Navigationsflug	Mannschaft	5. Johann GUTMANN/ Christian LANDERL/Hubert HUBER/ Johannes CSERVENY	18 Länder	55 Mannschaften

17.-23.8.1999, Nördlingen, GER

Hubschrauber	Einzel	6. Gerhard LEHNER/ Josef KERN	10 Länder	51 Teilnehmer
	Mannschaft	2. Gerhard LEHNER/ Josef KERN/Peter MENNEL/Martina MENNEL/ Andreas HOLZINGER/Robert HOLZINGER	10 Länder	51 Mannschaften

Modellflug

4.-11.9.1999, Rustenburg, RSA

F3B	Mannschaft	5. Ing. Peter HOFFMANN/ Ing. Günther AICHHOLZER/ Robert PISS	18 Länder	18 Mannschaften

21.-26.9.1999, Lipitovsky Mikulas, SVK

F1E	Mannschaft	3. Reinhard WOLF/ Fritz MANG/ Alfred DÖTZL	9 Länder	9 Mannschaften

Fallschirmspringen

2.-7.2.1999, Innsbruck, AUT

Damen				
Kombination	Einzel	**1. Marina KÜCHER**	8 Länder	14 Teilnehmer
Herren		4. Thomas REISENBICHLER	14 Länder	70 Teilnehmer
		5. Wolfgang SCHWEITL		
Kombination	Team	3. Wolfgang SCHWEITL/ Thomas REISENBICHLER/Niki REISENBICHLER/Gernot ALIC	12 Länder	64 Mannschaften
Masters				
Kombination	Einzel	3. Michael EGGER	10 Länder	27 Teilnehmer

Segelflug, 31.7.-15.8.1999, Bayreuth, GER

Herren	Einzel	4. Peter HARTMANN	23 Länder	47 Teilnehmer

EUROPAMEISTERSCHAFTEN 1999

Modellflug,

19.-24.7.1999, Karlsborg, SWE

F5B	Einzel	6. Rudolf FREUDENTHALER	10 Länder	26 Teilnehmer
	Mannschaft	2. Rudolf FREUDENTHALER/ Kurt HAINZL/Dieter SAFARIK	10 Länder	10 Mannschaften
F2C	Mannschaft	5. Josef FISCHER/ Hans STRANIAK	14 Länder	33 Mannschaften

21.-29.8.1999, Vordochody, CZE				
F4C	Mannschaft	6. Adam JASKIEL/ Bernhard KLAUSCHER/ Hansjörg HOFBAUER	12 Länder	32 Teilnehmer
Motorflug, 24.7.-1.8.1999, Most, CZE				
Präzisionsflug		3. Otto BAUER/ Wolfgang SCHNECKENREITHER/ Paul SZAMEITAT	14 Länder	40 Mannschaften

Fotos: W. Pflegerl
1. Junioren-WM und 10. Weltcup der Meister im Fallschirmspringen:
Junior Mario Gölles schied in der zweiten Matchrunde im Ziel aus.
oben: Die derzeit besten Figurenspringer der Welt: Pflüger (GER), Valois (FRA) und Schwarzl (AUT)

ÖSTERREICHISCHER FUSSBALL-BUND (ÖFB)

gegründet 1904, 2.253 Vereine, ca. 390.00 Mitglieder

1020 Wien, Meiereistraße 7
Telefon 01 / 72 718-0, Fax 01 / 728 16 32,
http://www.oefb.at, e-mail: oefb@asn.or.at
Dienstzeit: Montag - Donnerstag 8 - 17 Uhr, Freitag 8 - 16 Uhr

Präsident: Beppo Mauhart, p.A. Österr. Fußball-Bund

Generalsekretär: Alfred Ludwig, p.A. Österr. Fußball-Bund

Offizielle Verbandszeitschriften: "Corner", 4-6-mal jährlich,"Pfiff", unregelmäßig

Mitglied der
Fédération Internationale de Football Association (FIFA)
gegründet 1904, 198 Länder

CH-8030 Zürich, Hitzigweg 11, Schweiz
Telefon 0041 / 1 / 384 95 95
Fax 0041 / 1 / 384 96 96

und der
Union des Associations Européennes de Football (UEFA)
gegründet 1954, 51 Länder

CH-1260 Nyon, Route de Genève 46, Schweiz
Telefon 0041 / 22 / 994 44 44, Fax 0041 / 22 / 994 44 88

Österreichs Vertreter in der FIFA
Beppo Mauhart ist Mitglied der Berufungskommission.
Alfred Ludwig ist kooptiertes Mitglied der Medienkommission

Österreichs Vertreter in der UEFA
Reinhard Nachbagauer ist Vizepräsident der Kommission für Nichtamateure.
Alfred Ludwig ist Mitglied der Kommission für die europäischen Klubbewerbe, und UEFA-Experte für die administrative und technische Unterstützung osteuropäischer Verbände.
Dr. Thomas Partl ist Mitglied der Disziplinarkommission.
DDr. Gerhard Kapl ist Disziplinarinspektor
Beppo Mauhart ist Mitglied der EM-Kommission

EM-Chancen verpasst!

ÖFB-Präsident Beppo Mauhart wurde im April für weitere drei Jahre als ÖFB-Präsident bestätigt und ist somit seit 1984 an der Spitze des Österreichischen Fußball-Bundes. Die Wahl von Frank Stronach zum neuen Bundesliga-Präsidenten verursachte so manches Rauschen im Medien-Blätterwald und brachte den österreichischen Fußball in eine intensive Diskussion.

Das Länderspieljahr 1999 brachte viele Höhen und Tiefen mit sich und die Entscheidungen über zwei Europameisterschafts-Endrunden. Einerseits über die sportliche Qualifikation für EURO 2000 in Belgien und den Niederlanden und andererseits über die Austragung der Endrunde der Europameisterschaft 2004, für die sich Österreich mit dem Partner Ungarn beworben hatte.

Das erste Länderspiel in diesem Jahr in der Schweiz diente als Vorbereitung auf eines der wichtigsten Spiele in der EM-Qualifikation – das gegen Spanien in Valencia. Trotz des Sieges gegen die Schweiz und der positiven Stimmung geriet Österreich in Spanien mit 0:9 arg unter die Räder. Herbert Prohaska und sein Assistent Erich Obermayer traten nach dieser Niederlage zurück, Otto Baric übernahm die Nationalmannschaft und brachte Dietmar Constantini als Co-Trainer mit. Der erste Auftritt von Otto Baric erfolgte in Graz vor ausverkauftem Haus gegen San Marino. Knapp 15.000 Besucher erlebten einen 7:0-Erfolg des Teams, doch schon im nächsten Spiel im Juni gegen Israel musste der neue Teamchef ein 0:5-Debakel in Tel Aviv miterleben und sah eine sich ergebende österreichische Nationalmannschaft.
Was danach folgte, war ein konsequenter Umbau der Nationalmannschaft. Neue Spieler wie Alexander

Manninger, Robert Ibertsberger, Jürgen Kauz, Markus Weissenberger, Ernst Dospel oder Günter Schießwald wurden in die Mannschaft geholt und sorgten für neue Impulse. Das 0:0-Remis in Malmö im freundschaftlichen Länderspiel gegen Schweden im August hatte eine positive Resonanz. Der große EM-Qualifikations-Schlager war das Spiel im September gegen Spanien im Ernst-Happel-Stadion in Wien. Das Spiel und damit alle Hoffnungen auf eine erfolgreiche Qualifikation gingen mit 1:3 verloren, doch war Österreich nach einer hervorragenden kämpferischen Leistung dem Sieg näher als die Spanier. Letztlich wurde die Entscheidung über die Teilnahme an der EURO 2000 trotz der hohen Niederlagen noch ganz knapp, denn der 3:1-Sieg Österreichs gegen Zypern im letzten Spiel im Oktober und die Niederlage Israels gegen Spanien hatten zur Folge, dass Österreich und Israel hinter Spanien punktegleich in der Tabelle auf den Plätzen zwei und drei abschlossen und Österreich aufgrund der Ergebnisse der direkten Duelle gegen Israel nicht die Qualifikation schaffte.
Nun beginnt bereits die Planung für die bevorstehende WM-Qualifikation. Die Auslosung bescherte Österreichs Team Liechtenstein, Bosnien-Herzegowina, Spanien und Israel als Gegner und bietet damit Gelegenheit zur Revanche für die Niederlagen in der EM-Qualifikation. Die Qualifikationsspiele für die Teilnahme an der Weltmeisterschaft 2002 in Südkorea und Japan beginnen im Herbst 2000.

U21-TEAM – neuer Coach Willi Ruttensteiner

Der U21-Nationalmannschaft gelang 1999 nur ein Sieg, und zwar im letzten EM-Qualifikationsspiel gegen Zypern mit 3:0. Der scheidende U21-Teamchef Ernst Weber zog dennoch zufrieden Bilanz, weil sechs Spieler den Sprung in die Nationalmannschaft schafften und sich die U21 als Sprungbrett für die Nationalmannschaft bewährte. Zukünftig wird Willi Ruttensteiner, zuletzt Nachwuchs-Koordinator im Oberösterreichischen Fußball-Verband und sportlicher Leiter im BNZ LASK Linz, das U21-Team betreuen.

NACHWUCHS

In der Ordentlichen Hauptversammlung des ÖFB im April wurde mit der Gründung des Sportreferates unter der Leitung des Präsidenten des Vorarlberger Fußball-Verbandes, Abg.z.NR Karlheinz Kopf, ein Impuls zur besseren Koordination und Effizienzsteigerung der Nachwuchsarbeit gesetzt.
Aufgabe des ÖFB-Sportreferates ist zukünftig die Überwachung der sportlichen Aktivitäten und Koordinierung der Tätigkeiten der vom Bundesvorstand für sportliche Bereiche eingesetzten Referenten und Kommissionen.
Im sportlichen Bereich absolvierten die Nachwuchs-Nationalmannschaften (U15–U18) insgesamt 34 Länderspiele im In- und Ausland. Besonders hervorzuheben ist der Erfolg der U18-Nationalmannschaft beim Qualifikationsturnier für die Europameisterschaft 2000. Nach einem Remis gegen Griechenland und einem 11:0-Sieg gegen Andorra spielt das U18-Team im Frühjahr 2000 gegen Kroatien in der Zwischenrunde um die EM-Teilnahme.

MEISTERSCHAFT & UEFA KLUBBEWERBE

SK Puntigamer Sturm Graz war durch den Gewinn der Meisterschaft und des Memphis-Cup die Mannschaft der Saison 98/99. Sturm Graz qualifizierte sich gegen Servette Genf für den Hauptbewerb der UEFA-Champions League und musste sich auf dem internationalen Parkett gegen den Titelverteidiger Manchester United, Olympique Marseille und Croatia Zagreb beweisen. Der SK Rapid verpasste die Qualifkation für die Champions League durch zwei Niederlagen gegen Galatasaray Istanbul und konnte sich auch im UEFA-Cup-Hauptbewerb gegen Inter Bratislava nicht für die zweite Runde qualifizieren.
Der LASK stieg durch den Finaleinzug im Memphis-Cup in den Hauptbewerb des UEFA-Cups ein, schied aber in der ersten Runde gegen Steaua Bukarest aus.
Der Liebherr GAK schaffte gegen Klaksvik von den Färoer Inseln die Qualifikation für den UEFA-Hauptbewerb und stieg durch ein 3:0 und 1:2 gegen Spartak Trnava in die zweite Runde auf. Der griechische Top-Klub Panathinaikos Athen war der Gegner der Grazer in der zweiten Runde.
Austria Memphis Lustenau und Austria Memphis vertraten Österreich im internationalen UI-Cup.

In der Meisterschaft schlug im Herbstdurchgang die Stunde des FC Tirol Milch Innsbruck, der nach guten Leistungen im Frühjahr in der Herbstmeisterschaft eine beeindruckende Siegesserie hinlegen konnte.

Nach verletzungsbedingten Ausfällen bei den Tirolern konnten die Verfolger Rapid und Austria aufschließen und die Meisterschaft spannend gestalten.

EM 2004
Nach einer intensiven Bewerbungsphase wurde die Endrunde der Europameisterschaften 2004 letztendlich von der UEFA am 12. Oktober an Portugal vergeben. Die gemeinsame Bewerbung von Österreich und Ungarn wurde an zweite, jene Spaniens an dritte Stelle gereiht.

ÖSTERREICHISCHE STAATSMEISTER 1999

Bundesliga 1. Division	Damen	**Union Kleinmünchen**	O
Max Bundesliga	Herren	**SK Puntigamer Sturm Graz**	St

ÖSTERREICHISCHE MEISTER 1998/99

Bundesliga 1. Division	Herren	Verein Casino SW Bregenz	V
2. Division	Damen	SC Brunn/Gebirge	N
U18 BNZ		BNZ Austria Memphis	W
U16 BNZ		BNZ Rapid	W
Bundesländer-Nachwuchs 98/99		Wien	

AUSWAHLSPIELE 1999

Damen:
A-Nationalmannschaft:

20.03.1999	Frankreich – Österreich		4:1 (1:1)	Bonneuil/Marne
25.04.1999	Tschechien – Österreich		5:2 (2:0)	Blsan
18.09.1999	Polen – Österreich	EMQ	4:1 (3:0)	Biala Podlaska
16.10.1999	Belgien – Österreich	EMQ	3:1 (0:0)	Machelen
24.10.1999	Österreich – Wales	EMQ	1:1 (0:1)	Langenrohr

U18-Nationalmannschaft (Stichtag: 01.01.1981)

24.04.1999	Tschechien – Österreich		0:1 (0:0)	Blsany
11.09.1999	Schweiz – Österreich		2:4 (2:1)	Staad

Herren:
A-Nationalmannschaft:

10.03.1999	Schweiz – Österreich		2:4 (1:3)	St. Gallen
27.03.1999	Spanien – Österreich	EMQ	9:0 (5:0)	Valencia
28.04.1999	Österreich – San Marino	EMQ	7:0 (3:0)	Graz
06.06.1999	Israel – Österreich	EMQ	5:0 (2:0)	Tel Aviv
18.08.1999	Schweden – Österreich		0:0	Malmö
04.09.1999	Österreich – Spanien	EMQ	1:3 (0:1)	Wien
10.10.1999	Österreich – Zypern	EMQ	3:1 (2:0)	Wien

U21-Nationalmannschaft:

10.03.1999	Österreich – Schweiz		3:4 (1:1)	Bregenz
26.03.1999	Spanien – Österreich	EMQ	4:0 (0:0)	Valencia
28.04.1999	Österreich – Niederlande	EMQ	0:1 (0:1)	Langenrohr
05.06.1999	Israel – Österreich	EMQ	2:1 (1:0)	Herzlia
17.08.1999	Schweden – Österreich		1:0 (1:0)	Östersund
03.09.1999	Österreich – Spanien	EMQ	1:2 (0:1)	Herzogenburg
09.10.1999	Österreich – Zypern	EMQ	3:0 (0:0)	Schrems
23.11.1999	Deutschland-Österreich		3:0 (2:0)	Burghausen

U18-Nationalmannschaft: (Stichtag: 01.01.1981)

03.03.1999	Italien Amat. – Österreich		2:3 (2:0)	Bressanone
03.04.1999	Österreich – Schweden		0:4 (0:0)	Porto/POR
01.04.1999	Portugal – Österreich		2:1 (1:0)	Porto/POR
31.03.1999	Österreich – Frankreich		0:4 (0:1)	Porto/POR
27.04.1999	Weißrussland – Österreich		3:1 (2:0)	Piestany
29.04.1999	Österreich – Slowakei		1:2 (1:1)	Piestany
26.04.1999	Schweiz – Österreich		1:2 (0:1)	Pienstany
02.06.1999	Österreich - Schweiz		0:0	Hohenems
07.09.1999	Ungarn – Österreich		2:0 (2:0)	Petöhaza
21.09.1999	Österreich – Portugal		1:3 (1:3)	Kufstein
23.09.1999	Österreich – Portugal		1:3 (0:0)	Jenbach
12.10.1999	Griechenland – Österreich	EMQ	3:3 (1:2)	Andorra
16.10.1999	Österreich – Andorra	EMQ	11:0 (5:0)	Andorra

U17-Nationalmannschaft: (Stichtag: 01.01.1982)

16.02.1999	Österreich – Norwegen	2:0 (2:0)	Algarve/POR
14.02.1999	Portugal – Österreich	1:1 (0:0)	Algarve/POR
13.02.1999	Österreich – Frankreich	0:0 (0:0)	Algarve/POR
05.04.1999	Österreich – Manchester	1:1 (1:0)	Bludenz
05.04.1999	Österreich – AC Milan	1:0 (0:0)	Bludenz
04.04.1999	Türkei – Österreich	0:0	Bludenz
04.04.1999	Manchester – Österreich	1:1 (1:1)	Bludenz
03.04.1999	Österreich – VfB Stuttgart	1:0 (0:0)	Bludenz
26.10.1999	Österreich – Tschechien	1:1 (0:1)	Eggenburg

U16-Nationalmannschaft: (Stichtag: 01.01.-1983)

16.03.1999	Eto FC Kft./Györ – Österreich	1:0 (0:0)	Györ
21.04.1999	Österreich – Slowenien	2:1 (0:1	Wagna
22.06.1999	Kroatien – Österreich	3:1 (1:0)	Zabok
07.08.1999	Eintracht – Frankfurt	1:1 (1:1)	Stockerau
06.08.1999	Österreich – Fortuna Sittard	2:1 (1:0)	Wullersdorf
08.08.1999	Österreich – Slowenien	0:0	Ziersdorf
26.08.1999	Österreich – Frankreich	0:1 (0:1)	Purgstall
27.08.1999	Kuwait – Österreich	0:5 (0:3)	Gottsdorf
29.08.1999	Deutschland – Österreich	1:3 (1:1)	Amstetten
22.09.1999	Österreich – Bayern	8:1 (2:0)	Jenbach

U15-Nationalmannschaft: (Stichtag: 01.01.1984)

28.09.1999	Slowenien – Österreich	0:0 (1:0)	Slovenj Gradec
30.09.1999	Österreich – Slowenien	2:0 (0:0)	Wolfsberg

EUROPÄISCHE VEREINSBEWERBE

UEFA Intertoto Cup (UIC):

04.07.1999	NK Rudar Velenje – SC Austria Lustenau	1:2 (0:2)	Velenje
10.07.1999	SC Austria Lustenau – NK Rudar Velenje	0:0	Lustenau
17.07.1999	SC Austria Lustenau – Stade Rennais FC	2:1 (0:0)	Lustenau
24.07.1999	Stade Rennais FC – SC Austria Lustenau	1:0 (1:0)	Rennes
17.07.1999	K. Sint Truidense– FK Austria Memphis	0:2 (0:1)	Sint Truiden
24.07.1999	FK Austria Memphis – K. Sint Truidense	1:2 (0:2)	Wien
28.07.1999	Stade Rennais FC – FK Austria Memphis	2:0 (0:0)	Rennes
04.08.1999	FK Austria Memphis – Stade Rennais FC	2:2 (0:0)	Wien

Europacup der Meistervereine:

Qualifikation/1. Qualifikationsphase:

28.07.1999	SK Rapid – Valletta FC	3:0 (0:0)	Wien
04.08.1999	Valletta FC – SK Rapid	0:2 (0:0)	La Valetta

Qualifikation/2. Qualifikationsphase:

11.08.1999	SK Sturm Graz – Servette Genf	2:1 (2:1)	Graz
25.08.1999	Servette Genf – SK Sturm Graz	2:2 (0:0)	Genf
11.08.1999	SK Rapid – Galatasaray Istanbul	0:3 (0:2)	Wien
25.08.1999	Galatasaray Istanbul – SK Rapid	1:0 (0:0)	Istanbul

UEFA Champions League:

14.09.1999	Olympique Marseille – SK Sturm Graz	2:0 (2:0)	Marseille
22.09.1999	SK Sturm Graz – Manchester United	0:3 (0:3)	Graz
29.09.1999	NK Croatia Zagreb – SK Sturm Graz	3:0 (2:0)	Zagreb
19.10.1999	SK Sturm Graz – NK Cratia Zagreb	1:0 (1:0)	Graz
27.10.1999	SK Sturm Graz – Olympique Marseille	3:2 (1:0)	Graz
02.11.1999	Manchester United – SK Sturm	2:1 (0:0)	Manchester

UEFA-Cup:

Qualifikation:

12.08.1999	KI Klaksvík – GAK	0:5 (0:3)	Toftír
26.08.1999	GAK – KI Klaksvík	4:0 (0:0)	Graz

Hauptbewerb:

16.09.1999	ASK Inter Bratislava – SK Rapid	1:0 (1:0)	Bratislava
30.09.1999	SK Rapid – ASK Inter Bratislava	1:2 (0:1)	Wien
14.09.1999	FC Steaua Bukarest – LASK	2:0 (0:0)	Bukarest
28.09.1999	LASK – FC Steaua Bukarest	2:3 (1:2)	Linz
16.09.1999	GAK – FC Spartak Trnava	3:0 (2:0)	Graz
30.09.1999	FC Spartak Trnava – GAK	2:1 (1:1)	Trnava
21.10.1999	GAK – Panathinaikos Athen	2:1 (0:0)	Graz
04.11.1999	Panathinaikos Athen – GAK	1:0 (0:0)	Athen
25.11.1999	AC Parma - SK Puntigamer Sturm Graz	2:1 (1:1)	Parma
09.12.1999	SK Puntigamer Sturm Graz - AC Parma	3:3 n.V. (2:1/0:1)	Graz

Foto: GEPA

Trotz der Verstärkung durch Dejan Savicevic blieb der Traum Rapids, das 100-jährige Vereinsjubiläum mit dem Meistertitel zu feiern, unerreicht: Meister 1998/99 wurde Puntigamer Sturm Graz.

GEWICHT-HEBEN

ÖSTERREICHISCHER GEWICHTHEBERVERBAND (ÖGV)

gegründet 1890, 57 Vereine, 6.383 Mitglieder

1110 Wien, Hauffgasse 2/1/10, Postfach 22, 1112 Wien
Telefon 01 / 749 70 61, Telefax 01 / 749 70 62
e-mail: ogv@asn.or.at, http://www.asn.or.at/ogv
Dienstzeit: Montag 10-20 Uhr
Dienstag - Donnerstag 9 - 16 Uhr, Freitag 9 - 12 Uhr

Präsident: Gerhard Peya, Albrechtsbergerstraße 39, 3382 Loosdorf
Telefon 0664 / 10 30 311,

Offizielle Verbandszeitung: „Der Gewichtheber", 10mal jährlich

Mitglied der

1. European Weightlifting Federation (EWF)
2. International Weightlifting Federation (IWF)
gegründet 1905, 163 Länder

1110 Wien, Csokorgasse 64/2/6/53, Telefon 01 / 769 78 75
Fax 01 / 769 78 75 oder 1054 Budapest, Hold u. 1, Ungarn
Telefon 00 36 / 1 / 153 05 30 od. 112 70 12, Fax 00 36 / 1 / 153 01 99

Österreichs Vertreter
Gottfried Schödl ist Präsident der IWF.

Der Österreichische Gewichtheberverband hatte im Jahr 1999 seine Konzeption in Blickrichtung Qualifikation für die Olympischen Spiele 2000 auszurichten. Das Konzept wurde mit bescheidenen Mitteln gestartet und im Laufe des Jahres optimiert. Der Erfolg für die Bemühungen mehr Nachwuchs an in die Vereine und später an die Hantel zu bekommen, wird sich erst in den Folgejahren zeigen. Bei den EU-Meisterschaften im März 1999 in Gijon/Spanien erreichten 3 Athleten Medaillen. Bei den Europameisterschaften erreichte Werner Höller den 8. Platz und Jürgen Matzku den 10. Platz.

In den Mannschaftsmeisterschaften der Bundesliga, Nationalliga und in den Landesverbänden waren 48 Teams vertreten. Von 13 Männern und von 6 Frauen wurden insgesamt 85 Österreichische Rekorde aufgestellt, wobei Werner Höller 12 nationale Bestmarken auf sein Konto buchte. Heidi Neubacher stellte 14 Österreichische Frauenrekorde auf. Im Jahr 2000 werden die Bemühungen in der Nachwuchsarbeit intensiviert. Gleichzeitig werden am Sektor Trainerausbildung ein staatlicher Lehrwartekurs und Fortbildungstagungen stattfinden.

Der Europaverband hat dem Österreichischen Gewichtheberverband die Austragung der Europameisterschaften 2001 Under 16 Boys and Girls zuerkannt.

ÖSTERREICHISCHE STAATSMEISTER 1999

Frauen		
Reißen	**Heidelinde NEUBACHER**	O
Stoßen	**Heidelinde NEUBACHER**	O
Zweikampf	**Heidelinde NEUBACHER**	O
Männer		
- 56 kg		
Reißen	**Mario SIMMERLE**	V
Stoßen	**Mario SIMMERLE**	V
Zweikampf	**Mario SIMMERLE**	V
- 62 kg		
Reißen	**Hannes STRECHA**	W
Stoßen	**Hannes STRECHA**	W
Zweikampf	**Hannes STRECHA**	W
- 69 kg		
Reißen	**Thomas LANGTHALER**	O
Stoßen	**Thomas LANGTHALER**	O
Zweikampf	**Thomas LANGTHALER**	O
- 77 kg		
Reißen	**Werner HÖLLER**	N
Stoßen	**Werner HÖLLER**	N
Zweikampf	**Werner HÖLLER**	N

- 85 kg		
Reißen	**Robert PETLAN**	O
Stoßen	**Robert PETLAN**	O
Zweikampf	**Robert PETLAN**	O
- 94 kg		
Reißen	**Jürgen MATZKU**	O
Stoßen	**Jürgen MATZKU**	O
Zweikampf	**Jürgen MATZKU**	O
- 105 kg		
Reißen	**Silvio AJFRID**	N
Stoßen	**Silvio AJFRID**	N
Zweikampf	**Silvio AJFRID**	N
+ 105 kg		
Reißen	**Andreas ZEILINGER**	N
Stoßen	**Harald STEINER**	T
Zweikampf	**Harald STEINER**	T
Bundesliga	**SK Vöest**	O

ÖSTERREICHISCHE MEISTER 1999

Schüler A weibl.		
-38 kg	Christine FENZL	N
-43 kg	Eva KAINZ	O
-48 kg	Tamara SCHANDLER	W
-53 kg	Nicole EMBACHER	O
-58 kg	Romana KROTTENHALER	O
+58 kg	Silvia HOLZINGER	O
Mehrkampf	Silvia HOLZINGER	O
Schüler A	männl.	
-40 kg	Werner HUBER	N
-45 kg	Günther WEBER	O
-50 kg	Christian GRUBER	N
-56 kg	Jürgen BAUER	O
-62 kg	Viktor SURIN	N
-69 kg	Zeljko STAMENKOVIC	V
+69 kg	Alexander FUCHS	W
Mehrkampf leicht	Christian GRUBER	N
Mehrkampf schwer	Viktor SURIN	N
Schüler B weibl.	Ingrid MOSER	O
Schüler B männl.	Mark LAUTERER	V
Schüler C weibl.	Jessica EMBACHER	O
Schüler C männl.	Thomas STOCKINGER	O
	Sebastian ULBEL	N
Jugend B	männl.	
-50 kg	Alexander HUBER	O
-56 kg	Uwe GERSTENICH	O
-62 kg	Anton DUNAY	W
-69 kg	Jürgen EINRAMHOF	W
-77 kg	Martin FELBERMAYER	N
-85 kg	Martin ABRAHAM	W
+85 kg	Dieter KRAUS	N
Mehrkampf leicht	Michael POSCHADEL	V
Mehrkampf schwer	Martin FELBERMAYER	N
Jugend A weibl.		
-63 kg	Anita NOWAK	O
+63 kg	Karin PROSSINGER	O
Mehrkampf	Anita NOWAK	O
Jugend A männl.		
-62 kg	Daniel WIESMAYR	O
-69 kg	Manuel MODREY	O
-77 kg	Jürgen TROLL	W
-85 kg	Roman RINGEL	W
+85 kg	Mathias STEINER	V
Mehrkampf leicht	Manuel MODREY	O
Mehrkampf schwer	Roman RINGEL	W
Junioren		
weibl.	Anita NOWAK	O
männl.		
-56 kg	Mario PICHLER	N
-62 kg	Manuel MODREY	O
-69 kg	Markus MUCKENHUBER	N
-77 kg	Thomas LANGTHALER	O
-85 kg	Andreas RANNINGER	O
-94 kg	Mathias STEINER	V
-105 kg	Ciprian DIANA	O
+105 kg	Arman SARKISSIAN	W
U 23		
weibl.	Anita NOWAK	O
männl.		
-56 kg	Mario PICHLER	N
-62 kg	Manuel MODREY	O
-69 kg	Markus MUCKENHUBER	N
-77 kg	Robert WACHET	W
-85 kg	Andreas RANNINGER	O
-94 kg	Mathias STEINER	V
-105 kg	Silvio AJFRID	O
+105 kg	Markus MARKSTEINER	T

EU-MEISTERSCHAFT

18.-21.3.1999, Gijon, ESP

Allg. Kl. -69 kg	Reißen	**1. Thomas LANGTHALER**	4 Länder	4 Starter
	Stoßen	**1. Thomas LANGTHALER**	4 Länder	4 Starter
	Zweikampf	**1. Thomas LANGTHALER**	4 Länder	4 Starter
-77 kg	Reißen	2. Werner HÖLLER	5 Länder	5 Starter
	Stoßen	3. Werner HÖLLER	5 Länder	5 Starter
	Zweikampf	3. Werner HÖLLER	5 Länder	5 Starter
-105 kg	Stoßen	2. Silvio AJFRID	8 Länder	8 Starter
	Zweikampf	3. Silvio AJFRID	8 Länder	8 Starter

Foto: N. Terdina
Staatsmeister Silvio Ajfrid gewann in seiner Klasse mit einer Zweikampfleistung von 362,5 kg.

GOLF

ÖSTERREICHISCHER GOLF-VERBAND (ÖGV)

gegründet 1931, 121 Vereine (davon 105 ord. Mitgl.), 54.703 Mitglieder

1040 Wien, Prinz-Eugen-Straße 12
Telefon 01 / 505 32 45, Fax 01 / 505 49 62
e-mail: oegv@golf.at; http://www.golf.at
Dienstzeiten: Montag-Donnerstag 9-17 Uhr, Freitag 9-15.30 Uhr

Präsident: Mag. Johannes Göess-Saurau, GC Murhof,
8130 Frohnleiten

Honorary Secretary: Nikolaus Dreihann-Holenia

Generalsekretärin:
Waltraud Neuwirth, 1050 Wien, Franzensgasse 5/62

Verbandszeitschrift: „Golf-Revue", ORAC-Verlag
2380 Perchtoldsdorf, Alfred Feierfeilstr. 3

Mitglied des
World Amateur Golf Council
gegründet 1958, 82 Länder

Golf House, Far Hills, N.J. 07931, USA

und der
European Golf Association (EGA)
gegründet 1937, 29 Mitgliedsländer

P.O.Box, CH-1066 Epalinges-Lausanne, Schweiz

Zur Jahrtausendwende steht der österr. Golfsport ganz im Zeichen des technischen Fortschritts und eines vereinten Europas. Ende Oktober 1999 wurde in Irland zum ersten Mal in der Geschichte des Europäischen Golf-Verbandes mit Dr. Dieter Usner ein Österreicher zum Präsidenten gewählt, und unter seiner Präsidentschaft werden vom 9.-12. August 2000 die Herren-Einzel-Europameisterschaften im GC Murhof stattfinden. Im April 1999 hat der ÖGV die Domaine „golf.at" erworben und somit konnte durch die großzügige Unterstützung durch den Provider EUnet mit dem Projekt „Clubvernetzung" begonnen werden. Zu Saisonbeginn 2000 sollen dann bereits alle österr. Clubs angeschlossen und vernetzt sein, sodass ein reibungsloser Daten- und Informationsaustausch via Internet möglich ist. Unsere Website www.golf.at, die in einem halben Jahr bereits von mehr als einer halben Million „Surfern" besucht wurde, wird weiter ausgebaut und verbessert werden, und in den nächsten Jahren wird eine Vernetzung aller europäischen Golfverbände und Clubs angestrebt.

Im Hinblick auf ein einheitliches Vorgabensystem in Europa, wurde heuer auch in Österreich mit dem „Course Rating" der Golfplätze begonnen. Bis Ende 2001 sollen alle Plätze klassifiziert sein, und dann kann mit Einführung des „Slopes", dem einheitlichen EGA-Vorgabensystem, begonnen werden.

Die sportlichen Höhepunkte am Amateur-Sektor lieferte der junge Steirer Martin Wiegele, der 1999 seinen Präsenzdienst bei der HSNS in Graz geleistet hat. Er lag zweimal nach Beendigung des offiziellen Turniers an der Spitze des Feldes und musste sich beide Male erst im Stechen geschlagen geben. Er wurde somit sensationeller Zweiter bei der WM-Generalprobe in Berlin und Zweiter bei der Tschechischen Meisterschaft in Karlsbad.
Die Top-Meldung kommt jedoch aus dem Lager der Professionals, wo sich Markus Brier aufgrund seiner tollen Platzierung in der Challenge-Tour als erster Österreicher für die „European Tour 2000" qualifizieren konnte.

ÖSTERREICHISCHE STAATSMEISTER 1999

Damen	Lochwettspiel (=Matchplay)	**Stefanie MICHL**	GC Schloss Frauenthal	St
	Zählwettspiel	**Stefanie MICHL**	GC Schloss Frauenthal	St
Herren	Lochwettspiel (=Matchplay)	**Thomas ORTNER**	GC Kitzbühel	T
	Zählwettspiel	**Reinhard KRENDL**	GC Austria Moosburg	K
Mannschaft		**Colony-Club Gutenhof**		N

ÖSTERREICHISCHE MEISTER 1999

Nationale Offene Meisterschaft

Damen		Natascha FINK	St
Herren		Markus BURGER	B
Juniorinnen	Einzel	Stefanie MICHL	St
	Mannschaft	Kärntner Golf-Club Dellach	K
Junioren	Einzel	Norbert KIRCHNER	S
	Mannschaft	GC Schloss Frauenthal	St
Jugend U 18	weibl.	Andrea VASVARY	S
	männl.	Thomas ORTNER	T
	Mannschaft	GC Erzherzog Johann Maria Lankowitz	St
Schüler I U 16	weibl.	Stefanie MICHL	St
	männl.	Christian KORESKA	N
Schüler II U 14	weibl.	Kerstin MERTL	O
	männl.	Dominic ANGKAWIDJAJA	St
	Mannschaft	GC Erzherzog Johann Maria Lankowitz	St
Studenten	weibl.	Rosanna ZERNATTO	K
	männl.	Christoph GASSAUER	N
Mid-Amateur	weibl.	Maresa HANDL	S
	männl.	Reinhold GUGLER	O
APGA-Golflehrer	Herren	Claude GRENIER	S
Senioren			
Damen	international	Maresa HANDL	S
	national	Maresa HANDL	S
Herren	international	Klaus-Rüdiger BEZ	ESP
	national	Uli PETERSKOVSKY	St
Schulmannschafts-Meister		HIB Saalfelden	S

INTERNATIONALE MEISTER 1999

Austrian Open		Juan CIOLA	SUI
Austrian Ladies Open		Marina ARRUTTI	ESP
Amateure	Damen	Tina SCHNEEBERGER	N
	Herren	David NARVESON	USA
Mid-Amateure (über 35)	Damen	Maresa HANDL	S
	Herren	Benno WIMMER	GER

INTERNATIONALE MEISTERSCHAFTEN 1999

a) Amateure:

Audi World Amateur Masters (WM-Generalprobe)/Intern. Deutsche Meisterschaft, 2.-5. 9.1999, Berlin, GER

2. Martin WIEGELE (nach Stechen)	25 Länder	144 Teilnehmer

Int. Tschechische Meisterschaft, 29.7.-1.8. Karlovy Vary, CZE

2. Martin WIEGELE (nach Stechen)	10 Länder	80 Teilnehmer

Int. Österr. Meisterschaft, 21.-24.5., Schönborn, AUT

3. Thomas ORTNER	10 Länder	76 Teilnehmer
1. Tina SCHNEEBERGER	6 Länder	30 Teilnehmerinnen

Int. Österr. Vierer-Meisterschaft, 16.-18.4., Schönborn, AUT

b) Professionals:

1. Thomas KOGLER/Michael MOSER	6 Länder	72 Paare

CHALLENGE-TOUR 1999:

3. Markus BRIER, GC Fontana

als 1. Österreicher qualifiziert für die „European Tour“

ÖSTERREICHISCHER HANDBALLBUND (ÖHB)

gegründet 1925, 131 Vereine, 6.714 Mitglieder

1050 Wien, Hauslabgasse 24a
Telefon 01 / 544 43 79, Fax 01 / 544 27 12
e-mail: oehb@asn.or.at; http://www.asn.or.at/oehb
Dienstzeiten: Montag - Donnerstag 10 - 13 Uhr u. 15 - 17 Uhr,
Freitag 10 - 13 Uhr

Präsident: Gerhard Hofbauer, p.A. Österr. Handballbund

Generalsekretär: Martin Hausleitner, p.A. Österr. Handballbund

Offizielle Verbandszeitung: "Handball in Österreich", viermal jährlich

Mitglied der
International Handball Federation (IHF)
gegründet 1946, 129 Länder

CH-4020 Basel, Lange Gasse 10, Schweiz
Telefon 0041 / 61 / 228 90 40, Fax 0041 / 61 / 228 90 55,
Telex 964150 IHF CH, e-mail: ihf@ihf.ch, http://www.ihf.ch

und der
Europäischen Handball Föderation (EHF)
gegründet 1991, 42 Länder

1130 Wien, Hoffingergasse 18
Telefon 01 / 801 510 und Fax 01 / 801 5149

e-mail: office@eurohandball.com, http://www.eurohandball.com

Österreichs Vertreter
Erwin Lanc ist Präsident der International Handball Federation.
EHF Generalsekretär Michael Wiederer ist Mitglied der Veranstaltungs- und Organisationskommission der IHF.
TK-Mitglied Hans Holdhaus ist Mitglied der Medizin- und Arzt-Kommission der IHF.
Alexander Toncourt ist stellvertretender Generalsekretär der EHF.
Helmut Höritsch, ehemaliger ÖHB-Schulreferent, betreut in der EHF ein europaweites Projekt "Minihandball".

Das Jahr 1999 verlief für den österreichischen Handballbund sehr erfreulich. Das Frauen-Nationalteam bot bei der Europameisterschaft in den Niederlanden eine hervorragende Leistung und erreichte das Semifinale, wo man am späteren Weltmeister Dänemark scheiterte. Der 4. Endplatz bedeutete gleichzeitig die direkte Qualifikation für die nächsten Weltmeisterschaften in Norwegen, wo das Team die Gelegenheit hat, sich für die olympischen Spiele zu qualifizieren.

Für Hypo Niederösterreich war erst im Semifinale des Europacups Endstation. Dort scheiterte die Mannschaft von Gunnar Prokop im Siebenmeter-Werfen denkbar knapp.

Die Herren-Nationalmannschaft erlebte einen Aufwärtstrend: Eine sehr junge Mannschaft machte durch das Erreichen des 2. Gruppenplatzes in der Qualifikation und der Play-Off-Runde auf sich aufmerksam. Erstmals seit 1994 gelang wieder ein nennenswerter Erfolg. Die Mannschaft konnte sich im internationalen Ranking unter den 20 besten Mannschaften etablieren.

ÖSTERREICHISCHE STAATSMEISTER 1999

Frauen	**Hypo NÖ**	N
Männer	**HSG Remus Bärnbach/Köflach**	St

ÖSTERREICHISCHE MEISTER 1999

Weiblich	Jugend A	SSV Dornbirn/Schoren	V
	Jugend B	SHB Mödling	N
	Jugend C	HC Maroltinger	W
	Jugend D	UHC Tulln	N

Männlich	Jugend A	HC erdgas Linz	O
	Jugend B	UHK VJV West Wien	W
	Jugend C	Union Hypo St. Pölten	N
	Jugend D	UHK Kresto Krems	N

WELTMEISTERSCHAFTEN 1999

29.11.-12.12.1999, NOR

Damen	3. Österreich	24 Länder	24 Mannschaften

EUROPAMEISTERSCHAFTEN 1998

11.-20.12.1998, Amsterdam, NED

Damen	4. Österreich	10 Länder	10 Mannschaften

Foto: GEPA
Mit einer Kombination aus jungen Spielern und arrivierten Spielerpersönlichkeiten wie Andreas Dittert konnte das Herren-Nationalteam einen markanten Aufwärtstrend verzeichnen.

HOCKEY

ÖSTERREICHISCHER HOCKEY-VERBAND (ÖHV)

gegründet 1913, 22 Vereine, 3.603 Mitglieder

1020 Wien, Prater Hauptallee 123a
Telefon 01 / 728 18 08, Fax 01 / 728 65 19
e-mail: office@hockey.at, http://www.hockey.at
Dienstzeit: Montag - Freitag 9 - 12 Uhr und 13 - 17 Uhr

Präsident: Mag. Walter Kapounek, Fasangasse 93/2/12, 1030 Wien
Telefon 01 / 79797-2351

Generalsekretär: Robert Buchta, p.A. ÖHV

Offizielle Verbandszeitung: „Hockey-Nachrichten", wöchentlich, 1.200 Exemplare, Chefredakteur Robert Buchta

Mitglied der
Fédération Internationale de Hockey (FIH)
gegründet 1924, 116 Länder

B-1210 Bruxelles, Avenue des Arts 1, Bte 5, Belgien

Österreichs Vertreter
Ingeborg Grüner vertritt Österreich in der FIH und der Europäischen Hockey-Federation (FEH). Sie ist Vorstandsmitglied und im Technical- und Competitions Committee der FIH und Chairwoman der Sektion Indoor der FEH.

Mit dem 7. Platz der Herren-Nationalmannschaft bei der Hallen-EM und der damit verbundenen Relegation in die B-Division erlebte Österreichs Herrenhockey nach der verpassten EM-Qualifikation 1998 am Feld einen weiteren Tiefschlag.

Als Zeichen des Aufbruchs zu neuen Ufern gelang dem Verband dann ein sensationeller Coup: Mit dem deutschen „Hockey-Guru" Horst Ruoß, der auch von deutscher Seite heftig umworben war, konnte ein neuer Verantwortlicher für den Herrenbereich gewonnen werden. Mit ihm soll die nächste EM-Qualifikation endlich geschafft werden.

Im Damenbereich schrammte die Juniorinnen-Mannschaft bei der Hallen-EM nur knapp an einer Medaille vorbei und belegte letztendlich den 5. Platz.

Das Damenteam verzeichnete bei freundschaftlichen Länderspielen im April gegen den WM-Zehnten Schottland einen Achtungserfolg und gewann nach einer 0:3 Niederlage und einem 1:1 Unentschieden das letzte der drei Testspiele mit 3:2.

Erfreulich im Jahr ´99 war auch die Tatsache, dass Hockey einen verhältnismäßig großen Zustrom an Kindern und Jugendlichen zu verzeichnen hatte!

ÖSTERREICHISCHE STAATSMEISTER 1999

Damen	Feld	**Arminen Koller**	W
	Halle	**Wr. Neudorf**	N
Herren	Feld	**WAC**	W
	Halle	**WAC**	W

ÖSTERREICHISCHE MEISTER 1999

Halle	Mädchen	SV Arminen Koller Transporte	W
	Jugend weibl.	SV Arminen Koller Transporte	W
	U 18 männl.	Wr. Neudorf	N
	U 16 männl.	HG Mödling	N
	U 14 männl.	Akademischer Hockey- und Tennisclub	W
	U 12 gemischt	SV Arminen Koller Transporte	W
	U 10 gemischt	Akademischer Hockey- und Tennisclub	W

Feld	Mädchen	SV Arminen Koller Transporte/HC Wien	W
	Jugend weibl.	SV Arminen Koller Transporte	W
	U 18 männl.	HC Wr. Neudorf	N
	U 16 männl.	Post SV	W
	U 14 männl.	Post SV Wien	W
	U 12 gemischt	Post SV Wien	W
	U 10 gemischt	SV Arminen Koller Transporte	W
	U 8 gemischt	Akademischer Hockey-Tennisclub	W

EUROPAMEISTERSCHAFTEN 1999

22.-24.1.1999, Slagelse, DEN

Herren	Halle	7. Österreich	24 Länder	24 Mannschaften

29.-31.1.1999, Trebon, CZE

Juniorinnen	Halle	5. Österreich	16 Länder	16 Mannschaften

Foto: ÖHV
Trotz der Achtungserfolge des Damen-Teams (im Bild Lisa Fail im Spiel gegen Schottland) blieben die Nationalmannschaften 1999 unter ihren Erwartungen.

JAGD- UND WURFTAUBEN

VERBAND DER JAGD- UND WURFTAUBEN-SCHÜTZEN ÖSTERREICHS (VJWÖ)

gegründet 1952, 109 Vereine, 12.088 Mitglieder

c/o Silvia Eidenberger, 4053 Haid, Traunuferstr. 253
Telefon 07229 / 89606, Fax 07229 / 89609
e-mail: vjwoe@aon.at

Präsident: Dir. Ing. Dieter Kowarovsky, 2294 Marchegg, Schloßhof 110
Telefon und Fax 02285 / 6267, Mobil-Telefon 0676 / 550 09 00

Generalsekretär: Silvia Eidenberger, p.A. VJWÖ

Offizielle Verbandszeitung: „Österreichische Schützenzeitung"

Mitglied der
Internat. Ponal Shooting Sport Federation (ISSF)
gegründet 1907, 155 Mitglieder

Anschrift: D-80336 München, Bavariaring 21
Telefon 0049 / 89 / 544 35 50, Fax 0049 / 89 / 544 35 544

und der

Fédération Internationale de Tir aux Armes Sportives de Chasse (FITASC)
gegründet 1954, 56 Mitglieder

Anschrift: F-75008 Paris, 10, rue de Lisbonne

Telefon: 00 33 / 1429 40 53   Fax: 00 33 / 1 / 429 358 22

Drei Schützen waren heuer besonders erfolgreich:
Neuen Österreichischen Rekord und zugleich die beste internationale Leistung in diesem Jahr erreichte der Burgenländische Skeetschütze Kurt Flasch. Mit 122 (125) Treffern konnte er beim ISSF World-Cup in Zypern den 9. Platz belegen.

Der Salzburger Skeetschütze Josef Erbschwendtner sowie der Vorarlberger Juniorenschütze Philipp Hofbauer boten im Rahmen der EM hervorragende Leistungen.

ÖSTERREICHISCHE STAATSMEISTER 1999

Damen	Compak Sporting	Einzel	**Renate KOPPER**	B
	Jagdparcours	Einzel	**Renate KOPPER**	B
	Trap FO	Einzel	**Susanne KUFFNER**	W
Herren	Compak Sporting	Einzel	**Manfred HECHTL**	W
		Mannschaft	**Norbert EICHINGER/Robert PANI/ Ernst BAYER**	B
	Double Trap	Einzel	**Walter PFLEGER**	N
		Mannschaft	**Ralf HUFNAGL/Christian KEIMELMAYR/ Günter EIDENBERGER**	O
	Jagdparcours	Einzel	**Rudolf ROTTNER**	N
		Mannschaft	**Rudolf ROTTNER/Christian HANDLER/ Erhart MEIXNER**	N
	Skeet jagdlich	Einzel	**Josef ERBSCHWENDTNER**	S
		Mannschaft	**Josef ERBSCHWENDTNER/Ingo MAYER/ Reinhold SODIA**	S
	Skeet olympisch	Einzel	**Josef HAHNENKAMP**	N
		Mannschaft	**Josef HAHNENKAMP/Christoph CZERNIN/ Gerhard MEIDL**	N
	Trap FA	Einzel	**Emmerich SCHMORANZ**	N
		Mannschaft	**Franz TICHY/Walter PFLEGER/Johann AUER**	N

Trap FA jagdlich	Einzel	**Helmut ROSSKOPF**	N
	Mannschaft	**Gerhard SCHWARZ/Franz REXEIS/ Erwin FALKNER**	St
Trap FO jagdlich	Einzel	**Gerhard SCHWARZ**	St
	Mannschaft	**Gerhard SCHWARZ/Erwin FALKNER/ Leopold KRAINER**	St
Trap FO= Olympisch Trap	Einzel	**Andreas SCHERHAUFER**	W
	Mannschaft	**Andreas SCHERHAUFER/ Heinrich MÜNZBERGER/ Dieter SCHERHAUFER**	W
Trap FU	Einzel	**Johann AUER**	N
	Mannschaft	**Dieter PEJRIMOVSKY/Herbert BAUER/ Walter PFLEGER**	N
Trap FU jagdlich	Einzel	**Leopold KAMMERBERGER**	N
	Mannschaft	**Leopold KAMMERBERGER/ Franz SCHANDL/Helmut ROSSKOPF**	N

ÖSTERREICHISCHE MEISTER 1999

Jagdliche Kugel	Damen	Einzel	Jutta SCHOBER	St
	Herren	Einzel	Ralph SCHOBER	St
		Mannschaft	Jutta SCHOBER/Stefan SCHEIDLER/ Herbert SALLEGGER	St
	Sen. I	Einzel	Stefan SCHNEIDER	St
	Sen. II	Einzel	Firtz PISZECKER	B
Double Trap	Junioren	Einzel	Christian KEIMELMAYR	O
	Senioren	Einzel	Heinrich STRAUSS	N
Jagdparcours	Junioren	Einzel	Christian HADLER	N
	Veteranen	Einzel	Günter KUBERNAT	N
	Super Vet.	Einzel	Nader KAWAS	B
Compak Sporting	Junioren	Einzel	Christian MAYR	O
	Super Vet.	Einzel	Alois BISKUP	B
Trap FO	Junioren	Einzel	Roman STEIBL	N
	Senioren	Einzel	Heinrich STRAUSS	N
Trap FO jagdlich	Junioren	Einzel	Hubert ROSSMANN	St
	Senioren	Einzel	Heinrich STRAUSS	N
Trap FU	Junioren	Einzel	Christian KEIMELMAYR	O
	Senioren	Einzel	Heinrich STRAUSS	N
Trap FU jagdlich	Junioren	Einzel	Roman STEIBL	N
	Senioren	Einzel	Heinrich STRAUSS	N
Trap FA	Senioren	Einzel	Heinrich STRAUSS	N
Trap FA jagdlich	Junioren	Einzel	Roman STEIBL	N
	Senioren	Einzel	Walter STOCKREITHER	K
Skeet Olympisch	Junioren	Einzel	Johannes an der LAN	O
	Senioren	Einzel	Günter KUBERNAT	N
Skeet jagdlich	Junioren	Einzel	Daniel STOCKINGER	N
	Senioren	Einzel	Günther KUBERNAT	N

EUROPAMEISTERSCHAFTEN 1999

5.-12.9.1999, Poussan, FRA

Trap FO	3.	Philipp HOFBAUER	14 Länder	46 Teilnehmer
Skeet olympisch	13.	Josef ERBSCHWENDTNER	28 Länder	81 Teilnehmer

WELTCUP 1999

1.-2.5.1999, Zypern

Skeet olympisch	9.	Kurt FLASCH	32 Länder	99 Teilnehmer

Foto: privat

Mit neuem österreichischem Rekord erreichte Kurt Flasch beim ISSF-World Cup in Zypern den guten 9. Platz.

JUDO

ÖSTERREICHISCHER JUDOVERBAND (ÖJV)

gegründet 1948, 221 Vereine, 16.400 Mitglieder

1030 Wien, Wassergasse 26/5
Telefon 01 / 714 73 31, Fax 01 / 713 07 47
e-mail: oejv@asn.or.at; http://www.asn.or.at/oejv
Dienstzeiten: Montag - Donnerstag 8 - 17 Uhr, Freitag 8 - 14 Uhr

Präsident: Franz Haugeneder
4174 Niederwaldkirchen 90

Generalsekretär: Manfred Häusler, 4060 Leonding, Antoniweg 13

Offizielle Verbandszeitschrift: „Mattenpost", 4 mal jährlich

Mitglied der
International Judo Federation (IJF)
gegründet 1951, 176 Länder

c/o Dr. Hedi Dhouib, BP 401 Sidi Bou Said, 2026 Tunis, Tunesien

und der
Union Européenne de Judo (EJU)
gegründet 1934 bzw. 1949, 50 Länder

BEL-1050 Brüssel, Rue General Thys 12

JIU-JITSU

柔術

Mitglied des ÖJV als selbständiger Verband

JIU-JITSU-VERBAND ÖSTERREICH (JJVÖ)

Fachverband für waffenlose Selbstverteidigung, gegründet 1964
44 Vereine, 1.742 Mitglieder

1210 Wien, Prager Straße 20, Telefon und Fax 01 / 707 89 42
Dienstzeit: Freitag von 19 - 21 Uhr

Präsident: Kurt Landsmann
1210 Wien, Rußbergstraße 11/5/4

Geschäftsführender Vizepräsident: Erich Ebetshuber
2320 Schwechat-Rannersdorf, Deimgasse 36

Mitglied der
Ju-Jitsu European Union (JJEU)

Präsident: Dr. Luis Bagueña Salvador, Hortaleza 108, 28004 Madrid, Spanien

und der
Ju-Jitsu International Federation (JJIF)

Präsident: Dr. Rinaldo Orlandi, Via Bellini 40, 20052 Monza (Mi), Italien

Österreichs Vertreter
Erich Ebetshuber ist Vizepräsident der JJEU.

Judo

Bei der Junioren-EM und bei den Olympischen Jugendtagen zeigte das verstärkte Engagement im Nachwuchsbereich erste Erfolge. Nach dem Ausscheiden von Mag. Vojko Gavrilovic und Frank Friedrich übernahm Hubert Rohrauer den Bereich Leistungssport Frauen und Männer und Taro Netzer den Bereich Jugend.

Bei den heurigen Weltmeisterschaften wurden die sportlichen Erwartungen nicht erfüllt, lediglich Patrick Reiter konnte mit seinem 7. Rang einen Olympia-Quotenplatz für Österreich sichern.

Jiu-Jitsu

Das Sportjahr 1999 brachte bei der EM in Leeds (GBR) nicht die gewünschten Erfolge, zufriedenstellend waren nur die Platzierungen von Marion Tremel und Daniel Hofmann, sowie von Gerhard Ableidinger.

ÖSTERREICHISCHE STAATSMEISTER 1999

Judo

Frauen

-48 kg	**Michaela REICHEL**	W
-52 kg	**Sabrina FILZMOSER**	O
-57 kg	**Manuela TRUDENBERGER**	O
-63 kg	**Sigrid HUBER**	S
-70 kg	**Valerie KRUMPL**	K
-78 kg	**Christine DORFINGER**	S
+78 kg	**Sonja HIERMANN**	O
Staatsliga Mannschaft	**SV Raika Straßwalchen**	S

Männer

-60 kg	**Roland STEGMÜLLER**	S
-66 kg	**Andreas MITTERFELLNER**	St
-73 kg	**Marco LAMPRECHT**	S
-81 kg	**Axel EGGENFELLNER**	O
-90 kg	**Rupert RIESS**	S
-100 kg	**Helmut KENDLER**	S
+100 kg	**Eric KRIEGER**	N
Staatsliga Mannschaft	**ESV HYPO San jin do Bischofshofen**	S

Jiu Jitsu

Frauen

-52 kg	**Petra SCHÖNBRUNN**	N
-56 kg	**Marion TREMEL**	W
-60 kg	**Petra GASSELICH**	N
-65 kg	**Petra GASSELICH**	N

Männer

-56 kg	**Richard FLORL**	N
-62 kg	**Harald SCHLERITZKO**	N
-68 kg	**Gerhard ABLEIDINGER**	N
-74 kg	**Ferdinand FUHRMANN** ex	B
aequo mit	**Gerhard ABLEIDINGER**	W
-80 kg	**Ferdinand FUHRMANN**	B
-86 kg	**René RIESNER**	N
-92 kg	**René RIESNER**	N
+92 kg	**Thomas GANSELMAYER**	N

ÖSTERREICHISCHE MEISTER 1999

Judo

Männer Nationalliga	ASK Salzburg	S

Frauen U 20

-44 kg	Bianca KAMBERGER	O
-48 kg	Eva GRÜNSTEIDL	S
-52 kg	Melanie SCHUCHTER	T
-57 kg	Christine FÜREDER	O
-63 kg	Marika ORTNER	S
-70 kg	Valerie KRUMPL	K
-78 kg	Birgit KALCH	St
+78 kg	Barbara WEISS	W

Männer U 20

-55 kg	Ludwig PAISCHER	S
-60 kg	Hans Peter STRUBREITER	O
-66 kg	Andreas MITTERFELLNER	St
-73 kg	Martin STUMP	W
-81 kg	Stefan HARTINGER	S
-90 kg	Rupert RIESS	S
-100 kg	Martin BERTAGNOLI	St

Frauen U 18

-44 kg	Marion BERER	S
-48 kg	Sabrina BINDER	St
-52 kg	Stephanie LOCHER	W
-57 kg	Hilde DREXLER	W
-63 kg	Barbara HOCHRADL	O
-70 kg	Sali PAMPALK	W
+70 kg	Marianne MORAWEK	O

Männer U 18

-45 kg	Johannes ZILLER	T
-50 kg	Simon TAUBER	T
-55 kg	Florian STÖGER	W
-60 kg	Can TOPALOGLU	W
-66 kg	Rene SCHAUBMAYR	O
-73 kg	Florian RINNERTHALER	S
-81 kg	Ludwig ORGLER	S
-90 kg	Hermann WACHTER	V
+90 kg	Hannes TROPPER	St

Frauen U 15

-36 kg	Bianka RECHBERGER	O
-40 kg	Patricia LANGREITER	S
-44 kg	Doris WASHÜTTL	N
-48 kg	Evelyn PROBST	S
-52 kg	Angelika SCHWEIGHART	St
-57 kg	Ramona HOFER	O
+57 kg	Isabella HARTINGER	St

Männer U 15

-36 kg	Harald WALCH	O
-40 kg	Bernhard MAYR	S
-45 kg	Stefan RIBISCH	S
-50 kg	Gregor BRANDTNER	O
-55 kg	Boris GEHRER	V
-60 kg	Christian HOFBAUER	S
-66 kg	Richard WEISS	O
+66 kg	Simon SCHWEINBERGER	T

Kata Allgemeine Klasse

	Iris MAIR/Erwin STARKL	W/N

Jiu-Jitsu

Junioren

weibl -48 kg	Katharina KRIZSANITS	N
männl.-55 kg	Oliver HAIDER	N
-70 kg	Franz KEINDL	W
-75 kg	Franz KEINDL	W
-85 kg	Andreas CSERNUSKA	W

Schüler A

weibl. -48 kg	Claudia CEKADA	N
-56 kg	Veronika HANTICH	N
männl.-44 kg	Manuel GASSELICH	N
-56 kg	Oliver HAIDER	N
-60 kg	Matthias GASTGEB	W
+70 kg	Franz KEINDL	W

Schüler B

weibl. -33 kg	Monika HORVATH	B
-36 kg	Melanie MÜLLER	N
-42 kg	Corina CEKADA	N
-46 kg	Corina CEKADA	N
männl.-36 kg	Patrik RAMEDER	N
-39 kg	Philipp GÄRTNER	W
-46 kg	Thomas NEMETH	W
-50 kg	Matthias HANSI	N
-60 kg	Claudius VLASAK	N

Schüler C

weibl. -25kg	Jaqueline PONECZ	N
-28 kg	Venessa PODIWINSKY	N
-31 kg	Sissy FLADERER	N
-34 kg	Katrin MAYER	N
-37 kg	Bettina PROHACZKA	N
-40 kg	Julia HERGLOTZ	N
-45 kg	Margit GASSELICH	N
männl.-25 kg	Raphael PETSCHNIGG	N
-28 kg	Dominik GÄRTNER	W
-31 kg	Bernd BARANYAI	B
-34 kg	Toni FUCHS	N
-37 kg	Manuel SEIS	N
-40 kg	Leopold ZEINER	N
-45 kg	Lukas TOMSIC	N

Foto: ÖJV
Andreas Mitterfellner gehört zum hoffnungsvollen Nachwuchs des neuen Verantwortlichen für den „Leistungssport“, Hubert Rohrauer.

EUROPAMEISTERSCHAFTEN 1999

Judo, 17.-22.11.1999, Rom, ITA

Junioren	- 100 kg	3. Patrick RUSCH	16 Länder	16 Teilnehmer
	- 66 kg	3. Andreas MITTERFELLNER	29 Länder	29 Teilnehmer
Juniorinnen	- 52 kg	2. Sabrina FILZMOSER	23 Länder	23 Teilnehmer

Jiu Jitsu, 27.-28.11.1999, Leeds, GBR

Allg. Klasse	Duo Mix	2. Marion TREMEL/ Daniel HOFMANN	11 Länder	11 Mannschaften
	Fighting - 69 kg	5. Gerhard ABLEIDINGER	12 Länder	12 Teilnehmer

MILITÄR-WELTMEISTERSCHAFTEN 1999

Judo, 9.8. - 14.8.1999, Zagreb, CRO

Allg. Klasse

Frauen	- 52 kg	2. Sabrina FILZMOSER	8 Länder	8 Teilnehmer
Männer	- 60 kg	2. Roland STEGMÜLLER	23 Länder	23 Teilnehmer
	- 81 kg	3. Patrick REITER	24 Länder	24 Teilnehmer
	- 90 kg	2. Roman JAHODA	27 Länder	27 Teilnehmer

OLYMPIC YOUTH DAYS

Judo, 10.-16.7.1999, Esbjerg, DEN

Juniorinnen	- 52 kg	2. Stephanie LOCHER	18 Länder	18 Teilnehmer
	- 57 kg	**1. Hilde DREXLER**	18 Länder	18 Teilnehmer

Foto: JJVÖ
Marion Tremmel und Daniel Hofmann zeigen die Variation eines Handwurfes. Bei der EM gewannen sie im Duo-Mix-Bewerb Silber.

ÖSTERREICHISCHER KANUVERBAND (OKV)

gegründet 1946, 57 Vereine, 4.263 Mitglieder

1090 Wien, Berggasse 16
Telefon 01 / 317 92 03, Fax 01 / 310 39 90
e-mail: okv@asn.or.at; http://www.asn.or.at/okv
Dienstzeiten: Montag-Freitag 9 - 12 Uhr und 14 - 17 Uhr

Präsident: Walter Aumayr, 5280 Braunau, Gießereistraße 8
Telefon 07722 / 81 600, Fax 07722 / 82 600
e-mail: kanuaumayr@hotmail.com

Sekretärin: Sabine Hauser

Verbandszeitschrift: "Österreichs Kanusport", viermal jährlich
Für den Inhalt verantwortlich: Günter J. Goldbach,
6020 Innsbruck, Gumppstraße 21a, Telefon 0664 / 422 86 32

Mitglied der
International Canoe Federation (ICF)
gegründet 1924, 107 Länder
Dozsa György út ut 13, H-1143 Budapest, Ungarn, Telefon 00 36 / 1 / 363 48 32, Fax 00 36 / 1 / 221 41 30

Mitglied der
European Canoe Association (ECA)

gegründet: 1993 in Rom, 43 Länder
c/o C.O.N.I. Foro Italico, 00194 Roma, Italien
Telefon 00 39 / 6 / 36 85 82 15

Die Zielsetzung, Quotenplätze für Sydney zu erreichen, konnte von unseren Sportlern fast vollständig umgesetzt werden. Von fünf möglichen Plätzen wurden vier erreicht.

Im Kanu-Slalom waren bei sämtlichen WC-Rennen und der WM unsere beiden Spitzensportler Helmut Oblinger und Manuel Köhler unter den ersten vier platziert. Beim Weltcupfinale, zugleich Olympiageneralprobe für Sydney, kam Oblinger auf Platz 3 und 5. Da beide die Quotenplätze erreicht haben, können sie sich ohne Qualifikationsdruck optimal für Sydney vorbereiten. Den dritten Quotenplatz erreichte Violetta Peters im Kanu-Slalom.

Im Flachwasser schaffte Uschi Profanter bei der WM in Mailand über 500m souverän den Quotenplatz. Auch sie zählt mit ihrer Leistung zu den Medaillenhoffnungen. Trotz des guten Saisonstarts konnte unser K2 mit Roman Stützund Wolfgang Wimmer als einziges Boot den Quotenplatz nicht erreichen.

ÖSTERREICHISCHE STAATSMEISTER 1999

Marathon

Damen	K 1		**Julia VOTTER**	W
Herren	K 1		**Wolfgang HÖCHTL**	O
	K 2		**Wolfgang HÖCHTL/Markus STOLLNBERGER**	O

Rennsport

Damen	K 1	1.000 m	**Uschi PROFANTER**	St
		200 m	**Uschi PROFANTER**	St
		500 m	**Uschi PROFANTER**	St
	K 2	1.000 m	**Petra SCHLITZER/Eva DULLNIG**	K
		200 m	**Petra SCHLITZER/Eva DULLNIG**	K
		500 m	**Petra SCHLITZER/Eva DULLNIG**	K
	K 4	200 m	**Karin TSCHANY/Carina BICHLER/ Margot FLOSS/Ursula TSCHANY**	O
		500 m	**Karin TSCHANY/Carina BICHLER/ Margot FLOSS/Ursula TSCHANY**	O
Herren	C 1	200 m	**Gregor SCHOBESBERGER**	O
		500 m	**Gregor SCHOBESBERGER**	O
		1.000 m	**Gregor SCHOBESBERGER**	O

	K 1	200 m	**Alexander STARK**	O
		500 m	**Roman STÜTZ**	O
		1.000 m	**Roman STÜTZ**	O
	C 2	200 m	**Gregor REINDL/Gregor SCHOBESBERGER**	O
		500 m	**Gregor REINDL/Gregor SCHOBESBERGER**	O
	K 2	200 m	**Roman STÜTZ/Wolfgang WIMMER**	O
		500 m	**Roman STÜTZ/Wolfgang WIMMER**	O
		1.000 m	**Roman STÜTZ/Wolfgang WIMMER**	O
	K 4	200 m	**Jürgen PICHLER/Wolfgang WIMMER/ Daniel JANISCH/Andreas KROISS**	O
		500 m	**Jürgen PICHLER/Wolfgang WIMMER/ Daniel JANISCH/Andreas KROISS**	O
		1.000 m	**Jürgen PICHLER/Wolfgang WIMMER/ Daniel JANISCH/Andreas KROISS**	O
Slalom				
Damen	K 1	Einzel	**Violetta PETERS**	O
Herren		Einzel	**Manuel KÖHLER**	St
		Mannschaft	**Helmut OBLINGER/Violetta PETERS/ Steffen HOCHFELLNER**	O
WW Regatta				
Damen	K 1	Einzel	**Petra SCHLITZER**	K
Herren		Einzel	**Manuel KÖHLER**	St
		Mannschaft	**Werner STEINWENDTNER/ Werner HAIBERGER/Martin HILLBRAND**	O

ÖSTERREICHISCHE MEISTER 1999

Marathon

Damen		K 2		Elisabeth BOSINA/Julia VOTTER	W

Rennsport

Junioren	männl.	K1	200 m	Jürgen PICHLER	O
			500 m	David KÖNIGSHOFER	O
			1000 m	Jürgen PICHLER	O
		K2	200 m	Bernhard SCHWARZ/Christian ENDL	O
			500 m	David KÖNIGSHOFER/Christian ENDL	O
			1000 m	David KÖNIGSHOFER/Christian ENDL	O
Jugend	weibl.	K1	200 m	Carina BICHLER	O
			500 m	Carina BICHLER	O
	männl.	K1	200 m	Bernhard SCHWARZ	O
			500 m	Christian ENDL	O
			1000 m	Christian ENDL	O
		K2	200 m	Bernhard SCHWARZ/Christian ENDL	O
			500 m	Bernhard SCHWARZ/Christian ENDL	O
			1000 m	Bernhard SCHWARZ/Christian ENDL	O
Schüler A	weibl.	K1	200 m	Michaela SCHLÖGLMANN	O
			500 m	Michaela SCHLÖGLMANN	O
		K2	200 m	SCHWARZ/KOCHER	O
			500 m	SCHWARZ/KOCHER	O
		K4	200 m	SCHLÖGLMANN/PICHLER /PROYER/SCHLÖGLMANN	O
		K4	500 m	SCHLÖGLMANN/PICHLER/PROYER/LACKNER	O
	männl.	K1	200 m	Jürgen WOLFRAM	W
			500 m	Jürgen WOLFRAM	W

		K2	200 m	PFEIL/GASSELSBERGER	O
			500 m	PFEIL/GASSELSBERGER	O
Schüler B	weibl.	K1	200 m	Carina LACKNER	O
			500 m	Carina LACKNER	O
		K2	200 m	Carina LACKNER/Michaela SCHLÖGLMANN	O
			500 m	Carina LACKNER/Michaela SCHLÖGLMANN	O
	männl.	K1	200 m	Armin WOLFRAM	W
			500 m	Armin WOLFRAM	W
Kinderboot	weibl.	K1	200 m	Sandra MOISL	O
			500 m	Julia MÜLLNER	O
	männl.	K1	200 m	Tobias HAUSER	O
			500 m	Tobias HAUSER	O

WELTMEISTERSCHAFTEN 1999

Slalom, 10.-13.9.1999, La Seu d'Urgell, ESP

Herren	Slalom	2. Manuel KÖHLER	38 Länder	113 Teilnehmer

Flachwasser, 27.-29.8.1999, Mailand, ITA

Damen	1000 m	4. Uschi PROFANTER	20 Länder	20 Teilnehmerinnen
	500 m	5. Uschi PROFANTER	30 Länder	30 Teilnehmerinnen

WELTCUP 1999 und WELTRANGLISTE

Wildwasser	Damen	4. Petra SCHLITZER	10 Länder	23 Teilnehmer
	Herren	4. Helmut OBLINGER	42 Länder	148 Teilnehmer
		5. Manuel KÖHLER		

Foto: LOLA
Helmut Oblinger, Vierter der Weltrangliste, kann sich ohne Qualifikationsdruck auf die Olympischen Spiele in Sydney vorbereiten.

KARATE

ÖSTERREICHISCHER KARATE-BUND (ÖKB)

gegründet 1965, 116 Vereine, 8.646 Mitglieder
1100 Wien, Kiurinagasse 18/1
Telefon und Fax: 01/ 617 17 10

Verbands-Sekretariat: Marianne Keller,
3100 St. Pölten, Bimbo-Binder-Promenade 5
Tel. / Fax 02742 / 258 794
e-mail: oekb@karate-austria.at

Präsident: Dkfm. Mag. Gustav Ulreich, p.A. Österr. Karate-Bund

Schriftführer: Johann Reifberger
Himmelreichstraße 30, A-5071 Wals
Telefon: 0662 / 85 29 38

Mitglied der
European Karate Federation (EKF)
gegründet 1964 (als European Karate Union = EKU), 49 Länder
22 Calle Princesa 4° der.
28008 Madrid, Spanien

und der
European Shotokan Karate Association (ESKA)
gegründet 1986, 30 Länder
Voskenslaan 228/3, B-9000 Gent, Belgien

Weltverbände
World Karate Federation (WKF)
gegründet 1970 (als World Union of Karate Organisations - WUKO),
derzeit 164 Länder
22 Calle Princesa 4° der. 28008 Madrid, Spanien

Mitglied der
World Shotokan Karate Association (WSKA)
gegründet 1990, 48 Länder
Voskenslaan 228/3, B-9000 Gent, Belgien

Mit der Gründung einer Karate-Akademie wurde eine Aus- und Fortbildungseinrichtung bzw. Servicestelle für Sportler, Trainer, Kampfrichter, Funktionäre und Interessenten aller Art geschaffen. Durch die Einrichtung eines eigenen Verbandssekretariats können nun administrative Belange rascher und effizienter abgewickelt werden.

Die neu gegründete Medizinische Kommission unter Verbandsarzt Dr. Thomas Hausner hat erstmals ein spezielles Medizinisches Reglement und einen "Leitfaden für Mattenärzte" entwickelt.

ÖSTERREICHISCHE STAATSMEISTER 1999

Frauen	Kata	Einzel		**Doris GWINNER**	N
		Mannschaft		**Marianne KELLNER/ Doris GWINNER/Petra HOLLAUS**	N
	Kumite	Einzel	- 53 kg	**Ursula INZINGER**	O
		Einzel	- 60 kg	**Kathrin KRAL**	N
		Einzel	+ 60 kg	**Karina GANSCH**	N
		Einzel Allkategorie		**Elisabeth FUCHS**	St
Männer	Kata	Einzel		**Konstantin JORDANIDIS**	O
		Mannschaft		**Ewald ROTH/Stefan MAYR/ Konstantin JORDANIDIS**	O
	Kumite	Einzel	- 60 kg	**Michael HEMETSBERGER**	S
		Einzel	- 65 kg	**Dragan LEILER**	V
		Einzel	- 70 kg	**Martin SZLAMA**	W
		Einzel	- 75 kg	**Daniel DEVIGILI**	V
		Einzel	- 80 kg	**Bernd HOLPER**	W
		Einzel	+ 80 kg	**Peter BIRBAUMER**	N
		Einzel Allkategorie		**Georg PETERMANN**	W

ÖSTERREICHISCHE MEISTER 1999

Juniorinnen	Kata	Einzel			Anita RESCH	S
	Kumite	Open			Katrin KRAL	W
Junioren	Kata	Einzel			Oliver PRITZ	V
	Kumite		- 65 kg		Gerald ORTHOFER-KÖNIG	St
			- 70 kg		Martin GLANZ	N
			- 75 kg		Roland BREITENEDER	O
			+ 75 kg		Florian RAGER	S
Jugend	Kata	weibl.			Tanja DIENDORFER	N
		männl.			Jürgen PRITZ	V
	Kumite	weibl.	Open		Eva FRIESENHAHN	B
		männl.	- 60 kg		Jürgen PRITZ	V
			- 70 kg		Christian LOACKER	V
			+70 kg		Jean Marc MAYER	V
Mädchen	Kata	Einzel	Kinder 1		Sarah HOLZER	V
			Kinder 2		Lisa GESSWAGNER	O
			Schüler		Andrea RAMEIS	N
		Mannschaft	Kinder 1		Union Rohrbach/Berg	O
			Schüler		UKC Zen Ta Ryu St. Pölten	N
	Kumite	Einzel	Kinder 2		Natascha ABERER	V
			Kinder 1	-150 cm	Rebecca KECK	V
			Kinder 1	+150 cm	Michaela SCHINWALD	S
			Schüler	-165 cm	Viktoria SELINSCHEK	V
			Schüler	+165 cm	Sarah CONTRATTI	V
Knaben	Kata	Einzel	Kinder 1		Michael JODANIDIS	V
			Kinder 2		Robert ALEXANDROFF	V
			Schüler		Oliver DIENDORFER	N
		Mannschaft	Kinder 1		Union Grießkirchen	O
			Schüler		KC Lustenau	V
	Kumite	Einzel	Kinder 1	-150 cm	Said MURATOVIC	S
			Kinder 1	+150 cm	Manuel JORDANIDIS	V
			Kinder 2	-141 cm	Johannes VOGL	O
			Kinder 2	+141 cm	Michael TURSCHER	V
			Schüler	-160 cm	Christian PURTSCHER	V
			Schüler	+160 cm	Oliver DIENDORFER	N

EUROPAMEISTERSCHAFTEN 1999

12.-14.2.1999, Oviedo, ESP

Jugend weiblich	Kata	3. Tanja DIENDORFER	16 Länder	16 Teilnehmer

AUSTRIAN OPEN

17.-18.10.1999, Fürstenfeld, AUT

Damen	Kata	Einzel	**1. Doris GWINNER**	11 Länder	18 Teilnehmer
			2. Tanja DIENDORFER	11 Länder	18 Teilnehmer
	Kumite	+ 60 kg	**1. Karina GANSCH**	5 Länder	10 Teilnehmer
			2. Elisabeth FUCHS	5 Länder	10 Teilnehmer
		- 60 kg	3. Angela WOBER	6 Länder	12 Teilnehmer
Herren	Kumite	- 70 kg	2. Ruslan SCHTILMANN	5 Länder	12 Teilnehmer
		+ 80 kg	2. Günther STANGL	11 Länder	28 Teilnehmer
		- 65 kg	2. Nedzad PEKOVITS	6 Länder	14 Teilnehmer
		- 70 kg	3. Heimo SABATH	5 Länder	12 Teilnehmer

KICKBOXEN

ÖSTERREICHISCHER BUNDESFACHVERBAND FÜR KICKBOXEN (ÖBFK)

gegründet 1976, 63 Vereine, 3.486 Mitglieder

8020 Graz, Heimgartenweg 26
Telefon 0316 / 58 59 80, Fax 0316 / 58 56 05
e-mail: kickboxen@utanet.at
Dienstzeiten: Montag - Donnerstag 10 - 14 Uhr

Präsident: Peter Land, p.A. Österr. Bundesfachverband für Kickboxen

Offizielle Verbandszeitschrift: "Liebe Sportkameraden!", erscheint monatlich

Mitglied der
International Amateur Kickboxing Sport Association (IAKSA)
68 Länder

A-8020 Graz, Heimgartenweg 26

Österreichs Vertreter
Peter Land ist 1. Vizepräsident und Generalsekretär der IAKSA.
Dr. Reinhard Guschlbauer ist Vorsitzender der Ärztekommission,
Mag. Nikolaus Gstättner Vorsitzender der Juristischen Kommission,
Kurt Ansperger Vorsitzender der Schiedsrichterkommission der IAKSA.

Bei der Amateur-WM 1999 in Madrid (ESP) konnte Österreich sensationell den 1. Platz in der Nationenwertung erkämpfen. Dieser Triumph der Österreichischen Athleten ist zugleich der mit Abstand größte Erfolg in unserer 23jährigen Verbandsgeschichte bei Weltmeisterschaften. Österreich ist nun sensationell Erster im ewigen Medaillenspiegel aller 12 Weltmeisterschaften, wobei 51 Nationen aus allen Kontinenten bisher bei Weltmeisterschaften Medaillen gewinnen konnten. Richard Klima konnte bei der WM 1999 als erster Kickboxsportler einen 4. Weltmeistertitel erringen!
Im ÖBFK führt seit heuer Frau Andrea Pusset hauptberuflich das Sekretariat.

ÖSTERREICHISCHE STAATSMEISTER 1999

Leichtkontakt				
Damen	Leichtgewicht	-55 kg	**Beatrix HÜTTER**	St
	Mittelgewicht	-65 kg	**Martina KISS**	T
	Schwergewicht	+65 kg	**Helene BÖHM**	W
Herren	Leichtgewicht	-60 kg	**Armin HARB**	St
	Weltergewicht	-67 kg	**Christian LEITNER**	S
	Halbmittelgewicht	-71 kg	**Martin SABITH**	K
	Mittelgewicht	-75 kg	**Bernhard SUSSITZ**	K
	Halbschwergewicht	-81 kg	**Rainer GERDENITSCH**	B
	Schwergewicht	-91 kg	**Marcus PRÜGGER**	St
	Superschwergewicht	+91 kg	**Robert KRUCKENHAUSER**	T
Semikontakt				
Damen	Leichtgewicht	-55 kg	**Beatrix HÜTTER**	St
	Mittelgewicht	-65 kg	**Bianca PFAHRINGER**	T
	Schwergewicht	+65 kg	**Martina KISS**	T
Herren	Leichtgewicht	-60 kg	**Armin HARB**	St
	Weltergewicht	-67 kg	**Christian LEITNER**	S
	Halbmittelgewicht	-71 kg	**Ivan KULEV**	O
	Mittelgewicht	-75 kg	**Richard KLIMA**	St
	Halbschwergewicht	-81 kg	**Norbert HOTTER**	T
	Schwergewicht	-91 kg	**Rudolf SCHMIDT**	St
	Superschwergewicht	+91 kg	**Heinz SCHMIDT**	St
Vollkontakt				
Herren	Leichtgewicht	-60 kg	**Armin HARB**	St
	Halbweltergewicht	-63,5 kg	**Christian PEHERSTORFER**	W

	Weltergewicht	-67 kg	**Reinhard WORLITSCHEK**	W
	Halbmittelgewicht	-71 kg	**Thomas VORLAUFER**	W
	Mittelgewicht	-75 kg	**Markus DI GALLO**	W
	Halbschwergewicht	-81 kg	**Rainer GERDENITSCH**	W
	Schwergewicht	-91 kg	**Marcus PRÜGGER**	St
	Superschwergewicht	+91 kg	**Robert KRUCKENHAUSER**	T

ÖSTERREICHISCHE MEISTER 1999

Leichtkontakt

Junioren	weibl.	-55 kg	Jasmin KÖPPEL	St
	männl.	-60 kg	Daniel ARNEITZ	K
		-63,5 kg	Andreas STEINBAUER	St
		-67 kg	Alexander BOZIC	W
		-71 kg	Martin GÖTZINGER	B
		-75 kg	Michael GERDENITSCH	B
		-81 kg	Patrick GERDENITSCH	B
		+81 kg	Peter Oliver ERTL	St
Jugend	weibl.	+55 kg	Jasmin KÖPPEL	St
	männl.	-60 kg	Gerhard STRAMETZ	St
		-65 kg	Alexander KRAINZ	St
		-70 kg	Jürgen HUBER	St
		-75 kg	Thomas WAHA	St
		-80 kg	Peter Oliver ERTL	St

Semikontakt

Junioren	weibl.	-55 kg	Jasmin KÖPPEL	St
	männl.	-60 kg	Andreas TAUSCHMANN	St
		-63,5 kg	Andreas STEINBAUER	St
		-67 kg	Philip WALTHER	W
		-71 kg	Martin GÖTZINGER	B
		-75 kg	Michael GERDENITSCH	B
		-81 kg	Patrick GERDENITSCH	B
		+81 kg	Peter Oliver ERTL	St
Jugend	weibl.	-55 kg	Tanja GRILLITSCH	T
		+55 kg	Kathrin BERGER	T
	männl.	-55 kg	Robert HÖGLER	S
		-60 kg	Markus SCHMALZRIED	T
		-65 kg	Karl-Heinz STEINBAUER	St
		-70 kg	Jürgen HUBER	St
		-75 kg	Bernhard MOSER	St
		+80 kg	Peter Oliver ERTL	St
Schüler	weibl.	-40 kg	Christine GRÖSSNIG	St
		-50 kg	Elke GOMBOCZ	St
		+50 kg	Emine WIDMOSER	T
	männl.	-35 kg	Mario GOVEDITSCH	St
		-40 kg	Clemens GRAF	St
		-45 kg	Bernhard FUCHS	T
		-52 kg	Jochen FUCHS	St
		-60 kg	Gerhard STRAMETZ	St
		-68 kg	Patrick MOSSBURGER	T

WELTMEISTERSCHAFTEN 1999

1.-3.10.1999, Madrid, ESP

Leichtkontakt

Frauen	-55 kg	**1. Beatrix HÜTTER**	9 Länder	9 Teilnehmerinnen
	-65 kg	**1. Martina KISS**	11 Länder	11 Teilnehmerinnen
	+65 kg	3. Helene BÖHM	4 Länder	4 Teilnehmerinnen
Männer	-60 kg	2. Armin HARB	10 Länder	10 Teilnehmer
	-67 kg	**1. Mario KRAKOLINIG**	12 Länder	12 Teilnehmer
	-71 kg	2. Martin SABITH	13 Länder	14 Teilnehmer
	-75 kg	**1. Bernhard SUSSITZ**	15 Länder	15 Teilnehmer
	-81 kg	2. Rainer GERDENITSCH	12 Länder	12 Teilnehmer
	+91 kg	2. Robert KRUCKENHAUSER	12 Länder	12 Teilnehmer

Semikontakt

Frauen	-65 kg	2. Bianca PFAHRINGER	11 Länder	11 Teilnehmerinnen
Männer	-67 kg	2. Christian LEITNER	17 Länder	17 Teilnehmer
	-71 kg	**1. Ivan KULEV**	15 Länder	15 Teilnehmer
	-75 kg	**1. Richard KLIMA**	15 Länder	15 Teilnehmer
	-81 kg	3. Norbert HOTTER	13 Länder	13 Teilnehmer
	+91 kg	**1. Günther WENINGER**	11 Länder	11 Teilnehmer

Vollkontakt

Männer	-81 kg	2. Gerald ZIMMERMANN	9 Länder	10 Teilnehmer

Foto: ÖBFK

ÖOC-Präsident Dr. Wallner im Kreis Österreichs erfolgreicher Kickbox-SportlerInnen. Sie alle würden gerne auch bei Olympia antreten können.

KRAFT-DREIKAMPF

ÖSTERREICHISCHER VERBAND FÜR KRAFTDREIKAMPF (ÖVK)

gegründet 1983, 70 Vereine, 2.724 Mitglieder

1190 Wien, Krottenbachstraße 16, c/o Norbert Wallauch
Telefon 01 / 369 99 81 (privat), 0676 / 536 00 12 (Handy) oder
01 / 263 34 50 (Studio), Fax 01 / 26 38 666

Präsident: Norbert Wallauch, p.A. Österr. Verband für Kraftdreikampf

Offizielle Verbandszeitung: Mitteilungsblatt „ÖVK aktuell".

Mitglied der
International Powerlifting Federation (IPF)
gegründet 1972, 84 Länder

c/o Heiner Köberich, General Secretary, Amselweg 3
D-64572 Klein Gerau, Deutschland

Österreichs Vertreter
Norbert Wallauch ist Präsident der IPF.

Als „Jahr der Frau" wird 1999 in die Geschichte des österreichischen Kraftdreikampfsports eingehen: So sicherte sich die Salzburger Bankdrückspezialistin Claudia Wernig in einem eindrucksvollen Durchmarsch den Staats-, dann den Europa- und knapp vor Jahresende auch noch den Weltmeistertitel in der Klasse -75 kg. Darüber hinaus gab es auch noch Medaillen durch Marion Braun und durch die Seniorinnen Beer, Cunat, Mc Swain und Wang. Bei den Herren kündigte sich eine Wachablöse an. Die einzigen international konkurrenzfähigen Athleten sind Jürgen Nemeth sowie Leopold Krendl.

Dass Österreichs Kraftdreikampf aber auch auf organisatorischer Ebene einen hohen Stellenwert hat, zeigte sich beim Kongress des Weltverbandes IPF Mitte November in Trento, Italien, wo Norbert Wallauch mit großer Mehrheit zum neuen Präsidenten gewählt wurde. Hauptziel seiner vierjährigen Amtsperiode ist die olympische Anerkennung des Kraftdreikampfes.

ÖSTERREICHISCHE STAATSMEISTER 1999

Bankdrücken

Frauen

-52 kg	**Dagmar WANG**	W
- 56 kg	**Sandra KREBS**	W
- 67,5 kg	**Karin KAMENAR**	O
- 75 kg	**Claudia WERNIG**	S
-82,5 kg	**Rosemarie BEER**	O

Männer

- 56 kg	**Markus CECON**	O
- 67,5 kg	**Peter MUIGG**	T
- 75 kg	**Peter PODUSCHKA**	St
- 82,5 kg	**Ing. Michael WEGERER**	N
- 90 kg	**Peter LÜFTINGER**	S
- 100 kg	**Mag. Johannes MÜLLER**	S
- 110 kg	**Gerhard SCHEUTZ**	S
-125 kg	**Christian STRAKA**	W

Kraftdreikampf

Frauen

- 52 kg	**Dagmar WANG**	W
- 75 kg	**Rosemarie BEER**	O
- 90 kg	**Erika WAGNER**	S

Männer

- 56 kg	**Jürgen NEMETH**	W
- 75 kg	**Gerhard GROSSBECK**	O
- 82,5 kg	**Christian PETRISCHOR**	S
- 90 kg	**Richard SINGER**	T
- 100 kg	**Bernhard GEROLD**	S
- 110 kg	**Michael KUNZ**	W
+ 125 kg	**Leopold KRENDL**	W

ÖSTERREICHISCHE MEISTER 1999

Bankdrücken

Frauen

-44 kg	Margit WANKO	W
-60 kg	Susanna CUNAT	W
Mannschaft	KSC Polybau Donaupark	W

Kraftdreikampf

Frauen

-56 kg	Edith FENZL	N
-60 kg	Sabine ZANGERLE	T
-67,5 kg	Manuela KRUGLUGER	St
-82,5 kg	Claudia NAROVNIGG	O

Bankdrücken
Männer

-52 kg	Josef FENZL	N
-60 kg	Arkin EROL	O
+125 kg	Leopold KRENDL	W
Mannschaft	AK ASVÖ Salzburg	S

Kraftdreikampf
Männer

-52 kg	Albert SPEISER	N
-60 kg	Josef FENZL	N
-67,5 kg	Peter PFLAUM	S
-125 kg	Mario STERKL	N
Mannschaft	AK ASVÖ Salzburg	S

WELTMEISTERSCHAFTEN 1999

Bankdrücken, 10.-12.12.1999, Vaasa, FIN

Frauen	-52 kg	4. Marion BRAUN	4 Länder	6 Teilnehmerinnen
	-56 kg	6. Sandra KREBS	8 Länder	9 Teilnehmerinnen
	-75 kg	**1. Claudia WERNIG**	5 Länder	6 Teilnehmerinnen
	-82,5 kg	6. Claudia NAROVNIGG	10 Länder	12 Teilnehmerinnen
Versehrte	-75 kg	2. Gerhard LEIERZOPF	2 Länder	2 Teilnehmer
	-100 kg	3. Michel ROELOFS	4 Länder	4 Teilnehmer
	+100 kg	2. Werner FRIEDL	7 Länder	8 Teilnehmer

Kraftdreikampf
19.-23.10.1999, Sun City, RSA

Seniorinnen	-52 kg	Sen. I	2. Dagmar WANG	8 Länder	10 Teilnehmerinnen
	+67,5 kg	Sen. I	2. Rosemarie BEER	5 Länder	7 Teilnehmerinnen
Punktewertung		Sen. II	2. Dagmar WANG	5 Länder	6 Teilnehmerinnen
			3. Rosemarie BEER	5 Länder	6 Teilnehmerinnen
Senioren	-90 kg	Sen. I	5. Karl DOBRANSKY	10 Länder	11 Teilnehmer
	-125 kg	Sen. I	2. Leopold KRENDL	9 Länder	10 Teilnehmer

16.-21.11.1999, Trento, ITA

Männer	-56 kg	5. Jürgen NEMETH	10 Länder	11 Teilnehmer

EUROPAMEISTERSCHAFTEN 1999

Bankdrücken
6.-8.8.1999, Györ, HUN

Frauen	-44 kg	5. Margit WANKO	5 Länder	5 Teilnehmerinnen
	-52 kg	2. Marion BRAUN	6 Länder	6 Teilnehmerinnen
	-56 kg	4. Sandra KREBS	4 Länder	4 Teilnehmerinnen
	-75 kg	**1. Claudia WERNIG**	4 Länder	7 Teilnehmerinnen
		4. Claudia NAROVNIGG		
Versehrte	-75 kg	2. Gerhard LEIERZOPF	3 Länder	3 Teilnehmer
	-100 kg	**1. Michel ROELOFS**	3 Länder	3 Teilnehmer

26.-29.8.1999, Hamm, LUX

Seniorinnen	-52 kg	Sen. II	**1. Dagmar WANG**	2 Länder	2 Teilnehmerinnen
	-60 kg	Sen. II	**1. Dagmar MC SWAIN**	2 Länder	2 Teilnehmerinnen
	-60 kg	Sen. I	3. Susanna CUNAT	2 Länder	3 Teilnehmerinnen
	-75 kg	Sen. II	**1. Rosemarie BEER**	2 Länder	2 Teilnehmerinnen
Senioren	-75 kg	Sen. II	**1. Friedrich KULHANEK**	4 Länder	4 Teilnehmer
	-90 kg	Sen. I	**1. Alfred SCHEFFAUER**	4 Länder	4 Teilnehmer

Kraftdreikampf

13.-16.5.1999, Pultusk, POL

Männer	-56 kg		3. Jürgen NEMETH	6 Länder	7 Teilnehmer
	-82,5 kg		5. Christian PETRISCHOR	10 Länder	11 Teilnehmer
	-125 kg		6. Leopold KRENDL	8 Länder	11 Teilnehmer

12.-18.7.1999, Hamm, LUX

Seniorinnen					
	-60 kg	Sen. II	2. Dagmar MC SWAIN	2 Länder	2 Teilnehmerinnen
	-75 kg	Sen. II	**1. Rosemarie BEER**	1 Länder	1 Teilnehmerinnen

Foto: S. Korte

Bankdrück-Weltmeisterin Claudia Wernig wird bei der Siegerehrung vom österreichischen und neuen IPF-Präsidenten Norbert Wallauch beglückwünscht.

LEICHT-ATHLETIK

ÖSTERREICHISCHER LEICHTATHLETIK-VERBAND (ÖLV)

gegründet 1900, 338 Vereine, 27.516 Mitglieder

1040 Wien, Prinz-Eugen-Straße 12
Telefon 01 / 505 73 50, Fax 01 / 505 72 88
Sekretariatszeiten: Montag - Donnerstag 8 - 16.30 Uhr,
Freitag 8 - 13 Uhr

Präsident: Helmut Donner

Generalsekretär: Roland Gusenbauer

Offizielle Verbandszeitung:
„Leichtathletik", 8mal jährlich, Chefredakteur Kurt Brunbauer

Mitglied der
International Amateur Athletic Federation (IAAF)
gegründet 1912

Anschrift: MC-98007 Monaco17, rue Princesse Florestine, Monte Carlo
Telefon 00 377 / 93 10 88 88, Fax 00 377 / 93 15 95 15

und der
European Athletic Association (EAA)

Anschrift: 64289 Darmstadt, Haus der Leichtathletik, Alsfelder Straße 27
Deutschland
Telefon 00 49 / 6151 /77 08 70, Fax 00 49 / 6151 / 77 08 72

Österreichs Vertreter
Erika Strasser ist Vorstandsmitglied des Europäischen Leichtathletik-Verbandes.

Das Jahr 1999 war für die Österreichische Leichtathletik organisatorisch wie sportlich erfolgreich.

Die Vergabe der Hallen-EM 2002 an Wien stellt sicher einen enormen Impuls für die heimische Leichtathletik dar. Das zeigen die Erfahrungen und die Erfolge im Umfeld der 1. Hallen-EM (1970) und der 10. Hallen-EM (1979) in Wien.

Im Veranstaltungsbereich konnte der Wien-Marathon trotz enormer Hitze noch attraktiver werden.

Das Mehrkampfmeeting in Götzis wurde zur IAAF-Challenge (Grand-Prix-Rang) aufgewertet und hielt problemlos seine Vormachtstellung über alle Mehrkämpfe weltweit.

Der Linzer Gugl-Grand-Prix erreichte eine neue professionelle Veranstalter-Dimension und hatte wieder das erhoffte Zuschauerecho.

Die Berglauf-EM in Bad Kleinkirchheim wiederum erhielt so viel internationales Lob, dass man die Empfehlung, sich bei nächster Gelegenheit um die Durchführung einer WM zu bewerben, ernst nehmen sollte.

Im Sportlichen gab es Spitzenplätze bei den EAA- und IAAF-Meisterschaften:

Allen voran die Finalplätze bei der WM in Sevilla, die Platzierungen bei der EM, der U-23-EM, bei der Universiade, bei der Junioren-EM sowie bei der Cross-EM. International beachtlich hielt sich auch Doris Auer (Stabhoch) mit einer Reihe internationaler Spitzenplatzierungen.

Die breite Spitze dokumentiert die Weltrangliste 1999 mit fünf Plätzen unter den TOP-20: Graf 5., Fedjuschina 7., Weidlinger 11., Auer 17., Högler 20.

Bei der Berglauf-World-Trophy in Malaysia konnte Cornelia Heinzle ihren Vorjahressieg bei den Juniorinnen wiederholen. Ihr Bruder Florian, der die Silbermedaille gewann, legte den Grundstein für den dritten Mannschaftsplatz der Junioren.

Erfreulich auch, dass wieder einmal beide Europacup-Teams gemeinsam am selben Veranstaltungsort antreten können: Während die Männer in Athen die Zugehörigkeit zur 1. Liga bewahren konnten, schafften die Frauen in Tel Aviv den Aufstieg in die 1. Liga.

ÖSTERREICHISCHE STAATSMEISTER 1999

Freiluft

Frauen	100m	**Karin MAYR**	SVS-Leichtathletik/N	11,91
	200m	**Sabine MICK**	Cricket/W	24,13
	400m	**Stephanie GRAF**	1. KLC/K	53,49
	800m	**Karin WALKNER**	UNION Salzburg/S	2:10,73
	1.500m	**Brigitte MÜHLBACHER**	LCAV doubrava/O	4:24,86
	5.000m	**Susanne PUMPER**	LCC Wien/W	17:05,52
	10.000m	**Susanne PUMPER**	LCC Wien/W	33:43,88
	100m Hürden	**Elke WÖLFLING**	SVS-Leichtathletik/N	13,32
	400m Hürden	**Barbara RÖSER**	LG Nachbauer Reisen Montfort/V	61,12
	Hochsprung	**Linda HORVATH**	TSV Sparkasse Hartberg/St	1,93
	Stabhochsprung	**Doris AUER**	LCC Wien/W	4,21
	Weitsprung	**Olivia WÖCKINGER**	ULC Linz Oberbank/O	6,24
	Dreisprung	**Anja MANDL**	Post SV Graz/St	12,03
	Kugelstoßen	**Valentina FEDJUSCHINA**	LCC Wien/W	18,25
	Diskuswurf	**Petra FEIERFEILOVA**	SVS-Leichtathletik/N	49,51
	Speerwurf	**Sophia BOLZANO**	UNION Salzburg/S	46,28
	Hammerwurf	**Claudia STERN**	IAC-Orthosan/T	48,44
	4x100m	**SVS-Leichtathletik/N**		46,46
		Tanja GLOGGNITZER/Karin MAYR/ Stefanie HOLLWEGER/Elke WÖLFLING		
	4x400m	**KLC/K**		3:58,23
		Natascha LANDAUER/Magdalena KULNIK/ Tamara STRIESSNIG/Simone KÜHN		
	Siebenkampf	**Marion OBERMAYR**	ULC Linz/O	4.855
	Halbmarathon	**Gudrun PFLÜGER**	LCC Wien/W	1:16:45
	Marathon	**Karoline DOHR**	TUS Kainach/St	3.06:56
	Crosslauf	**Gudrun PFLÜGER**	LCC Wien/W	25:11,74
	Berglauf	**Karoline KÄFER**	1. KLC/K	1:00:26
	10km Straßengehen	**Viera TOPOREK**	LCC Wien/W	0:53:18,2
Männer	100m	**Martin LACHKOVICS**	LCC Wien/W	10,34
	200m	**Martin LACHKOVICS**	LCC Wien/W	20,48
	400m	**Andreas RECHBAUER**	LCC Wien/W	47,05
	800m	**Werner EDLER-MUHR**	Union Sparkasse Leibnitz/St	1:50,93
	1.500m	**Günther WEIDLINGER**	Sportunion IGLA HARMONIE/O	3:44,02
	5.000m	**Harald STEINDORFER**	1. KLC/K	14:27,46
	10.000m	**Harald STEINDORFER**	1. KLC/K	30:28,84
	110m Hürden	**Elmar LICHTENEGGER**	VST Laas/K	13,43
	400m Hürden	**Karl LANG**	SVS-Leichtathletik/N	51,14
	3.000m Hindernis	**Günther WEIDLINGER**	Sportunion IGLA HARMONIE/O	9:03,71
	Hochsprung	**Pavel VANICEK**	LCC Wien/W	2,16
	Stabhochsprung	**Martin SEER**	UNION Salzburg/S	5,00
	Weitsprung	**Harald WEISER**	ULC Profi Weinland/N	7,39
	Dreisprung	**Boris BJANOV**	SVS-Leichtathletik/N	16,07
	Kugelstoßen	**Andreas VLASNY**	SK VÖEST/O	18,27
	Diskuswurf	**Erwin PIRKLBAUER**	SVS-Leichtathletik/N	55,29
	Speerwurf	**Gregor HÖGLER**	LCC Wien/W	84,03
	Hammerwurf	**Walter EDLETITSCH**	SVS-Leichtathletik/N	65,02
	4x100m	**LCC Wien/W**		40,24
		Ulf BARTL/Martin LACHKOVICS/ Thomas GRIESSER/Andreas RECHBAUER		

Männer	4x400m	**LCC Wien/W** **Christoph PÖSTINGER/Thomas GRIESSER/** **Andreas RECHBAUER/Martin LACHKOVICS**		3:09,42
	Zehnkampf	**Klaus AMBROSCH**	Union Salzburg/S	7.605
	Halbmarathon	**Robert PLATZER**	LCAV doubrava/O	1:05:08
	Marathon	**Nicolas SALINGER**	LCC Wien/W	2:22:27
	Crosslauf I	**Helmut SCHMUCK**	LCC Wien/W	30:38,02
	Berglauf	**Helmut SCHMUCK**	LCC Wien/W	47:56,2
	20km Straßengehen	**Stephan WÖGERBAUER**	ÖTB Wien/W	1:37:53,4
	50km Straßengehen	**Stephan WÖGERBAUER**	ÖTB Wien/W	4:47.00,4

Halle

Frauen	60m	**Karin MAYR**	SV Schwechat/N	7,48
	200m	**Stefanie HOLLWEGER**	SV Schwechat/N	24,60
	400m	**Stephanie GRAF**	1. KLC/K	54,17
	800m	**Brigitte MÜHLBACHER**	LCAV doubrava/O	2:06,14
	1.500m	**Martina WINTER**	UNION Salzburg/S	4:37,19
	3.000m	**Susanne PUMPER**	LCC Wien/W	9:29,26
	60m Hürden	**Elke WÖLFLING**	SV Schwechat/N	8,53
	Hochsprung	**Linda HORVATH**	TSV Hartberg/St	1,85
	Stabhochsprung	**Doris AUER**	LCC Wien/W	3,80
	Weitsprung	**Olivia WÖCKINGER**	ULC Linz Oberbank/O	5,95
	Dreisprung	**Anita POLLROSS**	MLG Sparkasse/St	11,75
	Kugelstoßen	**Sonja SPENDELHOFER**	ATSV ÖMV Auersthal/N	14,32
	Fünfkampf	**Betina GERMANN**	1. KLC/K	3.638
Männer	60m	**Martin LACHKOVICS**	LCC Wien/W	6,81
	200m	**Christoph PÖSTINGER**	LCC Wien/W	21,04
	400m	**Christoph PÖSTINGER**	LCC Wien/W	47,34
	800m	**Robert KOSS**	KSV-Alutechnik/St	1:52,65
	1.500m	**Michael BUCHLEITNER**	LU Schaumann/N	3:48,89
	3.000m	**Michael BUCHLEITNER**	LU Schaumann/N	7:59,69
	60m Hürden	**Elmar LICHTENEGGER**	VST Laas/K	7,63
	Hochsprung	**Boris BJANOV**	SV Schwechat/N	2,05
	Stabhochsprung	**Roland SCHWARZL**	Union Raika Lienz/T	4,70
	Weitsprung	**Martin LÖBEL**	WAT/W	7,47
	Dreisprung	**Boris BJANOV**	SV Schwechat/N	15,64
	Kugelstoßen	**Andreas VLASNY**	SK VÖEST/O	17,98
	Siebenkampf	**Roland SCHWARZL**	Union Raika Lienz/T	5.567

ÖSTERREICHISCHE MEISTER 1999

Halle

Frauen	4x200m	ULC Linz Oberbank/O Daniela WÖCKINGER/Eva-Maria SCHÖFTNER/ Sabine MURHAMMER/Olivia WÖCKINGER	1:44,37
	Fünfkampf-Mannschaft	KLC/K Betina GERMANN/Magdalena KULNIK/ Simone KÜHN	9.381
Männer	4x200m	LCC Wien/W Martin LACHKOVICS/Thomas GRIESSER/ Christoph PÖSTINGER/Andreas RECHBAUER	1:26,38
	Siebenkampf-Mannschaft	ULC Profi Weinland/N Harald WEISER/Gerhard ZILLNER/ Alexander GÖTZ	13.737

Freiluft

Frauen	3x800m	UNION Salzburg/S		7:07,27
		Daniela FORSTHUBER /Martina WINTER/Karin WALKNER		
	Siebenkampf-Mannschaft	Union Sparkasse Leibnitz/St		12.419
		Karin BRANDSTETTER/Roswitha STERMSEK/ Brigitte BRODSCHNEIDER		
	Halbmarathon-Mannschaft	LCC Wien/W		4:06:42
		Gudrun PFLÜGER/Ursula FILZWIESER/Renata SITEK		
	Marathon-Mannschaft	LCC Wien/W		10:16:00
		Renata SITEK/Gaby HOFFMANN/Heidrun KARLIC		
	Cross-Mannschaft	ULC Linz Oberbank/O		1:24:53
		Sandra BAUMANN/Gabriele SCHUSTER/ Ellen FÖRSTER		
	Berglauf-Mannschaft	ASV Salzburg/S		3:25:15
		Margarete KROISS/Birgit ARNDORFER/Maria KOCH		
Männer	3x1000m	UNION Salzburg/S		7:31,16
		Stefan THALER/Werner THALER/Michael WILDNER		
	Halbmarathon-Mannschaft	LCC Wien/W		3:19:30
		Wilhelm INNERHOFER/Jürgen PLECHINGER/Manfred SPIESS		
	Marathon-Mannschaft	LCC Wien/W		7:25:49
		Nikolaus SALINGER/Manfred GIGL/Markus THALMANN		
	Cross I-Mannschaft	LCC Wien/W		1:34:20
		Helmut SCHMUCK/Peter WUNDSAM/Jürgen PLECHINGER		
	Cross II	Christian PFLÜGL	LCAV doubrava/O	13:17
	Cross II-Mannschaft	LCAV doubrava/O		42:28
		Christian PFLÜGL/Thomas BOSNJAK/Markus PFLÜGL		
	Berglauf-Mannschaft	LCC Wien/W		2:34:15
		Helmut SCHMUCK/Jürgen PLECHINGER/Manfred GIGL		
	20km Straßengehen-Mannschaft	ÖTB Wien/W		5:15:57
		Stefan WÖGERBAUER/Anton SCHIRMBRAND/ Dietmar HIRSCHMUGL		

U 23-Meister

Weiblich	100m	Daniela WÖCKINGER	ULC Linz Oberbank/O	12,09
	200m	Daniela WÖCKINGER	ULC Linz Oberbank/O	24,86
	400m	Simone KÜHN	KLC/K	57,78
	800m	Silke SAURUGG	Post SV Graz/St	2:16,48
	1500m	Andrea MAYR	ÖTB OÖ/O	4:41,71
	3000m	Cornelia HEINZLE	arido ULC Dornbirn/V	10:08,32
	100m Hürden	Daniela WÖCKINGER	ULC Linz Oberbank/O	14,04
	400m Hürden	Magdalena KULNIK	KLC/K	63,34
	Hochsprung	Katrin SCHÖFTNER	ULC Linz Oberbank/O	1,70
	Stabhochsprung	Elisabeth BUCHNER	LAG Genböck Haus RIED/O	3,40
	Weitsprung	Olivia WÖCKINGER	ULC Linz Oberbank/O	5,91
	Dreisprung	Olivia WÖCKINGER	ULC Linz Oberbank/O	11,71
	Kugelstoß	Roswitha STERMSEK	Union Sparkasse Leibnitz/St	12,66
	Diskuswurf	Astrid SALZMANN	LG Nachbauer Reisen Montfort/V	39,91
	Speerwurf	Kerstin EISTERER	OTB OÖ/O	46,34
	Hammerwurf	Silke ZEUNER	IAC-Sanitätshaus Orthosan/T	46,23
	4x100m	ULC Linz Oberbank/O		49,15
		Eva-Maria SCHÖFTNER/Marion OBERMAYR/ Daniela WÖCKINGER/Olivia WÖCKINGER		
Männlich	100m	Thomas SCHEIDL	ULC Linz Oberbank/O	11,08
	200m	Thomas SCHEIDL	ULC Linz Oberbank/O	22,04

	400m	Ralf HEGNY	ULV Krems/N	49,29
	800m	Mario HANDLE	IGLA Harmonie/O	1:52,86
	1500m	Georg MLYNEK	ALC Leonding/O	3:58,64
	5000m	Christian PFLÜGL	LCAV doubrava/O	15:16,30
	110m Hürden	Philipp UNFRIED	SV Schwechat/N	14,25
	400m Hürden	Ralf HEGNY	ULV Krems/N	53,34
	3000m Hindernis	Günther WEIDLINGER	IGLA Harmonie/O	8:51,14
	Hochsprung	Roland SCHWARZL	Union Raika Lienz/T	2,00
	Stabhochsprung	Roland SCHWARZL	Union Raika Lienz/T	4,90
	Weitsprung	Isagani PEYCHÄR	TS Innsbruck Sparkasse/T	7,21
	Dreisprung	Csaba SZEKELY	ULC Linz Oberbank/O	14,30
	Kugelstoß	Thomas WALSER	LG Nachbauer Reisen Montfort/V	14,61
	Diskuswurf	Gerhard MAYER	Cricket/W	48,46
	Speerwurf	Michael SCHNALLINGER	LAG Genböck Haus RIED/O	65,20
	Hammerwurf	Jan SIART	UKJ-WIEN/W	58,63
	4x100m	ULC Linz Oberbank/O		42,80
		Florian SAMBS/ Thomas SCHEIDL/Csaba SZEKELY/ Gregor KASTNER		
Junioren				
Weiblich	100m	Daniela WÖCKINGER	ULC Linz Oberbank/O	12,24
	200m	Daniela WÖCKINGER	ULC Linz Oberbank/O	25,16
	400m	Simone KÜHN	KLC/K	57,40
	800m	Pamela MÄRZENDORFER	LCAV doubrava	2:18,61
	1500m	Alexandra KUMPF	ULC Linz Oberbank/O	4:47,83
	3000m	Alexandra KUMPF	ULC Linz Oberbank/O	10:20,22
	100m Hürden	Daniela WÖCKINGER	ULC Linz Oberbank/O	14,09
	400m Hürden	Simone KÜHN	KLC/K	63,99
	Hochsprung	Anna-Katharina KÖNIG	KLC/K	1,70
	Stabhochsprung	Michaela KOHLBAUER	ÖTB OÖ/O	3,10
	Weitsprung	Manuela WITTING	SV Raika Reutte/T	5,83
	Dreisprung	Anita POLLROSS	MLG-Sparkasse	11,85
	Kugelstoß	Kristin SCHETTINA	KLC/K	12,95
	Diskuswurf	Barbara KERN	ATG/St	38,25
	Speerwurf	Verena BRUNNBAUER	ULC Linz Oberbank/O	39,13
	Hammerwurf	Cornelia KLINGLER	LG-Pletzer Hopfgarten/T	38,53
	4x100m	ULC Linz Oberbank/O		49,27
		Silvia KRAUK/Verena BRUNNBAUER/Daniela WÖCKINGER/ Gerda HAUDUM		
	3x800m	ULC Linz Oberbank/O		7:22,65
		Bianca INEL/Elisabeth DESCHKA/Alexandra KUMPF		
	5000m Bahngehen	Andrea FUCHS	LG Pletzer Hopfgarten	35:23,71
	Siebenkampf	Sabrina GÄRTNER	UKJ-WIEN/W	4484
	Cross	Alexandra KUMPF	ULC Linz Oberbank/O	20:08
	Berglauf	Ingeborg PFLÜGL	LCAV doubrava/O	1:08:48
Männlich	100m	Ralf HEGNY	ULV Krems/N	11,04
	200m	Ralf HEGNY	ULV Krems/N	22,11
	400m	Ralf HEGNY	ULV Krems/N	48,77
	800m	Werner STRITTL	LAC Nationalpark Molln/O	1:54,76
	1500m	Georg MLYNEK	ALC Leonding/O	3:55,81
	5000m	Georg MLYNEK	ALC Leonding/O	15:11,60
	110m Hürden	Isagani PEYCHÄR	TS Innsbruck-Sparkasse/T	14,12
	400m Hürden	Florian SAMBS	ULC Linz Oberbank/O	55,62
	3000m Hindernis	Martin PRÖLL	SK VÖEST Linz/O	9:53,66

Hochsprung	Michael SCHNALLINGER	LAG Genböck Haus RIED/O	2,01
Stabhochsprung	Roland SCHWARZL	Union Raika Lienz/T	4,80
Weitsprung	Isagani PEYCHÄR	TS Innsbruck-Sparkasse/T	7,55w
Dreisprung	Csaba SZEKELY	ULC Linz Oberbank/O	14,81
Kugelstoß	Raffaele GRANDITS	Union Salzburg/S	16,10
Diskuswurf	Gerhard MAYER	Cricket/W	51,17
Speerwurf	Michael SCHNALLINGER	LAG Genböck Haus RIED/O	63,63
Hammerwurf	Jan SIART	UKJ-WIEN/W (7,26kg)	57,31
4x100m	ULC Linz Oberbank/O		42,64
	Florian SAMBS/Mathias BEHAM/Csaba SZEKELY/Gregor KASTNER		
3x1000m	USKO Melk/O		8:01,66
	Andreas STEINHAMMER/Hubert LANSCHÜTZER/Peter SUPAN		
Zehnkampf	Roland SCHWARZL	Union Raika Lienz/T	7688
Zehnkampf-Mannschaft	ULC Linz Oberbank/O		18.217
	Florian SAMBS/Harald GUTTNER/Christian HOFER		
Halbmarathon	Markus HOHENWARTER	Union Raika Kienz/T	1:11:12
Cross	Martin PRÖLL	SK VÖEST Linz/O	17:48
Cross-Mannschaft	ÖTB Salzburg/S		1:01:17
	Emanuel HUBER/Herbert REINDL/Benjamin IKACHE		
Berglauf	Florian DÜRR	SVSG Lunz/See/N	51:48
Jugend			
Weiblich 100m	Lisi MAURER	ÖTB Salzburg/S	12,57
300m	Lisi MAURER	ÖTB Salzburg/S	40,72
1000m	Daniela FLEISCHMANN	SV Schwechat/N	3:03,16
3000m	Daniela FLEISCHMANN	SV Schwechat/N	10:45,56
100m Hürden	Lisi MAURER	ÖTB Salzburg/S	14,48
300m Hürden	Pamela MÄRZENDORFER	LCAV doubrava/O	44,00
Hochsprung	Gudrun KALSS	ÖTB Salzburg/S	1,69
Stabhochsprung	Michaela KOHLBAUER	ÖTB OÖ/O	3,20
Weitsprung	Michaela EGGER	ATSV Bad Aussee/St	5,55
Dreisprung	Karin POLT	ATUS Gmünd/N	11,35
Kugelstoß	Kristin SCHETTINA	KLC/K	14,73
Diskuswurf	Barbara KERN	ATG/St	45,47
Speerwurf	Denise GLANZER	ATV Feldkirchen/K	37,28
Hammerwurf	Daniela BAUMGARTNER	Union Salzburg/S	45,49
4x100m	ÖTB Salzburg/S		49,60
	Julia SCHLEPNIK/Marie Elisabeth MAURER/ Daniela KRIECHBAUM/Gudrun KALSS		
3x800m	ULC Linz Oberbank/O		7:19,55
	Elisabeth DESCHKA/Sonja WEISSENBÖCK/Bianca INEL		
Siebenkampf	Doris RÖSER	TS Lauterach/V	4760
Cross	Bianca INEL	ULC Linz Oberbank/O	15:36
Cross-Mannschaft	UNION Pottenstein/N		51:39
	Sabine BRANDSTETTER/Astrid STADLER/Babette HEBENSTREIT		
Männlich 100m	Roland KWITT	Union Salzburg/S	11,21
300m	Roland KWITT	Union Salzburg/S	36,10
1000m	Philipp WESSELY	SV Schwechat/N	2:36,54
3000m	Florian HEINZLE	arido ULC Dornbirn/V	8:58,70
110m Hürden	Roland KWITT	Union Salzburg/S	14,17
300m Hürden	Alexander HAASZ	SV Schwechat/N	40,46
2000m Hindernis	Martin WEISS	ULC Mödling/N	6:07,22
Hochsprung	Hubert LANSCHÜTZER	USKO Melk/N	1,85
Stabhochsprung	Klaus MISTELBERGER	ALC Wels/O	4,00

Foto: H. Ploberger
Stephanie Graf ist Österreichs Aushängeschild in der Frauen-Leichtathletik. Ihr großes Ziel lautet „Olympia 2000“.

Foto: H. Ploberger
Günther Weidlinger ist als Weltranglisten-Elfter in die Weltspitze der Hindernisläufer vorgedrungen.

Foto: K. Brunbauer
Beim Mehrkampfmeeting in Götzis übertraf Thomas Tebbich mit 8.039 Punkten die 8.000er-Grenze.

adidas
SPECIAL
adidas
WELTREKORD
adidas
SPECIAL
Jesse Owens. Wilma Rudolph.
Franz Beckenbauer. Muhammad Ali.
Steffi Graf. Kobe Bryant. Zinedine Zidane.
Der wahrscheinlich einzige Athlet,
für den wir noch keine Schuhe gemacht
haben, ist ein Judo-Meister.
adidas
Forever Sport
Verbinde jeden Schuh mit dem passenden Sport unter www.adidas.com/shoequiz

Weitsprung	Akpaniko UDOSEN	Union Salzburg/S	6,79
Dreisprung	Christian MAIER	TS Lauterach/V	13,13
Kugelstoß	Martin GRATZER	TLC ASKÖ Feldkirchen/K	15,67
Diskuswurf	Martin GRATZER	TLC ASKÖ Feldkirchen/K	44,03
Speerwurf	Bernd HAIDACHER	SV Schwechat/N	58,79
Hammerwurf	Benjamin SIART	UKJ-WIEN/W	54,29
4x100m	SV Schwechat/N		45,25
	Marko TOLD/Stefan STOCKLAUSER/Alexander HAASZ/Philipp WESSELY		
3x1000m	ULC Mödling/N		8:17,45
	Stefan MILLONIG/Michael HORAK/Mario WEISS		
Zehnkampf	Christian MAYER	TS Lauterach/V	6050
Cross	Florian HEINZLE	arido ULC Dornbirn/V	13:13
Cross-Mannschaft	arido ULC Dornbirn/V		40:49
	Florian HEINZLE/Benedikt HARTMANN/Harald BÜRKLE		
Schüler			
Weiblich 100m	Monika KASPAR	Tyrolia Jaritzberg/St	12,61
800m	Anne KUNERT	ULC profi Weinland/N	2:21,88
2000m	Astrid RESCH	LCU Euratsfeld/N	6:46,00
80m Hürden	Isabella WAIDHOFER	LCA Umdasch Amstetten/N	12,18
Hochsprung	Gudrun KALSS	ÖTB Salzburg/S	1,67
Stabhochsprung	Carmen KLAUSBRUCKNER	ULC Profi Weinland/N	3,00
Weitsprung	Karoline EIDENBERGER	LCA Umdasch Amstetten/N	5,57
Kugelstoß	Michaela EGGER	ATSV Bad Aussee/St	11,26
Diskuswurf	Sabine AUER	ÖTB OÖ/O	36,82
Speerwurf	Denise GLANZER	ATV Feldkirchen/K	42,31
4x100m	LCA Umdasch Amstetten/N		50,95
	Corina AICHINGER/Isabella WAIDHOFER/ Karoline EIDENBERGER/Katharina GEBETSBERGER		
3x800m	LAC Amateure Steyr/O		7:30,36
	Simone KÄFERBÖCK/Nicole WAGNER/Silke DANNINGER		
Sechskampf	Michaela EGGER	ATSV Bad Aussee/St	4195
Sechskampf-Mannschaft	ULC Linz Oberbank/O		10.311
	Sonja WEISSENBÖCK/Astrid HÖLLER/Lisa STEINMÜLLER		
Cross	Astrid RESCH	LCU Euratsfeld/N	6:41
Cross-Mannschaft	ULC profi Weinland/N		22:20
	Patricia LUKAS/Anne KUNERT/Nicole NÜRNBERGER		
Männlich 100m	Thomas HOPFER	TUS Feldbach/St	11,47
800m	Andreas LEITNER	Union Raika Lienz/T	2:04,30
2000m	Robert HALBWEIS	LCC Wien/W	6:01,95
100m Hürden	Gotthard SCHÖPF	IAC Orthosan/T	13,78
Hochsprung	Thomas GAISBACHER	Union Raika Lienz/T	1,73
Stabhochsprung	Thomas GAISBACHER	Union Raika Lienz/T	3,50
Weitsprung	Patrick SCHIMPL	HIB Graz Liebenau/St	6,43
Kugelstoß	Benjamin SIART	UKJ-WIEN/W	13,56
Diskuswurf	Benjamin SIART	UKJ-WIEN/W	45,07
Speerwurf	Thomas TSCHEPEN	LCAV doubrava/O	48,95
Hammerwurf	Benjamin SIART	UKJ-WIEN/W	55,59
4x100m	LCAV doubrava/O		46,64
	Markus KULPI/ Mathias FIRGO/Guido SCHIFFLER/ Thomas TSCHEPEN		
3x1000m	Polizei SV Leoben/St		8:27,93
	Armin KEHMIRI/Mario OPRESNIK/Andreas VÖLSNER		

Siebenkampf	Florian STADELMAYER	ATSV OMV Auersthal/N	4339
Siebenkampf-Mannschaft	Union Raika Lienz/T Johannes KUENZ/Thomas GAISBACHER/Andreas LEITNER		11.831
Cross	Herbert KOPP	LCT Innsbruck/T	6:03
Cross-Mannschaft	Polizei SV Leoben/St Andreas VÖLSNER/Armin KESHMIRI/Mario OPRESNIK		19:15

WELTMEISTERSCHAFTEN 1999

Halle, 5.-7.3.1999, Maebashi, JPN

Frauen	800m	6. Stephanie GRAF	2:02,51
Männer	60m Hürden	7. Elmar LICHTENEGGER	7,54
	4x400m	7. Martin LACHKOVICS/Andreas RECHBAUER/ Hans-Peter WELZ/Christoph PÖSTINGER	3:09,30

Freiluft, 20.-29.8.1999, Sevilla, ESP

Frauen	800m	7. Stephanie GRAF	1:57,92
	Kugel	7. Valentina FEDJUSCHINA	18,28
	5000m	12. Susanne PUMPER	15:24,38
Männer			
	3000m Hindernis	9. Günther WEIDLINGER	8:10,83
	110m Hürden	12. Elmar LICHTENEGGER	13,43
	3000m Hindernis	15. Michael BUCHLEITNER	8:20,04

EUROPAMEISTERSCHAFTEN 1999

Freiluft

U-23, 29.7.-1.8.1999, Göteborg, SWE

Frauen	Hoch	3. Linda HORVATH	1,93
Männer			
	3000m Hindernis	**1. Günther WEIDLINGER**	8:30,34

JuniorInnen, 5.-8.8.1999, Riga, LAT

Frauen	4x100m	8. Manuela WITTING/Lisi MAURER/ Daniela WÖCKINGER/Simone KÜHN	47,21
	100m Hürden	9. Daniela WÖCKINGER	13,79
	Weit	12. Manuela WITTING	6,09
Männer	Zehnkampf	3. Roland SCHWARZL	7447
	3000m Hindernis	4. Georg MLYNEK	8:46,71
	Diskus	6. Gerhard MAYER	49,65
	3000m Hindernis	10. Martin PRÖLL	8:56,63
	Hammer	16. Jan SIART	58,24

WORLD TROPHY 1999

Berglauf, 18.-19.9.1999, Mt. Kinabalu, MAS

Juniorinnen	**1. Cornelia HEINZLE**	23:47
Junioren	2. Florian HEINZLE	36:07
	3. Florian HEINZLE/Florian DÜRR/ Thomas HEIGL	28 Punkte
Männer	16. Rudolf REITBERGER	58:41

EUROPEAN TROPHY 1999

Berglauf, 4.7.1999, Bad Kleinkirchheim, AUT

Männer	Berglauf	10. Peter SCHATZ	54:37

Foto: K. Brunbauer
Elmar Lichtenegger erreichte bei der Weltmeisterschaft in Sevilla das Halbfinale und wurde schließlich Zwölfter.

Foto: H. Ploberger
Linda Horvath, die Junioren-Europameisterin von 1997, zeigte auch 1999 auf: Bronzemedaille bei der U-23-EM.

UNIVERSIADE 1999

8.-13.7.1999, Palma de Mallorca, ESP

Frauen	Stabhoch	6. Doris AUER	4,04
Männer	Speer	2. Gregor HÖGLER	82,63

EUROPÄISCHE OLYMPISCHE JUGENDTAGE 1999

Freiluft, 29.7.-1.8.1999, Esbjerg, DEN

Weibl. Jugend			
	Kugel	5. Kristin SCHETTINA	12,73
	3000m	9. Daniela FLEISCHMANN	10:05,97
Männl. Jugend			
	100m	6. Christian GATTRINGER	11,16

ÖSTERREICHS LEICHTATHLETIK-REKORDE

FRAUEN Stand: 31.12.1999

Freiluft

100m	11,28	**Sabine TRÖGER**	ULC Weinland	Lienz	06.08.93
200m	23,09	**Karoline KÄFER**	KLC	Fürth	10.06.78
400m	50,62	**Karoline KÄFER**	KLC	Klagenfurt	18.06.77
800m	1:57,07	**Stephanie GRAF**	KLC	Zürich	11.08.99
1000m	2:34,47	**Stephanie GRAF**	KLC	Brüssel	28.08.98
1500m	4:03,02	**Theresia KIESL**	IGLA Harmonie	Atlanta	03.08.96
1 Meile	4:24,37	**Theresia KIESL**	IGLA Harmonie	Zürich	14.08.96
3000m	8:55,56	**Theresia KIESL**	ULC Linz	Rovereto	01.09.93
5000m	15:24,38	**Susanne PUMPER**	LCC Wien	Sevilla	27.08.99
10.000m	32:55,57	**Anni MÜLLER**	DSG Maria Elend	Köln	27.08.89
100m Hürden	13,30	**Sabine SEITL**	SV Schwechat	Duisburg	27.08.89
400m Hürden	56,86	**Gerda HAAS**	LCA Umdasch	Athen	27.06.87
5000m Gehen	22:10,32	**Viera TOPOREK**	SV Schwechat	Schwechat	01.07.92
10.000m Gehen	45:41,3	**Viera TOPOREK**	SV Schwechat	Bergen	16.05.92
Hoch	1,97	**Sigrid KIRCHMANN**	Union Ebensee	Stuttgart	21.08.93
Stabhoch	4,33	**Doris AUER**	LCC Wien	Wien	25.08.99
Weit	7,09	**Ljudmila NINOVA**	SV Schwechat	Sevilla	05.06.94
Drei	13,75	**Ljudmila NINOVA**	SV Schwechat	Linz	09.07.97
Kugel	19,21	**Valentina FEDJUSCHINA**	LCC Wien	Casablanca	13.07.99
Diskus	63,28	**Ursula WEBER**	SV Schwechat	Schwechat	03.06.90
Hammer	54,10	**Claudia STERN**	IAC-SO	Planegg	10.05.98
Speer	61,80	**Eva JANKO**	LAC NÖ Energie	Innsbruck	27.07.73
4 x 100m	44,63	**NATIONALSTAFFEL** (Dagmar HÖLBL-Sabine TRÖGER-Doris AUER-Karin KNOLL)		Linz	04.07.94
4 x 200m	1:38,52	**TS Bregenz** (Helga BRÜSTLE-Ingeborg BRÜSTLE-Brigitte HAEST-Edith MAIER)		Dornbirn	01.08.79
4 x 400m	3:34,42	**NATIONALSTAFFEL** (Silvia SCHINZEL-Hanni BURGER-Andrea MÜHLBACH-Christiane WILDSCHEK)		Südstadt	20.06.76
4 x 800m	9:26,67	**ÖTB Wien** (Fiona RITCHIE-Eva HIEBLINGER-Jutta ZIMMERMANN-Gabi MAYER)		Wien	24.07.90

Siebenkampf	5944 e	**Sigrid KIRCHMANN**	Union Ebensee	Ebensee	06.10.85
		(14,07 – 1,85 – 12,40 – 26,07 – 5,95 – 51,90 – 2:27,47)			

BESTLEISTUNGEN:

15km Straße	51:01	**Verena LECHNER**	LAC Innsbruck	Stuttgart	24.06.90
Halbmarathon	1:13:42	**Anna HADERER**	IGLA Harmonie	Wels	22.09.96
Marathon	2:37:09	**Carina WEBER-LEUTNER**	Gend. Athletik Wien	Chicago	26.10.86
10km Gehen	45:53	**Viera TOPOREK**	SV Schwechat	Trnava	26.06.93
3 x 800m	6:42,64	**LCAV doubrava**		Schwechat	22.05.94
		(Martina WINTER-Ernestine WALDHÖR-Brigitte MÜHLBACHER)			

Halle	**Stand: 20.12.1999**				
60m	7,21	**Sabine TRÖGER**	ULC Weinland	Sindelfingen	14.02.93
200m	23,26	**Sabine TRÖGER**	ULC Weinland	Wien	08.02.92
400m	51,90	**Karoline KÄFER**	KLC	Wien	25.02.79
800m	1:59,17	**Stephanie GRAF**	KLC	Birmingham	14.02.99
1000m	2:38,31	**Theresia KIESL**	ULC Linz	Sindelfingen	08.03.92
1500m	4:06,99	**Theresia KIESL**	IGLA Harmonie	Stuttgart	01.02.98
1 Meile	4:40,24	**Erika KÖNIG-ZENZ**	LTC Graz	Bordeaux	02.02.92
3000m	9:05,01	**Theresia KIESL**	IGLA Harmonie	Wien	25.02.96
60m Hü	8,15	**Ulrike KLEINDL**	SV Schwechat	Wien	28.02.88
3000m G	12:52,26	**Viera TOPOREK**	SV Schwechat	Wien	20.02.93
Hoch	1,96	**Sigrid KIRCHMANN**	Union Ebensee	Paris	12.03.94
Stabhoch	4,03	**Monika ERLACH**	Union Salzburg	Norman	27.02.99
Weit	6,81	**Ljudmila NINOVA**	SV Schwechat	Moskau	14.02.96
Drei	13,67	**Ljudmila NINOVA**	SV Schwechat	Genua	01.03.92
Kugel	15,76	**Sonja SPENDELHOFER**	ATSV ÖMV	Wien	09.02.91
4 x 200m	1:37,18	**NATIONALSTAFFEL**		Wien	06.02.94
		(Sabine TRÖGER-Doris AUER-Karin MAYR-Sabine KIRCHMAIER)			
Fünfkampf	3925 p	**Olivia WÖCKINGER**	ULC Linz	Wien	09.02.97
		(8,87 - 1,57 - 11,87 - 6,32 - 2:30,63)			

MÄNNER Stand: 31.12.1999

Freiluft

100m	10,15	**Andreas BERGER**	LCAV doubrava	Linz	15.08.88
200m	20,45	**Christoph PÖSTINGER**	ULC profi Weinland	Ebensee	08.06.96
400m	45,80	**Christoph PÖSTINGER**	ULC profi Weinland	Byrkjelo	13.07.97
800m	1:46,27	**Michael WILDNER**	Union Salzburg	Ingolstadt	19.07.92
1000m	2:18,20	**Robert NEMETH**	SV Schwechat	Schwechat	02.09.82
1500m	3:35,80	**Robert NEMETH**	SV Schwechat	Koblenz	29.08.84
1 Meile	3:52,42	**Robert NEMETH**	SV Schwechat	Rieti	09.09.81
2000m	4:59,56	**Robert NEMETH**	SV Schwechat	Klagenfurt	08.08.84
3000m	7:43,66	**Dietmar MILLONIG**	SV Schwechat	Lausanne	15.08.80
5000m	13:15,31	**Dietmar MILLONIG**	SV Schwechat	Zürich	18.08.82
10.000m	27:42,98	**Dietmar MILLONIG**	SV Schwechat	Oslo	28.06.82
20.000m	59:34,0 h	**Dietmar MILLONIG**	LC Lusthaus	La Fleche	30.03.91
1 Stunde	20.156m	**Dietmar MILLONIG**	LC Lusthaus	La Fleche	30.03.91
25.000m	1:22:32,6 h	**Georg FÖRSTER**	Badener AC	Innsbruck	23.08.69
30.000m	1:45:20,2 h	**Helmut RICHTER**	Reichsbund	Wien	17.06.69
110m Hürden	13,14	**Mark McKOY**	ATSV St. Martin	Paris	03.09.94
400m Hürden	49,33	**Thomas FUTTERKNECHT**	Union St. Pölten	Kobe	30.08.85
3000m Hind.	8:10,83	**Günther WEIDLINGER**	GLA Harmonie	Sevilla	21.08.99

20.000m G.	1:25:31,5 h	**Martin TOPOREK**	ATUS Felixdorf	Bergen	26.04.86
2 Stunden G.	26.329m	**Martin TOPOREK**	SV Schwechat	Südstadt	29.06.83
30.000m G.	2:27:42,73	**Stephan WÖGERBAUER**	ÖTB Wien	Wien	30.09.89
50.000m G.	4:22:59 h	**Johann SIEGELE**	SV Schwechat	Luxemburg	22.06.80
Hoch	2,28	**Markus EINBERGER**	LAC Innsbruck	Schwechat	18.05.86
Stabhoch	5,77	**Hermann FEHRINGER**	LCA Umdasch	Linz	05.07.91
Weit	8,30	**Andreas STEINER**	TS Innsbruck	Innsbruck	04.06.88
Drei	16,57	**Alfred STUMMER**	ULC Wildschek	Südstadt	13.07.88
Kugel	20,79	**Klaus BODENMÜLLER**	LG Montfort	Linz	13.06.87
Diskus	63,32	**Georg FRANK**	KLC	Klagenfurt	29.09.81
Hammer	79,70	**Johann LINDNER**	LC Villach	Schwechat	24.06.87
Speer	84,03	**Gregor HÖGLER**	LCC Wien	Kapfenberg	17.07.99
4 x 100m	39,16	**NATIONALSTAFFEL**		Luzern	25.06.96
		(Martin SCHÜTZENAUER-Martin LACHKOVICS-Thomas GRIESSER-Christoph PÖSTINGER)			
4 x 200m	1:25,07	**LCC Wien**		Villach	01.06.96
		(Martin LACHKOVICS-Andreas RECHBAUER-Harald MAULER-Rafik ELOUARDI)			
4 x 400m	3:02,95	**NATIONALSTAFFEL**		Athen	09.08.97
		(Christoph PÖSTINGER-Thomas GRIESSER-Andreas RECHBAUER-Rafik ELOUARDI)			
4 x 800m	7:35,63	**ULC Wildschek**		Wien	07.07.87
		(Andreas RAPEK-Robert FENCL-Gerald MIEDLER-Peter SVARICEK)			
4 x 1500m	15:45,21	**LU Schaumann**		Wien	26.05.93
		(Martin BUCHLEITNER-Dietmar MILLONIG-Michael BUCHLEITNER-Bernhard RICHTER)			
Zehnkampf	8320 e	**Gernot KELLERMAYR**	BV Quattro-Team	Götzis	30.05.93
		(10,47 – 7,66 – 14,83 – 1,96 – 47,56 – 14,12 – 42,50 – 5,00 58,24 – 4:52,38)			

BESTLEISTUNGEN:

25km Straße	1:15:29	**Dietmar MILLONIG**	LCTA Villach	Berlin	03.05.87
Halbmarathon	1:02:58	**Michael BUCHLEITNER**	LU Schaumann	Krems	20.09.98
Marathon	2:12:22	**Gerhard HARTMANN**	LAC Innsbruck	Wien	13.04.86
20km Gehen	1:25:46	**Martin TOPOREK**	SV Schwechat	Frederikstad	09.06.84
50km Gehen	4:02:39	**Stephan WÖGERBAUER**	ÖTB Wien	Prerov	07.06.92
3 x 1000m	7:11,48	**LU Schaumann**		Amstetten	23.05.92
		(Markus HUBER-Michael BUCHLEITNER-Bernhard RICHTER)			

Halle **Stand: 20.12.1999**

60m	6,56	**Andreas BERGER**	LCAV doubrava	Wien	27.02.88
200m	20,82	**Christoph PÖSTINGER**	ULC profi Weinland	Wien	25.02.96
400m	46,14	**Christoph PÖSTINGER**	LCC Wien	Chemnitz	22.02.99
800m	1:47,03	**Michael WILDNER**	Union Salzburg	Karlsruhe	01.03.94
1000m	2:22,04	**Michael WILDNER**	Union Salzburg	Berlin	04.02.94
1500m	3:38,50	**Robert NEMETH**	LAC Innsbruck	Wien	16.02.85
1 Meile	3:54,28	**Michael BUCHLEITNER**	LU Schaumann	Karlsruhe	01.03.94
3000m	7:47,5 h	**Dietmar MILLONIG**	SV Schwechat	Wien	25.02.79
5000m	13:33,79	**Dietmar MILLONIG**	LC Villach	E.Rutherford	08.02.86
50m Hü	6,39	**Mark McKOY**	ATSV St. Martin	Moskau	27.01.95
60m Hü	7,46	**Mark McKOY**	ATSV St. Martin	Barcelona	11.03.95
5000m G	19:37,57	**Martin TOPOREK**	ATUS Felixdorf	Wien	16.12.86

Hoch	2,24	**Markus EINBERGER**	Brixlegger SV	Wien	17.02.85
Stabhoch	5,77	**Hermann FEHRINGER**	LCA Umdasch	Wien	24.02.91
Weit	7,81	**Teddy STEINMAYR**	SK Amateure Steyr	Wien	13.02.88
	7,81	**Martin LÖBEL**	IG LA Wien	Wien	15.02.97
Drei	16,46	**Alfred STUMMER**	ULC Wildschek	Budapest	03.03.89
Kugel	21,03	**Klaus BODENMÜLLER**	LG Montfort	Glasgow	03.03.90
4 x 200m	1:25,21	**NATIONALSTAFFEL** (**Martin LACHKOVICS-Thomas GRIESSER-Rafik ELOUARDI-Matthias KLAMPFER**)		Wien	17.02.96
4 x 400m	3:08,37	**NATIONALSTAFFEL** (**Martin LACHKOVICS-Rafik ELOUARDI-Andreas RECHBAUER-Thomas GRIESSER**)		Paris	08.03.97
Siebenkampf	5817 p	**Thomas TEBBICH** (7,07 - 7,14 - 14,33 - 2,02 - 8,38 - 4,80 - 2:46,36)	ATG	Frankfurt	07.02.99

Foto: K. Brunbauer
Finallauf über 100m-Hürden bei den Staatsmeisterschaften 1999 in Kapfenberg: v.l.n.r. Tanya Gloggnitzer (4.), Daniela Wöckinger (2.), Elke Wölfling (1.).

MODERNER FÜNFKAMPF

ÖSTERREICHISCHER VERBAND MODERNER FÜNFKAMPF (ÖVMF)

gegründet 1970, 12 Vereine, 437 Mitglieder

Präsident: Obst Alexander Peirits, 2700 Wr. Neustadt, Am Reitweg 38, 2700 Wiener Neustadt, Postfach 216
Telefon 02622 / 244 37, Fax 02622 / 20 374
e-mail: peiritsalexander@aon.at

Vizepräsident (Sport): Obst Helmut Gruber, 2700 Wr. Neustadt, Burgplatz 1,Telefon 02622 / 66 751, Büro 02622 / 381 / 2137, Fax 02622 / 381 / 1711

Mitglied der
Union Internationale de Pentathlon Moderne (UIPM)
gegründet 1948, 84 Länder

Stade Louis II - Entrance E, 13 Avenue des Castelans
MC - 98000 Monaco,Telefon 00 377 9777 8555
Fax 00 377 9777 8550, e-mail: pentathlon@monaco.mc
http://www.pentathlon.org

1998 beschloss der UIPM-Kongreß in Monaco die Einführung eines neuen Bewerbes im Modernen Fünfkampf, BIATHLE, bestehend aus 1.500m Laufen, 200m Schwimmen und abschließend 1.500m Laufen. Die erste WM wurde im Oktober in Monte Carlo ausgetragen.

Unter der neuen Website der UIPM kann man Pentathlon News, internationale Wettkampfergebnisse sowie das gültige Wettkampfreglement und den internationalen Terminkalender abfragen.

ÖSTERREICHISCHE STAATSMEISTER 1999

Herren	Einzel	**Dieter GRUBER**	HSV Wr. Neustadt	N

ÖSTERREICHISCHE MEISTER 1999

Schüler	weibl.	Sandra VASELKA	N
Jugend C	weibl.	Marlene NEUBAUER	N
Jugend B	männl.	Markus WEBER	N

Foto: ÖVMF
Nicht nur durch neue Bewerbe wie Biathle, sondern auch durch Jugendwettkämpfe (Bild: Start zum abschließenden 2000m-Lauf) soll die Begeisterung für den Modernen Fünfkampf geweckt werden.

ORIENTIERUNGS-
LAUF

ÖSTERREICHISCHER FACHVERBAND FÜR ORIENTIERUNGSLAUF (ÖFOL)

gegründet 1966, 67 Vereine, 1.298 Mitglieder

1040 Wien, Prinz-Eugen-Straße 12
Telefon und Fax 01 / 505 03 93
e-mail: office@oefol.at; http://www.oefol.at
Dienstzeit: Dienstag 9 - 17 Uhr, Mittwoch 9 - 13 Uhr
und Donnerstag 11 - 19 Uhr, Mittwoch 9 - 13 Uhr

Präsident: Fritz Woitsch
2601 Sollenau, Matzendorferstr. 43, Telefon 02628 / 47 460

Sekretärin: Gerti Gigon, Fadenweg 16, 2301 Probstdorf

Offizielle Verbandszeitung: „Orientierung", erscheint 4mal jährlich

Mitglied der
Internationalen Orientierungslauf-Föderation (IOF)
gegründet 1961, 51 Länder

Radiokatu 20, FI-00093 SLU, Finnland, Telefon 00 358 / 9 / 3481 3112
Fax 00 358 / 9 / 3481 3113, e-mail: iof@orienteering.org
http://www.orienteering.org

Das Jahr 1999 stand aus OL-Sicht vollkommen unter dem strahlenden Stern der Salzburgerin Lucie Böhm vom ASKÖ Henndorf. Sie bestätigte ihren Sieg auf der Sprintdistanz bei der WM 1997 in Trondheim/Norwegen im Jahr 1999 in Inverness/Schottland mit dem Vizeweltmeistertitel. Als krönenden Abschluss der Laufsaison erkämpfte sie bei der Park-World-Tour 1999, bei der nur die weltbesten Orientierungsläufer eingeladen waren, nicht nur den Sieg in Shanghai, sondern auch den ausgezeichneten 2. Platz im Gesamtklassement, wobei sie den Sieg nur um einen Punkt verfehlte.

Mit dieser WM endet auch der Vertrag mit unserem Schweizer Erfolgstrainer Ulu Aeschlimann, der nach vier Jahren Kaderarbeit und 2 WM-Medaillen neue Herausforderungen sucht. Am 3. September 1999 nominierte das Präsidium einstimmig den ungarischen Weltklasseläufer und Spitzentrainer Dr. Agoston Dosek zum neuen Trainer des Elite- und Juniorenkaders.

In Varna/Bulgarien schnupperten die österreichischen Junioren WM-Luft. Besonders die Leistungen der Mädchen geben Anlass zu berechtigten Hoffnungen für die Zukunft. Andrea Eisl (ASKÖ Henndorf) erreichte im klassischen Finallauf den sehr guten 24. Platz, in der Staffel erkämpfte das Team Fruzsi Hejjas (TVN Wien), Birgit Eisl und Andrea Eisl (beide ASKÖ Henndorf) den ausgezeichneten 8. Platz.

Erstmals organisierte der HSV-Aigen auch eine Österr. Mountain-Bike-Orienteering-Meisterschaft (MTB-O) in Bad Mitterndorf. Diese aufstrebende, dem Zeitgeist entsprechende neue Sparte des Orientierungssportes wurde zusätzlich durch eine internationale MTB-O Weltcup-Veranstaltung in Mieming/Tirol, veranstaltet vom HSV-Absam, ins Licht der Öffentlichkeit gerückt.

ÖSTERREICHISCHE STAATSMEISTER 1999

Damen			
Einzel	Langstrecken-OL	**Michaela GIGON**	W
	Nacht-OL	**Claudia BONEK**	W
	Ski-OL	**Martina PREHSLER**	W
	Ski-OL Sprint	**Raphaela HECHL**	T
	Sprint-OL	**Michaela GIGON**	W
	Tag-OL	**Brigitte GSCHÖPF**	W
Staffel	Ski-OL	**Jasmin SCHUH/Uschi VARGA**	B
	Staffel-OL	**Andrea EISL/Christine MÜLLER/Birgit EISL**	S
Herren			
Einzel	Langstrecken-OL	**Jürgen EGGER**	St
	Nacht-OL	**Michael STOCKMAYER**	N
	Ski-OL	**Johann KUGLER**	O

	Ski-OL Sprint	**Johann KUGLER**	O
	Sprint-OL	**Thomas KREJCI**	St
	Tag-OL	**Thomas KREJCI**	St
Staffel	Ski-OL	**Max HABENICHT/Dieter MIKULA/Markus BUCHTELE**	K
	Staffel-OL	**Jürgen HARTINGER/Christian MOHN/ Jürgen EGGER**	St

ÖSTERREICHISCHE MEISTER 1998

Tag-OL

Damen	17-18 Jahre	Birgit EISL	ASKÖ Henndorf	S
	15-16 Jahre	Nina STRIEDNIG	OLT Klagenfurt	K
	13-14 Jahre	Sabine FUCHS	HSV Wr. Neustadt	N
	-12 Jahre	Marlene LEPUSCHITZ	SU Klagenfurt	K
	über 35 Jahre	Regina HABENICHT	SU Klagenfurt	K
	über 40 Jahre	Angelina MARINOVA	LZ Omaha	B
	über 45 Jahre	Traude FESSELHOFER	ASKÖ Mödling	N
	über 50 Jahre	Elfi WAGNER	TVN Linz	O
	über 55 Jahre	Ulrike RODER	HSV Ried	O
Herren	19-20 Jahre	Felix BREITSCHÄDEL	ASKÖ Henndorf	S
	17-18 Jahre	Andreas EGLSEER	HSV Kremstal	O
	15-16 Jahre	Gernot KERSCHBAUMER	HSV Pinkafeld	B
	13-14 Jahre	Ernst BOSINA	TVN Wien	W
	-12 Jahre	Wolfgang SIEGERT	WAR	W
	über 35 Jahre	Peter BONEK	TVN Wien	W
	über 40 Jahre	Claus HERMANN	HSV Wr. Neustadt	N
	über 45 Jahre	Franz HARTINGER	LAC Leibnitz	St
	über 50 Jahre	Leopold TONKA	HSV Salzburg	S
	über 55 Jahre	Curt MAIER	OLC Union Viktring	K
	über 60 Jahre	Max WAGNER	TVN Linz	O

Nacht-OL

Damen	17-18 Jahre	Agota Fruzsi HEJJAS	TVN Wien	W
	15-16 Jahre	Jasmin SCHUH	HSV Pinkafeld	B
	13-14 Jahre	Sabine FUCHS/Anita SEEBÖCK	HSV Wr. Neustadt	N
	-12 Jahre	Manuela CERWENKA/ Stephanie KELLNER	HSV Wr. Neustadt	N
	über 35 Jahre	Gabi SCHMID	TVN Tyrolia Veitsch	St
	über 40 Jahre	Ilse PREHSLER	OLT Tarnsdanubien	W
	über 45 Jahre	Elisabeth KNAPP	OLC Wienerwald	W
	über 50 Jahre	Elfi WAGNER	TVN Linz	O
	über 55 Jahre	Dietlinde VENHAUER	OLCU Viktring	K
Herren	19-20 Jahre	Felix BREITSCHÄDEL	ASKÖ Henndorf	S
	17-18 Jahre	Florian KÖLBL	LAC Leibnitz	St
	15-16 Jahre	Martin PONGRATZ	HSV Pinkafeld	B
	13-14 Jahre	Gustav BENEDEK/ Stefan HALWACHS	HSV Pinkafeld	B
	- 12 Jahre	Manuel KÖGLER/ Stefan ROSENBERGER	HSV Wr. Neustadt	N
	über 35 Jahre	Roland ARBTER	TVN Wien	W
	über 40 Jahre	Claus HERMANN	HSV Wr. Neustadt	N
	über 45 Jahre	Willibald KREBS	HSV Imm. Hammerl Graz	St
	über 50 Jahre	Curt MAIER	OLCU Viktring	K
	über 55 Jahre	Heinrich FELBAUER	HSV Steyr	O
	über 60 Jahre	Max WAGNER	TVN Linz	O

Langstrecken-OL

Damen	17-18 Jahre	Agota Fruzsi HEJJAS	TVN Wein	W
	über 35 Jahre	Ulrike STRIEDING	OLT Klagenfurt	K
	über 40 Jahre	Angelina MARINOVA	LZ Omaha	B
	über 45 Jahre	Elisabeth KNAPP	OLC Wienerwald	W
	über 50 Jahre	Elfi WAGNER	TVN Linz	O
	über 55 Jahre	Leopoldine ERTL	OLT Klagenfurt	
Herren	19-20 Jahre	Felix BREITSCHÄDEL	ASKÖ Henndorf	S
	über 35 Jahre	Peter BONEK	TVN Wien	W
	über 40 Jahre	Eugen KAINRATH	HSV Pinkafeld	B
	über 45 Jahre	Franz HARTINGER	LAC Leibnitz	St
	über 50 Jahre	Leopold TONKA	HSV Salzburg	S
	über 55 Jahre	Heinrich FELBAUER	HSV Steyr	O
	über 60 Jahre	Max WAGNER	TVN Linz	O
	über 65 Jahre	Erich SOMMAVILLA	HSV Wr. Neustadt	N

Staffel-OL

Damen	15-18 Jahre	ASKÖ Henndorf	S
		Julia BREITSCHÄDEL/Ina SIMADER/Edith MÜLLER	
	-14 Jahre	OLT Transdanubien	W
		Nicole CHWADLINSKY/Tamara PINTERICH/Sonja STANGE	
	über 35 Jahre	TVN Linz	O
		Maria OBERMÜLLER/Elfi WAGNER/Anneliese ZIEGERHOFER	
Herren	17-18 Jahre	HSV Wr. Neustadt	N
		Stephan SEEBÖCK/Stefan CERWENKA/Markus PLOHN	
	15-16 Jahre	HSV Pinkafeld	B
		Martin PONGARTZ/Gernot KERSCHBAUMER/Martin BINDER	
	13-14 Jahre	TVN Wien	W
		Ernst BOSINA/Philipp BRUCHBACHER/Franz KROPATSCHEK	
	-12 Jahre	HSV Wr. Neustadt	N
		Manuel KÖGLER/Bernhard KOISER/Stefan ROSENBERGER	
	über 35 Jahre	HSV Pinkafeld	B
		Eugen KAINRATH/Gottfried SPANRING/Karl LANG	
	über 45 Jahre	HSV Salzburg	S
		Leopold TONKA/Jakob BUCHBERGER/Franz NAGELE	
	über 50 Jahre	HSV Pinkafeld	B
		Rudolf KRIZ/Paul ZIERMANN/Franz MAIER	

Mannschafts-OL

Damen	15-18 Jahre	HSV Pinkafeld	B
		Jasmin SCHUH/Elisabeth HOCHWARTER/Uschi VARGA	
	-14 Jahre	HSV Wr. Neustadt	N
		Anita SEEBÖCK/Sabine FUCHS/Sabine VESELKA	
	über 19 Jahre	ASKÖ Henndorf	S
		Lucie BÖHM/Christine MÜLLER/Andrea EISL	
	über 35 Jahre	OLC Wienerwald	W
		Karin BROINGER/Gunnel NILSSON/Elisabeth KNAPP	
Herren	15-18 Jahre	HSV Pinkafeld	B
		Martin PONGRATZ/Gernot KERSCHBAUMER/Markus LANG	
	- 14 Jahre	ASKÖ Henndorf	S
		Philip WIESBERGER/Manuel WIESBERGER/Michael RIEDL	
	über 19 Jahre	LAC Leibnitz	St
		Jürgen EGGER/Jürgen HARTINGER/Christian MOHN	
	über 35 Jahre	HSV Imm. Hammerl Graz	St
		Willi KREBS/Gerhard HUBMANN/Michael MELCHER	

	über 45 Jahre	ASKÖ Henndorf Edi BÖHM/Leo MÜLLER/Franz HELMINGER sen.	S

Mountainbike-Orienteering

Damen	über 19 Jahre	Antje BORNHAK	T
Herren	über 21 Jahre	Dietmar DÖRFLER	N

WELTMEISTERSCHAFTEN 1999

1.-8.8.1999, Inverness, SCO

Damen	Sprint	2. Lucie BÖHM	25 Länder	60 Teilnehmerinnen

WELTCUP STADT-OL

Gesamtwertung Damen 2. Lucie BÖHM

PFERDE-SPORT

BUNDESFACHVERBAND FÜR REITEN UND FAHREN IN ÖSTERREICH (BFV)

gegründet 1962, 1.066 Vereine, 39.283 Mitglieder

1110 Wien, Geiselbergstraße 26-32/5/2
Telefon 01 / 74 99 261, Fax 01 / 74 99 261 / 91 oder 90
e-mail: office@fena.at, http://www.fena.at
Dienstzeit: Montag - Freitag 9 - 15 Uhr

Präsident: Prof. Dr. hc. Manfred Mautner Markhof
1100 Wien, Mautner Markhofgasse 39 - 41

Offizielle Verbandszeitschrift: "Pferderevue", 12mal jährlich

Mitglied der
Fédération Èquestre Internationale (FEI)
gegründet 1921, 125 Länder

CH-1000 Lausanne 5, Mon-Repos 24, B.P. 157, Schweiz
Telefon 00 41 / 21 / 310 4747, Fax 0041 / 21 / 310 47 60

e-mail: info@horsesport.org; http://www.horsesport.org

Durch zwei herausragende Ritte hat Stefan Peter aus der Steiermark bei den Europameisterschaften in der Dressur in Arnheim, Niederlande, einen Quotenplatz in der Dressur für die Olympischen Spiele in Sydney erreicht. Die Gespann-Fahrer haben bei der WM im Zweispänner-Fahren ihre Klasse durch eine Medaille in der Mannschaft bewiesen. Mit dem Weltmeistertitel in der Isländer Passprüfung und eine Medaille im Isländer Fünfgang hat Österreich auch in dieser Sparte an die Erfolge der Vergangenheit angeschlossen.

1999 wurden in Österreich die EM der Ländlichen Reiter in der Vielseitigkeit, die Dressur-EM der JuniorInnen und im Horseball ausgetragen.

Seit Oktober ist der Bundesfachverband im Internet mit einer eigenen Web-Seite vertreten. Durch dieses neue Medium sollen Funktionäre, Presse, Mitglieder und Sportler einfacher an aktuelle Informationen gelangen.

Auch im Jahr 1999 hielt der Aufwärtstrend im Reitsport an. Ein weiterer Antrieb für diese Entwicklung wird das neue Regelwerk für breitensportliche Veranstaltungen sein, das der Verband im Jahr 2000 herausgibt. An breitensportlichen Bewerben, denen der Fit-Gedanke zu Grunde liegt, können auch Nichtmitglieder teilnehmen.

ÖSTERREICHISCHE STAATSMEISTER 1999

Dressur		**Stefan PETER (BonVoyage)**	St
Fahren		**Georg MOSER (Arino, La Salle)**	S
Springen	Einzel	**Thomas FRÜHMANN (Prokopp'sDumbo)**	N
	Mannschaft	**Andreas WEGENER (Landria)/ Astrid WÖSS (Shades of luck 2)/ Helmut MORBITZER (Nikita XVII)/ Josef SCHWARZ (Inflagranti 2)**	O
Vielseitigkeit		**Wolfgang RUST**	S
Voltigieren	2 Phasen	**Tobias SKIBA (Qony)**	O
	Gruppe	**VG Club 43 - Manuela BAROSCH (Dario)/ Isabella STEINBERGER/Andrea EBERLEIN/ Katrin BAUMGARTNER/Mirijam BLATTL/ Gabriele PODOVIN/Katharina POPP/ Isabella CASNY/Tamara RUMLER**	N
	Damen	**Sissy JARZ (Dorakis)**	St
	Herren	**Georg ROSENBERGER (Yukon 3)**	St

ÖSTERREICHISCHE MEISTER 1999

Dressur	Jugend	Katrin ATSCHKO (Boris 9)	St
	Junioren	Victoria MAX-THEURER (Agrigento)	O
	Junge Reiter	Nina STADLINGER (Egalité)	St
Springen	Jugend	Thomas BURGER (Disco Queen)	T
	Junioren	Michaela BECK (Roxanne)	N
	Junge Reiter	Doris VOGGENBERGER (Caprilla)	S
Vielseitigkeit	Jugend	Tatjana KOCMATA (Revers)	N
	Junioren	Tamara ZISSER (Irish Magic Woman)	St
Ponies			
Dressur	Allg. Kl.	Nina HÖLLER (Prinz 15)	N
	Jugend	Julia KLEINDIENST (Cassino)	N
Springen	Allg. Kl.	Marion HOLLWEGER (Rebel Lord)	K
	Jugend	Thomas BURGER (Lucky Luke 13)	T
Vielseitigkeit	Allg. Kl.	Bettina PUS (Joe John)	N
	Jugend	Anna MAYERL (Gladys)	St
Westernreiten			
Reining		Karin RÖDL (He Is A Jac)	N
Trail		Walter LUKAS (Mr. Sugartear)	O
Western Pleasure		Johanna GRABNER (Zip N Time Love)	O
Western Riding	Gabriele DAUTZENBERG (Etta Way To Zip)		N
Distanzreiten		Daniela ENTNER (Sihanouk)	O
Isländer			
Viergang	Allg. Kl.	Brigitte KARMUS (Thridi vom Hausruckhof)	O
	Jugend	Julia CORTOLEZIS (Eddi frá Langholtsparti)	St
	Junge Reiter	Inger LANKMAYER (Nattfari vom Kirchberg)	St
Fünfgang	Allg. Kl.	Elke SCHÄFER (Blear fra Minni-Borg)	St
	Jugend	Sabine PATTERMANN (Gosi)	St
	Junge Reiter	Sonja LOOS (Krummi-Ringo frá Snjallst)	O
Jugend Vierkampf			
	Einzel	Raphael JAHN (Sidney)	S
	Mannschaft	Yvonne WALLNER (Windsor)/Raphael JAHN (Sidney) Daniel ORTNER (Calgary)/Rene WALLNER (Windsor)	S
Fahren			
alle Rassen	Einspänner	Rudolf PIRHOFER (Loretto 5)	O
	Vierspänner	Josef KRONBICHLER	T
Kaltblut	Einspänner	Andrea DROBETSBERGER (Gela Bapsy)	N
	Zweispänner	Heinrich SCHEIBLHOFER (Amos, Maltus, Diamant XI)	O
Haflinger	Einspänner	Helga PÖTSCH	T
	Zweispänner	Josef STICKELBERGER (Wito, Weran)	N
Viergang	Allg. Kl.	Brigitte KARMUS (Thridi vom Hausruckhof)	O
Fünfgang	Allg. Kl.	Elke SCHÄFER (Blear frá Minni-Borg)	St

BUNDESMEISTERSCHAFTEN DER LÄNDLICHEN REITER 1999

Haflinger			
Springen	Allg. Kl.	Bernhard EICHER (Stern)	K
	Jugend	Tanja PÖTSCHER (Stanislaus 2)	K
	Junioren	Christina ZWINZ (Ganove Mucky)	N
	Mannschaft	Steiermark I Gabriele SCHÖNAUER (Gisela)/Philip BLINDHOFER (Wilsen)/ Claudia RUSCHIZKA (Andi 3)/Manfred RINNHOFER (Fräulein)	St

Dressur	Allg. Kl.	Michaela WÜRCHER (Goliath 8)	N
	Jugend	Barbara FESTI (Aki)	St
	Junioren	Katharina BÖCK (Lysette 2)	N
	Junge Reiter	Doris IRASCHEK (Bongo)	O
	Mannschaft	Niederösterreich I	N
		Dagmar PÖLZ (Westwind 6)/Ulrike WENIGHOFER (Nachtstern)/ Katharina BÖCK (Lysette 2)/Michaela WÜRCHER (Goliath 8)	
Noriker	Dressur	Stefan EHAMMER (Sabrina)	T
	Springen	Leonhard BRÖTZNER (Lisa)	S
Warmblut			
Dressur	Allg. Kl.	Robert ORSOLITS (Wildprinz)	St
	Jugend	Michaela ALTENBURGER (Kronenkönig)	St
	Junioren	Christian SCHUHMACH (Alexander 1)	K
	Mannschaft	Karin HUBMANN (Maurice 2)/Barbara BLODERER (Frascati 3)/ Patricia HAAS (Pablo Picasso)/Sabine SCHELCH (Heliotrop)	
Springen	Allg. Kl.	Alfred GREIMEL (Domgraf)	St
	Junioren	Sandra KAMMERHOFER (Evita)	St
	Jugend	Kerstin LEDERHAAS (Lysander 3)	St
	Mannschaft	Burgi FEHLEISEN (Pipacs)/Hannes DEUTSCH (Taifun)/ Isabella FOLKHARD (Arriva)/Marcus SAURUGG (Lucca)	

BUNDESLÄNDERMANNSCHAFTSMEISTERSCHAFTEN 1999

Springen		Kärnten – Katrin Raunegger
Dressur		Burgenland - Peter GERÖ (Sir Gustav)/Andrea SEIDL (Granado)/ Peter GMOSER (Visconte)/Sabine WEISSENBÄCK (Tin Royal)
Vielseitigkeit		Steiermark - Petra MAUL (Boccaccio)/Barbara MANDL (Indian)/Andrea Van HOFFS (Spalato)/Britta HÖPFLINGER (Penelope)/ Andreas ZEHRER (Rämmi Dämmi)/Harald RIEDL (Foxy)
Voltigieren		Tirol – Jaqueline HELM/Barbara BAUMGARTNER/Barbara ZANON/ Tamara GALLHUBER/Lisa HELM/Claudia GARTLACHER
Fahren	Zweispänner	Steiermark - Josef MAIERHOFER (Karenina, Lotte 35)/ Alois SCHLAGBAUER (Hendo Romi, Roky)/ Hubertus THUNHART (Fitur, Ramses)
Ponies		
Dressur		Niederösterreich I - Katharina BÖCK (Lysette 2)/ Julia REISCHÜTZ (Liberia 2)/Julia KLIENDIENST (Cassio)/ Markus JUNGWIRTH (Donna 2)
Springen		Niederösterreich I - Michaela WOLLINGER (Hot Lady)/ Julia KLEINDIENST (Jasmin 2)/Simone SCHEIBLAUER (Shirtey 3)/ Pilar KOUKOL (Vithy)
Distanzreiten		Steiermark I - Marguerita WAGNER (Royal Russian Mungo)/ Günter RINGHOFER (Darius 5)/Harald GRINSCHGL (Shagya 888 Ibn)/ Karin TÖSCH (Ghazal 690)/Estner TORNER (Sjuss)
Western		Oberösterreich I - Annemarie GUGG (Galant 8)/ Katharina FRÖHLICH (Festus)/Georg FRÖHLICH (Farag 2)/ Josef FELLNER (Nikki Dee Dun It)/Walter LUKAS (Mr. Sugartear)

WELTMEISTERSCHAFTEN 1999

Isländer, 1.8.1999, Rieden, GER

Fünfgang	3. Elke SCHÄFER (Blaer fra Minni Borg)	7 Länder	10 Teilnehmer
Passprüfung	1. Höskuldur ADALSTEINSSON (Ketill)	11 Länder	27 Teilnehmer

Passrennen	4. Höskuldur ADALSTEINSSON (Ketill)	12 Länder	23 Teilnehmer
Töltpreis	4. Reinhard LOIDL (Audur Fiflholti)	6 Länder	11 Teilnehmer
Nationenwertung	3. Österreich	16 Länder	16 Mannschaften

Fahren, 18.-22.8.1999, Kecskemet, HUN

Zweispänner	3. Georg MOSER/Rainer POINTL/ Isidor WEBER	19 Länder	19 Mannschaften

Orientierungsreiten, 24.-26.9.1999, Avenches, SUI

Mannschaft	3. Markus DANNER/Friedrich KRIECHBAUMER/ Friedrich PIFFL/Johannes DANNER	7 Länder	7 Mannschaften

Behindertenreiten-Dressur, 30.7.-1.8.1999, Aarhus, DEN

Stufe III	6. Gabriele BROSER (Sisse)	26 Länder	26 Teilnehmer

EUROPAMEISTERSCHAFTEN 1999

Dressur

Junge Reiter, 12.-15.8.1999, Ksiasz, POL

Mannschaft	3. Tina TENTSCHERT/Nina STADLINGER/ Karin GRÜNBECK/Hannes MAYR	12 Länder	12 Mannschaften

Junioren, 25.-29.8.1999, Achleiten, AUT

Einzel	3. Victoria MAX-THEURER	5 Länder	12 Teilnehmer
Mannschaft	3. Dorina SCHRAML/Caroline KOTTAS-HELDENBERG/Katrin ATSCHKO/ Victoria MAX-THEURER	15 Länder	15 Mannschaften

Horse-Ball, 27.-30.5.1999, Wels, AUT

	3. Walter HIESBERGER Werner VOGT/Axel GUTTMANN/ Nicol KMEHL/Geritt WÜNSCH/Hannes HIESBERGER/ Angelika SCHLAGER/Fritz SCHECK	8 Länder	8 Mannschaften

Ländliche Reiter, 9.-11.7.1999, Feldbach, AUT

Mannschaft	2. Wolfgang RUST (HUNTER)/Andreas RIEDL (Ghost Lodge Boy)/ Harald SIEGL (Gigant)/Sandra SEIDINGER Commander)/ Clemens CROY (Mangan)/ Andreas ZEHRER (Rämmi Dämmi)	9 Länder	9 Mannschaften
Einzel	4. Wolfgang RUST (Hunter)	9 Länder	52 Teilnehmer
	6. Andreas ZEHRER (Rämmi Dämmi)		

Ponies, 8.-11.7.1999, Saumur, FRA

Vierspänner Mannschaft	5. Peter SCHENK/Franz FEICHTINGER/ Josef KRONBICHLER	6 Länder	6 Mannschaften

Voltigieren, 17.-21.8.1999, Nitra, SVK

Damen Einzel	6. Sissi JARZ (Dorakis)	15 Länder	25 Teilnehmerinnen

ÖRV

ÖSTERREICHISCHER RADSPORTVERBAND (ÖRV)

gegründet 1973 (ÖRK 1946), 396 Vereine, 41.093 Mitglieder

1110 Wien, Kaiser-Ebersdorfer-Straße 46B
Telefon 01 / 768 16 91 u. 92, Fax 01 / 768 16 76
e-mail: oerv@aon.at; http://www.asn.or.at/oerv
Dienstzeit: Mo-Do 8 - 16.30 Uhr, Fr 8 - 14 Uhr

Präsident: GD Otto Flum, p.A. Österreichischer Radsport - Verband

Offizielle Verbandszeitschrift: „ÖRV-Info", 9 mal jährlich

Mitglied der
Union Cycliste Internationale (UCI)
gegründet 1900, 156 Länder

CH-1007 Lausanne, 37 Route de Chavannes
Telefon 00 41 / 21 / 622 05 80, Fax 00 41 /21 / 622 05 88

der
Union Européenne de Cyclisme (UEC)
gegründet 1990, 21 Länder

CH-8703 Erlenbach-Zürich, Case postale 339
Telefon und Fax 00 41 / 1 / 91 20 446

Die in allen Sparten, Disziplinen und Kategorien des Radsports gezeigten Leistungen 1999 machen den Jahrtausendausklang zu einer der erfolgreichsten Saisonen in der Radsportgeschichte Österreichs.

Das Straßen-Nationalteam war bei zahlreichen großen Rundfahrten in Deutschland, Österreich und Frankreich am Start, bei denen die österreichischen Fahrer im Gesamtendklassement immer unter den ersten 5 Rängen zu finden waren. Der vom ÖRV eingeschlagene Weg, das Hauptaugenmerk der Verbandsarbeit in sportlicher Hinsicht auf die U-23- und Junioren-Kategorien zu richten, hat erneut seine Bestätigung erfahren. Der U-23-Fahrer Gerhard Trampusch konnte sich in dieser Saison bei allen Teameinsätzen ausgezeichnet in Szene setzen. Ein „Profivertrag" beim Team Deutsche Telekom für die Saison 2000 war der Lohn für seine Leistungsstabilität und weist darüberhinaus seinen Kollegen den Weg. Auch für Kapitän Jochen Summer trugen seine ansprechenden Leistungen bei allen internationalen U-23 Einsätzen – u. a. Sieg bei der „Int. Ernst-Sachs-Tour" – Früchte: Der 2. Platz in der Weltrangliste der UCI für U-23-Athleten ist sicher eine Empfehlung für die Zukunft.

Der letzte Saisonhöhepunkt dieses Jahres war Anfang Oktober die Weltmeisterschaft in Italien. Österreichs Aushängeschild im Junioren-Straßensport, Bernhard Eisel, erzielte nach offensiver Renngestaltung den ausgezeichneten 5. Platz. Nur wenige Wochen zuvor war es ihm gelungen, 18 Jahre nach dem letzten Gesamtsieg bei der damaligen Dusika-Tour durch Paul Popp, souverän die „Int. Bank Austria-Junioren Tour 1999" für sich zu entscheiden. Johannes Sattlecker unterstreicht mit seinem 3. Gesamtrang bei der Oberösterreich-Junioren-Rundfahrt (zählt wie die Bank-Austria-Tour zum Weltkalender für Juniorenrennen) die positive sportliche Entwicklung der zukünftigen Leistungsträger.

Trotz der Sperre der Wiener Radrennbahn konnte sich das Bahn-Team um Franz Stocher, Werner Riebenbauer, Roland Garber und Mag. Michaela Brunngraber für die Teilnahme an der Bahn-WM Ende Oktober in Berlin qualifizieren. Dort sicherten sie mit Top-Leistungen die internationale Qualifikation für die Teilnahme an den Olympischen Spielen (in den Disziplinen Americaine und Punktefahren – Damen und Herren) ab.

Im MTB Sport war 1999 das herausragendste Ergebnis der 1. Platz bei der EM-Downhill von Florentina Möser (La Molina, Spanien). Auch beim größten heimischen MTB-Event, dem Weltcup-Downhill in Kaprun, vermochte die Sportlerin mit einem 5. Platz ihre Ausnahmestellung zu bestätigen. Im Cross Country Bereich gelang es Siegfried Zorn, unter die ersten 100 der Weltrangliste vorzustoßen, und somit die Basis für die Olympiaqualifikation zu legen. Auch im Veranstaltungsbereich konnte Österreichs MTB-Sport einen großen Erfolg für sich verbuchen, beim Weltkongress der UCI wurde die Ausrichtung der MTB-WM 2002 an die Europasportregion Kaprun/Zell am See vergeben.

Durch den Rücktritt der beiden Kunstfahrerinnen Marika und Heike Müller – mehrfache Medaillengewinnerinnen im 1-er und 2-er Kunstfahren – setzte die erfolgsverwöhnte Sparte Saalsport alles auf die Karte Nachwuchs. Erfolgreich, wie die Medaillengewinne bei der Junioren-EM und -WM beweisen.

Auch im BMX-Sport wurden die Leistungen der Saison 1999 mit Edelmetall belohnt. Simone Dür setzte sowohl bei der EM als auch bei der WM durch ihren 2. Rang die Glanzpunkte.

ÖSTERREICHISCHE STAATSMEISTER 1999

Mountainbike			
Frauen	Cross Country	**Ulrike BAUMGARTNER**	O
	Downhill	**Anita MOLCIK**	W
Männer	Cross Country	**Siegfried ZORN**	T
	Downhill	**Richard PALL**	St
Querfeldein		**Johannes MÜLLER**	V
Saalsport			
Frauen	1-er Kunstfahren	**Daniela MICHELUZZI**	V
	2-er Kunstfahren	**Sabrina THEINER/Sarah KOHL**	V
Männer	1-er Kunstfahren	**Hannes MÄHR**	V
	Radball	**Marco SCHALLERT/Dietmar SCHNEIDER**	V
Straße			
Frauen	Einzel	**Ulrike BAUMGARTNER**	O
	Einzelzeitfahren	**Birgit WINTER**	W
Männer	Berg	**Gerhard TRAMPUSCH**	T
	Einzel	**Hannes HEMPEL**	O

ÖSTERREICHISCHE MEISTER 1999

Straße			
Einzel	U 23	Ralf SCHERZER	T
	Junioren	Johannes SATTELECKER	O
	U 17	Harald BERGER	T
	U 15	Florian MOSER	St
	Master	Franz SCHOIBL	S
Berg	Junioren	Johannes SATTELECKER	O
	U 17	Michael NEUMANN	T
	Master	Karl GILLMAYR	O
	Frauen	Ulrike BAUMGARTNER	O
Einzelzeitfahren	U 23	Jochen SUMMER	St
	Junioren	Bernhard EISEL	ITA
	U 17	Harald BERGER	T
	U 15	Florian MOSER	St
	Master	Reinhard EISENBAUER	O
Querfeldein	Junioren	Harald STARZENGRUBER	S
	U 17	Daniel HUFNAGEL	N
	U 15	Daniel PLANCHET	V
Saalsport			
1-er Kunstfahren	Junioren weibl.	Verena SPIEGEL	V
	Schüler weibl.	Sarah KOHL	V
	Junioren männl.	Andreas FRITSCH	V
	Schüler männl.	Manuel FRICK	V
2-er Kunstfahren	Herren	Andreas FRITSCH/Matthias FRITSCH	V
	Junioren weibl.	Sabrina THEINER/Sarah KOHL	V
	Junioren männl.	Andreas FRITSCH/Matthias FRITSCH	V
	Schüler weibl.	Stefanie HOLLENSTEIN/Linda HOLLENSTEIN	V

4-er Kunstfahren Junioren weibl.		Katharina GÖSSEL/Katrin HAGEN/ Sabine NICOLUSSI/ Martina SCHWAR	V
Radball	Klasse B	Christian KAINZ/Markus SCHELLING	V
	Jugend	Thomas BURTSCHER/Martin LINGG	V
	Schüler	Markus BRÖLL/Mathias BURTSCHER	V
BMX	Girls 6-12	Nina PLANK	N
	Girls 13+	Simone DÜR	V
	Boys 8-9	Michael PILS	N
	Boys 10-11	Klaus JESSACHER	V
	Boys 12-13	Markus GRALLER	V
	Boys 14-16	Martin REITHOFER	St
	Boys 17+	Jürgen SCHELLING	V
	Cruiser -29	Martin WEINFURTER	St
	Cruiser 30 +	Hubert REITHOFER	St
Mountainbike			
Cross Country	U 23	Christoph SOUKUP	W
	Junioren	Michael WEISS	W
	U 17 männl.	Michael SCHWAIGER	K
	U 17 weibl.	Sandra SIMON	N
	U 15 männl.	Ingo SAUER	K
	U 15 weibl.	Angelika HOHENWARTER	K
	Master	Erwin HAMMERSCHMID	O
Downhill	Junioren	Oliver WEBER	K
	Master	Bernhard SCHMUCK	St
Hillclimb	Herren	Hans-Peter OBWALLER	S
	U 23	Robert KIRCHER	K
	Junioren	Markus WEBER	V
	Master	Hans HUMER	O
	Damen	Ilse ARNOLD	T
Dualslalom	Herren	Roman LAGLER	N
	Junioren	Oliver WEBER	K
	Damen	Anita MOLCIK	W

WELTMEISTERSCHAFTEN 1999

BMX, 19.-21.07.1999, Vallet, FRA

Juniorinnen		2. Simone DÜR	30 Länder	1775 Teilnehmerinnen
		6. Seraphine DUPUIS		

Saalsport, 19.-21.11.1999, Funchal, ESP

Frauen	2-er Kunstfahren	**1. Sabrina THEINER/ Sarah KOHL**	9 Länder	9 Mannschaften
	1-er Kunstfahren	6. Daniela MICHELUZZI	12 Länder	12 Teilnehmerinnen
Männer	1-er Kunstfahren	3. Hannes MÄHR	13 Länder	13 Teilnehmer
	Radball	2. Dietmar SCHNEIDER/ Marco SCHALLERT	11 Länder	11 Mannschaften

Straße, 4.-10.10.1999, Treviso und Verona, ITA

Junioren	Einzel	5. Bernhard EISEL	43 Länder	171 Teilnehmer

Bahn, 20.-24.10.1999, Berlin, GER

	Punktefahren	7. Franz STOCHER	24 Länder	24 Teilnehmer
	Americaine	9. Franz STOCHER/ Roland GRABER	18 Länder	18 Mannschaften

Mountainbike, 11.-19.9.1999, Are, SWE
Cross Country

Junioren		9. Markus WEBER	28 Länder	88 Teilnehmer

EUROPAMEISTERSCHAFTEN 1999

BMX, 9.-11.7.1999, Valkenswaard, NED

Juniorinnen		2. Simone DÜR	23 Länder	1500 Teilnehmerinnen

Mountainbike, 3.-4.7.1999, La Molina, ESP

Damen	Downhill	**1. Florentina MÖSER**	12 Länder	32 Teilnehmerinnen

Saalsport, 14.-15.5.1999, Ginsheim, GER

Junioren	Radball	2. Martin LINGG/ Thomas BURTSCHER	7 Länder	7 Mannschaften
	2-er Kunstfahren	2. Sabrina THEINER/ Sarah KOHL	7 Länder	7 Mannschaften
	4-er Reigen Kunstfahren	3. Katharina GRÖSSL/Kathrin HAGEN/ Sabine NICOLUSSI/ Martina SCHWAR	6 Länder	6 Mannschaften

INTERNATIONAL GUT BESETZTE VERANSTALTUNGEN

Straße

Int. 3 Etappen-Rundfahrt Frankfurt, GER, 22.-24.5.1999

Gesamt	4. Bernhard EISEL	10 Länder	108 Teilnehmer

Int. Grand Prix General Patton, LUX, 10.-11.7.1999

Gesamt	7. Harald STARZENGRUBER	8 Länder	162 Teilnehmer
	8. Bernhard KOHL		

Int. Oberösterreich-Junioren Rundfahrt - zählt zum Weltcup für Junioren, 1.-4.7.1999

Gesamt	3. Johannes SATTELECKER	13 Länder	115 Teilnehmer
	5. Andrew BRADLEY		
	6. Bernhard KOHL		
	10. Martin GRATZER		

Int. Bank Austria Junioren Rundfahrt zählt zum Weltcup für Junioren, 15.-18.9.1999

Gesamt	**1. Bernhard EISEL**	18 Länder	120 Teilnehmer
	9. Christoph SCHLÖGL		

Int. Giro delle Marche, ITA, 2.-6.4.1999

Gesamt	5. Matthias BUXHOFER	16 Länder	129 Teilnehmer

Int. Thüringen Rundfahrt, GER, 19.-25.4.1999

Gesamt	2. Gerhard TRAMPUSCH	8 Länder	123 Teilnehmer

Int. Rund um den Henninger Turm, GER zählt zum Weltcup für U 23, 1.5.1999

	2. Jochen SUMMER	6 Länder	126 Teilnehmer
	7. Gerhard TRAMPUSCH		

Int. ÖBV-Classic - Traismauer - Rabenstein - Gresten, 13.-16.5.1999

Gesamt	4. Gerhard TRAMPUSCH	7 Länder	105 Teilnehmer

Int. Kroatien Rundfahrt, CRO, 15. - 23. Mai 1999

Gesamt	3. Joachim LADLER	7 Länder	77 Teilnehmer

Bank Austria Tour - 51. Int. Österreich-Rundfahrt, 7.-13.6.1999

Gesamt	2. Georg TOTSCHNIG	11 Länder	123 Teilnehmer
	4. Gerhard TRAMPUSCH		
	5. Thomas MÜHLBACHER		
	7. Bernhard EISEL		
	9. Matthias BUXHOFER		
	10. Hannes HEMPEL		

Int. Ernst Sachs Tour Etappenfahrt für U 23, GER, 17.-20.6.1999

Gesamt	**1. Jochen SUMMER**	6 Länder	171 Teilnehmer

Int. LUK Cup Bühl zählt zum U-23 Weltcup 1999, GER, 1.8.1999

	6. Jochen SUMMER	6 Länder	136 Teilnehmer

Int. 3. Transalsace, FRA, 19.-22.8.1999

Gesamt	3. Gerhard TRAMPUSCH	12 Länder	124 Teilnehmer

Tour de l'Avenir, FRA, 2.-11.9.1999

Gesamt	4. Gerhard TRAMPUSCH	8 Länder	131 Teilnehmer

Int. Hessen-Rundfahrt, GER, 28.9.-3.10.1999

Gesamt	3. Florian WIESINGER	8 Länder	105 Teilnehmer
	4. Georg TOTSCHNIG		

Mountainbike

Weltcup - Downhill Kaprun, 13.-15.8.1999

Frauen	5. Florentina MÖSER	10 Länder	30 Teilnehmer

Bahn

Weltcup Frisko, USA, 28.-30.5.1999

Punktefahren	3. Franz STOCHER	24 Länder	25 Teilnehmer
Americaine	3. Franz STOCHER/ Roland GARBER	15 Länder	15 Mannschaften

RINGEN

ÖSTERREICHISCHER AMATEURRINGER-VERBAND (ÖARV)

gegründet 1952, 29 Vereine, 4.265 Mitglieder

5071 Wals, Walserfeldstraße 330, Postfach 11
Telefon und Fax 0662 / 85 03 33
e-mail: oearv@aon.at; http://www.ringkampf.at

Präsident: Senator Komm.-Rat Arnold Henhapl
5021 Salzburg, Postfach 285, Telefon 0662 / 44 977 / 135

Generalsekretär: Reinhard Berger, p.A. Österr. Amateurringer-Verband

Offizielle Verbandszeitung:
„Der Amateurringer", 6mal jährlich 1000 Stück

Mitglied der
Fédération Internationale des Luttes Associees (FILA)
gegründet 1925, 142 Länder

CH-1006 Lausanne, Avenue Juste-Olivier 17
Telefon 0041 / 21 / 312 8426, Fax 0041 / 21 / 323 60 73
Telex 455958 FILA

1999 wurde vom Weltverband (FILA) wiederum das Wettkampf-System geändert. Es wird jetzt in 3-er oder 4-er Pools gerungen. Die Sieger steigen auf und ab dem Achtelfinale wird im KO-System gerungen.

Ein großer Erfolg war die Ausrichtung der Frauen-EM 1999 in Götzis/Vorarlberg. Die heimischen Sportlerinnen dankten dies mit dem Gewinn von zwei Medaillen.

Erstmals gab es bei den Österreichischen Meisterschaften das „Rote Band des ÖARV" zu gewinnen. Jene 6 Vereine, die die beste Nachwuchsarbeit geleistet haben, wurden mit Geldpreisen belohnt. Bei den Österreichischen Schülermeisterschaften wurden zum ersten Mal zwei Altersklassen zur Austragung gebracht: Schüler A (12-14 Jahre) und Schüler B (9-11 Jahre).

ÖSTERREICHISCHE STAATSMEISTER 1999

Freistil

Frauen		- 51 kg	**Almuth LEITGEB**	Union Eisenstadt	B
		- 56 kg	**Sandra HINTERBAUER**	AC Wals	S
		- 62 kg	**Nikola HARTMANN**	KSV Götzis	V
Männer	Fliegengewicht	- 54 kg	**Helmut MÜHLBACHER**	AC Wals	S
	Bantamgewicht	- 58 kg	**Ali-Riza TUNC**	AC Hörbranz	V
	Federgewicht	- 63 kg	**Wolfgang MUTTENTHALER**	AC Wals	S
	Leichtgewicht	- 69 kg	**Mario HARTMANN**	KSK Klaus	V
	Weltergewicht	- 76 kg	**Michael HÄUSLE**	KSV Götzis	V
	Mittelgewicht	- 85 kg	**Josef SCHNÖLL**	KG Vigaun/Abtenau	S
	Halbschwergew.	- 97 kg	**Franz PITSCHMANN**	AC Hötting	T
	Schwergewicht	- 130 kg	**Edwin LINS**	KSK Klaus	V

Griechisch-Römisch

Männer	Fliegengewicht	- 54 kg	**Helmut MÜHLBACHER**	AC Wals	S
	Bantamgewicht	- 58 kg	**Thomas KATHAN**	Zepter KSV Götzis	V
	Federgewicht	- 63 kg	**Roland HEITZENDORFER**	ASKÖ Leonding	O
	Leichtgewicht	- 69 kg	**Simon HÄUSLE**	Zepter KSV Götzis	V
	Weltergewicht	- 76 kg	**Georg DAVID**	ASKÖ Leonding	O
	Mittelgewicht	- 85 kg	**Peter MAIER**	KSK Klaus	V
	Halbschwergew.	- 97 kg	**Robert SZYMANSKI**	Zepter KSV Götzis	V
	Schwergewicht	- 130 kg	**Alexander NEUMÜLLER**	Zepter KSV Götzis	V

Bundesliga: 1. Zepter KSV Götzis/V, 2. AC Wals/S, 3. KSK Klaus/V, 4. VK Innsbruck/T, 5. RC 21 Wien/W, 6. KG Wolfurt/Mäder/V

ÖSTERREICHISCHE MEISTER 1999

Frauen	75 kg	Elvira BARRIGA	KSV Götzis	V
Mädchen	32 kg	Stefanie POMPL	URC Wolfurt	V
	34 kg	Nadine ENDER	KSV Götzis	V
	37 kg	Stefanie MAIERHOFER	KSV Götzis	V
	40 kg	Bettina SOHM	KSV Götzis	V
	44 kg	Birgit STERN	VK Innsbruck	T
	52 kg	Stefanie GRABER	AC Wals	S
	62 kg	Marina GASTL	RSC Inzing	T
Junioren				
Freistil	47 kg	Matthias KATHAN	Zepter KSV Götzis	V
	54 kg	Reinhard ALBEL	AC Hörbranz	V
	58 kg	Ali-Riza TUNC	AC Hörbranz	V
	63 kg	Thomas KATHAN	Zepter KSV Götzis	V
	69 kg	Andreas WACH	VK Innsbruck	T
	76 kg	Armin SCHOBER	VK Innsbruck	T
	85 kg	Michael SCHWEIGLER	RC 21 Wien	W
	130 kg	Christian TRAXLER	AC Vorwärts Graz	St
Griechisch-römisch	47 kg	Matthias KATHAN	Zepter KSV Götzis	V
	54 kg	Jochen KÖB	URC Wolfurt	V
	58 kg	Thomas KATHAN	Zepter KSV Götzis	V
	63 kg	Andreas WACH	VK Innsbruck	T
	69 kg	Armin SCHOBER	VK Innsbruck	T
	76 kg	Ilija MYSCHKIN	VK Innsbruck	T
	85 kg	Michael SCHWEIGLER	RC 21 Wien	W
	97kg	Markus PARATSCHEK	RC 21 Wien	W
	130 kg	Hannes EICHHÖBEL	AC Vorwärts Graz	St
Kadetten				
Freistil	42 kg	Gabriel BUDZ	KG VÖEST/Sattledt	O
	46 kg	Josef GLAVAS	KG VÖEST/Sattledt	O
	50 kg	Reinhard ALBEL	AC Hörbranz	V
	54 kg	Maximilian STERN	VK Innsbruck	T
	58 kg	Marc BOCK	URC Mörbisch	B
	63 kg	Marco NIGSCH	KSK Klaus	V
	69 kg	Mustafa CEM	ASKÖ Leonding	O
	76 kg	Daniel STEFFAN	AC Hötting	T
	100 kg	Markus PARATSCHEK	RC 21 Wien	W
Griechisch-römisch	39 kg	Thomas FICKLER	Zepter KSV Götzis	V
	42 kg	Simon KATHAN	Zepter KSV Götzis	V
	46 kg	Matthias KATHAN	Zepter KSV Götzis	V
	50 kg	Reinhard ALBEL	AC Hörbranz	V
	54 kg	Maximilian STERN	VK Innsbruck	T
	58 kg	Marc BOCK	URC Mörbisch	B
	63 kg	Marco NIGSCH	KSK Klaus	V
	69 kg	Patrick SUMMER	KSK Klaus	V
	76 kg	David STEFFAN	AC Hötting	T
	85 kg	Kemal TAJIC	RSC Inzing	T
	100 kg	Markus PARATSCHEK	RC 21 Wien	W
Schüler 9-11 Jahre				
Freistil	27 kg	Martin WACHTER	AC Hötting	T
	29 kg	Daniel POMPL	Zepter KSV Götzis	V
	32 kg	Simon MÖRTH	URC Wolfurt	V

	35 kg	Simon BAUR	KSK Klaus	V
	38 kg	Armin ROTHSCHEDL	KSV Söding	St
	42 kg	Thomas REICHSÖLLNER	KSK Klaus	V
	47 kg	Amer HRUSTANOVIC	AC Wals	S
	55 kg	Thomas HÖLLER	AC Vorwärts Graz	St
Schüler 12-14 Jahre				
Freistil	33 kg	Florian PRODINGER	AC Hötting	T
	37 kg	Daniel HEISS	RSC Inzing	T
	41 kg	Simon KATHAN	Zepter KSV Götzis	V
	45 kg	Manfred BRÖTZNER	AC Wals	S
	50 kg	Benedikt ERNST	RSC Inzing	T
	55 kg	Martin DIEM	URC Wolfurt	V
	60 kg	Manfred PITSCH	PSV Wien	W
	66 kg	Andreas PIRKER	Zepter KSV Götzis	V
	85 kg	Lukas MURAUER	KG VÖEST/Sattledt	O

Nationalliga: 1. KG Vigaun/Abtenau, 2. AC Wals II, 3. AC Hötting, 4. Zepter KSV Götzis II, 5. RSC Inzing, 6. AC Hörbranz

Regionalliga: 1. URC Mörbisch, 2. RC Nettingsdorf, 3. PSV Wien, 4. KSK Klaus II, 5. KG VÖEST/Sattledt

Österreichischer Vereinscup 1999: 1. Zepter KSV Götzis, 2. AC Wals, 3. KSK Klaus 4. VK Innsbruck, 5. AC Hörbranz, 6. RSC Inzing

Österr. Schüler-Mannschaftsmeisterschaften: 1. KSV Götzis, 2. RSC Inzing, 3. AC Hötting, 4. KG VÖEST/Sattledt, 5. KSK Klaus, 6. PSV Wien

Gewinner des „Roten Bandes“: 1. Zepter KSV Götzis, 2. AC Wals, 3. KSK Klaus, 4. RSC Inzing, 5. AC Hötting, 6. KG VÖEST-Sattledt

WELTMEISTERSCHAFTEN 1999

10.-12.9.1999, Boden, SWE

Frauen	62 kg	6. Nikola HARTMANN	16 Länder	16 Teilnehmerinnen
	75 kg	4. Elvira BARRIGA	14 Länder	14 Teilnehmerinnen

EUROPAMEISTERSCHAFTEN 1999

30.4.-1.5.1999, Götzis, AUT

Frauen	62 kg	**1. Nikola HARTMANN**	10 Länder	10 Teilnehmerinnen
	68 kg	4. Nina STRASSER	9 Länder	9 Teilnehmerinnen
	75 kg	2. Elvira BARRIGA	7 Länder	7 Teilnehmerinnen

"CASINO-Grand Prix" von Österreich

18.-19.6.1999, Klaus, AUT

Männer Allg. Kl.

Gr.röm.	63 kg	**1. Peter PHILIPPITSCH**	12 Länder	12 Teilnehmer
Freistil	54 kg	**1. Helmut MÜHLBACHER**	3 Länder	3 Teilnehmer
Frauen	62 kg	**1. Nikola HARTMANN**	6 Länder	6 Teilnehmerinnen

Foto: R. Berger
Peter Philippitsch vom AC Wals gewann den „Casino-GP von Österreich 1999" in Klaus (Vlbg.).

RODELN

ÖSTERREICHISCHER RODELVERBAND (ÖRV)

gegründet 1945, 301 Vereine, ca. 25.600 Mitglieder

1040 Wien, Prinz-Eugen-Straße 12
Telefon 01 / 505 34 78, Fax 01 / 505 34 78
Dienstzeit: Mittwoch und Freitag 16 - 18 Uhr
6020 Innsbruck, Falkstraße 25
Telefon und Fax 0512/579 994,
e-mail: oerv.office@magnet.at;
Dienstzeit: Dienstag und Donnerstag 9-12 Uhr

Präsident: NRAbg. Mag. Dr. Josef Höchtl
1040 Wien, Prinz Eugen Straße 12, Telefon und Fax 01 / 505 34 78

Offizielle Verbandszeitung:
„Mitteilungen des ÖRV“, erscheint nach Bedarf.

Mitglied der
Fédération Internationale de Luge de Course (FIL)
gegründet 1957, 48 Länder, 72.000 Mitglieder

Sitz: 5020 Salzburg, Aignerstraße 14, Österreich
Telefon 0662 / 8042-0, Fax 0662 / 8042-2554
FIL-Head-Office: 83471 Berchtesgaden, Rathausplatz 9, Deutschland
Telefon 00 49 / 8652 / 66960, Fax 00 49 / 8652 / 66969

Österreichs Vertreter
Harald Steyrer ist Vizepräsident für Finanzen in der FIL.
Werner Kropsch ist Vizepräsident Naturbahn in der FIL
Herbert Wurzer ist Vorsitzender der Sportkommission Naturbahn in der FIL

In der kommenden Saison erfolgt der RED-BULL-Weltcup Auftakt in Oberperfuss/Tirol. Ein weiterer Höhepunkt für den Naturbahnsport wird die WC-Veranstaltung in Stein/Enns sein, die als Testveranstaltung für die Naturbahn-WM 2001 gilt.

Die Junioren machen in der kommenden Saison Station in Umhausen/Tirol bei den Junioren-EM auf Naturbahn.

Die Kunstbahn in Igls beheimatet in der kommenden Saison den Viessmann-WC und ebenso eine Station des Junioren-WC auf Kunstbahn.

ÖSTERREICHISCHE STAATSMEISTER 1999

Kunstbahn

Damen	Einzel	**Angelika NEUNER**	T
Herren	Einzel	**Gerhard GLEISCHER**	T
	Doppelsitzer	**Tobias SCHIEGL/Markus SCHIEGL**	T

Naturbahn

Damen	Einzel	**Elvira HOLZKNECHT**	T
Herren	Einzel	**Georg EBERHARTER**	T
	Doppelsitzer	**Helmut RUETZ/Andi RUETZ**	T

ÖSTERREICHISCHE MEISTER 1999

Kunstbahn

Jugend	männl.	Georg FISCHLER	T
Junioren	weibl.	Veronika HALDER	T
	männl.	Martin ABENTUNG	T

Naturbahn

Schüler	weibl.	Kathrin MLADEK	N
	männl.	Thomas SCHOPF	St
Jugend	weibl.	Tina UNTERBERGER	O
	männl.	Philipp WAGNER	N

Junioren	weibl.	Sabine KOGLER	T
	männl.	Gernot SCHWAB	St
	Doppelsitzer	Gerhard KLEINHOFER/Markus DENIFLE	St
Senioren	männl.	Gerhard KNAUDER	K

WELTMEISTERSCHAFTEN 1999

Kunstbahn

27.-30.1.1999, Königssee, GER

Damen	Einsitzer	5.	Angelika NEUNER	15 Länder	32 Teilnehmerinnen
Herren	Einsitzer	5.	Markus PROCK	17 Länder	40 Teilnehmer
		6.	Rainer MARGREITER		
	Doppelsitzer	2.	Tobias SCHIEGL/ Markus SCHIEGL	12 Länder	22 Teilnehmer
	Mannschaftswertung	**1.**	**Österreich I**	16 Länder	

11.-14.2.1999, Igls, AUT

Juniorinnen	Einsitzer	3.	Veronika HALDER	16 Länder	37 Teilnehmerinnen
Junioren	Einsitzer	**1.**	**Martin ABENTUNG**	19 Länder	47 Teilnehmer
	Mannschaftswertung	**1.**	**Österreich I**	12 Länder	

Naturbahn, 27.-30.1.1999, Hüttau, AUT

Junioren	Einsitzer	**1.**	**Gerald KALLAN**	12 Länder	33 Teilnehmer
		3.	Gernot SCHWAB		
	Doppelsitzer	**1.**	**Joachim SCHOPF/ Gerald KAMMERLANDER**	5 Länder	7 Teilnehmer
		3.	Wolfgang SCHOPF/Andreas SCHOPF		

EUROPAMEISTERSCHAFTEN 1999

Naturbahn,10.-14.2.1999, Szczyrk, POL

Damen	Einsitzer	2.	Elvira HOLZKNECHT	5 Länder	13 Teilnehmerinnen
Herren	Einsitzer	2.	Robert BATKOWSKI	7 Länder	24 Teilnehmer
		3.	Gerald KALLAN		
		4.	Georg EBERHARTER		
		5.	Gerhard PILZ		
	Doppelsitzer	**1.**	**Helmut RUETZ/ Andi RUETZ**	4 Länder	7 Teilnehmer
		2.	Peter LECHNER/Peter BRAUNEGGER		

VIESSMANN – WELTCUP 1998/1999

Kunstbahn - Gesamtwertung nach 7 Bewerben

Damen	Einsitzer	4.	Angelika NEUNER	17 Länder	43 Teilnehmerinnen
		5.	Andrea TAGWERKER		
Herren	Einsitzer	**1.**	**Markus PROCK**	20 Länder	63 Teilnehmer
		5.	Rainer MARGREITER		
		6.	Gerhard GLEIRSCHER		
	Doppelsitzer	2.	Tobias SCHIEGL/ Markus SCHIEGL	15 Länder	28 Teilnehmer

RED – BULL – WELTCUP 1998/1999

Naturbahn – Gesamtwertung nach 6 Bewerben

Damen	Einsitzer	**1.**	**Elvira HOLZKNECHT**	6 Länder	15 Teilnehmerinnen
		6.	Sandra MARINER		

Herren	Einsitzer	4. Gerhard PILZ	13 Länder	43 Teilnehmer
		5. Robert BATKOWSKI		
		6. Georg EBERHARTER		
	Doppelsitzer	**1. Helmut RUETZ/ Andi RUETZ**	4 Länder	10 Teilnehmer
		2. Reinhard BEER/Herbert KÖGL		
		3. Peter LECHNER/ Peter BRAUNEGGER		

Foto: N. Wagner
Mit den Junioren Wolfgang und Andreas Schopf (Bild) erwächst den Weltcupsiegern auf der Naturbahn, Helmut und Andreas Ruetz, starke Konkurrenz im eigenen Lager.

Foto: A. Fischer
Die Nationaltrainer Karl Rief und Robert Manzenreiter wurden für ihren Einsatz, ihren Innovationsgeist und die Mannschaftserfolge der letzten Jahre zu den „Trainern des Jahres 1999" gewählt.

ROLLSPORT

ÖSTERREICHISCHER ROLLSPORT UND INLINE-SKATE VERBAND (ÖRSV)

gegründet 1937, 55 Vereine, 1.921 Mitglieder

1030 Wien, Kundmanngasse 24/3, Postfach 71
Telefon 01 / 714 02 03, Fax 01 / 714 02 04
e-mail: oersv@oersv.or.at; http://www.oersv.or.at/oersv/
Dienstzeit: Freitag 15 - 19 Uhr

Präsident: Werner Zenleser, p.A. Österr. Rollsportverband

Geschäftsführer: Ing. Thomas Miglinci, p.A. Österr. Rollsportverband
Telefon 0676 / 515 62 64

Mitglied der
Fédération Internationale de Roller-Skating (FIRS)
gegründet 1924, 55 Mitgliedsverbände

08008 Barcelona, 80 Rambla Catalunya, Piso 1, Spanien
Telefon 00343 / 48 75 348, 00343 / 48 75 593, Fax 00343 / 48 76 916
http://www.firs.org/

und der
Confédération Européenne de Roller Skating (CERS)
gegründet 1976, 19 Mitgliedsverbände

I - 00196 Rom, Viale Tiziano 74, Italien
Telefon 00 39 / 6 / 36 65 0891, Fax 00 39 / 6 / 36 65 0923

Da seit einigen Jahren sowohl in Österreich als auch auf internationaler Ebene Meisterschaften im Downhill durchgeführt werden, hat sich Österreich um die Durchführung der ersten Weltmeisterschaft beworben.

Das Highlight in der internationalen Marathon-Szene war der 1. Vienna Inline-Marathon, welcher am 26. September 1999 durchgeführt wurde. Mit 1400 Teilnehmern und einer sehr attraktiven Rennstrecke rund um die Wiener Innenstadt waren die nationalen und internationalen Reaktionen so positiv, dass seitens des Veranstalters „start.production" bereits am 2. Vienna Inline-Marathon gearbeitet wird.

Bei der Inline-Hockey-Weltmeisterschaft im schweizerischen Thun konnte leider nicht an den Vorjahreserfolg angeschlossen werden.

ÖSTERREICHISCHE STAATSMEISTER 1999

Rollkunstlauf

Damen	Einzel	**Christine WITTMANN**	W
Herren	Einzel	**Rainer MATIASEK**	W

Rollschnelllauf

Damen	Bahn	**Natascha BRUCKER**	N
Herren	Bahn	**Hannes WOLF**	T

ÖSTERREICHISCHE MEISTER 1999

Rollschnelllauf

Damen		500 m	Elisabeth SCHRENK	K
		1.000 m	Natascha BRUCKER	N
		3.000 m	Elke NOSKO	N
		8.000 m	Elisabeth SCHRENK	K
Herren		500 m	Hannes WOLF	T
		1.500 m	Peter OGRIS	K
		5.000 m	Hannes WOLF	T
		10.000 m	Hannes WOLF	T
Jugend	weibl.	500 m	Anna ROKITA	T
		1.000 m	Anna ROKITA	T
		3.000 m	Anna ROKITA	T
		8.000 m	Anna ROKITA	T

Jugend	männl.	500 m	Daniel VRATNY	W
		1.500 m	Daniel VRATNY	W
		5.000 m	Daniel VRATNY	W
		10.000 m	Daniel VRATNY	W
Schülerinnen		500 m	Martina WINDHAGER	T
		1.000 m	Martina WINDHAGER	T
		1.500 m	Martina WINDHAGER	T
Schüler		500 m	Michael SCHATZ	T
		1.000 m	Mike KRAUSS	W
		1.500 m	Mike KRAUSS	W
Mini	männl.	300 m	Andreas KÜGERL	N
		500 m	Andreas KÜGERL	N

Rollkunstlauf

Anfänger I	Mädchen	Christina GRILL	B
Anfänger II	Mädchen	Sonja PAUWEK	W
Neulinge	Mädchen	Katharina TAKERER	W

Rollhockey

Allg. Klasse	Damen	RHC Box Villach	K
	Herren	RHC Box Villach	K
Junioren	männlich	RHC Dornbirn	V
Schüler	männlich	RHC Box Villach	K
Knaben	männlich	RHC Wolfurt	V

Inline-Hockey

Allg. Klasse	Damen	Dragons Ladies	N
	Herren	Red Dragons	N

WELTMEISTERSCHAFTEN 1999

Inline-Hockey, 19.-27.6.1999, Thun, SUI

4. Österreich 14 Länder 14 Mannschaften

RUDERN

ÖSTERREICHISCHER RUDERVERBAND (ÖRV)

gegründet 1891, 49 Vereine, 4.898 Mitglieder

1030 Wien, Blattgasse 4
Telefon 01 / 712 08 78, Fax 01 / 712 08 784
e-mail: orv@asn.or.at, http://www.asn.or.at/orv
Dienstzeit: Montag 10.30 - 19 Uhr, Dienstag und Donnerstag 7.30 - 16 Uhr, Mittwoch 8 - 16 Uhr, Freitag 8 - 12 Uhr

Präsident: Ing. Peter Pointner, p.A. Österreichischer Ruderverband

Verbandssekretärin: Ursula Fentler, p.A. Österreichischer Ruderverband

Offizielle Verbandszeitung: „Ruderreport", 8mal jährlich 2.500 Stück.

Mitglied der
Fédération Internationale des Sociétés d'Aviron (FISA)
gegründet 1892, 104 Länder

CH-1000 Lausanne 3, C.P. 18
Telefon 0041/ 21 /617 8373, Fax 0041/ 21 / 617 8375
e-mail: FISA@pingnet.ch

Mitglied des ÖRV als selbständiger Verband

ÖSTERREICHISCHER ZILLENSPORTVERBAND (ÖZSV)

Gegründet 1978, 45 Vereine, 3.678 Mitglieder

4320 Perg, Kerngraben 4, Telefon 07262 / 2773

Präsident: Otto Ratgeb, p.A. Österr. Zillensportverband

Um vor allem den kritischen Übergangsbereich vom Junior- zum Senior-A-Kader zu bewältigen, wurden für den Senior-B-Bereich (19-22 Jahre) eine Reihe von Projektgruppen gebildet, denen jeweils ein erfahrener Vereinstrainer vorsteht. In einer Reihe von Mannschaftszusammenführungen, Lehrgängen und Wettkämpfen konnte das Leistungsniveau dieser Altersgruppe spürbar verbessert werden.

Das führte zum besten Ergebnis der WM U 23 (Nations-Cup) in der Geschichte des ÖRV. Sieben der neun nominierten Boote erkämpften Finalplätze und dokumentierten die starke Leistungsbreite in unserem Verband.

ÖSTERREICHISCHE STAATSMEISTER 1999

Frauen	Einer	**Michaela TAUPE**	RV Nautilus	K
	Doppelvierer ohne Stfr.	**Daniela ALLMEIER/Daniela DIEPLINGER/ Martina THALLER-HEINDL/Daniela LÖTSCH**	EKRV Donau Linz	O
Frauen u. Männer				
Vereinsmannschaft		**Erster Wiener Ruderclub „LIA"**		W
Männer	Einer	**Horst NUSSBAUMER**	Gmundner RV	O
	Doppelzweier	**Norbert LAMBING/Uwe DAXBÖCK**	1. WRC LIA	W
	Doppelvierer ohne Stm.	**Christian TUMELTSHAMER/Werner VOGL/ Philipp KRAUSE/Christof UHL**	RV Wiking Linz	O
Leichtgewicht				
Frauen	Einer	**Margret SPERRER**	RV Seewalchen	S
Männer	Einer	**Helfried JURTSCHITSCH**	WSU Wachau	N
	Doppelzweier	**Gregor LANGBERG/Michael RIEDLER**		

ÖSTERREICHISCHE MEISTER 1999

Frauen	Doppelzweier	Isabel HACKL/Bettina BOGNER	WRC Pirat	W
	Zweier ohne Stfr.	Sandra HAMMERMÜLLER/Bettina BOGNER	WRC Pirat	W
	Achter mit Stfr.	Nicole BRAUN/Elisabeth DITTRICH/ Birgit KAAS/Julieta MALINA/Romana TESARIK/Helene POLACEK/ Elisabeth PUSCHMANN/Birgit STEININGER/Stfr. Kristina KIESEL	WRC Pirat	W

Männer Zweier ohne Stm.	Gernot FADERBAUER/Norbert LAMBING	1. WRC LIA	W
Zweier mit Stm.	Gernot FADERBAUER/Norbert LAMBING Stm. Manuel SOKOPP	1. WRC LIA	W
Vierer ohne Stm.	Lukas HÖBARTH/Uwe DAXBÖCK/ Paul SOMMEREGGER/Norbert LAMBING	1. WRC LIA	W
Vierer mit Stm.	Christof UHL/Philipp KRAUSE/ Werner VOGL/Christian TUMELTSHAMER/ Stm. Alexander FLECKER	RV Wiking Linz	O
Achter mit Stm.	Gunter FEIK/Bernd WAKOLBINGER/ Christoph ENGL/Werner VOGL/ Christian TUMELTSHAMER/Philipp KRAUSE/ Christof UHL/Florian MEISSL/ Stm. Bernd ZEHETNER	RV Wiking Linz	O
LGW Zweier o. Stm.	Gunter FEIK/Bernd WAKOLBINGER	RV Wiking Linz	O
LGW Doppelvierer	Clemens HÖBARTH/Uwe DAXBÖCK/ Paul SOMMEREGGER/Lukas HÖBARTH	1. WRC LIA	W
LGW Vierer o. Stm.	Gunter FEIK/Bernd WAKOLBINGER/ Felix HÖLLERSBERGER/Christoph ENGL	RV Wiking Linz	O
LGW Achter m. Stm.	Alexander MINICHMAYR/Georg ASCHACHER/ Michael GUTMANN/Boris HULTSCH/ Felix HÖLLERSBERGER/Gunter FEIK/ Bernd WAKOLBINGER/Christoph ENGL Stm. Alexander FLECKER	EV Wiking Linz	O
Juniorinnen A			
LGW Einer	Christina SIBITZ	RV Albatros	K
Einer	Eva DAVID	RV Normannen	N
Zweier ohne Stfr.	Alexandra KÖNIG/Lisa MACHO	RV Normannen	N
Doppelzweier	Caroline STURM/Ema DAVID	RV Normannen	N
Doppelvierer	Marion PAPP/Lisa MACHO/Caroline STURM/ Ema DAVID	RV Normannen	N
Junioren A			
LGW Einer	Christian HIRSCH	RC Lochau	V
Einer	Andreas RUTHNER	1. WRC Lia	W
Zweier ohne Stm.	Leonhard SCHMUCKENSCHLAGER/ Richard MÜHLMANN	RV Normannen	N
Doppelzweier	Mathias PETUTSCHNIG/Alex BANFIELD	RV Albatros	K
Doppelvierer	Johannes BERGER/Martin FRANTA/ Leonhard SCHMUCKENSCHLAGER/Richard MÜHLMANN	RV Normannen	N
Vierer ohne Stm.	Bernd FEUERSTEIN/Christian HIRSCH/ Johannes STURN/Wolfgang OSER	RC Lochau	V
Achter mit Stm.	Martin STURN/Oliver KÖNIG/ Maximilian GRASS/David MARTINELLI/ Bernd FEUERSTEIN/Christian HIRSCH/ Johannes STURN/Wolfgang OSER/ Stm. Markus NACHBAUR	RC Lochau	V
Juniorinnen B			
Einer	Monika STADELMANN	RV Wiking Bregenz	V
Doppelzweier	Angela TEIFENTHALER/Martina HORMANN	RC Lochau	V
Doppelvierer mit Stfr.	Margarete NEUGEBAUER/Elisabeth KORAK/ Monika KAINZ/Beate GRÖTSCHNIG/ Stfr. Christina SIBITZ	RV Albatros	K

Junioren B			
Einer	Bernhard PFALLER	WSV Ottensheim	O
Doppelzweier	Michael HINTERLEITNER/Srdj KAJGANIC	1. WRC Lia	W
Vierer mit Stm.	Thomas KATZMAYR/Philipp SCHABERL/ Klaus WIESINGER/Jörg WIESINGER/ Stm. Alexander FLECKER	RV Wiking Linz	O
Doppelvierer mit Stm.	Mark SOUVAN/Gregor SCHMOLY/ Thomas KURMANN/Markus MARTITSCH/ Stm. Nikolaus NEUGEBAUER	RV Albatros	K
Schülerinnen			
Einer	Julia SCHUBERT	WSV Ottensheim	O
Doppelzweier	Elisabeth MEIDL/Linda NÖLSCHER	1. WRC Lia	W
Doppelvierer mit Stm.	Magdalena BERGER/Barbara KERBL/ Marlene SISSOLAK/Julia MÜHLMANN/ Stm. Leopold KERBL	RV Normannen	N
Schüler Einer	Andreas RESSI	RV Wiking Spittal	K
Doppelzweier	Michael ALBRECHT/Josef HILBER	RV Villach	K
Doppelvierer mit Stm.	Wolfgang MAVRIN/Michael ALBRECHT/ Stefan DOLENZ/Josef HILBER/ Stm.Erhard STREIN	RV Villach	K

WELTMEISTERSCHAFTEN 1999

U23, 24.-25.7.1999, Hamburg, GER

Frauen			
Leichtgewichts-Doppelzweier	3. Theresa JAMNIG/ Martina MIESSGANG	9 Länder	9 Mannschaften
Männer			
Doppelzweier	3. Christof UHL/Philipp KRAUSE	17 Länder	17 Mannschaften
Leichtgewichts-Einer	2. Juliusz MADECKI	16 Länder	16 Teilnehmer
Leichtgewichts-Doppelzweier	**1. Sebastian SAGEDER/ Uwe DAXBÖCK**	14 Länder	14 Mannschaften

Allg. Klasse, 22.-29.8.1999, St. Catherines, CAN

Männer Doppelvierer o. Stm.	5. Raphael HARTL/ Horst NUSSBAUMER/ Arnold JONKE/ Norbert LAMBING	19 Länder	19 Mannschaften
LGW Vierer o. Stm.	5. Helfried JURTSCHITSCH/ Bernd WAKOLBINGER/ Martin KOBAU/ Wolfgang SIGL	18 Länder	18 Mannschaften

SCHIESSEN

ÖSTERREICHISCHER SCHÜTZENBUND (ÖSB)

gegründet 1879 (ältester Sportverband Österreichs),
767 Vereine, 37.542 Mitglieder

3204 Kirchberg/Pielach, Postfach 35, c/o Edmund Springer
Telefon und Fax: 02722 / 7470
e-mail: oesb@asn.or.at; http://www.asn.or.at/oesb

Präsident: Edmund Springer, p.A. Österr. Schützenbund

Offizielle Verbandszeitung: „Österreichische Schützenzeitung“, 12mal jährlich, 2000 Stück

Mitglied der
International Shooting Sport Federation (ISSF)
gegründet 1907, 151 Länder ca. 100 Mio. Mitglieder

D-80336 München 2, Bavariaring 21, Deutschland
Telefon 0049 / 89 / 53 10 12, Fax 0049 / 89 / 530 9481
Telex 52 16 792 UIT D

der
European Shooting Confederation (ESC)
gegründet 1960, 47 Länder

I-28069 San Martino di Trecate (Novara), Italien

und der
Internationalen Armbrustschützen-Union (IAU)
gegründet 1957

CH-2028 Vaumarcus (NE), Schweiz

Österreichs Vertreter
DI Fritz Schattleitner ist Repräsentant der ESC in der ISSF und Mitglied der Technischen Kommission der ISSF.
Univ.Doz.Dr. Helmut Hörtnagl ist Mitglied der Sportärztlichen Kommission der ESC.
Christine Strahalm ist Mitglied der Richterkommission der ESC.
Gend. Obstl. Karl Marschnig ist Vizepräsident der IAU.

Das Jahr 1999 war ganz der Vorbereitung auf das Erreichen von Quotenplätzen für die Olympischen Spiele 2000 in Sydney ausgerichtet.

Den Sportlern des ÖSB ist es gelungen, bei den Welt-Cup-Veranstaltungen und Europameisterschaften 4 Quotenplätze für die Olympischen Spielen in Sydney zu erringen. Es wird nun notwendig sein, die Form unserer Spitzensportler zu erhalten bzw. zu steigern.

Durch die gute Basisarbeit in den Landesverbänden ist es möglich, immer wieder gute Leistungssportler hervor zu bringen.

ÖSTERREICHISCHE STAATSMEISTER 1999

Damen				
Armbrust	10 m	Einzel	**Monika HASELSBERGER**	T
		Mannschaft	**Andrea GÖSSL/Andrea DIER/ Barbara SCHUBERT**	N
KK Sportgewehr				
50 m - 60 liegend		Einzel	**Karin LADNER**	T
		Mannschaft	**Maria WAIBEL/Daniela WAIBEL/Rosemarie MÜLLER**	V
Dreistellungsmatch 3x20		Einzel	**Barbara SCHUBERT**	W
		Mannschaft	**Barbara SCHUBERT/Petra TAUBER/ Karin GRATZENBERGER**	W
Luftgewehr	10 m	Einzel	**Monika HASELSBERGER**	T
		Mannschaft	**Monika HASELSBERGER/Christine ZOTT/ Sabine AUFHAMMER**	T

Luftpistole	10 m	Einzel	Christa WERK	St
		Mannschaft	Christine STRAHALM/Marion WEINGAND/ Christa WERK	St
Sportpistole	25 m	Einzel	Jana KUBALA	W
		Mannschaft	Jana KUBALA/Waltraut KELTSCHA/Irene STULLER	W
Herren				
Armbrust	10 m	Einzel	Thomas LAMPL	N
		Mannschaft	Dieter GRABNER/Christian MÖLG/Roland KREIDL/ Michael ASCHER	T
	30 m - kniend	Einzel	Dieter GRABNER	T
	30 m - Kombination	Einzel	Christian MÖLG	T
		Mannschaft	Dieter GRABNER/Christian MÖLG/Michael ASCHER/ Christian PLANER	T
	30 m - stehend	Einzel	Mario KNÖGLER	O
Freie Pistole	50 m	Einzel	Giovanni BOSSI	T
		Mannschaft	Giovanni BOSSI/Wolfgang HÖRMANN/ Martin WECHSELBERGER	T
Freies GK Gewehr				
	300 m - 60 liegend	Einzel	Bertram FETZ	V
		Mannschaft	Christian PLANER/Hannes GUFLER/Christian MÖLG	T
Freies KK Gewehr				
	50 m - 60 liegend	Einzel	Mario KNÖGLER	O
		Mannschaft	Mario KNÖGLER/Wolfgang HOLZINGER/ Sigram JÄGER	O
Dreistellungsmatch 3x40		Einzel	Mario KNÖGLER	O
		Mannschaft	Christian PLANER/Hannes GUFLER/Dieter GRABNER	T
GK Standardgewehr				
	300 m - 3 x 20	Einzel	Christian PLANER	T
Lauf. Scheibe				
	10 m - Normallauf	Einzel	Walter ZITZ	St
		Mannschaft	Herbert GRASBÖCK/Gerald NARTZ/Klaus RABL	O
	50 m - gem. Lauf	Einzel	Herbert GRASBÖCK	O
		Mannschaft	Walter BECK/Helmut TEUFL/Mario TEUFL	N
	50 m - Normallauf	Einzel	Walter ZITZ	St
		Mannschaft	Wilhelm FOISSNER/Herbert GRASBÖCK/ Gerald NARZT	O
Luftgewehr	10 m	Einzel	Wolfgang WAIBEL JUN.	V
		Mannschaft	Dieter GRABNER/Christian PLANER/Roland KREIDL	T
Luftpistole	10 m	Einzel	Heinz KÖLTRINGER	St
		Mannschaft	Dietmar KEUTSCHEGGER/Erwin REBERNIGG/ Thomas THAMER	K
Prakt. Pistole				
OPEN	PPS OPEN	Einzel	Günter WEBER	T
		Mannschaft	Andreas STETIN/Franz VOLK/Karl HARKAM	St
Schnellfeuerpistole	25 m	Einzel	Karl PAVLIS	N
		Mannschaft	Karl PAVLIS/Gerhard BÖHM/Reinhard ARLT	N
Standardpistole	25 m	Einzel	Karl PAVLIS	N
		Mannschaft	Giovanni BOSSI/Herbert SAILER/Felix GAUGG	T
Vorderlader				
Freies Perkussionsgewehr		Einzel	Thomas SCHNEIDER	T
Freies Perkussionsgewehr		Mannschaft	Thomas SCHNEIDER/Heinrich GRAD/ Raimund MÜLLER/Hans BERCHTOLD	T

Perkussionspistole		Einzel	**Helmut ZÖBL**	O
		Mannschaft	**Helmut ZÖBL/Leopold PLATTNER/Kurt VITALE/ Alois LITSCHMANN**	O
Zentralfeuerpistole 25 m		Einzel	**Giovanni BOSSI**	T
		Mannschaft	**Giovanni BOSSI/Felix GAUGG/Alexander WUTTE**	T

ÖSTERREICHISCHE MEISTER 1999

Armbrust				
Senioren I	10 m	Einzel	Vinzenz HUSSL	T
		Mannschaft	Tirol	T
30m	stehend	Einzel	Günther HIRSCHER	S
	kniend	Einzel	Vinzenz HUSL	T
	Kombination	Einzel	Günther HIRSCHER	S
		Mannschaft	Tirol	T
Senioren II	10 m	Einzel	Günter OTREBA	O
		Mannschaft	Tirol	T
	30m stehend	Einzel	Kurt WALDEGGER	T
	kniend	Einzel	Alexander JESSNER	T
	Kombination	Einzel	Alexander JESSNER	T
Junioren	10 m	Einzel	Andreas TREMETZBERGER	O
	30m stehend	Einzel	Roland RAAB	O
	kniend	Einzel	Markus BICHLER	T
	Kombination	Einzel	Roland RAAB	O
Jungschützen		Einzel	Desiree DEISER	K
Luftgewehr				
Jungschützen	männl.	Einzel	Michael HAAS	O
		Mannschaft	Tirol	T
	weibl.	Einzel	Christina DIESER	K
		Mannschaft	Niederösterreich	N
Junioren	männl.	Einzel	Roland RAAB	O
		Mannschaft	Oberösterreich	O
	weibl.	Einzel	Sabrina TAUBER	W
		Mannschaft	Wien	W
Senioren I		Einzel	Wolfgang WINTER	N
		Mannschaft	Niederösterreich	N
Senioren II		Einzel	Franz MELCHAREK	S
		Mannschaft	Oberösterreich	O
Senioren III		Einzel	Franz KAPFINGER	T
		Mannschaft	Tirol	T
Luftpistole				
Jungschützen	männl.	Einzel	Günter ZÖBL	O
		Mannschaft	Niederösterreich	N
Junioren	männl.	Einzel	Stefan REITER	K
		Mannschaft	Oberösterreich	O
	weibl.	Einzel	Silvia STEINER	S
Senioren I		Einzel	Alfred KALKBRENNER	B
		Mannschaft	Burgenland	B
Senioren II		Einzel	Horst HALDER	V
		Mannschaft	Vorarlberg	V
Senioren III		Einzel	Richard BANKO	K
		Mannschaft	Steiermark	St

Luftgewehr Jugend				
Klasse 1	männl.	Einzel	Thomas FUCHS	N
		Mannschaft	Niederösterreich	N
	weibl.	Einzel	Sarah HARNER	O
		Mannschaft	Steiermark	St
Klasse 2	männl.	Einzel	Manuel KRESSL	O
		Mannschaft	Oberösterreich	O
	weibl.	Einzel	Monika LUCKINGER	T
		Mannschaft	Tirol	T
Kleinkalibergewehr				
60 Schuss liegend				
Jungschützen	männl.	Einzel	Michael HAAS	O
	weibl.	Einzel	Monika LUCKINGER	T
		Mannschaft	Oberösterreich	O
Junioren	männl.	Einzel	Tobias KLIEN	V
	weibl.	Einzel	Melanie HILLINGER	V
		Mannschaft	Vorarlberg	V
Senioren I		Einzel	Werner BERANEK	V
		Mannschaft	Oberösterreich	O
Senioren II		Einzel	Andreas JESSNER	T
		Mannschaft	Tirol	T
Senioren III		Einzel	Josef STÖGER	T
		Mannschaft	Tirol	T
Jungschützen 3x20				
	männl.	Einzel	Phillipp CHACHEE	N
	weibl.	Einzel	Monika LUCKINGER	T
		Mannschaft	Niederösterreich	N
Junioren 3x20	weibl.	Einzel	Sabrina TAUBER	W
Junioren 3x40	männl.	Einzel	Tobias KLIEN	V
		Mannschaft	Tirol	T
Senioren I 2x30		Einzel	Rainer GEHRING	T
		Mannschaft	Vorarlberg	V
Senioren II 2x30		Einzel	Kurt WALDEGGER	T
		Mannschaft	Tirol	T
Luftgewehr 3x20				
Jungschützen		Einzel	Bernhard GREIDERER	T
		Mannschaft	Tirol	T
Junioren		Einzel	Mario KNÖGLER	O
Junioren		Mannschaft	Oberösterreich	O
Feuerpistole				
Schnellfeuerpistole				
Senioren I		Einzel	Hans HANDLER	B
		Mannschaft	Burgenland	B
Standardpistole				
Senioren I		Einzel	Elfriede TELSNUG	K
		Mannschaft	Vorarlberg	V
Sportpistole	Junioren	Einzel	Sebastian KOZAM	O
		Mannschaft	Niederösterreich	N
	Senioren II	Einzel	Horst HALDER	V
		Mannschaft	Vorarlberg	V

Zentralfeuerpistole				
Senioren I		Einzel	Hans HANDLER	B
		Mannschaft	Salzburg	S
Freie Pistole	Junioren	Einzel	Stefan REITER	K
	Senioren	Einzel	Franz RAIMINGER	St
		Mannschaft	Steiermark	St
Praktische Pistole				
Open				
	Damen	Einzel	Anita KLIEN	V
	Senioren	Einzel	Albert STEINMÜLLER	T
Praktische Pistole				
Standard	Männer	Einzel	Heinrich MAIER	St
		Mannschaft	Steiermark	St
	Damen	Einzel	Gabriele KRAUSHOFER	W
	Senioren	Einzel	Hubert CEH	St
		Mannschaft	Niederösterreich	N
Faustfeuerwaffen				
Großkaliber	Männer	Einzel	Dieter AGGERMANN	S
		Mannschaft	Salzburg	S
	Damen	Einzel	Rebecca OFNER	St
		Mannschaft	Niederösterreich	N
	Senioren	Einzel	Egon MAYRHOFER	O
		Mannschaft	Salzburg	S
Vorderlader	Colt	Einzel	Michael KOSZLER	K
	Cominazzo	Einzel	Helmut ZÖBL	O
		Mannschaft	Oberösterreich	O
	Mariette	Einzel	Leopold PLATTNER	O
		Mannschaft	Oberösterreich	O
	Maximilian	Einzel	Erich PRIBYL	St
	Mini Repl.	Einzel	Franz KNOLL	O
	Vetterli orig.	Einzel	Martin GASSNER	V
	Whitworth Repl.	Einzel	Michael SCHICKERMÜLLER	O
	Colt	Einzel	Michael KOSZLER	K
Großkaliber 300m				
Senioren	60 liegend	Einzel	Hans Peter SCHRETTL	T
	2x30	Einzel	Hans Peter SCHRETTL	T
Laufende Scheibe				
Junioren	10 m	Einzel	Mario TEUFL	T

WELTMEISTERSCHAFTEN 1999

Armbrust, 9.-15.8.1999, Blintendorf, AUT

Frauen				
Mannschaft	10m	3. Monika HASELSBERGER/ Barbara SCHUBERT/Regina TIME	12 Länder	25 Mannschaften
Offene Klasse	10m	5. Monika HASELBERGER	12 Länder	25 Teilnehmerinnen
Männer	10m	3. Thomas LAMPL	19 Länder	40 Teilnehmer
		4. Mario KNÖGLER		
30m offene Klasse kniend				
		3. Mario KNÖGLER	8 Länder	23 Teilnehmer
		5. Thomas LAMPL		

30m offene Klasse Kombination			
	2. Mario KNÖGLER	8 Länder	23 Teilnehmer
	4. Thomas LAMPL		
30m offene Klasse stehend			
	2. Mario KNÖGLER	8 Länder	23 Teilnehmer
	4. Thomas LAMPL		
Mannschaft Komb.	4. Mario KNÖGLER/Thomas LAMPL/ Martin HLAVACEK/Michael ASCHER	5 Länder	5 Mannschaften
30m Junioren	3. Roland RAAB	9 Länder	21 Teilnehmer
30m Junioren Komb.	**1. Gerhard BRANDMAIER**	4 Länder	12 Teilnehmer

EUROPAMEISTERSCHAFTEN 1999

Vorderlader, 9.-14.8.1999, Götzis, AUT

Frauen			
Perk. Gewehr	5. Rita KNOLL	8 Länder	17 Teilnehmerinnen
Männer			
Perk. Gewehr Original	**1. Hans BERCHTOLD**	13 Länder	34 Teilnehmer
Perk. Gewehr Replika	1. Thomas SCHNEIDER	13 Länder	45 Teilnehmer
	3. Andreas GASSNER	13 Länder	45 Teilnehmer
Perk. Gewehr Replika 100m			
	3. Heinrich GRAD	13 Länder	51 Teilnehmer
Perkussionspistole	**1. Helmut ZÖBL**	13 Länder	45 Teilnehmer
	5. Leopold PLATTNER		
Perk. Revolver Original	5. Leopold PLATTNER	13 Länder	64 Teilnehmer
Perk. Revolver Replika			
Mannschaft	4. Leopold PLATTNER/ Egon KOLLORIK/ Robert SEELAUS/ Alois LITSCHMANN	8 Länder	8 Mannschaften
Steinschlosspistole	**1. Helmut ZÖBL**	13 Länder	46 Teilnehmer
Mannschaft	4. Helmut ZÖBL/ Alexander KATTENBACH/ Leopold PLATTNER/Alfred ZETNER	7 Länder	7 Mannschaften
Perk. Gewehr Replika			
Mannschaft	**1. Thomas SCHNEIDER/ Andreas GASSNER/Hermann EISENFUHR/Heinrich GRAD**	8 Länder	8 Mannschaften

Gewehr, 28.7.1999, Bordeaux, FRA

Männer			
Freies KK Gewehr			
50m-60 liegend	**1. Mario KNÖGLER**	26 Länder	82 Teilnehmer

Luftgewehr, 1.-6.3.1999, Arnheim, NED

Frauen			
Mannschaft	4. Margit BRABEC/ Monika HASELSBERGER/Sandra KARL	21 Länder	21 Mannschaften
Männer			
Mannschaft	4. Thomas FARNIK/Wolfram WAIBEL/ Roland KRAIDL	17 Länder	17 Mannschaften
Junioren männlich	2. Gerhard BRANDMAIER	28 Länder	60 Teilnehmer
	3. Mario KNÖGLER	28 Länder	60 Teilnehmer
Mannschaft	**1. Gerhard BRANDMAIER/ Mario KNÖGLER/Roland RAAB**	14 Länder	14 Mannschaften

SCHWIMMEN

VERBAND ÖSTERREICHISCHER SCHWIMMVEREINE (VÖS)

gegründet 1899, 159 Vereine, 74.448 Mitglieder

1110 Wien, Braunhubergasse 21/G6/2
Telefon 01 / 749 81 94, Fax 01 / 749 81 95
e-mail : voes@teleweb.at,
Internet: http://www.asn.or.at/voes
Dienstzeiten: Montag - Freitag 7.30 - 16 Uhr

Präsident: Abgeordneter zum Nationalrat Otmar Brix,
p.A. Verband Österr. Schwimmvereine

Generalsekretär:
Thomas Gangel, p.A. Verband Österr. Schwimmvereine

Mitglied der
Fédération Internationale de Natation Amateur (FINA)
gegründet 1908, 170 Länder

Präsident Mustapha Larfoui, 26 rue Larbi Ben M'Hidi, 1600 Algiers, Algeria

und der
Ligue Européenne de Natation (LEN)
gegründet 1927, 50 Länder

Präsident Bartolo Consolo, c/o Federazione Italiana Nuoto, Stadio Olimpico – Curva Nord, 00194 Roma, Italien

Österreichs Vertreter
Peter Huber ist Ehrenmitglied der LEN.
Dipl.Ing. Grete Kugler ist Mitglied des Sprung-Board der LEN

Die Europameisterschaften 1999 fanden in Istanbul statt. Auf Grund der unruhigen Lage (Öcalan-Prozess) verzichteten drei qualifizierte Aktive (Anja Poetsch, Kathrin Schimpfössl und Maxim Podoprigora) auf eine Teilnahme. Die Schwimmer erreichten bei der EM insgesamt 7 Semifinalteilnahmen, für das Finale konnte sich aber nur Vera Lischka über 50 m Brust qualifizieren. Im Wasserspringen zeigte einmal mehr Richard Frece seine große Klasse, zufriedenstellend auch die Leistungen von Anja Richter und Marion Reiff im Synchronspringen.

Großartige Leistungen gab es im Schwimmen bei der Jugend-EM in Moskau, hier gab es nicht weniger als 8 A-Finalteilnahmen und 21 Top 16-Plazierungen. Besonders erwähnenswert in diesem Zusammenhang die ersten Medaillen bei den Herren für den VÖS bei einer Jugend-EM durch Markus Rogan über 200 m Rücken und 400 m Lagen. Mit diesen Leistungen konnte sich Markus Rogan ebenso wie Judith Draxler und Michael Windisch für den Olympia-A-Kader qualifizieren.

Ein beeindruckendes Starterfeld gab es bei der Masters-EM vom 25.-29. August 1999 im Innsbrucker Tivolibad. Hier waren mehr als 4.000 Aktive im Schwimmen und Wasserspringen aus ganz Europa am Start und erbrachten hervorragende Leistungen.

Im Oktober feierte der VÖS sein 100-jähriges Bestehen mit der Generalversammlung, einem Festakt und einem internationalen Schwimmfest mit Olympiasiegern und Weltmeistern. Zu diesem Anlass hat der Verband auch ein Buch über 100 Jahre VÖS herausgebracht.

ÖSTERREICHISCHE STAATSMEISTER 1999

Freiluft

Damen	Freistil	50 m	**Judith DRAXLER**	St
		100 m	**Petra ZAHRL**	W
		200 m	**Anja POETSCH**	S
		400 m	**Christine SCHREINER**	N
		800 m	**Christine SCHREINER**	N
	Rücken	100 m	**Jördis STEINEGGER**	St
		200 m	**Barbara AUER**	O

	Brust	100 m		Vera LISCHKA	O
		200 m		Elvira FISCHER	B
	Delphin	100 m		Anja POETSCH	S
		200 m		Anja POETSCH	S
	Lagen	200 m		Anja POETSCH	S
		400 m		Jördis STEINEGGER	St
	Staffel	Freistil	4 x 100 m	SVS Schwechat	N
			4 x 200 m	SVS Schwechat	N
		Lagen	4 x 100 m	SVS Schwechat	N
Herren	Freistil	50 m		Wolfgang KÖNIGSBERGER	K
		100 m		Maxim PODOPRIGORA	W
		200 m		Philipp KREPS	O
		400 m		Hannes KALTEIS	N
		1.500 m		Hannes KALTEIS	N
	Rücken	100 m		Markus ROGAN	W
		200 m		Markus ROGAN	W
	Brust	100 m		Maxim PODOPRIGORA	W
		200 m		Maxim PODOPRIGORA	W
	Delphin	100 m		Michael WINDISCH	K
		200 m		Michael WINDISCH	K
	Lagen	200 m		Michael WINDISCH	K
		400 m		Michael WINDISCH	K
	Staffel	Freistil	4 x 100 m	Wolfsberger SV	K
		Freistil	4 x 200 m	ASC Südstadt	N
		Lagen	4 x 100 m	ASV Wien	W
Halle					
Damen	Freistil	50 m		Judith DRAXLER	St
		100 m		Jasmin KHALIL	S
		200 m		Barbara AUER	O
		400 m		Christine SCHREINER	N
		800 m		Christine SCHREINER	N
	Rücken	50 m		Judith DRAXLER	St
		100 m		Barbara AUER	O
		200 m		Barbara AUER	O
	Brust	50 m		Vera LISCHKA	O
		100 m		Vera LISCHKA	O
		200 m		Elvira FISCHER	B
	Delphin	50 m		Judith DRAXLER	St
		100 m		Anja POETSCH	S
		200 m		Anja POETSCH	S
	Lagen	200 m		Anja POETSCH	S
		400 m		Jördis STEINEGGER	St
	Staffel	Freistil	4 x 100 m	SVS Schwechat	N
		Freistil	4 x 200 m	SVS Schwechat	N
		Lagen	4 x 100 m	SU Salzburg	S
Herren	Freistil	50 m		Ivo UNTERDORFER	T
		100 m		Philipp CZAIKA	N
		200 m		Philipp CZAIKA	N
		400 m		Philipp CZAIKA	N
		1.500 m		Rene GAJDOSIK	N
	Rücken	50 m		Oliver SCHMICH	S
		100 m		Oliver SCHMICH	S
		200 m		Oliver SCHMICH	S

	Brust	50 m		Michael VÖLGYES	N
		100 m		Christian FEDORCZUK	N
		200 m		Maxim PODOPRIGORA	W
	Delphin	50 m		Marco EBENBICHLER	T
		100 m		Marco EBENBICHLER	T
		200 m		Christian FEDORCZUK	N
	Lagen	200 m		Christian FEDORCZUK	N
		400 m		Christian FEDORCZUK	N
	Staffel	Freistil	4 x 100 m	ASV Linz	O
		Freistil	4 x 200 m	ASC Südstadt	N
		Lagen	4 x 100 m	ASV Wien	W
Synchronschwimmen					
Damen	Solo			Angela HORVATH	W
	Duo			Kerstin MAYER/Lena SILBERMAYR	
	Mannschaft			SUW - Lisbeth MAYER/Kerstin MAYER/ Julia NULER/Lena SILBERMAYR	W
Wasserball					
Damen				WBC Tirol	T
Herren				WBC Tirol	T
Wasserspringen					
Damen	Kunst	1 m		Anja RICHTER	W
		3 m		Marion REIFF	W
	Turm			Anja RICHTER	W
Herren	Kunst	1 m		Richard FRECE	W
		3 m		Richard FRECE	W
	Turm			Richard FRECE	W

Foto: VÖS
Olympialimit für Judith Draxler im 50m-Kraul: Die Magistra der Psychologie will in Sydney noch einmal ganz vorne landen.

ÖSTERREICHISCHE MEISTER 1999

Halle

Wasserspringen

Damen Kunst	1 m	Anja RICHTER		W
	3 m	Anja RICHTER		W
Herren Kunst	1 m	Richard FRECE		W
	3 m	Richard FRECE		W

Freiluft

Wasserspringen

Kunstspringen 1 m	weibliche Jugend	Katharina WIESPEINER		St
	Schülerinnen	Lucy HANTAK		W
	Mädchen	Veronika KRATOCHWILL		W
	männliche Jugend	Paul PACHERNEGG		St
	Schüler	Leonhard KONITSCH		W
	Knaben	Coco BLAHA		W
Kunstspringen 3 m	weibliche Jugend	Katharina WIESPEINER		St
	Mädchen	Veronika KRATOCHWILL		W
	männliche Jugend	Paul PACHERNEGG		St
	Schüler	Leonhard KONITSCH		W
	Knaben	Coco BLAHA		W
Turmspringen	Schülerinnen	Lucy HANTAK		W
	Mädchen	Veronika KRATOCHWIL		W
	männliche Jugend	Paul PACHERNEGG		St
	Schüler	Leonhard KONITSCH		W
	Knaben	Christoph BAUSCH		W
Synchronschwimmen				
Solowettkampf	weibliche Jugend	Kerstin MAYER	SUW	W
	weibliche Schüler	Lisbeth MAHN	SUW	W
	weibliche Kinder	Eva WIDMAN	SUW	W
Duettwettkampf	weibliche Jugend	Kerstin MAYER/ Lena SILBERMAYR	SUW	W
	weibliche Schüler	Verena HOFSTÄTTER/ Alexandra RUTHS	SUW	W
	weibliche Kinder	Nicole BUCHEGGER/ Michaela WINTERSTELLER	SU Abtenau	S
Mannschaft	weibliche Jugend	SUW - Lisbeth MAYER/Kerstin MAYER/ Julia NULER/Lena SILBERMAYR		W
	weibliche Schüler	SU Abtenau - Nicole BUCHEGGER/Anja PUTZ/ Carina PUTZ/Michaela WINTERSTELLER		S
Wasserball	Junioren	ASV Wien		W
	Jugend	WBC Tirol		T
	Schüler	WBC Tirol		T
Schwimmen				
50 m Rücken	Damen	Astrid BAUMGARTNER		B
	Herren	Markus ROGAN		W
50 m Delphin	Damen	Nina FEDORCZUK		N
	Herren	Marco EBENBICHLER		T
50 m Brust	Damen	Vera LISCHKA		O
	Herren	Thomas NARNHOFER		St
100 m Kraul	weibliche Jugend	Jasmin KHALIL		S
	Schülerinnen	Nadja ROTHENBURGER		St
	weibliche Kinder	Lisi KASTLER		S

	männliche Junioren	Markus ROGAN	W
	männliche Jugend	Paul EDER	N
	Schüler	Andreas RIDDERBUSCH	O
400 m Kraul	weibliche Jugend	Jasmin KHALIL	S
	Schülerinnen	Stephanie SPRINGER	N
	weibliche Kinder	Lisi KASTLER	S
	männliche Junioren	Philipp KREPS	O
	männliche Jugend	Paul EDER	N
	Schüler	Andreas RIDDERBUSCH	O
800 m Kraul	weibliche Jugend	Jasmin KHALIL	S
	Schülerinnen	Ines STADLER	S
1.500 m Kraul	männliche Junioren	Hannes KALTEIS	N
	männliche Jugend	Ernst HINTEREGGER	K
	männliche Schüler	Andreas RIDDERBUSCH	O
100 m Rücken	weibliche Jugend	Jördis STEINEGGER	St
	Schülerinnen	Stephanie SPRINGER	N
	weibliche Kinder	Jennifer GALO	K
	männliche Junioren	Plamen RYASKOV	S
	männliche Jugend	Lukas OSTERMAIER	W
	Schüler	Stefan LACKNER	W
200 m Rücken	weibliche Jugend	Jasmin KHALIL	S
	Schülerinnen	Kerstin MAYER	N
	männliche Junioren	Hannes KALTEIS	N
	männliche Jugend	Lukas OSTERMAIER	W
	Schüler	Stefan LACKNER	W
100 m Brust	weibliche Jugend	Claudia STEINBICHLER	W
	Schülerinnen	Ines STADLER	O
	weibliche Kinder	Laura PLANK	W
	männliche Junioren	Christian FEDORCZUK	N
	männliche Jugend	Ernst HINTEREGGER	K
	Schüler	Stefan WIPPLINGER	O
200 m Brust	weibliche Jugend	Claudia STEINBICHLER	W
	Schülerinnen	Ines STADLER	N
	männliche Junioren	Christian FEDORCZUK	N
	männliche Jugend	Ernst HINTEREGGER	K
	Schüler	Stefan WIPPLINGER	O
100 m Delphin	weibliche Jugend	Nina FEDORCZUK	N
	Schülerinnen	Nadja ROTHENBURGER	St
	weibliche Kinder	Birgit KOSCHISCHEK	W
	männliche Junioren	Christian FEDORCZUK	N
	männliche Jugend	Gregor KOINIG	N
	Schüler	Andreas RIDDERBUSCH	O
200 m Delphin	weibliche Jugend	Nina FEDORCZUK	N
	Schülerinnen	Stephanie SPRINGER	N
	männliche Junioren	Christian FEDORCZUK	N
	männliche Jugend	Christof URBAN	N
	Schüler	Andreas RIDDERBUSCH	O
200 m Lagen	weibliche Jugend	Jasmin KHALIL	S
	Schülerinnen	Nadja ROTHENBURGER	St
	weibliche Kinder	Ines STADLER	N
	männliche Junioren	Markus ROGAN	W
	männliche Jugend	Ernst HINTEREGGER	K
	Schüler	Andreas RIDDERBUSCH	O

4 x 100 m Kraul	weibliche Jugend	SVS Energiecomfort	N
	männliche Jugend	SG Wr. Neustadt	N
4 x 100 m Lagen	weibliche Jugend	SVS Energiecomfort	N
	männliche Jugend	SU Wien	W

EUROPAMEISTERSCHAFTEN 1999

22.7.-3.8.1999, Istanbul, TUR

Damen	50 m	Brust	7. Vera LISCHKA	14 Länder	16 Teilnehmerinnen
	10 m	Turm Synchron	6. Marion REIFF/ Anja RICHTER	9 Länder	9 Mannschaften
Herren	3 m	Kunstspringen	4. Richard FRECE	16 Länder	27 Teilnehmer
	10 m	Turmspringen	5. Richard FRECE	16 Länder	20 Teilnehmer

Kurzbahn, 9.-12.12.1999, Lissabon, POR

Damen	50m	Kraul	6. Judith DRAXLER	18 Länder	24 Teilnehmerinnen
	200m	Brust	8. Elvira FISCHER	15 Länder	17 Teilnehmerinnen
	50m	Brust	8. Vera LISCHKA	18 Länder	25 Teilnehmerinnen
Herren	400m	Lagen	5. Michael WINDISCH	12 Länder	16 Teilnehmerinnen

Jugend, 14.-17.7.1999, Moskau, RUS

weibl.	100 m	Kraul	5. Jasmin KHALIL	18 Länder	35 Teilnehmerinnen
	4x100 m	Lagen	8. Jördis STEINEGGER/ Claudia STEINBICHLER/ Nina FEDORCZUK/ Jasmin KHALIL	12 Länder	12 Mannschaften
männl.	200 m	Kraul	5. Philipp KREPS	18 Länder	31 Teilnehmer
	400 m	Kraul	7. Hannes KALTEIS	18 Länder	27 Teilnehmer
	100 m	Rücken	4. Markus ROGAN	18 Länder	38 Teilnehmer
	200 m	Rücken	3. Markus ROGAN	18 Länder	32 Teilnehmer
	200 m	Lagen	5. Markus ROGAN	18 Länder	30 Teilnehmer
	400 m	Lagen	3. Markus ROGAN	18 Länder	30 Teilnehmer

Foto: C. Hofer
Goldene Ehrenzeichen für Maxim Podoprigora, Patrick Schmollinger und Vera Lischka.

SEGELN

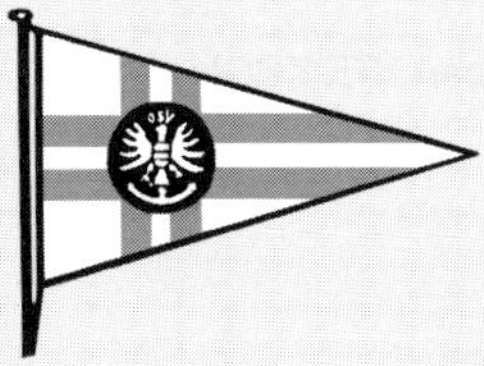

ÖSTERREICHISCHER SEGEL-VERBAND (ÖSV)

gegründet 1946, 84 Vereine, 18.614 Mitglieder
1230 Wien, Zetschegasse 21
Telefon 01 / 662 44 62 - 0, Fax 01 / 662 15 58
e-mail: oesv@sailing.or.at; http://www.sailing.or.at;
Sprech- und Besuchszeit: Montag - Freitag 10-13 Uhr und 14-17 Uhr

Präsident: Dr. Manfred Piso, 5310 Mondsee, Marktplatz 2
Telefon 06232 / 22 67, e-Mail: mpiso@cso.co.at

Offizielle Verbandszeitung: „Yachtrevue", monatlich
Chefredakteur: Luis Gazzari im Verlag Orac
2380 Perchtoldsdorf, Alfred Feilerfeil Straße 3
Telefon 01 / 86 331-0

Mitglied der
International Sailing Federation (ISAF)
gegründet 1906, 120 Länder

Ariadne House, Town Quay, Southampton, Hampshire, SO 14 2AQ
United Kingdom, Telefon 00 44 / 1703 / 63 51 11
Fax 00 44 / 1703 / 63 57 89

Mitglied der
European Union Sailing Association (EUSA) und der
European Sailing Federation (EUROSAF)

Österreichs Vertreter in internationalen Verbänden
EUSA
Dr. Manfred Piso: Vize-Präsident der EUSA
ISAF:
Dr. Manfred Piso: Mitglied des International Judges Sub Committee und International Judge
Dipl.Ing. Georg Fundak: Mitglied des Training and Development Committee.
Ing. Mag. Gert Schmidleitner: International Race Officer
Ing. Helmut Jakobowitz: Mitglied des Race Management Sub Committee und International Judge.
Dipl.Ing. Dr. Gert Gsell: International Judge

Der absolute Höhepunkt im Spitzensport Segeln war 1999 wohl der Erfolg unserer Weltmeister R. Hagara/Steinacher und Vizeweltmeister A. Hagara/Moser in der olympischen Bootsklasse Tornado, der noch mit dem Vize-Europameistertitel durch A. Hagara/Moser fundamentiert wurde. Zu den schon im Vorjahr gesicherten Nationenplätzen in den Klassen Tornado und Mistral für die Olympischen Spiele Sydney 2000 konnte im Jänner die dritte Nationenqualifikation für Österreich durch den jungen Laser-Segler Andreas Geritzer bei der WM vor Melbourne erkämpft werden.

Der Schwerpunkt im Spitzensport Segeln 1999 lag weiterhin in der intensiven Vorbereitung auf die Olympischen Spiele Sydney 2000. Das Austesten spezieller Verhältnisse des Olympiareviers und die notwendigen Materialentwicklungen standen wie im Vorjahr im Vordergrund der praktischen Umsetzung des Projektes „Spitzensport-Segeln-Sydney 2000". Im segeltechnischen Bereich konnte mit einem österr. Segelmacher ein Weltklasseprodukt entwickelt werden. Die Ergebnisse bei den Preolympics vor Sydney – 2. Platz in der Tornado-Klasse, einem 10. Platz in der Mistral-Klasse und einem Wettfahrtsieg in der Laser-Klasse – bestätigen, daß unsere Vorbereitungen auf die Olympischen Spiele in den richtigen Bahnen laufen.

Im Nachwuchsbereich ist eine deutliche Verbesserung der Mentalität für den Umstieg in eine olympische Bootsklasse zu erkennen. Die ausgezeichneten Leistungen der Jugendlichen bei den Österr. Jugendmeisterschaften im August am Achensee bestätigten diese Entwicklung.

Für ein attraktives Event auf den österreichischen Seen sorgte die Starboot-Frühjahrs-EM am Attersee. Die „3. Austrian Interunfall Lakes Week" als einzige Binnenland-Veranstaltung des Eurolymp-Circuits wurde heuer auf 2 Revieren ausgetragen (Traunsee und Neusiedlersee). Dabei sicherte sich Österreich neben dem Nationensieg auch den Sieg in der olympischen 49er-Klasse.

Der ÖSV hat sich auch heuer wieder die Aufgabe gesetzt, die Attraktivität des Hochsee-Leistungssports zu fördern; der ÖSV One Design Offshore Cup wurde 1999 ins Leben gerufen.

Im Bereich des Führerschein- und Prüfungswesens für das Führen seegehender Yachten sind neue, einheitliche Prüfungskriterien im Einsatz.

ÖSTERREICHISCHE STAATSMEISTER 1999

Segeln		
470	**Roland REGNEMER/Pascal WEISANG**	N/S
49er	**Florian KRUSE/Clemens KRUSE**	W
Dart	**Bernhard ZIEGLER/Gerhard EDER**	S
Drachen	**Carl Ludwig RICHARD/Alexander RICHARD/Joachim ELSNER**	O
Europe - Damen	**Denise CESKY**	B
Finn-Dinghy	**Florian RAUDASCHL**	S
H-Boot	**Josef RENNER/Andreas GILHOFER/Robert STEIKOGLER**	O
Hobie-Cat 16	**Clemens KELLNER/Claudia MANDL**	B
Laser	**Andreas GERITZER**	B
Pirat	**Christian KARNER/Wolfgang WEGL**	W
Soling Fleet Race	**Christian BINDER/Franz FELLNER/Volker MOSER**	B/O
Soling Match Race	**Christian BINDER/Franz FELLNER/Volker MOSER**	B/O
Starboot	**Erhard HAUPOLTER/Harald HUSKA**	S/O
Tempest	**Helmut SANTER/Hannes PASNOCHT**	K
Tornado	**Andreas HAGARA/Wolfgang MOSER**	O/N
Yngling	**Christoph SKOLAUT/Georg SKOLAUT**	O
Surfen		
Mistral Herren	**Christopher SIEBER**	S

ÖSTERREICHISCHE MEISTER 1999

Korsar	Christian SPIESSBERGER/Karl REITTER	O
Flying Dutchman	Georg VOGLER/Erich SCHOBER	S
Europe-Herren	Armin KELDERBACHER	T
Jugend		
Optimist	Michael HAIDER	B
Laser-Radial	Philipp WERR	S
Europe	Florian HEITZENBERGER	S
Mistral	Martin Benjamin LUGSCH	B
470er	Florian KOHOUT/Stefan GLANZ	B
420er	Judith MILLER/Carolina FLATSCHER	T

WELTMEISTERSCHAFTEN 1999

16.-24.7.1999,Öresund, SWE

Yngling	2. Christoph SKOLAUT/Georg SKOLAUT/ Wolfgang RIHA	9 Länder	62 Mannschaften

2.-9.7.1999, Vallensbaek, DEN

Tornado	**1. Roman HAGARA/Hans Peter STEINACHER**	24 Länder	78 Mannschaften
	2. Andreas HAGARA/Wolfgang MOSER		

26.7.-1.8.1999, Thurnersee, SUI

H-Boot	4. Stefan FRAUSCHER/Peter HEININGER/ Thomas LINORTNER	8 Länder	68 Mannschaften

21.8.-28.8.1999, Follonica, ITA

Dart 18	4. Luis GAZZARI/Vanessa KRAMMER	9 Länder	108 Mannschaften

EUROPAMEISTERSCHAFTEN 1999

7.-15.5.1999, Palma de Mallorca, ESP

Tornado	2. Andreas HAGARA/Wolfgang MOSER	15 Länder	65 Mannschaften

EUROLYMP Austrian Interunfall Lakes Week
7.-11.9.1999, Neusiedlersee-Traunsee, AUT

Neusiedlersee			
49er	**1. Florian KRUSE/Clemens KRUSE**	3 Länder	7 Mannschaften
	3. Dominik KOCHOLL/Daniel KOCHOLL		
Laser	2. Martin LEHNER	6 Länder	16 Teilnehmer
470-D	2. Roswitha STIX/Regine STIX	3 Länder	4 Mannschaften
	3. Judith MILLER/Carolina FLATSCHER		
Tornado	**1. Oliver EBNER/Philipp HRIBAR**	1 Land	6 Mannschaften
	2. Martin STEMPKOWSKI/Florian KECHT		
	3. Michael SEIDL/Mathias STEPANEK		
Traunsee			
Star	**1. Andreas DENK/Alexander KOGARD**	4 Länder	28 Mannschaften
	2. Dietmar GFREINER/Martin FUSSI		
	3. Erhard HAUPOLTE/Harald HUSKA		

SKIBOB

ÖSTERREICHISCHER SKIBOBVERBAND (ÖSBV)

gegründet 1963, 65 Vereine, 3.208 Mitglieder

1040 Wien, Prinz-Eugen-Straße 12
Telefon 01 / 505 23 17, Fax 01 / 505 08 45,
e-mail: oesbv@asn.or.at; http://www.asn.or.at/oesbv
Montag - Freitag 9 - 12 Uhr

Präsident: Gerhard Hauer
4020 Linz, Schubertstraße 12, Telefon 0732 / 66 97 70

Generalsekretärin: Gertrud Dluhosch
1070 Wien, Stollgasse 1a/5/18, Telefon 01 / 522 66 57

Mitglied der
Fédération Internationale de Skibob (FISB)
gegründet 1961, 17 Länder, ca. 10.000 Aktive

Haus des Sports, 5020 Salzburg, Aignerstraße 14

Österreichs Vertreter
Präsident: Richard Aistleitner
Sportdirektor: Alois Fischbauer
Kampfrichterchefin: Hannelore Luschan

In der vergangenen Saison wurde die gute Nachwuchsarbeit durch hervorragende Erfolge der Schüler- und Jugendnationalmannschaft bei der WM bestätigt. Österreich war mit 17 Schülern und Jugendlichen vertreten und errang 14 Gold-, 12 Silber- und 6 Bronzemedaillen.

Bei der WM der Allgemeinen Klasse errang unsere Nationalmannschaft 2 Gold-, 3 Silber- und 2 Bronzemedaillen.

ÖSTERREICHISCHE STAATSMEISTER 1999

Damen	Riesenslalom	**Heidi ACHLEITNER**	O
	Slalom	**Heidi ACHLEITNER**	O
	Kombination	**Heidi ACHLEITNER**	O
Herren	Riesenslalom	**Dieter LERCHSTER**	O
	Slalom	**Markus MOSER**	S
	Kombination	**Markus MOSER**	S

Foto: ÖSBV
Jeweils Gold in Slalom und Riesenslalom bei der WM 1999 für Heidi Achleitner.

ÖSTERREICHISCHE MEISTER 1999

Schüler	weibl.	Riesenslalom	Sabine HOLZER	N
		Slalom	Nina BEHOUN	O
		Kombination	Tamara LADINGER	N
	männl.	Riesenslalom	Stefan HAMMER	T
		Slalom	Stefan HAMMER	T
		Kombination	Stefan HAMMER	T
Jugend	weibl.	Riesenslalom	Kerstin MÖRTENHUEMER	S
		Slalom	Andrea BURGSTALLER	T
		Kombination	Kerstin MÖRTENHUEMER	S
	männl.	Riesenslalom	Walter BURGSTALLER	T
		Slalom	Harald AUER	T
		Super-G	Rudolf ABLINGER	S
		Kombination	Walter BURGSTALLER	T
AK II		Riesenslalom	Karl MAYRHOFER	O
		Slalom	Karl MAYRHOFER	O
		Kombination	Karl MAYRHOFER	O
AK III		Riesenslalom	Rudolf SCHACHINGER	V
		Slalom	Rudolf SCHACHINGER	V
		Kombination	Rudolf SCHACHINGER	V

WELTMEISTERSCHAFTEN 1999

9.-14.3.1999, Adelboden, SUI

Damen	Riesenslalom	**1. Heidi ACHLEITNER**	8 Länder	17 Teilnehmerinnen
		3. Iris LIENHARD		
		6. Petra MÖRTENHUEMER		
	Slalom	**1. Heidi ACHLEITNER**	8 Länder	17 Teilnehmerinnen
		2. Iris LIENHARD		
		3. Kerstin MAYRHOFER		
	Super-G	2. Heidi ACHLEITNER	8 Länder	17 Teilnehmerinnen
		4. Iris LIENHARD		
		6. Petra MÖRTENHUEMER		
Herren	Riesenslalom	2. Markus MOSER	10 Länder	44 Teilnehmer
	Slalom	4. Walter KRONEISL	10 Länder	46 Teilnehmer
		5. Klaus MAYRHOFER		
	Super-G	4. Dieter LERCHSTER	10 Länder	44 Teilnehmer
		5. Markus MOSER		

2.-7.2.1999, Destne, CZE

Jugend				
weiblich	Kombination	**1. Kerstin MÖRTENHUEMER**	4 Länder	15 Teilnehmerinnen
	Riesenslalom	**1. Kerstin MÖRTENHUEMER**	4 Länder	17 Teilnehmerinnen
	Slalom	2. Kerstin MÖRTENHUEMER	4 Länder	19 Teilnehmerinnen
	Super-G	**1. Kerstin MÖRTENHUEMER**	4 Länder	15 Teilnehmer
		3. Andrea BURGSTALLER		
Schüler				
männlich	Kombination	**1. Martin GASTL**	3 Länder	6 Teilnehmer
		2. Markus WALLNER		
	Riesenslalom	**1. Martin GASTL**	3 Länder	6 Teilnehmer
	Slalom	**1. Markus WALLNER**	3 Länder	6 Teilnehmer
		2. Martin GASTL		
	Super-G	2. Markus WALLNER	3 Länder	6 Teilnehmer

weiblich	Kombination	**1. Lisa ZAFF**	2 Länder	4 Teilnehmerinnen
		2. Monika MÖRTENHUEMER		
	Riesenslalom	**1. Lisa ZAFF**	2 Länder	4 Teilnehmerinnen
		2. Monika MÖRTENHUEMER		
	Slalom	**1. Lisa ZAFF**	2 Länder	4 Teilnehmerinnen
		2. Monika MÖRTENHUEMER		
	Super-G	**1. Lisa ZAFF**	2 Länder	4 Teilnehmerinnen
		2. Monika MÖRTENHUEMER		
Schüler II				
männlich	Kombination	3. Gerhard HAUER	5 Länder	20 Teilnehmer
	Riesenslalom	3. Christoph LUGSTEIN	5 Länder	20 Teilnehmer
	Slalom	3. Gerhard HAUER	5 Länder	20 Teilnehmer
	Super-G	3. Christoph LUGSTEIN	5 Länder	20 Teilnehmer
weiblich	Kombination	**1. Nina BEHOUN**	4 Länder	8 Teilnehmerinnen
		2. Sabine HOLZER		
	Riesenslalom	**1. Nina BEHOUN**	4 Länder	8 Teilnehmerinnen
		2. Sabine HOLZER		
		3. Natascha WALLNER		
	Slalom	**1. Nina BEHOUN**	4 Länder	8 Teilnehmerinnen
		2. Sabine HOLZER		
	Super-G	**1. Nina BEHOUN**	4 Länder	8 Teilnehmerinnen
		2. Sabine HOLZER		
Senioren AK I				
Herren	Kombination	**1. Manfred GAMPER**	6 Länder	19 Teilnehmer
		3. Andreas PEER		
	Riesenslalom	**1. Manfred GAMPER**	6 Länder	19 Teilnehmer
	Slalom	**1. Manfred GAMPER**	6 Länder	19 Teilnehmer
		2. Gerfried SEEBER		
	Super-G	**1. Gerfried SEEBER**	6 Länder	19 Teilnehmer
		3. Andreas PEER		
Senioren AK II				
	Kombination	3. Josef HÖLLBACHER	4 Länder	14 Teilnehmer
	Riesenslalom	**1. Karl MAYRHOFER**	4 Länder	14 Teilnehmer
	Super-G	2. Karl MAYRHOFER	4 Länder	14 Teilnehmer
Senioren AK III				
	Kombination	**1. Paul DAXER**	4 Länder	11 Teilnehmer
	Riesenslalom	**1. Paul DAXER**	4 Länder	11 Teilnehmer
	Slalom	3. Paul DAXER	4 Länder	11 Teilnehmer
	Super-G	**1. Paul DAXER**	4 Länder	11 Teilnehmer
		3. Rudolf SCHACHINGER		

SKILAUF

ÖSTERREICHISCHER SKIVERBAND (ÖSV)

gegründet 1905, 1.218 Vereine, 146.199 Mitglieder

6020 Innsbruck, Olympiastraße 10
Telefon 0512 / 33 501 - 0, Fax 0512 / 36 19 98, Telex 0533876 skiau
Dienstzeiten: Montag - Freitag 8.15 - 12, 13 - 17.15 Uhr

Präsident: Prof. Peter Schröcksnadel, p.A. Österr. Skiverband

Generalsekretär: Dr. Klaus Leistner, p.A. Österr. Skiverband

Mitglied des
Internationalen Skiverbandes (FIS)
gegründet 1924, 84 Mitgliedsländer

Büro der FIS: CH-3653 Oberhofen/Thunersee
Telefon 00 41 / 33 / 244 61 61, Fax 00 41 / 33 / 243 53 53

Die Alpinen konnten im WC das hervorragende Vorjahrsergebnis nochmals übertreffen. Von Damen und Herren wurden 39 Siege eingefahren, das sind 55 % aller Möglichkeiten. Insgesamt erreichte die alpine Mannschaft 97 Stockerlplätze. Die Damen konnten durch ihre sensationellen Erfolge alle Weltcupkugeln gewinnen, wie das in der Saison 1997/98 den Männern gelang. Besonders hervorzuheben sind das „Jahrhundertergebnis", der 9-fach Erfolg unserer Herren am Patscherkofel, aber auch der 6-fach Sieg in Bormio, die Leistungen von Alexandra Meißnitzer, das Comeback von Anita Wachter nach ihrer Verletzung, der Slalom-Weltcupsieg von Thomas Stangassinger, der kometenhafte Aufstieg von Benni Raich.

Bei der WM in Vail wurde mit 13 Medaillen das zweitbeste Ergebnis des ÖSV bei einer alpinen WM erreicht.

Auch im EC und bei der Junioren-WM dominierten unsere Alpinen. Von den insgesamt 10 möglichen EC-Wertungen wurden 7 gewonnen. Durch die Erfolge im EC wurden 13 zusätzliche Startplätze für den WC gesichert. Bei der Junioren-WM gewann Österreich mit 15 die Hälfte der vergebenen Medaillen.

Das nordische Wintermärchen der Ramsau überstrahlte fast noch die Erfolge der Alpinen. Erstmals konnten bei einer nordischen WM in allen 3 Sparten Medaillen erreicht werden. Höhepunkt war der Staffelsieg der Herren im Langlauf.

Auch bei der nordischen Junioren-WM erreichte der Nachwuchs im heimischen Saalfelden Medaillen im Einzel- und Mannschaftsspringen.

Ebenso erfreulich die Leistungsbilanz unserer Snowboarder. Manuela Riegler konnte erstmals den Gesamtweltcup gewinnen, Ursula Fingerlos siegte in der Snowboardcrosswertung. Bei den Herren wurde Stefan Kaltschütz 2. im Gesamtweltcup, siegte aber in der Riesenslalomwertung. Bei der WM in Berchtesgaden und der Junioren-WM in Italien konnten unsere Athleten Medaillen erringen.

In der allgemeinen Verbandsarbeit wurden zahlreiche Aktionen im Bereich Sicherheit im Ski- und Snowboardsport gesetzt. Das Hauptaugenmerk lag auf der Unfallerhebungsstudie, die der ÖSV mit Unterstützung des Österreichischen Kuratoriums für Alpine Sicherheit vom Institut für Sportwissenschaften der Universität Innsbruck durchführen ließ. Das Ergebnis war, daß nur 8 von 1000 Skifahrern, Cavern und Snowboardern sich bei ihrer Sportausübung verletzen. Im Vergleich mit der Unfallerhebung von 1993/94 kann gesagt werden, daß sich die Verletzungshäufigkeit nicht verändert hat.

ÖSTERREICHISCHE STAATSMEISTER 1999

Alpin

Damen	Abfahrt	**Brigitte OBERMOSER**	S
	Riesenslalom	**Alexandra MEISSNITZER**	S
	Slalom	**Sabine EGGER**	K
	Super-G	**Brigitte OBERMOSER**	S
	Kombination	**Brigitte OBERMOSER**	S

Herren	Abfahrt	**Andreas SCHIFFERER**	S
	Riesenslalom	**Patrick WIRTH**	V
	Slalom	**Ronald STAMPFER**	V
	Super-G	**Fritz STROBL**	K
	Kombination	**Mario MATT**	T
Biathlon			
Herren	10 km Sprint	**Ludwig GREDLER**	T
	Einzel 20 km	**Hans ACHORNER**	T
	Mannschaft 3 x 7,5 km	**Reinhard NEUNER/Hannes OBERERLACHER/ Hans-Peter FOIDL**	T
Firngleiten			
Damen	Riesenslalom	**Bettina SCHWARZLMÜLLER**	T
	Slalom	**Bettina SCHWARZLMÜLLER**	T
	Kombination	**Bettina SCHWARZLMÜLLER**	T
Herren	Riesenslalom	**Oswald SEISL**	T
	Slalom	**Arnold STEINER**	T
	Kombination	**Christoph ZAUSER**	V
Freestyle			
Damen	Buckelpiste	**Tatjana FLECK**	W
Herren		**Harald MARBLER**	K
	Springen	**Christian RIJAVEC**	T
Grasski			
Damen	Parallelslalom	**Ingrid HIRSCHHOFER**	N
	Riesenslalom	**Bettina SCHWEIGHOFER**	S
	Slalom	**Bettina SCHWEIGHOFER**	S
	Super-G	**Ingrid HIRSCHHOFER**	N
	Kombination	**Ingrid HIRSCHHOFER**	N
Herren	Parallelslalom	**Marcus PESCHEK**	W
	Riesenslalom	**Hannes SANZ**	N
	Slalom	**Christian BALEK**	N
	Super-G	**Christian BALEK**	N
	Kombination	**Christian BALEK**	N
Nordisch Langlauf			
Damen	5 km	**Maria THEURL**	T
	5 km (verkürzt) Verfolgung	**Maria THEURL**	T
	10 km (verkürzt)	**Maria THEURL**	T
	30 km	**Maria THEURL**	T
Herren	10 km	**Alois STADLOBER**	S
	10 km (verkürzt)Verfolgung	**Alois STADLOBER**	S
	30 km	**Gerhard URAIN**	St
	50 km	**Mikhail BOTWINOV**	S
Nordisch Sprunglauf			
	Großschanze 120 m	**Andreas WIDHÖLZL**	T
	Kleinschanze 80 m	**Martin HÖLLWARTH**	T
Nordische Kombination			
	Nordische Kombination	**Mario STECHER**	St
	Sprint	**Michael GRUBER**	S
Snowboard			
Damen	Cross	**Doris BERAUER**	T
	Slalom	**Ursula FINGERLOS**	S
	Riesenslalom	**Maria KIRCHGASSER**	S

Herren	Cross	**Werner EBENBAUER**	St
	Slalom	**Werner EBENBAUER**	St
	Riesenslalom	**Harald WALDER**	T

ÖSTERREICHISCHE MEISTER 1999

Firngleiten

Slalom

Schüler I	weibl.	Lea HEINZ-ERIAN	T
	männl.	Markus RAPP	T
Schüler II	weibl.	Daniela SCHMIDT	T
	männl.	Roman LIESINGER	V
Jugend I	weibl.	Andrea WINDERLE	O
	männl.	Anton KNAUS	St
Jugend II	weibl.	Ulrike KLOCKER	V
	männl.	Jan KLOCKER	V
Damen	AK I	Andrea WOHLGENANNT	V
Herren	AK I	Arnold STEINER	T
	AK II	Alfred WINDERLE	O
	AK III	Franz EGGER	T
	AK IV	Conny TROJER	T

Riesentorlauf

Schüler I	weibl.	Lea HEINZ-ERIAN	T
	männl.	Patrick HÖRHAGER	T
Schüler II	weibl.	Daniela SCHMIDT	T
	männl.	Roman LIESINGER	V
Jugend I	weibl.	Verena ABERER	V
	männl.	Martin ABERER	V
Jugend II	weibl.	Ulrike KLOCKER	V
	männl.	Jan KLOCKER	V
Damen	AK I	Andrea WOHLGENANNT	V
Herren	AK I	Arnold STEINER	T
	AK II	Franz OCHSENHOFER	St
	AK III	Franz EGGER	T
	AK IV	Conny TROJER	T

Kombination

Schüler I	weibl.	Lea HEINZ-ERIAN	T
	männl.	Christoph PRAXMARER	T
Schüler II	weibl.	Daniela SCHMIDT	T
	männl.	Roman LIESINGER	V
Jugend I	weibl.	Andrea WINDEREL	O
	männl.	Christian GERHARDTER	St
Jugend II	weibl.	Ulrike KLOCKER	V
	männl.	Jan KLOCKER	V
Damen	AK I	Andrea WOHLGENANNT	V
Herren	AK I	Arnold STEINER	TV
	AK II	Franz OCHSENHOFER	St
	AK III	Franz EGGER	T
	AK IV	Toni STEINDL	T

Alpin

Jugend I	weibl.	Abfahrt	Christine SPONRING	T
		Super-G	Astrid VIERTHALER	S
		Riesenslalom	Anna WIEGELE	K
		Slalom	Astrid VIERTHALER	S
		Kombination	Astrid VIERTHALER	S
	männl.	Abfahrt	Patrick BECHTER	V
		Super-G	Markus KÜSTNER	St
		Riesenslalom	Marcel LORENZIN	V
		Slalom	Marcel LORENZIN	V
		Kombination	Marcel LORENZIN	V
Jugend II	weibl.	Abfahrt	Katja WIRTH	V
		Super-G	Katja WIRTH	V
		Riesenslalom	Karin BLASER	St
		Slalom	Elisabeth GÖRGL	St
		Kombination	Katja WIRTH	V
	männl.	Abfahrt	Klaus KRÖLL	St
		Super-G	Martin KAMMERLANDER	T
		Riesenslalom	Kurt ENGL	S
		Slalom	Kurt ENGL	S
		Kombination	Thomas GRAGGABER	S
Schüler I	weibl.	Slalom	Nicole DELLER	N
		Riesenslalom	Martina GEISLER	T
		Super-G	Sylvia STEINER	K
		Kombination	Kathrin ZETTEL	N
	männl.	Slalom	Michael ZACH	S
		Riesenslalom	Alexander GOSCH	T
		Super-G	Michael ZACH	S
		Kombination	Michael ZACH	S
Schüler II	weibl.	Slalom	Nina GSTREIN	T
		Riesenslalom	Miriam BODMAYR	S
		Super-G	Miriam BODMAYR	S
		Kombination	Birgit GNAMUSCH	K
	männl.	Slalom	Manuel PIRKER	K
		Riesenslalom	Hannes BRENNER	V
		Super-G	Hannes BRENNER	V
		Kombination	Hannes BRENNER	V

Nordisch

	Junioren	K 85	Florian LIEGL	T
		K 105	Wolfgang LOITZL	St

Spezialsprunglauf

	Schüler I		Martin KUGLITSCH	K
	Schüler II		Linda ACHORNER	T
			Manuel FETTNER	T
	Jugend I		Sandra KAISER	W
			Bernhard GRUBER	S
	Jugend II		Reinhard EBERL	T

Nordische Kombination

	Junioren	Einzel	Peter DULLNIG	K
		Sprint Einzel	Michael GRUBER	S
	Schüler I		Mathias FINK	T
	Schüler II		Sandro BURGSTALLER	V

	Jugend I		Bernhard GRUBER	S
	Jugend II		Martin STINDL	S
Langlauf				
Junioren	weibl.	5 km kl.	Evelyn SALFELLNER	St
		5 km frei Verf.	Evelyn SALFELLNER	St
		15 km kl.	Eveline SIGL	O
Jugend I	weibl.	5 km	Isabella WECHSELBERGER	T
Jugend II	weibl.	5 km	Alexandra PINTER	K
		3x5 km Staffel	KENDLER/SCHMIDHUBER/ZEHENTNER	S
Schüler I	weibl.	3 km	Petra TANNER	T
Schüler II	weibl.	4 km	Viktoria TATSCHL	St
		3x3 km Staffel	AUSSWEGER/TATSCHL/BERTL	St
Junioren	männl.	10 km kl.	Johannes EDER	S
		10 km frei Verf.	Johannes EDER	S
		30 km kl.	Johannes EDER	S
Jugend I	männl.	8 km	Christian RAINER	S
Jugend II	männl.	10 km	Roland BÄRNTHALER	O
		3x8 km Staffel	KEPLINGER/KAPL/BÄRNTHALER	O
Schüler I	männl.	4 km	Marco PIRKLBAUER	S
Schüler II	männl.	6 km	Harald NIMMERVOLL	St
		3x4 km Staffel	HECHENBERGER/SCHULER/EDER	T
Biathlon				
Frauen		3x7,5 km Staffel	ECKSCHLAGER/BRANDSTÄTTER/ LINDINGER	S
Jugend	weibl.	3x6 km Staffel	FLUNGER/AMON/LACKNER	S
Schüler	weibl.	2x3 km Staffel	SPITZ/HÖCK	S
Junioren	männl.	3x7,5 km Staffel	WÖRNDL/LACKNER/BRÜGGL	S
Jugend	männl.	3x6 km Staffel	RASS/STEURER/LENGAUER	T
Schüler	männl.	2x3 km Staffel	STELLWAG/LUCKINGER	T
Grasski				
Jugend	weibl.	Riesenslalom	Astrid STEINWIDDER	St
		Slalom	Astrid STEINWIDDER	St
		Super-G	Marion PLATZER	St
		Kombination	Astrid STEINWIDDER	St
Schüler I	weibl.	Riesenslalom	Tanja SCHRANZER	K
		Slalom	Sandra KLAWATSCH	B
		Super-G	Tanja SCHRANZER	K
		Kombination	Sandra KLAWATSCH	B
Schüler II	weibl.	Riesenslalom	Andrea MART	V
		Slalom	Michaela HORVATH	B
		Super-G	Andrea MATT	V
		Kombination	Andrea MATT	V
Jugend	männl.	Riesenslalom	Martin WEBERBAUER	S
		Slalom	Martin WEBERBAUER	S
		Super-G	Bernhard REITER	S
		Kombination	Josef ZORZI	S
Schüler I	männl.	Riesenslalom	Marc ZICKBAUER	N
		Slalom	Marc ZICKBAUER	N
		Super-G	Marc ZICKBAUER	N
		Kombination	Marc ZICKBAUER	N

Einsatz
Erfolge
Das Geheimnis
sportlicher Erfolge: Talent, Einsatz und ein Partner,
der hinter einem steht. Raiffeisen als Partner des Sports fördert und
unterstützt sowohl Spitzensportler wie Hermann Maier
als auch viele österreichische Sportler und Sportvereine.
Partner
http://www.raiffeisen.at
Raiffeisen. Meine Bank

Schüler II	männl.	Riesenslalom	Peter PAUKOVITS	B
		Slalom	Heinz Peter LANG	N
		Super-G	Peter PAUKOVITS	B
		Kombination	Heinz Peter LANG	N

WELTMEISTERSCHAFTEN 1999

Alpin

31.1.-14.2.1999, Vail, USA

Frauen	Abfahrt	**1. Renate GÖTSCHL**	14 Länder	35 Teilnehmerinnen
		2. Michaela DORFMEISTER		
		3. Stefanie SCHUSTER		
	Kombination	2. Renate GÖTSCHL	13 Länder	15 Teilnehmerinnen
	Riesenslalom	**1. Alexandra MEISSNITZER**	34 Länder	77 Teilnehmerinnen
		3. Anita WACHTER		
	Super-G	**1. Alexandra MEISSNITZER**	18 Länder	42 Teilnehmerinnen
		2. Renate GÖTSCHL		
		3. Michaela DORFMEISTER		
Herren	Abfahrt	**1. Hermann MAIER**	20 Länder	42 Teilnehmer
	Slalom	3. Christian MAYER	43 Länder	88 Teilnehmer
	Super-G	**1. Hermann MAIER**	27 Länder	52 Teilnehmer
		3. Hans KNAUSS		

Freestyle

13.3.1999, Meiringen Hasliberg, SUI

Herren	Springen	2. Christian RIJAVEC	6 Länder	12 Teilnehmer

Grasski

30.8.-5.9.1999, Gaal, AUT

Damen	Kombination	2. Ingrid HIRSCHHOFER	5 Länder	7 Teilnehmerinnen
	Riesenslalom	2. Ingrid HIRSCHHOFER	8 Länder	29 Teilnehmerinnen
	Slalom	2. Bettina SCHWEIGHOFER	8 Länder	27 Teilnehmerinnen
		3. Ingrid HIRSCHHOFER		
	Super-G	2. Ingrid HIRSCHHOFER	7 Länder	26 Teilnehmerinnen
Herren	Kombination	**1. Christian BALEK**	9 Länder	28 Teilnehmer
	Riesenslalom	**1. Christian BALEK**	14 Länder	68 Teilnehmer
		2. Richard HÖLLBACHER		
	Slalom	**1. Christian BALEK**	14 Länder	71 Teilnehmer
	Super-G	2. Christian BALEK	12 Länder	62 Teilnehmer

Nordisch Langlauf

18.-28.2.1999, Ramsau, AUT

Damen	15km frei	3. Maria THEURL	23 Länder	62 Teilnehmer
Herren	10km klassisch	2. Alois STADLOBER	34 Länder	93 Teilnehmer
	4x10km Staffel / klassisch/frei			
		1. Markus GANDLER/Alois STADLOBER/Mikhail BOTWINOV/ Christian HOFFMANN	15 Länder	15 Mannschaften
	50km klassisch	3. Mikhail BOTWINOV	25 Länder	71 Teilnehmer
		5. Alois STADLOBER		
	30km frei	5. Alois STADLOBER	32 Länder	82 Teilnehmer

Nordisch Sprunglauf

Herren

Teambewerb K 120	3. AndreasWIDHÖLZL/Martin HÖLLWARTH/Reinhard SCHWARZENBERGER/ Stefan HORNGACHER	12 Länder	48 Mannschaften
Normalschanze K 90	5. Martin HÖLLWARTH	21 Länder	69 Teilnehmer

Nordische Kombination

Herren	Sprint	2. Mario STECHER	19 Länder	60 Teilnehmer

Snowboard

10.-17.1.1999, Berchtesgaden, GER

Männer

Parallel-Slalom	3. Werner EBENBAUER	25 Länder	78 Teilnehmer
Parallel-Riesenslalom	2. Stefan KALTSCHÜTZ	25 Länder	44 Teilnehmer
	3. Harald WALDER		
Riesenslalom	3. Stefan KALTSCHÜTZ	24 Länder	81 Teilnehmer
	4. Harald WALDER		
Cross	6. Werner EBENBAUER	23 Länder	56 Teilnehmer

Frauen

Parallel-Slalom	5. Claudia RIEGLER	18 Länder	35 Teilnehmerinnen
Parallel-Riesenslalom	5. Claudia RIEGLER	19 Länder	53 Teilnehmerinnen
	6. Manuela RIEGLER		
Riesenslalom	4. Manuela RIEGLER	18 Länder	49 Teilnehmerinnen
	6. Ursula FINGERLOS		
Cross	5. Claudia RIEGLER	18 Länder	35 Teilnehmerinnen

27.-28.2.1999, Seiseralm, ITA

Junioren

Frauen

Parallel-Riesenslalom	**1. Nina SCHLEGEL**	16 Länder	36 Teilnehmerinnen
Männer	2. Andreas PROMMEGGER	17 Länder	69 Teilnehmer

Biathlon

12.2.1999, Kontiolahti, FIN

Herren

10 km Sprint	4. Ludwig GREDLER	22 Länder	81 Teilnehmer

13.3.1999, Holmenkollen, NOR

Herren

15 km Massenstart	5. Ludwig GREDLER	11 Länder	25 Teilnehmer

EUROPAMEISTERSCHAFTEN 1999

Biathlon

6.2.1999, Izhevsk, RUS

Damen	7,5 km Sprint	6. Brigitte WEISLEITNER	9 Länder	23 Teilnehmerinnen

WELTCUP 1998/99

Alpin

Damen	Nationencup	**1. Österreich**
	Gesamtweltcup	**1. Alexandra MEISSNITZER**
		3. Renate GÖTSCHL
	Abfahrt	**1. Renate GÖTSCHL**
		2. Alexandra MEISSNITZER
		3. Michaela DORFMEISTER
	Super-G	**1. Alexandra MEISSNITZER**
		2. Michaela DORFMEISTER
	Riesenslalom	**1. Alexandra MEISSNITZER**
		2. Anita WACHTER
	Slalom	**1. Sabine EGGER**

Herren Nationencup	**1. Österreich**
Gesamtweltcup	3. Hermann MAIER
Abfahrt	2. Andreas SCHIFFERER
	3. Werner FRANZ
Super-G	**1. Hermann MAIER**
	2. Stephan EBERHARTER
	3. Andreas SCHIFFERER
Riesenslalom	2. Stephan EBERHARTER
	3. Hermann MAIER
Slalom	**1. Thomas STANGASSINGER**
Nationencup gesamt	**1. Österreich**
Nordisch Sprunglauf	
Sprunglauf Gesamt	3. Andreas WIDHÖLZL
Skifliegen Gesamt	3. Andreas WIDHÖLZL
Nationencup Gesamt	2. Österreich
Nordische Kombination	
Gesamt	2. Mario STECHER
	3. Felix GOTTWALD
Nationencup	2. Österreich
Nordisch Langlauf	
Gesamt Herren	4. Mikhail BOTWINOV
Sprint	4. Mikhail BOTWINOV
Nationencup	6. Österreich

EUROPACUP 1998/99

Alpin	
Damen Nationencup	**1. Österreich**
Gesamt	**1. Silvia BERGER**
	2. Eveline ROHREGGER
Abfahrt	**1. Silvia BERGER**
	2. Kerstin REISENHOFER
	3. Michaela KOFLER
Super-G	**1. Eveline ROHREGGER**
	2. Karin BLASER
	3. Doris GÖTZENBRUCKER
Riesenslalom	**1. Silvia BERGER**
	3. Eveline ROHREGGER
Herren Nationencup	**1. Österreich**
Gesamt	**1. Michael WALCHHOFER**
	2. Christoph GRUBER
Super-G	**1. Patrick WIRTH**
	2. Christian GREBER
	3. Christoph GRUBER
Riesenslalom	3. Christoph GRUBER
Slalom	**1. Michael WALCHHOFER**
	2. Roland STAMPFER
	3. Kurt ENGL
Nationencup gesamt	**1. Österreich**

SPORT-KEGELN

ÖSTERREICHISCHER SPORTKEGLERBUND (ÖSKB)

gegründet 1935, 387 Vereine, 13.305 *) Mitglieder
*) alle Verbandsmitglieder, nicht nur Lizenzspieler wie in den Vorjahren angegeben
1150 Wien, Huglgasse 13 -15/2/2/6
Telefon 01 / 982 18 02, Fax 01 / 985 95 91
e-mail: oeskb@aon.at; http://www.oeskb-Kegeln-Bowling.at

Sekretariat: Mo./Mi./Do/Fr. 9-13 Uhr, Di. 16-19 Uhr

Präsident: Peter Indrich, 1100 Wien, Dampfgasse 21
Telefon 01 / 604 10 45 oder 604 32 89

Generalsekretär: Franz Weiss, 1100 Wien, Burgenlandgasse 56
Telefon 01 / 688 21 28

Offizielle Verbandszeitung: „Österreichische Sportrevue, Bowling, Sportkegeln", 6mal jährlich, 800 Stück

Mitglied der
Fédération Internationale de Quilleurs (FIQ)
gegründet 1928, 85 Länder, 10 Mio. Mitglieder

c/o Gen.-Sekr. Dr. Abdulla M.A. Kareem Al-Reyes, P.O. Box 8448, Dubai, UAE
Telefon 00971 / 4 / 660 666, Fax 00971 / 4 / 667 538

Österreichs Vertreter
Ing. Johann Kriha ist Sekretär der Int. Keglervereinigung (WNBA)/Sektion Classic, 1210 Wien, Bessemerstraße 10-16/7/15
Tel: 259 46 86, Fax: 259 46 86

Im Mai 1999 fand in Salzburg der 15. Bundestag des Österreichischen Sportkeglerbundes statt. Als Präsident wurde Peter Indrich für eine weitere Funktionsperiode von 3 Jahren wiedergewählt. Besonderes Augenmerk wird in der Zukunft auf die Jugendausbildung zu richten sein. Die Weichenstellung dazu bedarf einer Umstrukturierung in der Betreuung und im Trainingsaufbau.

Bei der Junioren-WM 1999 im Mai in Tschechien war die beste Platzierung bei den Damen Platz 8, bei den Herren Platz 11.

Für das kommende Sportjahr 1999/2000 liegt die Schwerpunktarbeit in der Vorbereitung zur Weltmeisterschaft der allgemeinen Klasse, die in der Zeit vom 13. bis 20. Mai 2000 in Polen stattfinden wird.

ÖSTERREICHISCHE STAATSMEISTER 1999

Asphalt			
Damen	Einzel	**Gabriele GANZ**	W
	Paare	**Gabriele TUSCH/Andrea SEBESTYEN**	W
	Mannschaft	**BBSV Wien**	W
Herren	Einzel	**Markus QUIRIN**	S
	Paare	**Zsolt PETE/Franz WENDL**	B
	Mannschaft	**BBSV Wien**	W
Bowling			
Damen	Einzel	**Doris SZVASTICS**	W
	Doppel	**Sivia RUBICKO/Renate PEKAREK**	W
	3-er Mannschaft	**Monika SCHMOTZ/Irene KOHLHOFER/ Silvia RUBICKO/Renate PEKAREK/Gabriele BENKOVICS**	W
	5-er Mannschaft	**Monika SCHMOTZ/Irene KOHLHOFER/ Silvia RUBICKO/Renate PEKAREK/ Luzia ZIEGLER/Gabriela ROSNER/ Regina HUBALEK/ Inge SCHMID**	W
Herren	Einzel	**Nickolai SCHRÖDER**	W
	Doppel	**Thomas TYBL/Nikolai SCHRÖDER**	W

	3-er Mannschaft		**Franz FÜRNSINN/Thomas GROSS/ Richard KLUG sen./Manfred PANZENBÖCK/ Robert SKACH**	W
	5-er Mannschaft		**Wolfgang BALUCH/Manfred BILDSTEINER/ Manfred HAUPT/Wolfgang HAUSKA/ Rudolf FRIESS/Christian BROINGER/ Rene LANDL/Hubert LANG/Johann HOLZGRUBER**	W
	Mixed Doppel		**Doris SZVASTICZS/Paul JANOTT**	W

ÖSTERREICHISCHE MEISTER 1999

Asphalt

Junioren	weibl.	Einzel	Birgit WOLLANEK	O
	männl.	Einzel	Klaus BRAUN	N
Jugend	weibl.	Einzel	Cornelia FASCHING	T
		Paar	Karin NOVACEK/Brigitte BLÜMEL	W
	männl.	Einzel	Stefan STEURER	W
		Paar	Stefan STEURER/Peter STROHMAYER	W
Schüler	weibl.	Einzel	Carina BRUNNER	T
		Paar	Franziska KRANZ/Daniela PLAMENIG	W
	männl.	Einzel	Thomas WALCH	T
		Paar	Stephan HOLLINGER/Martin HOLZER	N
Senioren Kl 1	Damen	Einzel	Christine HAJEK	N
	Herren	Einzel	Rudolf WAGBER	N
Senioren Kl 2	Damen	Einzel	Martha STOCKINGER	V
	Herren	Einzel	Josef HARTUSCH	St
Senioren Kl 1+2	Damen	Paar	Elli KRONIGL/Hermine DOBIAS	W
	Herren	Paar	Robert KOPPELSTÄTTER/WAlter GRÜNANGER	T
Mannschaftsmeister		Herren	KSC SW Innsbruck	T

Bowling

Senioren	Damen	Einzel	Wilma KREJCI	W
	Herren	Einzel	Peter KANTNER	W
Juniorinnen			Patricia BURGETH	W
Junioren			Martin MARKART	T
Jugend	weiblich		Brigitte REBERNIG	S
Jugend	männlich		Johann GRAF	W
Schülerinnen			Jennifer HOFBAUER	W
Schüler A	männlich		Alexander RAUSCHER	W
Schüler B	männlich		Christoph ORALEK	W

Österreichischer CUP

Damen	BC Tyrolia 1	W
Herren	Cosmos Wien	W

SQUASH

ÖSTERREICHISCHER SQUASH RACKETS VERBAND (ÖSRV)

gegründet 1978, 65 Vereine, 2.225 Mitglieder

1100 Wien, Erlachplatz 2-4
Telefon 01 / 604 16 32, 0664 / 103 92 68, Fax 01 / 602 74 04
e-mail: oesrv@asn.or.at; http://www.asn.or.at/oesrv
Dienstzeit: Montag -Donnerstag 9 - 12 Uhr

Präsident: DI Gerhard Stenzel

Generalsekretär: Mag. Michael Khan, p.A. Österr. Squash Rackets Verband

Presse: Martin Paga
Telefon 0664 / 201 70 35

Mitglied der
World Squash Federation (WSF)
gegründet 1967, 113 Länder

und der
European Squash Rackets Federation (ESRF)
gegründet 1973, 35 Länder

Die erste Jahreshälfte stand ganz im Zeichen von internationalen Großveranstaltungen. Im März wurde in der Sportinsel Penzing in Wien die Junioren-EM ausgetragen. Unsere Mannschaft belegte dabei den 15. Platz.

Ende April veranstaltete der ÖSRV im Pueblo Freizeitzentrum in Linz die Mannschafts-EM. Mit nur fünf Monaten Vorbereitungszeit (Österreich war für Italien als Veranstalter eingesprungen) gelang es dem ÖSRV, dieses Turnier mit etwa 350 Aktiven und Funktionären zur Zufriedenheit des europäischen Verbandes durchzuführen. Auch aus sportlicher Sicht war die Veranstaltung ein voller Erfolg, denn unsere Mannschaften wussten den Heimvorteil gut zu nützen. Die Damen erreichten mit dem 10. Platz das beste Ergebnis der Geschichte und die Herren mit dem 9. Platz die beste Platzierung seit 1990.

Bei der WM im September in Kairo verpasste unsere Herren-Nationalmannschaft gegen Irland knapp den Einzug unter die Top 16 und belegte schließlich den 21. Platz. Im Einzelbewerb belegte Clemens Wallishauser den 65. Platz.

Das nächste große Ziel für Spieler und Funktionäre ist die Mannschafts-EM 2000, die vom 26.-29. April 2000 im Wellnesspark Oberlaa in Wien ausgetragen wird.

ÖSTERREICHISCHE STAATSMEISTER 1999

Damen	Einzel	**Pamela PANCIS**	SC Hofsport	S
	Team	**USC 2000 Graz**		St
Herren	Einzel	**Clemens WALLISHAUSER**	SC Pueblo Linz	O
	Team	**SC Pueblo Linz**		O

ÖSTERREICHISCHE MEISTER 1999

Jugend	weibl.	U 13	Barbara MAXYMOVITS	N
		U 15	Sandra SEUFERT	W
		U 17	Nadine PYRINGER	W
		U 19	Julia CLEMENTI	T
	männl.	U 11	Fabian PRIELER	O
		U 13	Mathias GERSIN	St
		U 15	Aquel REHMAN	S
		U 17	Christian STADLOBER	St
		U 19	Michael SCHARRER	W

Seniorinnen	über 35	Valerie HUSTWICK	T
Senioren	über 35	Franz SCHNITZENLEHNER	W
	über 40	Richard STEGER	T
	über 45	Wilhelm DRACH	W

Foto: ÖSRV
Der dreifache Staatsmeister Clemens Wallishauser erreichte bei der WM den 65. Platz und nimmt in der Weltrangliste Platz 75 ein. Der Weg zur internationalen Spitze ist noch lang.

TAEKWONDO

ÖSTERREICHISCHER TAEKWONDO VERBAND (ÖTDV)

gegründet 1969, 94 Vereine, 6.961 Mitglieder

4050 Traun, Grinningerstraße 15
Telefon 07229 / 76200, Fax 07229 / 66499
http://www.mudokwan.at; http://www.etutaekwondo.org

Präsident: Dr. Norbert Mosch
1070 Wien, Kaisergasse 10

Generalsekretär: Mag. Erwin Oppermann
4614 Marchtrenk, Raiffeisenstraße 25

Mitglied der
World Taekwondo Federation (WTF)
gegründet 1973, 151 Länder

635 Yuksamdong, Kangnamku, Seoul, Korea 135-081
Telefon 00822 / 566 25 05 und 00822 / 557 54 46
Fax 00822 / 553 47 28, Telex 28870 WTFED K

und der
Europäischen Taekwondo Union (ETU)
gegründet 1976, 47 Länder

137, Sygrou Ave., Nea Smyrni, 17121 Athens
Telefon 00 30 / 1 / 93 14 330 31 32, Fax 00 30 / 1 / 93 14 332

Es ist für den ÖTDV ein großer Erfolg, dass seine Athleten bei Olympia in Sydney vertreten sein werden. Die Tatsache, dass Taekwondo olympische Sportart ist, bedeutet aber auch, dass künftig die Anforderungen sowohl an die Trainer als auch an die Athleten steigen werden.

ÖSTERREICHISCHE STAATSMEISTER 1999

Formen - Poomse

Damen	Einzel		**Regina SINGER**	T
	Team		**Andrea PRAGER/Nicole THURNN/ Magdalena STADLER**	O
Herren	Einzel		**Gunther KREUCH**	W
	Team		**Gunther KREUCH/Erwin BRANDSTETTER/ Martin KUFNER**	W

Kampf - Kyorugi

Damen	Bantam	- 55 kg	**Imran ALTIN**	T
	Feder	- 59 kg	**Silvia BOKORI**	S
Herren	Nadel	- 54 kg	**Muhammed ÖZTÜRK**	T
	Fliegen	- 58 kg	**Florian RUF**	W
	Bantam	- 62 kg	**Novica ZECEVIC**	W
	Feder	- 67 kg	**Caliskan TUNCAY**	T
	Leicht	- 72 kg	**Peter HAUTZ**	T
	Welter	- 78 kg	**Martin DANLER**	T
	Mittel	- 84 kg	**Dennis GASPARIK**	W
	Schwer	+84 kg	**Norbert HERZ**	W

ÖSTERREICHISCHE MEISTER 1999

Formen-Poomse

Klasse A	Synchron	ASVÖ Tragwein – HESSL/PRAGER/HIMMELBAUER	O
	weibl.+männl.	Johanna QUAST	O
Klasse B	weibl.	Cornelia HESSL	O
	männl.	Dieter STEININGER	O

Klasse C	weibl.		Nicole THURNN	O
	männl.		Rainer PRAGER	O

Kampf-Kyorugi

Damen		- 47 kg	Barbara NUSSBAUMER	O
		- 51 kg	Nena LUKIC	T
		- 63 kg	Sennur SEN	T
		+ 72 kg	Cathrin KINNE	W
Junioren	weibl.	- 52 kg	Julia TOLD	T
		- 55 kg	Andrea KREISL	T
		- 59 kg	Juliana BERISHA	T
		- 63 kg	Doris HAIDINGER	W
		+ 68 kg	Maria Theresia BAUHOFER	T
	männl.	- 45 kg	Göhan BÜGER	T
		- 51 kg	Haluk BAUMGARTNER	T
		- 55 kg	Alexander GEISSLER	S
		- 59 kg	Manuel ROTTER	O
		- 63 kg	Devid OMERBASIC	T
		- 68 kg	Georg ARSENIC	T
		- 73 kg	Ilhan SARI	W
		+ 78 kg	Benjamin FRANK	T
Jugend	weibl.	- 40 kg	Jasmin BAUMGARTNER	T
		- 47 kg	Nina MARK	T
		- 51 kg	Sabrina GOLDSCHALD	T
		- 55 kg	Carina MÜHLBACHER	T
		+ 55 kg	Svetlana STANOJEVIC	O
	männl.	- 35 kg	Ercan SAYIN	St
		- 40 kg	Matthias ZANNER	O
		- 45 kg	Markus STÖLLBERGER	S
		- 50 kg	Manuel MARK	T
		- 54 kg	Senad MUSLIU	St
		- 58 kg	Daniel SPRENGER	T
		+ 64 kg	Stefan TAXAUER	T
Schüler	weibl.	- 33 kg	Eva GAPP	T
		- 36 kg	Viola SPRENGER	T
	männl.	- 30 kg	Andreas FRISCH	T
		- 33 kg	Manuel FELDER	T
		- 40 kg	Thomas LACKNER	T
		- 45 kg	Stefan SAURWEIN	T

EUROPAMEISTERSCHAFTEN 1999

15.-18.4.1999, Nikosia, CYP

Junioren männlich	- 51 kg	3. Muhammed ÖZTÜRK	17 Länder	17 Teilnehmer
	- 68 kg	2. Mario AUER	18 Länder	18 Teilnehmer

ÖSTERREICHISCHER TANZSPORTVERBAND (ÖTSV)

gegründet 1955, 108 Vereine, 4.588 Mitglieder

c/o Dr. Helmut Baumann, Rosenhügelstraße 173/1/5, 1230 Wien
Telefon + Fax 01 / 889 16 78
e-mail: Helmut_Baumann@compuserve.com

Präsident: Dr. Helmut Baumann, p.A. Österr. Tanzsportverband

Offizielle Verbandszeitung: „TanzSport", 6x jährlich

Mitglied der
International Dance Sport Federation (IDSF)
gegründet 1957, 74 Länder.
Die IDSF ist Mitglied der GAISF, ARISF und IWGA sowie des IOC.

c/o Rudi Hubert, Generalsekretär, Rotdornweg 30
D-85551 Kirchheim, Deutschland
Telefon 00 49 / 89 / 903 79 72, Fax 00 49 / 89 / 904 33 85

Die Neuwahlen brachten große Veränderungen im Verband. Ein junges Team erprobter Funktionäre mit einem klar strukturierten Programm erhielt bei der Wahl eine eindeutige Mehrheit und den Auftrag, den TanzSport erfolgreich ins nächste Jahrtausend zu bringen. Gleich nach der Wahl wurde ein neues Medienkonzept umgesetzt. Der erste Schritt dabei war, die Umwandlung der Verbands-Publikation „Info" in eine marktorientierte, vollwertige Zeitschrift mit dem Titel „TanzSport". In der Folge wird jetzt an einem Sport- und Marketingkonzept gearbeitet.

Foto: J. Biba
Thomas Brei und Kerstin Cap: 1999 Österreichs erfolgreichstes Jugendpaar.

ÖSTERREICHISCHE STAATSMEISTER 1999

Standard	**Christian KRENTHALLER/Agnes TWAROCH**	W
Latein	**Patrick TROJER/Johanna HANDL**	T
Kombination	**Patrick TROJER/Johanna HANDL**	T
Formation	**Union TSK P.S.K. Forum Wien Team Elvis**	W

ÖSTERREICHISCHE MEISTER 1999

Standard	Senioren	Robert DUB/Sylvia SCHÄFER-NOUZA	W

Austrian Open 1999
19.-11.1999, Wien, AUT

Formation	Latein	3.	UTSC „P.S.K. Forum Wien“, Team Elvis	3 Länder	12 Teams
Standard	Senioren	4.	Robert DUB/Sylvia SCHÄFER-NOUZA	7 Länder	45 Paare
Latein	Jugend	6.	Michael KULIG/ Anna IVANOVA-TCHEMODOUROVA	24 Länder	71 Paare

IDSF International Open
21.11.1999, Wien, AUT

Latein	Allg. Kl.	9.	Patrick TROJER/Johanna HANDL	44 Länder	179 Paare
Standard	Allg. Kl.	12.	Christian KRENTHALLER/Agnes TWAROCH	44 Länder	169 Paare

32. Wiener-Walzer-Konkurrenz
21.11.1999, Wien, AUT

Allg. Kl.	**1.**	**Christian KRENTHALLER/Agnes TWAROCH**	44 Länder	235 Paare

TAUCHEN

TAUCHSPORTVERBAND ÖSTERREICHS (TSVÖ)

gogründot 1967, 100 Voroino, 5.948 Mitgliodor

9010 Klagenfurt, Wiener Gasse 10, Postfach 86
Telefon 0463 / 513 591, Fax 0463 / 73 550, e-mail: f.medl@EUnet.at
Dienstzeit: Dienstag 17 - 19 Uhr

Präsident: Johann Dvorak, 4600 Wels, Fischergasse 21
Telefon + Fax 07242 / 44 617

Mitglied der
Confédération Mondiale des Activités Subaquatiques (CMAS)
gegründet 1959, 98 Länder

I-00196 Rom, Viale Tiziano 74
Telefon 00 39 06 / 36 85 84 80, Fax 00 39 06 / 36 85 84 90

Österreichs Vertreter
Ing. Franz Medlitsch ist als Präsident der Commission d'orientation subaquatique im Comité Sportif der CMAS tätig.
Hans Dworak ist Generalsekretär der Commission d'orientation subaquatique.
Walter Tichy ist Präsident im Comité Technique und Vizepräsident der CMAS.

Die größten Erfolge errangen unsere Sportler wieder einmal im Weltcup der Orientierungstaucher. Dank sehr guter Leistungen während des gesamten Jahres wurde Österreich in der Nationenwertung der Männer Zweiter hinter Russland. Unsere Damen landeten in der Gesamtwertung auf Rang drei. Beste Plazierung in der Individualwertung war Rang sechs für Manuela Glozik.

Bei den Weltmeisterschaften im Orientierungstauchen und auch bei den Europameisterschaften im Flossenschwimmen und Streckentauchen waren unsere Teams durch verschiedene Ausfälle so geschwächt, dass es bei keiner Großveranstaltung besondere Platzierungen gab.

ÖSTERREICHISCHE STAATSMEISTER 1999

Flossenschwimmen

Damen	50 m	**Kamila DAVID**	TSV Wien	W
	100 m	**Kamila DAVID**	TSV Wien	W
	200 m	**Kamila DAVID**	TSV Wien	W
	400 m	**Manuela GLOZIK**	TSV Wien	W
	800 m	**Manuela GLOZIK**	TSV Wien	W
	1.500 m	**Kamila DAVID**	TSV Wien	W
Herren	50 m	**Michael PART**	1. LTC Seepferdchen	O
	100 m	**Stephan PART**	1. LTC Seepferdchen	O
	200 m	**Michael PART**	1. LTC Seepferdchen	O
	400 m	**Michael PART**	1. LTC Seepferdchen	O
	800 m	**Michael PART**	1. LTC Seepferdchen	O
	1.500 m	**Michael PART**	1. LTC Seepferdchen	O
	4x100 m		1. LTC Seepferdchen	O
	4x200 m		1. LTC Seepferdchen	O

Orientierungstauchen

Damen	Kombination	**Manuela GLOZIK**	TSV-Wien	W
Herren	5-Punkte-Kurs	**Martin GLOZIK**	TSV-Wien	W
	Kombination	**Martin GLOZIK**	TSV-Wien	W
	M-Kurs	**Martin GLOZIK**	TSV-Wien	W
	Sternbewerb	**Andy WEICHBERGER**	HSV-Wien	W
Mannschaft		**Peter BRAUNSBERGER/ Georg BIEGELBAUER/ Andy WEICHBERGER/ Anita WEICHBERGER**	HSV-Wien	W
Monk		**Martin GLOZIK/ Manuela GLOZIK**	TSV-Wien	W

Streckentauchen

Damen	50 m	**Kamila DAVID**	TSV Wien	W
	100 m	**Kamila DAVID**	TSV Wien	W
	400 m	**Manuela GLOZIK**	TSV Wien	W
Herren	50 m	**Michael PART**	1. LTC Seepferdchen	O
	100 m	**Stephan PART**	1. LTC Seepferdchen	O
	400 m	**Martin GLOZIK**	TSV Wien	W
	800 m	**Martin GLOZIK**	TSV Wien	W

Unterwasser-Rugby	**UWRC-Wien**	W

ÖSTERREICHISCHE MEISTER 1999

Orientierungstauchen

Damen

5 Punkte Kurs	Manuela GLOZIK	W
Sternbewerb	Manuela GLOZIK	W
M-Kurs	Manuela GLOZIK	W

EUROPAMEISTERSCHAFTEN 1999

Flossentauchen, 12.-18.7.1999, Athen, GRE

400m	5. Manuela GLOZIK	18 Länder	36 Teilnehmerinnen

TENNIS

ÖSTERREICHISCHER TENNISVERBAND (ÖTV)

gegründet 1902, 1.789 Vereine, 204.382 Mitglieder

1235 Wien, Haeckelstraße 33
Telefon 01 / 86 54 506, Fax 01 / 865 45 06 85
e-mail: oetv@asn.or.at; http://www. oetv.at/
Dienstzeit: Montag - Donnerstag 8 - 16.30 Uhr, Freitag von 8 - 14 Uhr

Präsident: Dr. Ernst Wolner

Generalsekretär: Mag. Martin Reiter

Sportdirektor: Dipl.Ing. Leopold Platzer

Mitglied der
International Tennis Federation (ITF)
gegründet 1913, 190 Länder

Bank Lane Roehampton, London SW 15 5XZ

und der
Europäischen Tennis-Association (ETA)
gegründet 1975, 48 Länder

CH-4059 Basel, Seltisbergstraße 6

Sowohl unser Fed Cup Team als auch unser Davis Cup Team schafften durch hervorragende Leistungen den Aufstieg in die Weltgruppe. Das Herren Team, bestehend aus Stefan Koubek, Markus Hipfl, Alexander Peya und Jürgen Melzer, besiegte im Relegationsspiel Schweden, den Davis Cup Sieger 1998, wodurch das schwedische Team zum ersten Mal in seiner beachtlichen Davis Cup Karriere im nächsten Jahr nicht mehr in der Weltgruppe anzutreffen sein wird.

Erstmals konnte sich Österreich mit Barbara Schett, die langjährig vom ÖTV ausgebildet wurde, als Nr. 7 unter den Top 10 in der WTA-Rangliste plazieren. Barbara Schwartz erreichte bei den diesjährigen French Open das Viertelfinale.

Bei den Junioren konnte Österreich mit Jürgen Melzers Sieg im Juniorenbewerb von Wimbledon die beste Plazierung in der Österreichischen Tennisgeschichte verbuchen. Unser Burschenteam U 16 mit Stefan Wiespeiner, Max Raditschnigg und Daniel Köllerer qualifizierte sich durch hervorragende Leistungen für die Jugendteam WM 1999, die Mitte November in Australien ausgetragen wurde.

Foto: ÖTV
Österreichs junges Daviscup-Team schaffte sensationell den Aufstieg in die Weltgruppe: v.l.n.r. Kapitän Bresnik, Stefan Koubek, Markus Hipfl, Alexander Peya und Jürgen Melzer.

ÖSTERREICHISCHE STAATSMEISTER 1999

Damen	Einzel	**Barbara SCHWARTZ**	N
	Doppel	**Barbara SCHWARTZ/ Marion MARUSCHKA**	N
	Mannschaft	**BMTC Brühl MTC**	N
Herren	Einzel	**Werner ESCHAUER**	B
	Doppel	**Thomas BUCHMAYER/ Georg BLUMAUER**	W/O
	Mannschaft	**TC Tennispoint Pasching**	O

ÖSTERREICHISCHE MEISTER 1998

Halle

Damen	Einzel	Barbara SCHWARTZ	N
Herren	Einzel	Alexander PEYA	W
	Doppel	Philip MÜLLNER/Lukas LANGER	N
Jugend weibl.			
	U 16	Daniela KIX	N
	U 14	Bettina RADAKOVITS	W
	U 12	Barbara SONNLEITNER	V
Jugend männl.			
	U 16	Max RADITSCHNIGG	St
	U 14	Christian KERN	N
	U 12	Christoph HÖDL	N

Freiluft

Jugend weibl.				
	U 18	Einzel	Nina EGGER	O
	U 16	Einzel	Daniela KIX	N
		Doppel	Elisabeth BAHN/Denise MARYODNIG	O/K
	U 14	Einzel	Bettina RADAKOVITS	W
		Doppel	Agnes PAISCHER/Nastja TSCHEBRUKOVA	S/V
	U 12	Einzel	Stefanie VOCK	S
		Doppel	Stefanie VOCK/Johanna PRÖLL	S/W
Jugend männl.				
	U 18	Einzel	Jürgen MELZER	St
	U 16	Einzel	Stefan WIESPEINER	St
		Doppel	Max RADITSCHNIGG/Andreas SPREITZER	St
	U 14	Einzel	Christian KERN	N
		Doppel	Markus GEIGER/Christian KERN	N
	U 12	Einzel	Christoph HÖDL	N
		Doppel	Christoph HÖDL/Markus RUDISCHER	W/N
Senioren		Damen 40+	Patricia LADENBERGER	N
		Damen 45+	Maria GEYER	W
		Damen 50+	Walpurga STEFANOVSKY	W
		Damen 55+	Bärbel RAUCH	St
		Damen Doppel	Patricia LADENBERGER/Roswitha WOLTSCHE	N
		Herren 35+	Manfred HUNDSTORFER	W
		Herren 40+	Kurt WALLNER	T
		Herren 45+	Herbert MANN	W
		Herren 50+	Hans PIFREMENT	W
		Herren 55+	Peter FUCHS	N
		Herren 60+	Eberhard MADELSBERGER	N
		Herren 65+	Franz KOCHANEK	N
		Herren 70+	Oskar JIRKOVSKY	N
		Herren Doppel 35/40+	Martin ROCH/Manfred HUNDSTORFER	N

Herren Doppel 45+	Harald HELLMONDSEDER/Herbert MANN	O/W
Herren Doppel 50+	Klaus KREUZHUBER/Franz THALLINGER	O
Herren Doppel 55+	Hans GRADISCHNIG/Peter POKORNY	K
Herren Doppel 60/70+	Willi LISKA/Edmund HERZIG	N

EUROPAMEISTERSCHAFTEN 1999

19.-25.7.1999, San Remo, ITA

U 14	männl.	Einzel	3. Markus GEIGER	50 Länder	94 Teilnehmer
	weibl.	Doppel	5.-8. Nastja TSCHEBRUNKOVA/ Bettina RADAKOVITS	37 Länder	36 Paare

19.-25.7.1999, Hatfield, GBR

U 16	männl.	Team	4. Österreich	24 Länder	24 Mannschaften

26.6.-4.7.1999, Championships Wimbledon, GBR

Jugend	männl.	**1. Jürgen MELZER**	29 Länder	64 Teilnehmer

Australian Open

25.-31.1.1999, Melbourne, AUS

Junioren	Doppel	**1. Jürgen MELZER/ Kristian PLESS (DEN)**	21 Länder	64 Teilnehmer

TISCHTENNIS

ÖSTERREICHISCHER TISCHTENNIS-VERBAND (ÖTTV)

gegründet 1923, 576 Vereine, 25.359 Mitglieder

1040 Wien, Prinz-Eugen-Straße 12
Telefon 01 / 505 28 05, Fax 01 / 505 90 35
email: oettv@asn.or.at; http://www.asn.or.at/oettv
Dienstzeit: Montag - Freitag 10 - 16 Uhr

Präsident: Dr. Gottfried Forsthuber
2500 Baden, Kaiser-Franz-Josef-Ring 5

Generalsekretär: Mag. Rudolf Sporrer
1210 Wien, Gerasdorfer Straße 55/107/2

Sportdirektor: Konsulent Prok. Johann Friedlinger
4223 Katsdorf, Rosenweg 2,

Mitglied der
International Table Tennis Federation (ITTF)
gegründet 1926, 180 Länder

53 London Road, St. Leonhards-on-Sea, East Sussex TN 37 6 AY, Großbritannien
Telefon 0044 / 1424 / 72 14 14, Fax 00 44 / 1424 / 43 18 71

und der
European Table Tennis Union (ETTU)
gegründet 1957, 53 Länder

25, Rue des Capucins, L-1313 Luxemburg, Telefon 00352 / 223 030

Österreichs Vertreter
Gen.-Sekr. Sporrer ist Mitglied des Vorstands der ITTF und Vizepräsident der ETTU.
Präsident Dr. Forsthuber ist Mitglied des Berufungsgerichtes der ETTU.

Der Aufwärtstrend des österreichischen Tischtennissports hält an: Erstmals seit 52 Jahren konnte mit Werner Schlager ein Österreicher eine Weltmeisterschaftsmedaille gewinnen. Dass er nun zu den besten Spielern der Welt zählt, konnte er danach eindrucksvoll beim Weltcup in China unter Beweis stellen. Er bezwang praktisch die gesamte Weltspitze und belegte schlussendlich den exzellenten 2. Rang.

Mit der vor einigen Jahren nach Österreich gekommenen und längst für unser Land startberechtigten „Susi" Liu Jia wächst eine absolute Topspielerin heran. Neuerlich konnte sie bei der Junioren-Europameisterschaft zwei Medaillen erringen.

Die jüngsten Erfolge gingen Hand in Hand mit einer Strukturreform des Verbandes. Der neugewählte Präsident Dr. Gottfried Forsthuber kann nun mit einem deutlich schlankeren geschäftsführenden Gremium flexibler agieren.

Gleichermaßen wurden die für den Spitzensport, den Nachwuchsbereich und die Staatsliga zuständigen Ausschüsse abgespeckt.

ÖSTERREICHISCHE STAATSMEISTER 1999

Damen	Einzel	**LIU Jia**	O
	Doppel	**Michaela ZILLNER/ Karin ALBUSTIN**	W
Herren	Einzel	**Werner SCHLAGER**	B
	Doppel	**Werner SCHLAGER/ Karl JINDRAK**	B/N
Mixed Doppel		**Bernhard PRESSLMAYR/ LIU Jia**	O

ÖSTERREICHISCHE MEISTER 1999

Junioren				
Mannschaft	männl.	Oberösterreich		O
	weibl.	Oberösterreich		O
Einzel	männl.	Robert GARDOS	TTC Moldan Kuchl	S
	weibl.	LIU Jia	ASKÖ Erdgas Linz Froschberg	O
Doppel	männl.	Bernhard PRESSLMAYR	ASKÖ „Die Erste" Mauthausen	O
		Franz DIRISAMER	SK VOEST STAHL LINZ	O
	weibl.	LIU Jia	ASKÖ Erdgas Linz Froschberg	O
		Andrea MAYRHOFER	ATSV Lenzing Modal	O
	mixed	Stefan RAPP	ASKÖ Erdgas Linz Froschberg	O
		LIU Jia	ASKÖ Erdgas Linz Froschberg	O
Jugend				
Mannschaft	männl.	Salzburg		S
	weibl.	Vorarlberg		V
Einzel	männl.	Martin DIRISAMER	UNION Unis Gmunden	O
	weibl.	LIU Jia	ASKÖ Erdgas Linz Froschberg	O
Doppel	männl.	Christoph SIMONER	SV Übelbach	St
		Harald FRITZ	ASVÖ Raika Unzmarkt Frauenkirchen	St
	weibl.	LIU Jia	ASKÖ Erdgas Linz Froschberg	O
		Karin CAGAL	ASKÖ Komperdell	W
	mixed	Gernot EGGER	ASKÖ Erdgas Linz Froschberg	O
		LIU Jia	ASKÖ Erdags Linz Froschberg	O
Schüler				
Mannschaft	männl.	Oberösterreich		O
	weibl.	Oberösterreich		O
Einzel	männl.	Michael MALEK	Badener TT-Amateure	N
	weibl.	Franziska WEX	SV Raiffeisen Reutte	T
Doppel	männl.	Johann WEINBERGER	Union Eberschwang	O
		Stojan PLAVSIC	Union Vorchdorf	O

	weibl.	Veronika HEINE	ASKÖ Erdgas Linz Froschberg	O
		Beate FRITZ	ASVÖ Raika Unzmarkt-Frauenburg	St
	mixed	Michael MALEK	Badener TT-Amateure	N
		Lisbeth EBNER	UTTV Volksbank Pinkafeld	B
Unterstufe				
Mannschaft	männl.	Wien		W
	weibl.	Steiermark		St
Einzel	männl.	Philipp AISTLEITNER	SPG UNION Saxen/SKLOIB Grein	O
	weibl.	Beate FRITZ	ASVÖ Raika Unzmarkt-Frauenburg	St
Doppel	männl.	Sebastian ULBING	Klagenfurter AC	K
		Philipp AISTLEITNER	SPG Saxen/Grein	O
	weibl.	Beate FRITZ	ASVÖ Raika Unzmarkt Frauenburg	St
		Veronika HEINE	ASKÖ Erdgas Linz Froschberg	O
Mini-Einzel	männl.	Stefan FEGERL	TTC Großdietmanns	N
Senioren				
Herren-Einzel	(1959)	Stanislaw FRACZYK	TTC CA Stockerau	N
	(1949)	Karl EBELSBERGER		O
	(1939)	Ernst WAGNER	OMV Sport Sektion TT	W
Herren-Doppel	(1959)	Stanislaw FRACZYK/	TTC CA Stockerau	N
		Alexander POKORNY	BTTA	N
	(1954)	Franz WALDHÄUSL/	TTC ORF	W
		Gerhard AST	ATUS Traismauer	N
Damen-Einzel	(1959)	Elisabeth DEISTLER	WAT Mariahilf Wien	W
	(1949)	Traude KLEMETSCH	Hobby Center Vienna	W
	(1939)	Helene SCHWARZ		St
Damen-Doppel	(1959)	Renate BURG/Inge CINKL	TTK Eden	W
Mixed-Doppel	(1959)	Stanislaw FRACZYK/	TTC CA Stockerau/	
		Elisabeth DEISTLER	WAT Mariahilf Wien	N/W

WELTMEISTERSCHAFTEN 1999

Allg. Klasse, 2.-8.8.1999, Eindhoven, NED

Herren	Einzel	3. Werner SCHLAGER	102 Länder	256 Teilnehmer

EUROPAMEISTERSCHAFTEN 1999

Jugend, 16.-25.7.1999, Frydek Mistek, CZE

Mixed	Doppel	**1. LIU Jia /YU Kalun** (NED)	40 Länder	122 Paare
weiblich	Doppel	3. LIU Jia/ Sandra PAOVIC (CRO)	42 Länder	58 Paare
	Einzel	**1. LIU Jia**	44 Länder	128 Teilnehmer

TRIATHLON

ÖSTERREICHISCHER TRIATHLONVERBAND (ÖTRV)

gegründet 1987, 122 Vereine, 4.434 Mitglieder

A-8010 Graz, Hans-Sachs-Gasse 7/4/2
Telefon 0316 / 83 08 13, Fax 0316 / 83 06 93
e-mail: austria.trifed@magnet.at, Internet: http://www.asn.or.at/oetrv
Geschäftsführender Präsident: Walter Zettinig, p.A. ÖTRV
privat: 9063 Maria Saal, Wutschein 38
Telefon 04223 / 31 73 oder 0664 / 337 3 240, Fax 04223 / 33 66

Mitglied der
Internationalen Triathlon Union (ITU)
gegründet 1989, 120 Mitgliedsländer

1154 W. 24th Street, North Vancouver V7P 2J2, Kanada
Telefon 001 / 604 / 987 00 92
Fax 001 / 604 / 608 3195 od 001 / 206 / 374 2366

und der
Europäischen Triathlon Union (ETU)
gegründet 1984, 38 Mitgliedsländer

ETU President's Office, 93270 Sevran, 13 Rue Massenet, Frankreich
Telefon und Fax 00 33 / 1 / 43 85 20 11

Österreichs Vertreter

ITU: Erika König-Zenz, Europa Repräsentant
p.A. ÖTRV
Telefon: 0316 / 83 07 96 Fax: 0316 / 83 07 39
e-mail: tri-duathlon.koenig@magnet.at

ETU General Secretary: Erika König-Zenz,
Mitglied des Präsidiums
p.A. ÖTRV
Telefon: 0316 / 83 07 96 Fax: 0316 / 83 07 39
e-mail: tri-duathlon.koenig@magnet.at, http://www.etu.org

Jasmine Hämmerle schaffte 1999 den Durchbruch zur Weltspitze und hat damit auch die besten Chancen für die Teilnahme bei den Olympischen Spielen 2000 in Sydney.

Bei den ÖTRV-Herren ist mit Johannes Enzenhofer erstmals ein ÖRTV-Athlet unter den Top-Hundert der Welt gereiht. Sein größter Erfolg im Jahre 1999 war zweifellos der 5. Platz beim Triathlon-WC in Lausanne. Johannes Enzenhofer und Norbert Domnik kämpfen im Frühjahr 2000 noch um einen Startplatz für Olympia.

Bei den Junioren gab es mit bei der Duathlon-EM in der Thermenregion Blumau, Bad Waltersdorf und Stegersbach zwei Medaillen.

Im ÖTRV gibt es durch die Installierung der zwei Bundestrainer Mag. Andrzej Moliczewski und Dr. Oliver Bachmann einen beachtlichen Aufwärtstrend im Nachwuchsbereich und Spitzenplätze für die arrivierten Athleten im Weltcup.

Mit der Duathlon-EM in der Steiermark und dem Triathlon-EC in Thiersee wurden zwei große internationale Events der ETU veranstaltet. Weitere Großveranstaltungen waren der Powerman in Oberösterreich und der Ironman in Kärnten.

ÖSTERREICHISCHE STAATSMEISTER 1999

Damen	Kurzdistanz	**Jasmine HÄMMERLE**	V
	Langdistanz	**Sabine GREIPEL**	W
	Duathlon Kurzdistanz	**Astrid KOPP**	K
Herren	Kurzdistanz	**Bernhard HIEBL**	St
	Langdistanz	**Alexander FRÜHWIRTH**	O
	Duathlon Kurzdistanz	**Daniel HECHENBLAICKNER**	T

ÖSTERREICHISCHE MEISTER 1999

Duathlon

Sprintdistanz	Junioren A	männl.	Peter SCHOISSENGEIER	O
	Junioren B	weibl.	Sabine KOPINITZ	W
		männl.	Roman KLINGLER	T
	Jugend	weibl.	Irina KIRCHLER	T
		männl.	Robert GABL	T
	U23	männl.	Gerald HORVATH	O
	Senioren	Damen	Ludmilla HUEMERLEHNER	O
		Herren	Siegfried VARCH	K
	Langistanz	Damen	Astrid KOPP	K
		Herren	Gernot SEIDL	St

Triathlon

Langdistanz	Senioren	weibl.	Gabi HAUSBERGER	T
		männl.	Helmut BERGER	V
Sprintdistanz	Jugend	weibl.	Melanie HAGER	S
		männl.	Robert GABL	T
	Junioren B	weibl.	Angelika TRATTER	T
		männl.	Roman KLINGLER	T
	Junioren A	männl.	Hans HUFNAGL	S
	U 23	weibl.	Siegfried HÖLZEL	St
		männl.	Gerald HORVATH	O

WELTMEISTERSCHAFTEN 1999

Triathlon

11.7.1999, Säter, SWE

Langdistanz	Damen	3. Jasmine HÄMMERLE	15 Länder	30 Teilnehmerinnen

EUROPAMEISTERSCHAFTEN 1999

Duathlon

9.-13.6.1999, Blumau, Bad Waltersdorf, Stegersbach, AUT

Junioren männl.	Einzel	2. Franz HÖFER	15 Länder
	Mannschaft	3. Österreich	9 Länder

Foto: rubra

Johannes Enzenhofer war 1999 Österreichs stärkster Triathlet. Er konnte auch international Spitzenleistungen erbringen, wie sein fünfter Platz beim Weltcup in Lausanne beweist.

TURNEN

ÖSTERREICHISCHER FACHVERBAND FÜR TURNEN (ÖFT)

gegründet 1947, 450 Vereine, 96.202 Mitglieder

1040 Wien, Schwarzenbergplatz 10/3
Telefon 01 / 505 51 79, 01 / 505 63 51, Telefax 01 / 504 46 35
e-mail:office@austriangymfed.at
http://www.austriangymfed.at

Bürozeiten: Montag - Freitag 9 - 14 Uhr

Präsident: Dir. Prof. Mag. Franz Fetti, p.A. ÖFT

Sportkoordinator: Mag. Robert Labner, p.A. ÖFT

Offizielle Verbandszeitschrift:
„TGÖ. Turnen und Gymnastik in Österreich", vierteljährlich

Mitglied der
Fédération Internationale de Gymnastique (FIG)
gegründet 1881, 126 Länder

CH-2740 Moutier 1, Rue des Oeuches 10, Case postale 359
Telefon 00 41 / 32 / 494 64 10, Fax 00 41 / 32 / 494 64 19
http://www.gymnastics.worldsport.com

und der
Union Européenne de Gymnastique (UEG)
gegründet 1984, 45 Länder

CH-1000 Lausanne 6, Avenue de Rhodanie, Case postale 217
Telefon 00 41 / 21 / 613 73 32, Fax 0041 / 21 / 613 73 31

Österreichs Vertreter
Bundesfachwartin Heide Bruneder ist Mitglied des Technischen Komitees Rhythmische Gymnastik der UEG.

1999 wird für den ÖFT vor allem als Jahr der Erneuerung und der Erweiterung in Erinnerung bleiben. Parallel zur internationalen Entwicklung wurden die Sportarten Trampolinspringen, Sportakrobatik und Sportaerobic neu in das Arbeitsprogramm aufgenommen. Diese neue Verantwortung bewirkt zusätzliche Kompetenz im Leistungssport, soll vor allem aber auch für Synergieeffekte bei den Turnvereinen sorgen.

Im Spitzensport setzte sich der erfolgreiche Aufwärtstrend der letzten Jahre fort. Dabei besonders hervorzustreichen: Mehrere Siege von Kunstturn-Staatsmeister Thomas Zimmermann gegen Weltmeister und Olympiasieger, sowie der Aufstieg von Staatsmeisterin Ursula Zigler in die internationale Spitzenklasse der Rhythmischen Gymnastik. Die neuformierte Nationalgruppe etablierte sich bei der EM ebenfalls auf Anhieb in der Spitze. Weiters qualifizierte sich Österreich erstmals seit 14 Jahren wieder mit einem kompletten Damenteam für die Kunstturn-WM. Nationaltrainerin Johanna Gratt errang dafür bei der Wahl zur Trainerin des Jahres den zweiten Rang. Darüber hinaus konnte die Nachwuchs-Kaderarbeit in allen Bereichen intensiviert und auf eine (noch) deutlich längerfristige Planung umgestellt werden.

Auch als Veranstaltungsland setzte sich Österreich in den „Gym(nastics)"-Sportarten einmal mehr in Szene. So konnten 1999 sieben international hochwertige Turniere „made in Austria" präsentiert werden. Diesbezügliche Höhepunkte waren das Grand-Prix-Finale der Rhythmischen Gymnastik, das die gesamte Weltspitze in Korneuburg versammelte, sowie die Int. Vorarlberger Turntage mit Weltmeistern und Olympiasiegern in Dornbirn.

Neben der Betreuung des Hochleistungssports, adäquater Nachwuchsarbeit und umfangreichen Aus- und Fortbildungsmaßnahmen war natürlich der Breitensport ein wesentlicher Schwerpunkt der Tätigkeit des ÖFT im Jahr 1999. Unter Betonung der neu integrierten Sparten setzten die Verantwortlichen für das „Allgemeine Turnen" starke Impulse für die moderne Arbeit in Schule & Verein. Gemeinsam mit den bewährten Sportabzeichen ÖGA und ÖLTA und einer Fülle flankierender Maßnahmen festigt sich so eine besonders attraktive Basis zur zeitgemäßen Weiterentwicklung von Turnen, Gymnastik, Trampolin, Akrobatik und Aerobic in Österreich.

ÖSTERREICHISCHE STAATSMEISTER 1999

Kunstturnen

Frauen	Boden	**Sibylle MEUSBURGER**	V
	Schwebebalken	**Sonja HEIN**	W
	Sprung	**Sibylle MEUSBURGER**	V
	Stufenbarren	**Sonja HEIN**	W
	Mehrkampf	**Sibylle MEUSBURGER**	V
Männer	Barren	**Thomas ZIMMERMANN**	V
	Boden	**Florian RAMHARTER**	N
	Pauschenpferd	**Thomas ZIMMERMANN**	V
	Reck	**Thomas ZIMMERMANN**	W
	Ringe	**Walter HOLECEK**	W
	Sprung	**Thomas ZIMMERMANN**	V
	Mehrkampf	**Thomas ZIMMERMANN**	V

Rhythmische Gymnastik

Einzel	Ball	**Ursula ZIGLER**	W
	Band	**Ursula ZIGLER**	W
	Reifen	**Ursula ZIGLER**	W
	Seil	**Ursula ZIGLER**	W
	Mehrkampf	**Ursula ZIGLER**	W
Gruppe	Mehrkampf	**Vorarlberger Landeskader und**	V
		Sportunion West-Wien	W

Trampolinspringen

Frauen	Einzel	**Nora SCHLEICHER**	W
Männer		**Markus HÖCKNER**	W

ÖSTERREICHISCHE MEISTER 1999

Kunstturnen

Frauen				
Meisterinnen		Mannschaft	Landesverband Wien	W
Juniorinnen		Einzel	Sandra HÖTZMANNSEDER	O
Oberstufe		Einzel	Sabrina TSCHEMERNJAK	V
Jugend	Frühjahr	Einzel	Verena OBERHAUSER	V
	Herbst	Einzel	Tanja GRATT	O
		Mannschaft	Landesverband Oberösterreich	O
Schülerinnen		Einzel	Amelie BIDNER	T
		Mannschaft	Landesverband Vorarlberg	V
Nachwuchs		Einzel	Karin GOBBER	V
		Mannschaft	Landesverband Vorarlberg	V
ÖFT-Kunstturn-Cup '99			Daniela FUCHS	W
Männer				
Juniorenmeisterstufe A		Einzel	Sebastian SWOBODA	V
Juniorenmeisterstufe B		Einzel	Werner ESKE	W
Jugendstufe (Leistungsklasse 3)		Einzel	Mario RAUSCHER	W
		Mannschaft	Landesverband Wien	W
Schülerstufe (Leistungsklasse 2)		Einzel	Werner ESKE	W
		Mannschaft	Landesverband Vorarlberger	V
Nachwuchsstufe (Leistungsklasse 1)		Einzel	Gabriel GUNZ	V
		Mannschaft	Landesverband Wien	W
ÖFT-Kunstturn-Cup '99			Thomas ZIMMERMANN	V

Rhythmische Gymnastik

Juniorinnen	Mehrkampf	Sandra AMORT	V
	Seil	Caroline WEBER	V
	Reifen	Sandra AMORT	V
	Ball	Sandra AMORT	V
	Keulen	Sandra AMORT	V
Schülerinnen 1	Mehrkampf	Andrea SEIDL	St
	Seil	Niki KOPITZ	N
	Reifen	Niki KOPITZ	N
	Keulen	Niki KOPITZ	N
	Ball	Andrea SEIDL	St
Schülerinnen 2	Mehrkampf	Martina KRAGL	O
Schülerinnen 3	Mehrkampf	Lubi GATZOV	O
Gruppenbewerbe			
Juniorinnen		Allgemeiner Turnverein Graz	St
Schülerinnen 1		Vorarlberger Landeskader	V
Schülerinnen 2		Vorarlberger Landeskader	V

Trampolinspringen

Jugend	weiblich	Veronika SCHWAB	W
	männlich	Michael TRENNER	St
Schüler	weiblich	Gundula RAUDNER	St
	männlich	Bernd PICHLMAYER	W
Kinder	weiblich	Silvia HARTINGER	St
	männlich	Christian HÖCKNER	W

Foto: Th. Schreyer
Neu im Österr. Fachverband für Turnen: Trampolinspringen!

Foto: R. Fuhrich
Ranglistenerste und ÖFT-Cupsiegerin 1999: Daniela Fuchs

VOLLEYBALL

ÖSTERREICHISCHER VOLLEYBALLVERBAND (ÖVV)

gegründet 1953, 351 Vereine, 18.804 Mitglieder

1040 Wien, Prinz-Eugen-Straße 12
Telefon 01 / 505 74 42; Fax 01 / 505 74 42-601
e-mail: oevv@asn.or.at, http://www.asn.or.at/oevv
Dienstzeit: Montag - Donnerstag 9 -17.30 Uhr, Freitag 9 - 16 Uhr

Präsident: Johann Schuhböck, p.A. Österr. Volleyballverband

Sportkoordinator: Mag. Wolfgang Kipf, p.A. Österr. Volleyballverband

Mitglied der
Fédération Internationale de Volleyball (FIVB)
gegründet 1947, 217 Länder, 200 Millionen Mitglieder

Avenue de la Gare 12, CH-1001 Lausanne, Schweiz
Telefon 0041 / 21 / 345 35 35, Fax 0041 / 21 / 345 35 45

und der
Confédération Européenne de Volleyball (CEV)
gegründet 1963, 53 Länder

Boulevard Joseph II, 26, L-1840 Luxemburg
Telefon 00352 / 25 46 46-1, Fax 00352 / 25 46 46-46

Das Jahr 1999 war mit der Durchführung der Herren-EM eines der wichtigsten in der Geschichte des Österreichischen Volleyballsportes. Dank der hervorragenden Zusammenarbeit mit der Stadt Wien konnte eine publikumswirksame Veranstaltung durchgeführt werden. Unser Herren-Nationalteam kämpfte hart, belegte jedoch nur den 8. Platz.

Bei der ordentlichen Generalversammlung im April in Wien wurde Johann Schuhböck wieder einstimmig als Präsident des Verbandes gewählt. Bundeskanzler Mag. Klima verlieh im Dezember das Silberne Bundesverdienstzeichen an Peter Kleinmann, Manager des Volleyballteams Bayernwerk Hot Volleys.

ÖSTERREICHISCHE STAATSMEISTER 1999

Damen	**FUJITSU Post SV**	W
Herren	**Donaukraft Wien**	W
Beach-Volleyball		
Damen	**Sabina BASAGIC/Sara MONTAGNOLLI**	W/T
Herren	**Thomas SCHROFFENEGGER/ Paul SCHROFFENEGGER**	T

ÖSTERREICHISCHE MEISTER 1999

Junioren	weibl.		WAT Ottakring	W
	männl.		SVS Schwechat/Sokol V	N
Jugend	weibl.		UVC Wüstenrot Salzburg	S
	männl.		SVS Schwechat/Sokol V	N
Schüler	weibl.		UVC Wüstenrot Salzburg	S
	männl.		SVS Schwechat/Sokol V	N
Midi	weibl.		ASKÖ Perg	O
	männl.		Donaukraft	W
Bundesjugendbewerb 1999		Mädchen	Kärnten	K
		Burschen	Niederösterreich	N
Schülerliga 1999			Franz Josef HS Trofaiach	St
Cup-Sieger 1999	Damen		Fujitsu Post SV Wien	W
	Herren		Donaukraft	W

Beach Volleyball

Junioren	weibl.	Kerstin PICHLER/Mira TRAMPUSCH	K
	männl.	Sebastian GÖTTINGER/David SOUKUP	W
Jugend	weibl.	Miriam SCHÜTZENHOFER/Marion LUDA	W
	männl.	Thomas TAUCHNER/Max GRECHENIG	W

<u>LÄNDERSPIELE Herren-Nationalteam:</u>

EUROPEAN LEAGUE

Österreich - Deutschland	0:3, 1:3
Österreich - Rußland	0:3, 0:3
Österreich - Jugoslawien	0:3, 0:3
Österreich - Slowakei	1:3, 2:3
Österreich - Portugal	0:3, 1:3

<u>Europameisterschaft 1999 in Wien und Wr. Neustadt</u>

Österreich - Italien	0:3
Österreich - Russland	0:3
Österreich - Bulgarien	0:3
Österreich - Frankreich	0:3
Österreich - Bulgarien	0:3

<u>FREUNDSCHAFTSSPIELE</u>

Österreich - Finland	0:3, 0:3, 0:3, 0:3
Österreich - Slowakei	3:1, 2:3
Österreich - Rußland	0:3
Österreich - Tunesien	2:3, 1:3, 2:3

<u>Damen-Nationalteam:</u>

EUROPEAN LEAGUE

AUT - Dänemark 3:0, 3:1, AUT - Schweden 3:0, 0:3, AUT - Schweiz 3:0, 3:0, AUT - Spanien 0:3, 0:3

<u>Jugend Nationalteam Weiblich</u>

ISOTONIC CUP 1999 in Feldkirch — 2. Österreich

<u>Juniorinnen Nationalteam</u>

INTERNATIONALES TURNIER 1999 in Innsbruck	3. Österreich
INTERNATIONALES TURNIER 1999 in Stuttgart	2. Österreich

GAMES OF OLYMPIC HOPES in Senica/SVK

AUT - Slowakei 1:3, AUT - Deutschland 1:3, AUT - Schweiz 1:3, AUT - Ungarn 1:3,
AUT - Slowakei B 1:3

<u>INTERNATIONALES TURNIER in Nürnberg/D</u> — 3. Österreich

EUROPACUP 1999 / 2000

<u>Meister Herren</u>

2. Runde: Bayernwerk Wien - Famagusta/ZYP — 3:0, 3:1
(qualifiziert für die Champions League)

<u>Meister Damen</u>

Telekom Post Wien hat sich fix für die Champions League qualifiziert

Cup-Sieger Herren
1. Runde: SVS Schwechat - TV Amriswil/SUI 2:3, 0:3
(SVS Schwechat steigt in den CEV-Cup ab)

Cup-Sieger Damen
2. Runde: TS Sparkasse Innsbruck - Ilidza/BIH 3:0, 3:0
(qualifiziert sich somit für die Cup Winners League)

CEV-Cup Herren
2. Runde CEV-Turnier in Liberec/CZE:

Paris Lodron Salzburg	- Fibrex Rifil/ROM	3:1
(2. Platz)	- Kommunalnik/BLR	3:1
	- Dukla Liberec/CZE0:3	

2. Runde CEV-Turnier in Enns/AUT:

Sportunion Enns	- Diekirch/LUX	3:0
(3. Platz)	- Zalau/ROM	2:3
	- Istanbul/TUR	1:3

2. Runde CEV-Turnier in Bukarest/RUM:

SVS Schwechat	- Steaua Bukarest/ROM	3:1
(3. Platz)	- Iskra/RUS	0:3
	- Budocnost/YUG	1:3

CEV-Cup Damen
2. Runde CEV - Turnier in Gent/BEL

SVS Schwechat	- Gent/BEL	1:3
(3. Platz)	- Zrenjanin/YUG	3:1
	- Budapest/HUN	2:3

2.Runde CEV-Turnier in Brno/CZE

VBC Graz	- Osmos/BLR	2:3
(3. Platz)	- Lukavac/BIH	3:0
	- Kralovo Pole Brno/CZE	0:3

EUROPAMEISTERSCHAFTEN 1999

Beach Volleyball
19. - 22.8.1999, Athen, GRE
U 23
Damen:
Sara Montagnolli/T und Sabina Basagic/W
2. Österreich 14 Länder 14 Mannschaften

26. - 29.8.1999, Mallorca, ESP
Herren:
4. Nikolas BERGER/Oliver STAMM 25 Länder 25 Mannschaften

WASSERSKI

ÖSTERREICHISCHER WASSERSKIVERBAND (ÖWSV)

gegründet 1951, 42 Vereine, 4.429 Mitglieder

7201 Neudörfl, Bickfordstraße 21
Telefon 02622 / 9009-121, Fax 02622 / 9009-150
e-mail: btusch@compuserve.com

Präsident: Bernhard Tusch, p.A. Österr. Wasserskiverband

Mitglied der
Union Mondiale de Ski Nautique (UMSN)
gegründet 1955, 85 Länder

Präsident Andrés Botero, Apartado Aero 2038, Medellin, Kolumbien
Telefax 00574 / 281 77 88

Der sportliche Mittelpunkt war 1999 eindeutig die WM-Tournament, die im September in Mailand stattfand. Mit 35 teilnehmenden Nationen aus allen 5 Kontinenten war dies eine Bestätigung des steten Aufwärtstrends im Wasserskisport. Großartig die Platzierungen der Österreicher sowohl in den Einzelbewerben als auch in der Teamwertung.

Bei den verschiedenen Europameisterschaften im Jahr 1999 konnten unsere SportlerInnen 6 Medaillen gewinnen. Ein kräftiges Lebenszeichen aus der Sparte Barefoot gab Christian Antos bei der EM in Italien von sich. Auch bei vielen internationalen Großveranstaltungen in Europa, USA/Kanada und Australien wurden durch die SportlerInnen des ÖWSV tolle Siege und hervorragende Platzierungen errungen.

Britta Llewellyn-Grebe gelang es mit 47,70m und 48,50m, den Europarekord zweimal zu verbessern.

ÖSTERREICHISCHE STAATSMEISTER 1999

Damen	Racing	36 km Rennen	**Elke RADERBAUER**	N
	Teleski	Figuren	**Gabi BART**	O
		Slalom	**Gabi BART**	O
		Springen	**Gabi BART**	O
		Kombination	**Gabi BART**	O
	Tournament	Figuren	**Britta GREBE-LLEWELLYN**	O
		Slalom	**Britta GREBE-LLEWELLYN**	O
		Springen	**Britta GREBE-LLEWELLYN**	O
		Kombination	**Britta GREBE-LLEWELLYN**	O
Herren	Racing	70 km Rennen	**Robert RADERBAUER**	N
	Barfuß	Figuren	**Bernhard KOSCH**	W
		Slalom	**Christian ANTÓS**	W
		Springen	**Bernhard KOSCH**	W
		Kombination	**Bernhard KOSCH**	W
	Teleski	Figuren	**Alois KRENN**	O
		Slalom	**Michael PUSTER**	St
		Springen	**Manfred HINTRINGER**	O
		Kombination	**Robert BRAUN**	O
	Tournament	Figuren	**Thomas FENZL**	O
		Slalom	**Burghard OZLBERGER**	O
		Springen	**Daniel DOBRINGER**	O
		Kombination	**Thomas FENZL**	O

ÖSTERREICHISCHE MEISTER 1999

Tournament				
Jugend	weibl.	Slalom	Irena ROHRER	K
	männl.		Martin BIEDERMANN	K
	weibl.	Figuren	Irena ROHRER	K
	männl.		Martin BIEDERMANN	K
	weibl.	Springen	Caroline LAMPRECHT	K
	männl.		Martin BIEDERMANN	K
	weibl.	Kombination	Katharina HEBENSTREIT	N
	männl.		Martin BIEDERMANN	K
Junioren	weibl.	Slalom	Luisa ZETTINIG	K
	männl.		Franz X. HEBENSTREIT	N
	weibl.	Figuren	Luisa ZETTINIG	K
	männl.		Franz X. HEBENSTREIT	N
	weibl.	Springen	Alina ZETTINIG	K
	männl.		Heinrich HUSSLEIN	K
	weibl.	Kombination	Luisa ZETTINIG	K
	männl.		Franz X. HEBENSTREIT	N
U 21	weibl.	Slalom	Renate LOIDL	O
	männl.		Georg DIEXER	K
	weibl.	Figuren	Victoria BRUNNER	K
	männl.		Nikolaus SCHICHER	K
	männl.	Springen	Thomas STORCH	K
	männl.	Kombination	Nikolaus SCHICHER	K
Team			WSC Tulln I	N
Senioren I	männl.	Slalom	Leo JINDRAK	O
		Figuren	Willi MORO	K
Senioren II	männl.	Slalom	Bernhard SCHROTT	N
Senioren III	männl.	Slalom	Heinz BEGOVICH	W
Barefoot				
Junioren		Slalom	Georg WIMMER jr.	O
		Figuren	Georg WIMMER jr.	O
Racing				
Jugend		Wasserskirennen	Nicole HUBER	N
Cableski				
Junioren	männl.	Slalom	Paul ERLINGER	O
		Figuren	Mike DERNDORFER	O
		Springen	Hans-Jörg MAYRHOFER	O
		Kombination	Paul ERLINGER	O
Senioren		Slalom	Kurt HAAS	St
Wakeboard Boot				
Allg. Kl.			Robert BRAUN	O
Wakeboard Cable				
Damen			Caroline MEEREIS	St
Herren			Mike UBILLUS	O

WELTMEISTERSCHAFTEN 1998

Tournament, Allg. Klasse, 13.-19.9.1999, Mailand, ITA

Damen	Springen	4. Britta GREBE-LLEWELLYN	18 Länder	24 Teilnehmerinnen
	Kombination	4. Britta GREBE-LLEWELLYN	18 Länder	30 Teilnehmerinnen
Herren	Springen	6. Daniel DOBRINGER	29 Länder	66 Teilnehmer
Mannschaft	Springen	3. Österreich	30 Länder	30 Mannschaften

EUROPAMEISTERSCHAFTEN 1999

Tournament, Allg. Klasse, 12.-15.8.1999, Bourg-en-Bresse, FRA

Kombination	Damen	3. Britta GREBE-LLEWELLYN	9 Länder	17 Teilnehmer
		6. Birgit UNTERHOLZER		
	Herren	6. Thomas FENZL	14 Länder	30 Teilnhemer
Springen	Damen	**1. Britta GREBE-LLEWELLYN**	9 Länder	19 Teilnehmer
	Herren	2. Daniel DOBRINGER	14 Länder	39 Teilnehmer
		3. Markus VOUK		
Slalom	Damen	4. Britta GREBE-LLEWELLYN	12 Länder	26 Teilnehmerinnen
Mannschaft		6. Österreich	17 Länder	17 Mannschaften

Wakeboard Cable, 20.8. - 21.8.1999, Langenfeld, GER

Nationenwertung	2. Österreich	7 Länder	7 Teilnehmer

Cableski,

Juniorenklasse, 28.-29.8.1999, Kosice, SVK

männl.	Slalom	3. Björn ORTNER	9 Länder	18 Teilnehmer

Barefoot, Allg. Klasse, 28.9.-2.10.1999, Albarella, ITA

Herren	Slalom	3. Christian ANTOS	8 Länder	18 Teilnehmer

Foto: F. Petuely
Daniel Dobringer – EM-Zweiter im Springen!

Behindertensportverband

BEHINDERTEN-SPORT

ÖSTERREICHISCHER BEHINDERTENSPORT-VERBAND (ÖBSV)

gegründet 1958, 91 Vereine, 6.508 Mitglieder

1200 Wien, Brigittenauer Lände 42
Telefon 01 / 332 61 34, Fax 01 / 332 03 97
http://www.oebsv.or.at/oebsv

Präsident: GDStv Robert BAUER
c/o AUVA, 1200 Wien, Adalbert Stifter-Straße 65
Telefon 01 / 33 111 / 230, Fax 01 / 33 111 / 210

Geschäftsführender Vizepräsident: Daniel Binter
c/o AUVA, 1200 Wien, Adalbert Stifter - Straße 65,
Telefon 01 / 331 11 / 625, Fax 01 / 331 11 / 858

Bundessportwartin: Mag. Andrea Scherney, p.A. ÖBSV

Offizielle Verbandszeitschrift: „Sport aktiv", erscheint 4mal jährlich.
Redakteur: Pressereferent Joachim Schwendtner
4501 Neuhofen, Felbermayrstr. 17
Telefon 0664 / 522 51 08, Fax 0664 / 528 00 71

Mitglied des
Comité International des Sports Silencieux (CISS)
(Mitglied ist der ÖGSV), gegründet 1931 für Gehörlosensport

der
International Stoke Mandeville Wheelchair Sports Federation (ISMWSF)
gegründet 1952 für Rollstuhlsport

der
International Sports Organisation for the Disabled (ISOD)
gegründet 1960 für Amputiertensport

der
Cerebral Palsy International Sports and Recreation Association (CP-ISRA)
gegründet 1979 für CP-Sport

der
International Blind Sports Association (IBSA)
gegründet 1981 für Blindensport

der
International Sports Federation for Persons with an Intellectual Disability (INAS-FID)
gegründet 1981 für Sport mit Geistig- und Mehrfachbehinderten

und des
Österr. Paralympischen Comités
gegründet 1998
1200 Wien, Adalbert Stifter Str. 65

Präsident: Dr. Peter Wittmann

Generalsekretär: Daniel Binter, p.A. ÖBSV,
Geschfäftsführender Vizepräsident

Mitglied des
International Paralympics Committee (IPC)
Dachverband, gegründet 1989

Sport als Breiten- und Freizeitsport: Die Grundlage für den Breitensport bilden 91 Vereine in Österreich, die behinderten Menschen die ersten Schritte von den erst neu im Rehabilitationszentrum (wieder-) erlernten Bewegungen zum Gesundheits- und Freizeitsport weisen. Natürlich sind diese Behindertensportvereine auch Anlaufstelle für alle von Geburt an behinderten Menschen. Gerade die sind teilweise noch immer mit Schwierigkeiten bei der Integration in "nichtbehinderten" Vereinen konfrontiert. Dabei böte die örtliche Nähe dieser Sportvereine neben dem gesellschaftlichen Integrationsgedanken, einen großen Vorteil aufgrund der meist eingeschränkten Mobilität behinderter Menschen.

Schule und Sport: Die Zusammenarbeit mit einigen Sonderschulen (z.B.: für eine bestimmte Behinderungsgruppe) und einzelnen Institutionen ist in der Vergangenheit durch mehrere gemeinsame Aktivitäten wie Sportwochen und Kurse besser geworden. Der Zugang zu den Sonderschulen und Integrationsklassen wird aber meist blockiert, da die fälschliche Meinung besteht, durch Teilnahme an unserem behinderungsspezifischen Angebot, unterstützt von fachlich qualifizierten ÜbungsleiterInnen, gegen den Sinn der Integration zu arbeiten. Aber solange die Ausbildungsstätten für Leibeserziehung/Sport den Behindertensport vernachlässigen, ist ein behindertes Kind in den schulischen Sportbetrieb (Sportwochen, Skikurse etc.) nur integrierbar, wenn es in Spezialkursen gelernt hat, diese Sportart auszuüben (z.B.: Monoskikurs für Kinder und Jugendliche im Rollstuhl).

Sport und Leistung: Das Sportjahr 1999 war im Leistungssport gekennzeichnet durch die Vorbereitung auf die nächsten Paralympics 2000 in Sydney. Internationale Veranstaltungen, Europa- und Weltmeisterschaften dienten in diesem Jahr zur Qualifikation für dieses Großereignis. Durch die ständig steigende Anzahl von LeistungssportlerInnen und der wachsenden Dichte im maximalen Leistungsbereich hat das SPOC (Sydney Paralympic Organising Committee) maximale Teilnahmequoten in allen Sportarten für jede Nation vergeben. Das bedeutet, dass SportlerInnen, die die Norm schaffen, nicht sicher in Sydney am Start sein werden. Diese Vorgangsweise bringt den Nationalen Behindertensportverband (ÖBSV) in eine schwierige Situation, da für interne Qualifikationen (absoluter Vergleich der Leistungen in einem Wettkampf) innerhalb der Sportart, des Geschlechts und der Behindertenklasse nicht genug SportlerInnen in Österreich vorhanden sind. Wie sollten wir z. B. in der Leichtathletik eine blinde Sprinterin mit einem querschnittgelähmten Diskuswerfer vergleichen, usw. Bis jetzt wissen nur wenige BehindertensportlerInnen, dass sie sicher qualifiziert sind, obwohl wir mit einer Delegation von ca. 50 SportlerInnen rechnen. Dieser neue Modus, diese Unsicherheit ist sowohl für die sich vorbereitenden und teilweise schon über die offiziellen Normen qualifizierten AthletInnen, als auch für die Nationen aus administrativen und organisatorischen Gründen, für eine optimale Vorbereitung für Sydney 2000 nicht förderlich. Wir alle werden uns aber bemühen, diese aktuellen Schwierigkeiten zugunsten unserer SportlerInnen, TrainerInnen und BetreuerInnen zu lösen und auf internationaler Ebene diese Probleme richtungsweisend für die Zukunft der nächsten Paralympics aufzuzeigen.

ÖSTERREICHISCHE STAATSMEISTER 1999

BADMINTON

Hörbehindertensport

Männer	Einzel		**Christian STALZER**	St
	Doppel		**Alexander BOSKOVITZ/Robert GRAVOGL**	W

BASKETBALL

Rollstuhlsport

Frauen u. Männer	Mannschaft		**RSV Salzburg**	S

BOCCIA

Cerebralparetikersport

Frauen u. Männer	Einzel	BC1	**Harald GROSSMAYER**	W
		BC2	**Franz AIGNER**	S
		BC3	**Manfred FILE**	T
	Team	BC1-BC2	**Wien**	W

LEICHTATHLETIK

Amputiertensport

Frauen	100 m Lauf	T46	**Anita SEEBACHER**	St
	Kugelstoß (4 kg)	F46	**Daniela AGRINZ**	St
	Hochsprung	F45-F46	**Daniela AGRINZ**	St
	Weitsprung	F45-F46	**Doris HUTTER**	W
Männer	100 m Lauf	T43-T44	**Michael LINHART**	N

Männer	100 m Lauf	T46	**Klaus FELSER**	N
	200 m Lauf	T43-T44	**Michael LINHART**	N
		T46	**Klaus FELSER**	N
	400 m Lauf	T46	**Stefan GAGGL**	K
	1 500 m Lauf	T42-T46	**Peter ZSIFKOVITS**	St
	Diskuswurf (1,5 kg)	F43-F44	**Manfred HARTL**	S
		F46	**Harald ROTH**	V
	Kugelstoß (6,25kg)	F42-F44	**Dietmar SCHMEE**	O
		F46	**Harald ROTH**	V
	Speerwurf (800g)	F46	**Harald ROTH**	V
	Weitsprung	F42-F44	**Manfred HARTL**	S
		F45-F46	**Klaus FELSER**	N
Blinden- und Sehbehindertensport				
Frauen	100 m Lauf	T11	**Elisabeth MAXWALD**	W
		T12-13	**Eva GRUBER**	O
	400 m Lauf	T12-13	**Eva GRUBER**	O
	Diskuswurf (1kg)	F11	**Hildegard MONSCHEIN**	W
	Kugelstoß (4 kg)	F11	**Hildegard MONSCHEIN**	W
		F12-13	**Gerlinde KLAS**	W
	Weitsprung	F12-13	**Eva GRUBER**	O
Männer	100 m Lauf	T11	**Helmut WASSERBAUER**	W
		T12-13	**Kurt PRALL**	W
	200 m Lauf	T11	**Franz CZUK**	St
	400 m Lauf	T11	**Franz GRIESSBACHER**	St
		T12-13	**Erwin MOSER**	St
	800 m Lauf	T11	**Franz GRIESSBACHER**	
		T12-13	**Erwin MOSER**	St
	1 500 m Lauf	T11	**Franz GRIESSBACHER**	St
		T12-13	**Erwin MOSER**	St
	5 000 m Lauf	T11	**Franz GRIESSBACHER**	St
	10 000 m Lauf	T12-13	**Erwin MOSER**	St
	Diskuswurf (2kg)	F11	**Willibald MONSCHEIN**	W
		F12-13	**Roland MITTERLEHNER**	W
	Kugelstoß (7,257kg)	F11	**Willibald MONSCHEIN**	W
		F12-13	**Roland MITTERLEHNER**	W
	Speerwurf (800g)	F11	**Franz GRIESSBACHER**	St
		F12-13	**Bil MARINKOVIC**	W
	Hochsprung	F11	**Robert BAYERHOFER**	O
	Weitsprung	F11	**Robert BAYERHOFER**	O
		F12-13	**Bil MARINKOVIC**	W
Cerebralparetikersport				
Männer	Kugelstoß (5kg)	F37	**Johann SEIDL**	W
Hörbehindertensport				
Männer	100 m Lauf	H	**Herbert KANAI**	N
	1 500 m Lauf	H	**Dieter PÜHRINGER**	O
	Kugelstoß (7,257 kg)	H	**Herbert KANAI**	N
	Speerwurf (800g)	H	**Christian SCHEUERNOST**	O
Mentalbehindertensport				
Frauen	100 m Lauf	T20	**Sieglinde ALTREITER**	O
	200 m Lauf	T20	**Sieglinde ALTREITER**	O
	400 m Lauf	T20	**Sieglinde ALTREITER**	O
	800 m Lauf	T20	**Sieglinde ALTREITER**	O
	1 500 m Lauf	T20	**Sieglinde ALTREITER**	O

Frauen	Diskuswurf (1 kg)	F20	Hannelore GÖDL	O
	Kugelstoß (4 kg)	F20	Hannelore GÖDL	O
	Speerwurf (600g)	F20	Rosalinde MITGUTSCH	O
Männer	100 m Lauf	T20	Thomas ZECHNER	O
	200 m Lauf	T20	Thomas ZECHNER	O
	400 m Lauf	T20	Siegfried MAYR	O
	800 m Lauf	T20	Siegfried MAYR	O
	1 500 m Lauf	T20	Andreas STÖHRINGER	O
	5 000 m Lauf	T20	Andreas STÖHRINGER	O
	10 000 m Lauf	T20	Andreas STÖHRINGER	O
	4 x 100 m Lauf	T20	T. ZECHNER/A. STÖHRINGER/ M. FUCHS/H. WEISS	O
	Diskuswurf (2 kg)	F20	Karl GROSSBERGER	O
	Kugelstoß (7,257 kg)	F20	Karl GROSSBERGER	O
	Speerwurf (800g)	F20	Christian SIEGESLEITNER	O
	Hochsprung	F20	Michael FUCHS	O
	Weitsprung	F20	Hubert WEISS	O
<u>Rollstuhlsport</u>				
Frauen	Diskuswurf (1kg)	F51-F58 (Punktesyst.)	Evelyn SCHMIED	W
	Kugelstoß (2kg-4kg)	F52-F58 (Punktesyst.)	Evelyn SCHMIED	W
	Speerwurf (600g)	F52-F58 (Punktesyst.)	Evelyn SCHMIED	W
Männer	800 m RS	T54	Sepp LOISINGER	O
	1 500 m RS	T53-T54	Sepp LOISINGER	O
	5 000 m RS	T53-T54	Sepp LOISINGER	O
	10 000 m RS	T53-T54	Gottfried FERCHL	T
	Diskuswurf (1kg)	F51-F58	Georg TISCHLER	B
	Kugelstoß (2kg-5kg)	F52-F58	Georg TISCHLER	B
	Speerwurf (600g)	F52-F58	Georg TISCHLER	B

Foto: F. Hinterleitner
„Handcycling" war bei der Rad-EM '99 ein Demonstrationsbewerb. Günter Gritsch wurde Zweiter.

RADFAHREN

Amputiertensport

Frauen u. Männer				
	Bergrennen	LC2	**Alfred KAIBLINGER**	N
		LC3-LC4	**Wolfgang WALTER**	St
	Straßenrennen (40-70km)	LC1	**Wolfgang EIBECK**	N
		LC2	**Alfred KAIBLINGER**	N
		LC3-LC4	**Wolfgang WALTER**	St
	Einzelzeitfahren	LC1	**Norbert HÄFELE**	V
		LC2	**Alfred KAIBLINGER**	N
		LC3-LC4	**Wolfgang WALTER**	St

Blinden- und Sehbehindertensport

Männer	Tandem-Straßenrennen	B1-B3	**Norbert STUCHETZ/ Hans Peter NOWOTNY** Pilotfahrer	W
	Tandem-Einzelzeitfahren	B1-B3	**Norbert STUCHETZ/ Hans Peter NOWOTNY** Pilotfahrer	W

ROLLSTUHLRUGBY

Cerebralparetiker- und Rollstuhlsport

Frauen u. Männer	Mannschaft	**Oberösterreich**	O

SCHWIMMEN

Blinden- und Sehbehindertensport

Frauen	100 m Brust	B2-B3	**Gerlinde KLAS**	W
	50 m Freistil	B2-B3	**Gerlinde KLAS**	W
Männer	100 m Brust	B1	**Franz ENGLEDER**	O
		B2-B3	**Erwin MOSER**	St
	50 m Freistil	B1	**Osman PORCA**	W
		B2-B3	**Erwin MOSER**	St
	100 m Freistil	B2-B3	**Erwin MOSER**	St

Hörbehindertensport

Frauen	50 m Brust	H	**Nadja KIRCHLER**	W
	100 m Brust	H	**Veronika JANK**	W
	50 m Butterfly	H	**Veronika JANK**	W
	50 m Freistil	H	**Patricia RESL**	W
	400 m Freistil	H	**Veronika JANK**	W
	50 m Rücken	H	**Patricia RESL**	W
	200 m Lagen	H	**Veronika JANK**	W
Männer	50 m Brust	H	**Florian GRAVOGL**	W
	100 m Brust	H	**Klaus PATZAK**	W
	50 m Butterfly	H	**Nikolaus RIEMER**	O
	50 m Freistil	H	**Nikolaus RIEMER**	O
	100 m Freistil	H	**Nikolaus RIEMER**	O
	400 m Freistil	H	**Nikolaus RIEMER**	O
	50 m Rücken	H	**Herbert KANAI**	N
	200 m Lagen	H	**Nikolaus RIEMER**	O
	4 x 100 m Freistil	H	**Peter EBNER/Alexander KARLA/ Klaus PATZAK/Florian GRAVOGL**	W

Integratives System

Frauen	100 m Brust	SB8	**Gerhild HUBER**	K
	50 m Freistil	S8	**Beatrix SCHNEEWEISS**	O

Frauen	100 m Freistil	S8	**Janine SCHMID**	N
	100 m Rücken	S8	**Janine SCHMID**	N
Männer	100 m Brust	SB5	**Helmut INSAM**	V
		SB8	**Karl SEEBACHER**	St
	50 m Freistil	S6	**Wilhelm MAIER**	O
		S7	**Martin BERNAT**	W
		S8	**Karl MAYR**	S
		S9	**Erwin KLABECEK**	W
	100 m Freistil	S6	**Wilhelm MAIER**	O
		S7	**Martin BERNAT**	W
		S8	**Karl MAYR**	S
		S9	**Erwin KLABECEK**	W
	100 m Rücken	S6	**Wilhelm MAIER**	O
		S7	**Reinhard TAUPE**	S
	4 x 100 m Freistil	S2-S10 (max. 34 Punkte)	**Thomas KASPAR/Karl MAYR/ Paul BLUSCHKE/ Erwin KLABECEK**	W/S
	4 x 100 m Lagen	SM2-SM10 (max. 34 Pkte)	**Thomas KASPAR/Richard FISCHER/ Thomas HAVA/Erwin KLABECEK**	W

Mentalbehindertensport

Frauen	100 m Brust	S14	**Elisabeth KOCH**	K
	50 m Freistil	S14	**Andrea GUGGENBERGER**	K
	100 m Freistil	S14	**Andrea GUGGENBERGER**	K
	100 m Rücken	S14	**Susanne KÜHSCHWEIGER**	K
Männer	100 m Brust	S14	**Franz HINTEREGGER**	K
	50 m Freistil	S14	**Franz HINTEREGGER**	K
	100 m Freistil	S14	**Franz HINTEREGGER**	K
	400 m Freistil	S14	**Herbert STADLMAYR**	O

SKILAUF ALPIN

Amputierten-, CP-, Hörbehinderten- und Rollstuhlsport

Frauen			
Riesenslalom	RHC-Kreck „Stehend", LW1-LW9, H	**Marlene LENZENWÖGER**	T
Slalom	RHC-Kreck „Stehend", LW1-LW9, H	**Nicoletta LENZENWÖGER**	T
Super-G	RHC-Kreck „Stehend", LW1-LW9, H	**Danja HASLACHER**	S
Männer			
Riesenslalom	RHC-Kreck „Stehend", LW1-LW9, H	**Hubert MANDL**	N
	RHC-Kreck „Sitzend", LW10-LW12	**Klaus SALZMANN**	V
Slalom	RHC-Kreck „Stehend", LW1-LW9, H	**Hubert MANDL**	N
	RHC-Kreck „Sitzend", LW10-LW12	**Jürgen EGLE**	V
Super-G	RHC-Kreck „Stehend", LW1-LW9, H	**Hubert MANDL**	N
	RHC-Kreck „Sitzend", LW10-LW12	**Harald EDER**	T

Blinden- und Sehbehindertensport

Männer			
Riesenslalom	RHC-Kreck, B1, B2/B3	**Kurt PRIMUS/Johann RATHGEB**	K
Slalom	RHC-Kreck, B1, B2/B3	**Kurt PRIMUS/Johann RATHGEB**	K
Super-G	RHC-Kreck, B1, B2/B3	**Gerhard PSCHEIDER/ Hermann KRISCHNIG**	K

SKILAUF NORDISCH

Amputierten-, CP- und Rollstuhlsport

Männer	5 km klassischer Stil	LW6/8	**Benedikt RESCH**	S
	10 km freier Stil	LW6/8	**Bernd KLICNIK**	St

Blinden- und Sehbehindertensport

Männer	5 km klassischer Stil	B2/B3	**Erwin MOSER/G. SIEBENHOFER**	St
	10 km freier Stil	B2/B3	**Erwin MOSER/G. SIEBENHOFER**	St

Mentalbehindertensport

Männer	5 km klassischer Stil	M	**Siegfried MAYER**	O

SPORTSCHIESSEN

Blinden- und Sehbehindertensport

Männer

Luftgewehr stehend frei	SH3	**Kurt MARTINSCHITZ**	K
Luftgewehr stehend aufgelegt	SH3	**Friedrich BRAND**	T

Integratives System

Frauen u. Männer

	Sportpistole P3	SH1	**Hubert AUFSCHNAITER**	T
	Freie Pistole P4	SH1	**Oskar KREUZER**	N
	Luftgewehr liegend R3	SH1	**Walter HOLZNER**	T
	Luftgewehr stehend R4	SH2	**Josef BACHMANN**	T
	Luftgewehr liegend R5	SH2	**Josef BACHMANN**	T
	English Match .22 R6	SH1	**Hubert AUFSCHNAITER**	T
Männer	Luftpistole P1	SH1	**Hubert AUFSCHNAITER**	T
	Luftgewehr stehend R1	SH1	**Günther SPONNER**	O
	Freies Gewehr .22 (3x40) R7	SH1	**Werner MÜLLER**	T

TENNIS

Amputiertensport

Männer	Einzel	A2-A9	**Werner FRIEDL**	O
	Doppel	A2-A9	**Ferdinand MADER/Alfred RUETZ**	T

Hörbehindertensport

Frauen	Einzel	H	**Sabine URBAN**	W
	Doppel	H	**Sabine URBAN/Eva BRUNNBAUER**	W
Männer	Einzel	H	**Christian STALZER**	St
	Doppel	H	**Christian STALZER/Jürgen SCHEUTZ**	St
	Mannschaft	H	**WGSC 1901**	W

Rollstuhlsport

Männer	Einzel	offene Klasse	**Günter JANDRASITZ**	W
	Doppel	offene Klasse	**Luis GRIEB/Klaus SALZMANN**	O/V
	Mannschaft	offene Klasse	**Günther JANDRASITZ/Kurt BLAHA**	W

TISCHTENNIS

Hörbehindertensport

Männer	Einzel	H	**Heinz MÜLLER**	K
	Doppel	H	**Dawei-David NI/Günter REITERER**	W

Integratives System

Männer	Einzel	TT2	**Hans RUEP**	O
		TT3	**Manfred DOLLMANN**	B
		TT6	**Erich KESSEL**	O
		TT7-TT8	**Karl SCHÜRRER**	O
		TT9-TT10	**Stanislaw FRACZYK**	W
	Einzel-Open	TT1-TT5	**Christian SUTTER**	S
		TT6-TT10	**Stanislaw FRACZYK**	W
	Doppel	TT1-TT5	**Christian SUTTER/ Salvatore SMARAZZO**	S/T
		TT6-TT10	**Stanislaw FRACZYK/Herbert NIEMETZ**	W

	Mannschaft	TT1-TT5	**Franz DESCH/Rudolf HAJEK/ Peter WOLF**	N
Mentalbehindertensport				
Frauen	Einzel	M	**Marianne PÜHRINGER**	O
Männer		M	**Günter DASCHILL**	O
	Doppel	M	**Günter DASCHILL/Johann WIESER**	O

TORBALL

Blinden- und Sehbehindertensport

Frauen	B1-B3	**VORARLBERG**	V
Männer	B1-B3	**STEIERMARK**	St

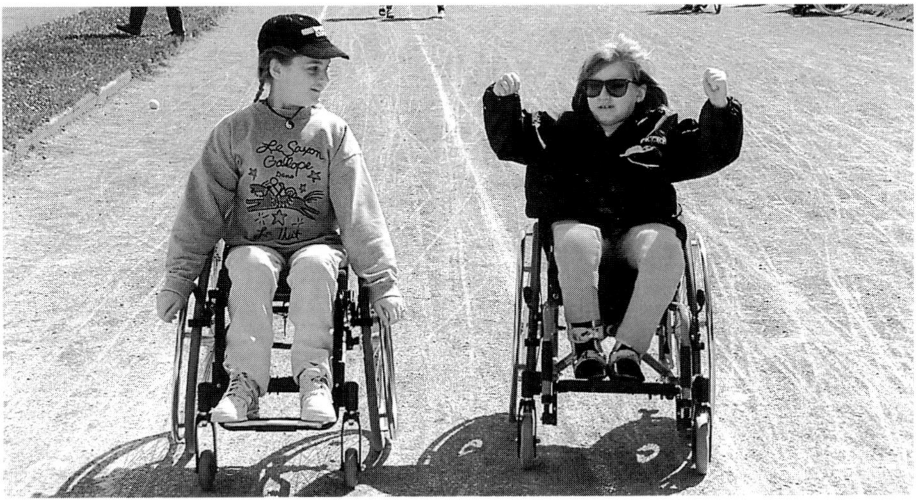

Foto: privat

Der Kinder- und Jugendbehindertensport ist ein großer Teil des Nachwuchsbereichs und wird mittels Spiel- und Sportfesten gefördert.

ÖSTERREICHISCHE MEISTER 1999

FAUSTBALL

Integratives System

Männer	Mannschaft	VSG Bregenz	V

FUSSBALL (Kleinfeld)

Mentalbehindertensport

Männer	Mannschaft	BSV BBRZ Linz	O

KEGELN

Hörbehindertensport

Frauen	Einzel	Gabriele ZEMANN	St
Männer	Einzel	Manfred SCHÖBERL	O
Männer	Mannschaft	GSZ Graz	St

LEICHTATHLETIK

Seniorensport

Frauen	Kugel/B1	AK I-AK II	Elfriede WURNIG	T
	Standweit/B1	AK I-AK II	Elfriede WURNIG	T
	60m/B1	AK I-AK II	Elfriede WURNIG	T

Männer	Kugel/A6/8	AK I-AK II	Helmut GLANTSCHNIG	K
	60m/A6/8	AK I-AK II	Hermann KRISCHNIG	K
	Standweit/A6/8	AK III	Franz HEBENSTEIT	K
	Standweit/A6/8	AK III	Karl KELLER	K
	Kugel/A6/8	AK III	Karl KELLER	K
	60m/A6/8	AK III	Franz OTT	St
	Standweit/AV	AK III	Josef PÜHRINGER	St
	Kugel/AV	AK III	Josef PÜHRINGER	St
	60m/AV	AK III	Josef PÜHRINGER	St
	Kugel/A3	AK I-AK III	Anton BRANDL	T
	Speerziel/A3	AK I-AK III	Fritz KLAMMER	K
	60m/A3	AK I-AK II	Horst SCHAUER	O
	Nockenball/KGTV	AK II-AK III	Harry LENGER	St
	Kugel/KGTV	AK II-AK III	Bernhard RABITSCH	K
	60m/KGTV	AK II-AK III	Willi MÜLLER	St
	Standweit/A2	AK I-AK II	Rudolf KALTENBRUNNER	O
	Standweit/A2	AK I-AK II	Rudolf GANDLER	S
	Kugel/A2	AK I-AK II	Rudolf GANDLER	S
	60m/A2	AK I-AK II	Peter PASSATH	St
	Standweit/A2	AK III	Karl HAIDER	V
	Kugel/A2	AK III	Karl HAIDER	V
	60m/A2	AK III	Karl HAIDER	V
	Standweit/A4	AK II	Melchior URICH	O
	Kugel/A4	AK II	Helmut HORNOF	K
	60m/A4	AK II	Helmut HORNOF	K
	Standweit/A4	AK II	Walter RAK	W
	Kugel/A4	AK II	Walter RAK	W
	60m/A4	AK II	Walter RAK	W
	Standweit/A6/8	AK I-AK II	Hermann KRISCHNIG	K

Foto: Seger van Soest
Die Werferin Evelyn Schmied hat bei der LA-Staatsmeisterschaft das Limit für die Paralympics erbracht.

SITZBALL

Integratives System

Männer		Mannschaft	VSV Amstetten	N

SITZFUSSBALL

Männer		Mannschaft	GVSC	St

SKI ALPIN

Mentalbehindertensport

Frauen	Riesentorlauf		Heide MACKOWITZ	V
Männer	Riesentorlauf		Oliver PFEIFER	V

Seniorensport

Männer	Riesentorlauf/LW 2	AK III	Karl HAIDER	V
	Riesentorlauf/LW 2	AK II	Peter PERNER	St
	Riesentorlauf/LW 2	AK I	Franz KIRCHER	K
	Riesentorlauf/LW 4	AK III	Alfred SCHÖNY	N
	Riesentorlauf/LW 4	AK II	Günther FUCHS	N
	Riesentorlauf/LW 4	AK I	Hans-Peter FELLNER	T
	Riesentorlauf/LW 6/8	AK II-AK III	Hubert OBERHAUSER	V
	Riesentorlauf/LW 6/8	AK I	Josef POMMER	St
	Riesentorlauf/AV	AK II-AK III	Adolf REITER	St

SKI NORDISCH

Seniorensport

Frauen	4,2km Klassisch/B1	AK II-AK III	Elfriede WURNIG/Alois BLUNDER	T
Männer	4,2km Klassisch/LW 4	AK II-AK III	Adolf KLINGBERG	K

STRASSENLAUF

Männer	12km	T11	Franz GRIESBACHER/Gerald HOBISCH	St
	12km	T12	Erwin MOSER/Paul WILLIERE	St
	Halbmarathon	T53	Markus SCHMOLL	B

WELTMEISTERSCHAFTEN 1999

Gewichtheben, Blindensportler 16.-17.7.1999, Kitchener, Ontario, CAN

Männer	82.5 kg Gewichtsklasse	**1. Ferdinand PESENDORFER**	4 Länder	4 Teilnehmer

Leichtathletik, Amputiertensportler, 29.7.-2.8.1999, Barcelona, ESP

Frauen	Weitsprung Kl. F 44	**1. Andrea SCHERNEY**	4 Länder	4 Teilnehmerinnen
	Kugel	**1. Andrea SCHERNEY**	3 Länder	5 Teilnehmerinnen
	Diskus	**1. Andrea SCHERNEY**	3 Länder	6 Teilnehmerinnen
	Speer	2. Andrea SCHERNEY	3 Länder	5 Teilnehmerinnen
Männer	100 m Lauf Kl. T44	3. Klaus FELSER	10 Länder	12 Teilnehmer
	200 m Lauf	3. Klaus FELSER	6 Länder	7 Teilnehmer
	4x100 m Staffel	3. Klaus FELSER/Manfred HARTL Michael LINHART/Sven REIGER	5 Länder	5 Staffeln
	4x400 m Staffel	3. Klaus FELSER/Manfred HARTL Michael LINHART/Sven REIGER	4 Länder	4 Staffeln
	Weitsprung Kl. F44	3. Manfred HARTL	7 Länder	8 Teilnehmer
	100 m Lauf Kl. T44	6. Michael LINHART	10 Länder	14 Teilnehmer
	200 m Lauf	4. Michael LINHART	9 Länder	18 Teilnehmer
	1500 m Lauf	6. Peter ZSIFKOVITS	6 Länder	7 Teilnehmer
	5000 m Lauf	6. Peter ZSIFKOVITS	6 Länder	9 Teilnehmer

10000 Lauf	4. Peter ZSIFKOVITS	5 Länder	7 Teilnehmer
Kugel Kl. F44	6. Dietmar SCHMEE	12 Länder	16 Teilnehmer

Tennis, Hörbehindertensportler, 26.6.-3.7.1999, Loano, ITA

Männer

Mannschaft	5. Christian STALZER/Jürgen SCHEUTZ/ Robert GRAVOGL	10 Länder	10 Mannschaften

EUROPAMEISTERSCHAFTEN 1999

Ski alpin, Blindensportler, 9.-17.1.1999, Krompachy-Plejsy, SVK

Männer

Abfahrt	B1/B2	4. Leopold ERTL/Begleitläufer W. FELLNER	4 Länder	5 Teilnehmer
Riesentorlauf	B1	**1. Leopold ERTL/Begleitläufer W. FELLNER**	4 Länder	6 Teilnehmer
Slalom	B1	**1. Leopold ERTL/Begleitläufer W. FELLNER**	3 Länder	5 Teilnehmer
Super-G	B1	**1. Leopold ERTL/Begleitläufer W. FELLNER**	3 Länder	4 Teilnehmer

Frauen

Abfahrt	B2	**1. Gabriele HUEMER/Begleitläufer M. HUEMER**	2 Länder	3 Teilnehmerinnen
		2. Andrea PIRIBAUER/Begleitläufer A. KRASZNITZER		
Riesentorlauf	B2	**1. Gabriele HUEMER/Begleitläufer M. HUEMER**	2 Länder	3 Teilnehmer
		2. Andrea PIRIBAUER/Begleitläufer A. KRASZNITZER		
Slalom	B2	**1. Gabriele HUEMER/Begleitläufer M. HUEMER**	2 Länder	4 Teilnehmer
		2. Andrea PIRIBAUER/Begleitläufer A. KRASZNITZER		
Super-G	B2	**1. Gabriele HUEMER/Begleitläufer M. HUEMER**	2 Länder	3 Teilnehmer
		2. Andrea PIRIBAUER/Begleitläufer A. KRASZNITZER		

Judo, Blindensportler, 23.-25.4.1999, Mittersill, AUT

Männer

unter 100 kg	**1. Walter HANL**	6 Länder	7 Teilnehmer

Tischtennis, Amputierten-u. Rollstuhlsportler, 7.-14.7.1999, Piestany, SVK

Männer

Einzel/Kl. T9	**1. Stanislaw FRACZYK**	11 Länder	22 Teilnehmer
Offener Bewerb/ Kl. T9	**1. Stanislaw FRACZYK**	27 Länder	115 Teilnehmer
Doppel/Kl. T10	**1. Stanislaw FRACZYK/Thomas GÖLLER**	13 Länder	13 Doppel
Team/Kl. T10	2. Stanislaw FRACZYK/Thomas GÖLLER/ Karl SCHÜRRER	13 Länder	13 Mannschaften
Einzel/Kl. T2	3. Hans RUEP	11 Länder	21 Teilnehmer
Einzel/Kl. T2	3. Rudolf HAJEK	11 Länder	21 Teilnehmer
Einzel/Kl. T4	1. Christian SUTTER	12 Länder	23 Teilnehmer
Team/Kl. T2	2. Rudolf HAJEK/Hans RUEP/ Gerhard SCHARF	10 Länder	10 Mannschaften
Team/Kl.T3	3. Egon KRAMMINGER/Peter WOLF/ Manfred DOLLMANN	12 Länder	12 Mannschaften
Team/Kl. T4	3. Salvatore SMARRAZZO/Christian SUTTER	11 Länder	11 Mannschaften
Team/Kl. T6	3. Erich KESSEL/Klaus WIDL	9 Länder	9 Mannschaften

Radfahren, Amputierten und Blindensportler, 18.-25.7.1999, Blois, FRA

Männer

Straßenrennen

Kl. LC4	5. Kurt FELLINGER	5 Länder	5 Teilnehmer

Zeitfahren

Kl. LC4	6. Kurt FELLINGER	6 Länder	6 Teilnehmer

Leichtathletik, CP-Sportler, 9.-16.8.1999, Nottingham, GBR

Männer

Diskus Kl. C5	2. Bernhard EITZINGER	6 Länder	6 Teilnehmer
Kugel Kl. C5	2. Bernhard EITZINGER	6 Länder	7 Teilnehmer
Speer Kl. C5	6. Bernhard EITZINGER	6 Länder	6 Teilnehmer
Diskus Kl. C6	4. Wolfgang DUBIN	4 Länder	4 Teilnehmer
Kugel Kl. C6	3. Wolfgang DUBIN	4 Länder	4 Teilnehmer
Kugel Kl. C7	5. Johann SEIDL	7 Länder	9 Teilnehmer
Speer Kl. C7	3. Johann SEIDL	7 Länder	9 Teilnehmer
Weitsprung Kl.C6-8	3. Johann FAHRNGRUBER	4 Länder	4 Teilnehmer

Torball, Blindensportler, 2.-8.8.1999, Poitiers, FRA

Frauen

Torball Kl. B1-B3	3. Belinda, Heidelinde, Julia SCHNEIDER	5 Länder	5 Mannschaften

Schießen, Blindensportler, 26.-29.8.1999, Chalon Sur Saone, FRA

Frauen

Luftgew.steh. Kl.B1-B3	**1. Nothburga KARNUTSCH**	3 Länder	3 Teilnehmerinnen
Luftg.3-Stellungs-Match	**1. Nothburga KARNUTSCH**		
Luftgewehr liegend	2. Nothburga KARNUTSCH		

Schwimmen, Amputieren-, Blinden- CP- u. Rollstuhlsportler, 10.-15.8.1999, Braunschweig, GER

Männer

100m Butterfly/S8	5. Karl MAYR	5 Länder	5 Teilnehmer
200m Lagen/SM8	4. Karl MAYR	8 Länder	8 Teilnehmer
400 m Freistil/S8	4. Karl MAYR	5 Länder	5 Teilnehmer
50m Brust Kl. SB3	**1. Thomas ROSENBERGER**	8 Länder	8 Teilnehmer
50 m Butterfly/S5	2. Thomas ROSENBERGER	3 Länder	3 Teilnehmer

Leichtathletik, Blindensportler, 5.-12.9.1999, Lissabon, POR

Frauen

100 m Lauf/T12	4. Eva GRUBER	6 Länder	8 Teilnehmerinnen

Männer

Diskus Kl. F11	3. Willibald MONSCHEIN	10 Länder	11 Teilnehmer
Kugel	3. Willibald MONSCHEIN	8 Länder	10 Teilnehmer
Pentathlon Kl. F12	3. Bil MARINKOVIC	7 Länder	8 Teilnehmer
Diskus Kl. F12	5. Roland MITTERLEHNER	10 Länder	11 Teilnehmer
Kugel	6. Roland MITTERLEHNER	8 Länder	9 Teilnehmer

Gewichtheben, Amputierten-, CP-, Rollstuhlsportler, 9.-14.11.1999, Budapest, HUN

Männer +100 kg	4. Werner FRIEDL	10 Länder	11 Teilnehmer

Marathon, Rollstuhlsportler, 12.9.1999 Rotterdam, NED

Männer

Marathon/Kl. T52	**1. Christoph ETZLSTORFER**	5 Länder	6 Teilnehmer
Marathon/Kl. T52	5. Thomas GEIERSPICHLER	5 Länder	6 Teilnehmer

WELTCUP 1999

Ski nordisch, Finale, Blindensportler, 10.-11.3.1999, Lillehammer, NOR
Frauen
10 km klass.

B1-B3	1. Elisabeth MAXWALD; Begleitläufer F. STÖGER	5 Länder	6 Teilnehmer

Ski alpin, Finale, Amputierten-, Blinden- u. Rollstuhlsportler, 20.-27.2.1999, Breckenridge, USA

Frauen			
Abfahrt			
Standing Skiers	2. Danja HASLACHER	5 Länder	10 Teilnehmerinnen
Slalom Standing Skiers	**1. Danja HASLACHER**	6 Länder	12 Teilnehmerinnen
Riesentorlauf			
Blind Skiers	**1. Gabriele HUEMER/M.HUEMER**	6 Länder	8 Teilnehmerinnen
Super-G			
Blind Skiers	3. Gabriele HUEMER/M.HUEMER	8 Länder	10 Teilnehmerinnen
Männer			
Abfahrt			
Sitting Skiers	**1. Harald EDER**	6 Länder	13 Teilnehmer
Abfahrt			
Blind Skiers	3. Kurt PRIMUS/J.RATHGEB	3 Länder	4 Teilnehmer
Riesentorlauf			
Blind Skiers	2. Kurt PRIMUS/J.RATHGEB	7 Länder	9 Teilnehmer
Gesamt-Weltcup			
Standing Skiers	3. Hubert MANDL	15 Länder	56 Teilnehmer
Nationenwertung:	3. Österreich		

Boccia, Cerebralparetikersportler, 30.9.-8.10.1999, Mar del Plata, ARG
Männer

Team/Kl. BC1-BC2	4. Franz AIGNER/Gerhard GAHLEITNER/ Harald GROSSMAYR/Georg UNTERLADSTÄTTER	18 Länder	18 Mannschaften

CISS WELTWINTERSPIELE für Gehörlose

9.-13.3.1999, Davos, SUI

Ski alpin

Frauen			
Abfahrt	3. Nicoletta LENZENWÖGER	10 Länder	23 Teilnehmerinnen
Riesentorlauf	2. Marlene LENZENWÖGER	11 Länder	23 Teilnehmerinnen
	5. Nicoletta LENZENWÖGER		
Super-G	6. Marlene LENZENWÖGER	11 Länder	23 Teilnehmerinnen
Männer			
Abfahrt	3. Philipp PERCHTOLD	10 Länder	27 Teilnehmer
	4. Karl HUTTEGGER		
Slalom	2. Josef SCHAUPPER	11 Länder	30 Teilnehmer
Super-G	3. Josef SCHAUPPER	11 Länder	31 Teilnehmer
	4. Karl HUTTEGGER		

Außerordentliche Mitglieder

Vorgemerkte Verbände

Gesamtösterreichische Verbände von besonderer Bedeutung

BOCCIA

ÖSTERREICHISCHER BOCCIAVERBAND (ÖBV)

gegründet 1982, 6 Vereine, 384 Mitglieder

Sekretariat: Margarethendamm 9, 6971 Hard

Präsident: Friedl Zucol, p.A. Österr. Bocciaverband
Telefon 05572 / 37 189

Mitglied der
Confederazione Boccistica Internationale (CBI)

CH-6900 Lugano, Via Monte Boglia 18, Schweiz

und der
European Bowl Association (EBA)

Durch die Verschiebung der Mannschafts-WM (27.11.-5.12.99 in Südafrika) konzentrierte sich der Spielbetrieb verstärkt auf die Österreichische Bundesliga, da der Sieger für die Vereins-WM 2000 in St. Louis (USA) qualifiziert ist.

An vielen Wochenenden waren Spieler an Turnieren in der Schweiz, Liechtenstein, Deutschland, Italien und Österreich im Einsatz. Bei diesen K.O.-Turnieren konnte öfters das Halbfinale erreicht werden, jedoch gelang es nicht, ein Turnier zu gewinnen.

Die Jugendlichen/Junioren und Damen nahmen ebenfalls an einigen Turnieren als Vorbereitung für die im kommenden Jahr stattfindende Junioren-WM und Damen-EM teil.

Erfreulich ist die verstärkte Nachfrage nach Vereinsgründungen, die der ÖBV tatkräftig unterstützt.

ÖSTERREICHISCHE STAATSMEISTER 1999

Einzel	**Niki NATALE**	T
Zweier	**Niki NATALE/ Max PURNER**	T
Dreier	**Dieter ILL/ Günther ILL/ Günther HAUSMAIR**	V

ÖSTERREICHISCHE MEISTER 1999

Bundesliga	Boccia-Club Hard	V

Foto: ÖBV
Die Mannschaft des Boccia-Club Hard wurde Bundesligameister 1999.

B) GESAMTÖSTERREICHISCHE VERBÄNDE VON BESONDERER BEDEUTUNG

ALPINISMUS

VERBAND ALPINER VEREINE ÖSTERREICHS (VAVÖ)

gegründet 1949, 421.030 Mitglieder

1010 Wien, Bäckerstraße 16
Telefon 01 / 512 54 88; Fax 01 / 512 54 884
e-mail: vavoe@aon.at, http://www.asn.or.at/VAVOE,
Dienstzeit: Montag - Donnerstag 9 - 17 Uhr, Freitag 9 - 15 Uhr

Präsident: Dir. Friedrich Macher, p.A. Verband Alpiner Vereine Österreichs

Vizepräsident: Mag. Manfred Pils, 1150 Wien, Diefenbachgasse 36

Geschäftsführer: Rudolf Kaupe, p.A. Verband Alpiner Vereine Österreichs

Mitglied der
Union Internationale des Associations d'Alpinisme (UIAA)
gegründet 1932, 80 Mitglieder aus 60 Ländern

p.A. Generalsekretariat des SAC
CH-3000 Bern 23, Monbijoustraße 61, Postfach
Telefon 00 41 / 31 / 370 18 28, Fax 00 41 / 31 / 370 18 38
e-mail: UIAA@compuserve.com; http://www.mountaineering.org

1999 wurden erstmals in allen 3 Disziplinen (Vorstieg, Speed und Boulder) Österreichische Staatsmeisterschaften ausgetragen.

Für Abwechslung bei den Austragungsorten zur ÖSTM ist ebenfalls gesorgt, da laufend neue Indoor-Kletterwände gebaut und eröffnet werden. Heuer wurde das erste Mal in Bruck an der Mur eine Staatsmeisterschaft ausgetragen, die höchste Kletterwand der Steiermark besteht seit ca. 2 Jahren.

International können vor allem unsere Jugendlichen mit der Spitze mithalten, was auch die Erfolge bei der Jugend-WM zeigten.

ÖSTERREICHISCHE STAATSMEISTER 1999

Frauen	Boulder	**Barbara BACHER**	T
	Speed	**Prisca SCHUSTER**	T
	Vorstieg	**Bettina SCHÖPF**	T
Männer	Boulder	**Hans MILEWSKI**	T
	Speed	**Markus SCHWAIGER**	T
	Vorstieg	**Alexander MEIKL**	T

ÖSTERREICHISCHE MEISTER 1999

Vorstieg Junioren	Florian GRITZER	V

WELTMEISTERSCHAFTEN 1999

3.-5.9.1999, Courmayeur, FRA

Jugend A weibl./Vorstieg	3. Barbara BACHER	16 Länder	35 Teilnehmer
Jugend A männl./Vorstieg	3. Kilian FISCHHUBER	22 Länder	58 Teilnehmer
Jugend B männl./Vorstieg	4. Guido UNTERWURZACHER	18 Länder	45 Teilnehmer

BETRIEBS-SPORT

ÖSTERREICHISCHER BETRIEBSSPORTVERBAND

gegründet 1969

1010 Wien, Falkestraße 1
Hotline 0664 / 16 16 036, Telefon 01 / 513 77 14, Fax 01 / 513 40 36
Dienstzeiten: Montag - Donnerstag 8 - 16.30 Uhr,
Freitag 8 - 12 Uhr

Präsident: Helmut Dembsher, 1010 Wien, Gonzagagasse 3
Telefon 01 / 533 72 01

Mitglied des
Europäischen Betriebssportverbandes (EBSV)
14 Länder

c/o Dansk Firmaidraetsforbund, DK-5800 Nyborg, Storebaeltsvej 11

Offizielle Verbandszeitung:
Betriebssport-News, erscheint vierteljährlich

HEERES-SPORT

ÖSTERREICHISCHER HEERESSPORTVERBAND (ÖHSV)

gegründet 1967, 96 Heeressportvereine, 9 Heeressport-Landesverbände, 29.263 Mitglieder

1140 Wien, Breitenseer Straße 116
Telefon 01 / 911 21 80 und 01 / 5200 / 54 253,
Fax 01 / 5200 / 17 761
Dienstzeiten: Montag - Freitag 8 - 16 Uhr

Präsident: Gen Dr. Friedrich Hötzl

Geschäftsführender Präsident: Oberst Ewald Angetter

Generalsekretär: ADir RgR Kurt Ahammer

Offizielle Verbandszeitung:
„Heeressport“, 6.300 Stück, 5mal jährlich

Präsidentenwechsel im Jahr des Sports

Vor einem Jahr hat der damalige Bundesminister Dr. Werner Fasslabend im Rahmen der Sportlerehrung 98 des ÖHSV das Jahr 1999 zum „JAHR DES SPORTS“ im Bundesheer deklariert und selbstverständlich auch den Heeressportverband in die Umsetzung eingebunden.

Die (ÖHSV-)Highlights

1. Die internationalen Veranstaltungen der Heeressportvereine vom 1. KÄRNTEN IRONMAN AUSTRIA in Klagenfurt, dem 20. Geierlauf in der Wattener Lizum, dem 10. Weltcup der Meister und der 1. Junioren-WM 99 im Fallschirmspringen in Thalgau, der EM der ländlichen Reiter in der Vielseitigkeit auf Schloß Kornberg, dem 25. Marc Aurel-Marsch/Lauf über 40 km in Bruckneudorf, dem Donaupokal im Modernen Fünfkampf in Wr. Neustadt, dem Weltcup im Mountain-Bike Orienteering in Tirol bis zum Biathlon-Weltcup-Opening 99/2000.

2. Die GWD-Berechtigungscard zur kostenlosen Benützung der HSV-Infrastruktur mit einer gezielten GWD-Werbung für den Sport in Österreich.

3. Der bundesweit durchgeführte GWD-Wettkampf im Handgranaten-Weitwerfen, an dem sich 200 Grundwehrdiener (auf freiwilliger Basis) beteiligten und die 21 Besten in Villach das „Große Finale“ gegen den österreichischen Rekordhalter im Speerwerfen Zgf Gregor Högler bestritten. Der Sieg ging mit 73,45 Meter an den Kärntner Rekr Christian Lagler. Högler erzielte eine Weite von 83,98 Meter mit dem Übungshandgranatenwurfkörper und stellte als Draufgabe noch neuen „inoffiziellen“ Weltrekord im Handgranaten-Weitwerfen (Disziplin des Militärischen Fünfkampf) mit 92,98 Meter auf.

4. Eröffnung der vom HSV Hochfilzen um ATS 5 Mio. errichteten Rollerskistrecke im Bereich des Truppenübungsplatzes Hochfilzen, die seit September des Vorjahres von den Bundesheer-Leistungssportlern

des Heeres-Sportzentrums sowie den Nationalmannschaften des ÖSV stark frequentiert wird.

5. ÖSTA-Aktion unter dem Motto: Jedem Heeressportler sein ÖSTA. Im Rahmen dieser beispielhaften ÖSTA-Aktion des ÖHSV hat sich der ÖHSV-Präsident, Generaltruppeninspektor Gen Karl Majcen, als Vorbild zum 5. Mal der ÖSTA-Prüfung unterzogen und alle Limits im ersten Anlauf geschafft.

6. Last but not least eine gezielte, schwerpunktmäßige Nachwuchsförderung in den Disziplinen Biathlon, Fechten, Judo, Karate, Orientierungslauf, Skilanglauf, Schießen, Tennis, Tischtennis und Zillenfahren, die auch in den 23. ÖHSV-adidas-Cup 99 einbezogen wurde.

Nach 11jähriger Präsidentschaft ist Gen Karl Majcen in Villach als ÖHSV-Präsident zurückgetreten und hat seinem einstimmig gewählten Nachfolger, Gen Dr. Friedrich Hötzl, ein wohlbestelltes Haus übergeben.

Die Wahl von Gen Dr. Hötzl war der nächste Schritt in Richtung „Generationswechsel im ÖHSV". Mit der Wahl von Bgdr Mag. Harald Leopold zum Finanzdirektor gab es in Villach ein weiteres Signal in diese Richtung!

Leider nicht weiter gekommen ist man bei den Aufnahmebestrebungen als „Vollmitglied" in die BSO. Davon unbeeinflusst hat der österreichische Heeressport auch 1999 mit 14 x Gold, 8 x Silber und 21 x Bronze bei Welt- und Europameisterschaften, im Welt-, Europa- und Donaupokal, EU-Meisterschaften, den Militär-Weltmeisterschaften des CISM sowie 49 österreichischen Meistertiteln (23 Staatsmeister/76 Österreichische Meister) seinen Beitrag für den österreichischen Sport geleistet.

Aus dieser Vielfalt erfolgreicher Athletinnen und Athleten wurden schließlich – die Entscheidung war nicht leicht – mit Frau Marina Kücher (HSV Wals) die Sportlerin des Jahres ´99 und mit Herrn StWm Norbert Domnik (HSV Klagenfurt - Der Anker) der Sportler des Jahres '99 gekürt.

Foto: HBF/Lechner
Organisatorischer Höhepunkt: der 1. Kärnten Ironman Austria.

MOTORBOOT

MOTORBOOT-SPORTVERBAND FÜR ÖSTERREICH (MSVÖ)

gegründet 1956, 74 Vereine, 3.108 Mitglieder

1230 Wien, Ketzergasse 30
Telefon 01 / 609 44 40, Fax 01 / 609 44 404
Bürozeiten: Montag-Donnerstag 9 - 15 Uhr, Dienstag 18 - 20 Uhr

Präsident: Dir. Herbert Rapp

Generalsekretär: Ing. Peter Nikodem, p.A. MSVÖ

Mitglied der
Union Internationale Motonautique (UIM)
gegründet 1922, 51 Länder

Stade Louis II - Entrée H, MC-98000 Monaco, Monte Carlo
Telefon 00 377 / 92 05 25 22, Fax 00 377 / 92 05 25 23

Die Rennfahrer des MSVÖ konnten die Erfolgsserie bei internationalen Motorbootrennen auch in dieser Saison erfolgreich fortsetzen. So konnten bei der EM und WM jeweils wieder Bronzemedaillen gewonnen werden.

ÖSTERREICHISCHE STAATSMEISTER 1999

Klasse bis 400 ccm	**Andreas OTTO**	O
Klasse bis 500 ccm	**Ference CSAKO**	O
Klasse über 500 ccm	**Bernd MAJEWSKI**	O

WELTMEISTERSCHAFTEN 1999

18.7.1999, Namestovo, CZE

Klasse OSY 400	3. Oliver LUCAS	6 Länder	14 Teilnehmer

5.9.1999, Jedovnice, CZE

Klasse 0-700ccm	4. Mikshail ATAMANOV	5 Länder	16 Teilnehmer
	5. Christian STEINEDER		

EUROPAMEISTERSCHAFTEN 1999

EM-Laufserie, Gesamtwertung

Klasse F-500	6. Ivan ATAMANOV	5 Länder	12 Teilnehmer
Klasse HR-1000	3. Bernd MAJEWSKI	5 Länder	10 Teilnehmer

MOTORSPORT

ÖSTERREICHISCHER AUTOMOBIL-, MOTOR-RAD- UND TOURING CLUB (ÖAMTC)

OBERSTE NATIONALE SPORTKOMMISSION FÜR DEN KRAFTFAHRSPORT (OSK)

96 Veranstalter, ca. 1.500 Lizenznehmer

1110 Wien, Leberstraße 56 - 60
Telefon 01 / 749 16 24, Fax 01 / 748 15 45
e-mail: osk@oeamtc.at; http://www.osk.or.at
Dienstzeit: Montag - Donnerstag 8 - 17 Uhr, Freitag 8 - 14 Uhr

Vorsitzender: Hofrat Univ.Prof. Dr. Alfred Staffen

Sekretär: Kurt Wagner, 1110 Wien, Leberstraße 56 - 60

Offizielle Verbandzeitung: „OSK-Mitteilungen", erscheinen fallweise nach Bedarf

ÖSTERREICHISCHE MEISTER 1999

Rennwagen	Div. I	André FIBIER	GER
	Div. III	Jörg BUSENLECHNER	St
Berg	Div. I	Walter STRUCKMANN	GER
	Div. V	Walter LEITGEB	O
Karting	Div. I	Norbert SIEDLER	T
	Div. II	Herfried PUCHER	K
Rallye	Div. I, Gruppe A	Achim MÖRTL/Jörg PATTERMANN	K/S
	Div. II, Gruppe N	Michael BRANDNER/Michael MOSER	N
Rally-Cross	Div. I	Peter SCHAUBERGER	N
	Div. II	Jaroslav KALNY/Jaroslav MARCHAL	CZE
Slalom	Div. III	Franz PINTARICH	W
Historischer Automobile		Franz HOLZER	St
Motorrad-Rennsport			
	125 ccm	Peter EBNER	K
	Supersport	Thomas HINTERREITER	V
	Superbike	Johann WOLFSTEINER	O
Moto Cross	125 ccm	Robert JONAS	O
	Klasse Inter-ÖM	Siegfried BAUER/Erwin MACHTLINGER	St/O
Speedway		Toni PILOTTO	S
Trial		Richard HITZLER	S
Enduro	2-Takt	Ingo SCHAFFER	St
	4-Takt	Wilfried REITER	S
Supermoto		Hannes MAXWALD	O

WELTMEISTERSCHAFTEN 1999

Gesamtwertung	
GT (Tourenwagen)	**1. Karl WENDLINGER**
Speedway	6. Franz ZORN
Rallye	3. Manfred STOHL
Seitenwagen-Motorrad	3. Klaus KLAFFENBÖCK
Trial-Team	5. Erich BRANDNER/Markus ADAMEC/ Mario MEMPÖR/ Franz SCHLÖGL

WELTWEITE CUPS 1999

Ferrari Challenge	**1. Karl BARON**
Indy Light	3. Philip PETER

SCHACH

ÖSTERREICHISCHER SCHACHBUND (ÖSB)

gegründet 1920, 470 Vereine, 13.298 Mitglieder

8010 Graz, Sackstraße 17
Telefon 0316 / 81 69 72, Fax 0316 / 81 69 72 14
e-mail: oesb@chess.at

Präsident: Prof. Kurt Jungwirth, p.A. Österr. Schachbund

Schriftführer: Grete Katholnig
8010 Graz, Paulustorgasse 6
Telefon 0316 / 82 33 01, Fax 0316 / 84 68 90

Verbandszeitung:„Schach Aktiv“, 12mal jährlich

Mitglied der
Fédération Internationale des Èchecs (FIDE)
gegründet 1924, 157 Länder

CH-1004 Lausanne 4, Avenue Beaumont 9, Schweiz
oder CH-1004 Lausanne 4, P.O. Box 166
Telefon 00 41 / 21 / 329 19 21/22, Fax 00 41 / 21 / 329 19 23

Österreichs Vertreter
Prof. Kurt Jungwirth ist Vizepräsident des Weltschachbundes.

Sämtliche internationalen Bewerbe, für die Österreich mit EinzelspielerInnen oder Mannschaften startberechtigt war, wurden beschickt. Im Dezember 1999 nahm Österreich mit seinem Herren- und Damenteam an der Europameisterschaft in Batumi (GEO) teil. An den Vorrunden des Europa-Cups der Vereine nahm 1999 Hohenems teil.

Christian Weiss (St. Valentin) errang im Berichtszeitraum den Titel „Internationaler Meister“.

Das neue Ausbildungskonzept für A-, B- und C-Trainer wurde weiter ausgearbeitet. Lehrgänge sind in Vorbereitung.

Eine erste Meisterschaft für Kinder unter 8 Jahren fand mit Erfolg statt. Große Sorge bereitet die Einschränkung des Unterrichts von Freifächern an Schulen. Im Hinblick auf ganzheitliche Erziehung junger Menschen wäre es dringend notwendig, ganz allgemein – und damit auch für Schach – das schulische Angebot so breit wie möglich zu halten.

Im übrigen beantragt der Österreichische Schachbund nach wie vor die Aufnahme als ordentliches Mitglied in die Bundes-Sportorganisation. Von 157 nationalen Schachverbänden sind bereits über 100 in ihrem jeweiligen Land als Sport anerkannt. Das Internationale Olympische Komitee hat bei der IOC-Session in Seoul den Weltschachverband (FIDE) als Verband anerkannt („recognised federation“).

ÖSTERREICHISCHE MEISTER 1999

Staatsliga A		MERKUR Graz	St
Damen		Margit KRASSER	W
Herren		Nikolaus STANEC	St
Senioren		Heinz BAUMGARTNER	O
U 8	männl.	Kevin WOLFRAM	N
U 10	weibl.	Alexandra MITTELBERGER	V
	männl.	Dominik WOLFRAM	N
U 12	weibl.	Anne KAST	B
	männl.	Markus RAGGER	K
U 14	weibl.	Anna Christina KOPINITS	W
	männl.	Bernd WOLFRAM	N
U 16	weibl.	Anna Christina KOPINITS	W
	männl.	Michael JAHRER	St
U 18	weibl.	Nadine JAUK	St
	männl.	Herwig PILAJ	K

Foto: K. Fahrner
Nikolaus Stanec ist seit Jahren Österreichs stärkster Spieler.

VOLKS-WANDERN

ÖSTERREICHISCHER VOLKSSPORTVERBAND IM INTERNATIONALEN VOLKSSPORTVERBAND

seit 1966, 200 Vereine

4600 Wels, Kuhnstraße 16
Telefon und Telefax 07242 / 412 40
Dienstzeit: Montag - Freitag 8.30 - 11.30 Uhr

Präsident: Friedrich Kerschbaumer, 3372 Blindenmarkt
Telefon und Fax 074 73 / 27 55

WASSER-RETTUNG

ÖSTERREICHISCHE WASSER-RETTUNG (ÖWR)

wiedergegründet 1957, 13.458 Mitglieder

1040 Wien, Prinz-Eugen-Straße 12
Telefon 01 / 504 56 79, e-mail: owr_bulei@aon.at
Dienstzeit: Dienstag 18 - 20 Uhr

Geschäftsführender Vizepräsident: Gerhard Stipani, 3013 Preßbaum, Badgasse 13, Telefon 02233 / 532 15, 0664 / 100 19 90, Fax 02233 / 57 933

Präsident: OMR Dr. Peter Rainer-Harbach, Altendorf 32, 3242 Texing

Mitglied der
International Life Saving Federation (ILS)
53 Mitgliedsländer
Sekretariat: B-3010 Leuven, Gemeentplein 26, Belgien

International Life Saving Federation of Europe (ILSE)
27 Mitgliedsländer
D-21365 Adendorf, Holunderweg 5, Deutschland

Österreichs Vertreter
Gf. Vizepräsident Gerhard Stipani ist Mitglied des Direktionskomitees der ILSE.
DI Walter Grimm ist Präsident der Ausbildungskommission der ILSE.

WEITERE GESAMTÖSTERREICHISCHE VERBÄNDE VON BESONDERER BEDEUTUNG

KIRCHE UND SPORT

Sekretariat: Stephansplatz 6/6/59, 1010 Wien,
Telefon 01 / 515 52 / 3301, Fax 01 / 515 52 / 3747
Kontaktstelle des Referates Sport und Seelsorge: 1040 Wien, Prinz Eugen-Straße 12,
Telefon 01 / 655 21 64

KURATORIUM FÜR ALPINE SICHERHEIT

6020 Innsbruck, Olympiastraße 10, Telefon 0512 / 36 54 51, Fax 0512 / 36 19 98

ÖSTERREICHISCHE GESELLSCHAFT FÜR SPORTPHYSIOTHERAPIE (ÖGS)

Sekretariat: BSZ Südstadt, 2344 Maria Enzersdorf, Johann Steinböck-Straße 5,
Telefon 02236 / 268 33 / 34

ÖSTERREICHISCHER GENDARMERIE-SPORTVERBAND

8021 Graz, Straßgangerstraße 280, Telefon 0316 / 259 / 200

ÖSTERREICHISCHER GO-VERBAND

1160 Wien, Zöchbauerstraße 11, Telefon 01 / 985 45 35

ÖSTERREICHISCHER POLIZEISPORTVERBAND

Präsidium: 1014 Wien, Herrengasse 7, Telefon 01 / 53 126-0

ÖSTERREICHISCHER SPORTLEHRERVERBAND

1040 Wien, Prinz-Eugen-Straße 12, Pressereferent Karl Brünner: 1170 Wien, Ottakringerstraße 11/1,
Telefon 01 / 408 16 39

VERBAND DER LEIBESERZIEHER ÖSTERREICHS (VDLÖ)

1150 Wien, Auf der Schmelz 6, Universitätssportzentrum,
Telefon 01 / 4277 / 286 34, Fax 01 / 4277 / 9286
Vorsitzender: Dr. Heinz Ertl

VERBAND ÖSTERREICHISCHER SPORTÄRZTE (VÖSPÄ)

1150 Wien, Auf der Schmelz 6, Universitätssportzentrum, Telefon 01 / 4277 / 488 70
Präsident: O. Univ. Prof. Dr. N. Bachl, IFS, 1150 Wien, Auf der Schmelz 6

VEREINIGUNG ÖSTERREICHISCHER SPORTTHERAPEUTEN UND SPORTMASSEURE (VÖSM)

Sekretariat: BSZ Südstadt, 2344 Maria Enzersdorf, Johann Steinböck-Straße 5,
Telefon 02236 / 268 33 / 400, Fax 02236 / 268 33 / 401

ZENTRALER HOCHSCHULSPORTAUSSCHUSS ÖSTERREICHS

siehe auch unter Kapitel Behörden und Sporteinrichtungen des Bundes „HOCHSCHULSPORT"
1150 Wien, Auf der Schmelz 6, Telefon 01 / 4277 / 17039, Fax 01 / 4277 / 9170
Sprechstunden: Montag, Mittwoch, Freitag 9.30 - 11.30 Uhr

Behörden und Sport-einrichtungen des Bundes

BUNDESKANZLERAMT - Gruppe SPORT I/B

siehe Bericht im Vorderteil des Buches

An dieser Stelle standen in den vergangenen Jahren die Adressen der Bundessportheime und –schulen. Nach der Ausgliederung aus dem Bundesbereich finden Sie diese nun als "Bundessport- und Freizeitzentren" im Teil "Diverse Verbände und Einrichtungen des Sports" unter "Sonstige Einrichtungen".

HAUS DES SPORTS

1040 Wien, Prinz-Eugenstraße 12, Telefon 01/505 37 42-0, Fax 01/505 62 35

BUNDESMINISTERIUM für INNERES - Vereinsbehörde

Abteilung II/15, Vereins- und Versammlungswesen
1010 Wien, Am Hof 4, Telefon 01 / 531 26 / 3494

Bundespolizeidirektion Wien, Vereinsbüro
1010 Wien, Schottenring 7-9, Telefon 01 / 31 310-0

SPORT *im* HEER

BUNDESMINISTERIUM für LANDESVERTEIDIGUNG

Bundesminister: Dr. Werner Fasslabend

SPORT *im* HEER
1140 Wien, Breitenseer Straße 116
Telefon 01 / 52 00 / 54 250, Fax 01 / 52 00 / 17 761
http://www.asn.or.at/SiH

Leiter: Mag. Matthias Bogner

Referat 1 - **Grundlagen**
Leiter: ADir. RgR Kurt Ahammer

Referat 2 - **Leistungssport** (international)
Leiter: ADir RgR Franz Waghubinger

Referat 3 - **Leistungssport** (national)
Leiter: ADir RgR Christian Droste

Mitglied im
Internationalen Militärsportverband (CISM)
gegründet 1948, 121 Mitgliedsstaaten

Brüssel, Belgien; Telefon 00 322 / 647 68 52, Fax 00 322 / 647 53 87

Österreichischer Delegationschef: Divr Friedrich Hessel

Zahlreiche Höhepunkte prägten das Jahr des Sports im Österreichischen Bundesheer 1999.

Einmal die erfolgreiche Teilnahme an den 2. Militär-Weltspielen ´99 des CISM in Zagreb und andererseits die Erfolge unserer Bundesheer-Leistungssportler (BHLSl) bei der Nordischen Ski-WM 99 in der Ramsau. Es gab kaum eine Sportveranstaltung, bei der nicht Angehörige des Heeres-Sportzentrums (HSZ, vormals HSNS) am Stockerl standen.

Neben den zahlreichen Medaillenerfolgen bei Welt- und Europameisterschaften, im Welt- und Europacup sowie bei der Militär-WM des CISM, war das Jahr des Sports durch die Implementierung des praxisorientierten, wissenschaftlich fundierten Sportkonzeptes SPORT *im* HEER (SiH) und die damit verbundene noch engere Kooperation mit dem österreichischen Sport (Optionsscheinregelung, Athleten-Betreuungswoche, Diagnosegespräch einschließlich der Athletenbeurteilung) geprägt. Mag. Bogner und seinem Team ist gelungen, als anerkannter Partner mit einem geradlinigen Konzept den österreichischen Leistungssport weiterzuentwickeln.

SPORT *im* HEER ist offener geworden. Maßgeblich dazu beigetragen hat das erstmals aufgelegte Truppeninformationsblatt und die im Frühjahr 99 eingerichtete Homepage, quasi als eine Voraus-Information der interessierten (Sport-)Anwärter auf einen der heiß begehrten Bundesheer-Leistungssportlerplätze im HSZ.

Rückblickend auf Zagreb ist festzuhalten, daß bei den 2. Militär-Weltspielen ´99 des CISM die österreichische (Heeres-)Equipe erfolgreich war wie noch nie. 104 BHLSI eroberten in 9 Bewerben 19 Medaillen für Österreich (6 x Gold, 7 x Silber und 6 x Bronze). Dabei ist es Kpl Vera Lischka gelungen, ihren Vorjahrestitel von Rom zu verteidigen - mit einem neuen CISM-Weltrekord im 50-m-Rettungsschwimmen. Sie hat damit ihren 1998 aufgestellten Weltrekord von 44,74 auf die Traumzeit von 41,38 verbessert.

Neben Kpl Lischka gab es in Zagreb so manche (Heeres-)Überraschung für Österreich, wobei auffallend ist, dass die Bundesheer-Leistungssportlerinnen wie die Gefreiten Jasmin Hämmerle, Barbara Pirker und Uschi Profanter, auftrumpften, (Heeres-)Newcomerin Rekr Sabrina Filzmoser (eingerückt am 1.7.99 in Mistelbach; im HSZ seit 1.8.99) einen fulminanten Medaillenstart für UNSER HEER in Zagreb mit CISM-Silber (Kat. -52 kg) auf die Matte legte und Gfr Christian Pfannberger mit seinem Militär-Weltmeistertitel im Radfahren (150 km Straße) die arrivierten Heeresradler schlecht aussehen ließ.

In Summe erreichten BHLSI bei Militär-Weltmeisterschaften des CISM 10 x Gold, 8 x Silber und 9 x Bronze.

Die BHLSI haben die in sie gesetzten Erwartungen von SiH und Österreich gewissenhaft erfüllt. Zgf Dr. Alois Stadlober wurde *„Sportler des Jahres 1999 des Bundesheeres"*. Anlässlich der Sportlerehrung 1999 des Bundesheeres sind erstmals Frauen zur Ehrung durch Bundesminister Dr. Werner Fasslabend angetreten, und zwar Kpl Vera Lischka, Gfr Evelyne Rohregger und Gfr Tanja Schneider. „Bei der Ehrung 2000 in Saalfelden werden es schon mehr sein", gibt sich Mag. Bogner optimistisch.

Apropos Saalfelden: Mit den 42. Militär-Weltmeisterschaften 2000 des CISM im Skilauf (20.3.-25.3.2000) wurde das Jahr des Sports im Bundesheer abgeschlossen und damit eine militärsportliche Epoche beendet, die in die österreichische (Bundesheer-)Sportgeschichte eingegangen ist.

		Vorwahl	Telefon	Fax
A) HEERES-SPORTZENTRUM				
Wien	1140 Breitenseer Straße 116	01	5200-54 000	5200-54 062
B) HEERES-LEISTUNGSSPORTZENTREN				
Wien	1030 Blattgasse 6	01	5200-39 155	5200-17 320
Südstadt	2344 BSFZ/Josef Steinböck Straße 5	02236	47 925	47 925
Linz	4020 OÖ LSH/Auf der Gugl 30	073266	25 6566	25 65-33
Graz	8052 Raiffeisenhof/Krottendorferstraße 81	0316	25 30 57	25 30 57
Innsbruck	6020 Tiroler LSH/Olympiastraße 10a	0512	33 27-2620	33 27-2622
Salzburg	5400 Salzburger LSH/Hartmannweg 2	06245	86 829	76 839
Dornbirn	6850 Kolpinghaus/Jahngasse 20	05572	23 822	23 822
Hochfilzen	6395 Burschenhaus/Bahnhof 136	05359	301-501	301-00
Seebenstein	2840 Karolinen-Stiftung/Alter Postweg 80	02627	47 333	47 333

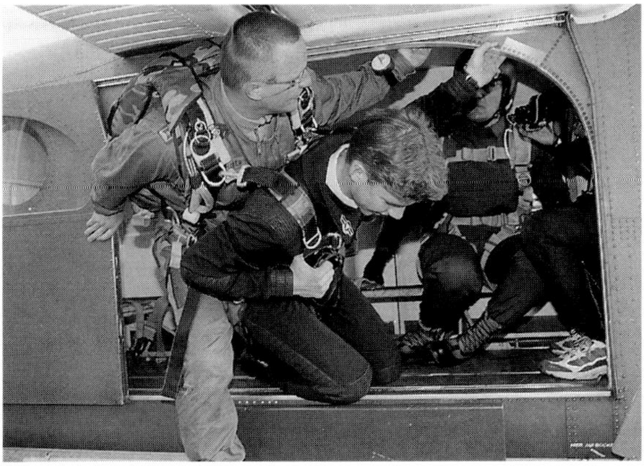

Foto: HBF
Benjamin Raich beim Tandemsprung.

BUNDESMINISTERIUM für UNTERRICHT und KULTURELLE ANGELEGENHEITEN

A) BUNDESANSTALTEN FÜR LEIBESERZIEHUNG (BAfL)		*Vorwahl*	*Telefon*	*Fax*
Wien	1150 Wien, Auf der Schmelz 6	01	4277 279 99	4277 9279
Graz	8010 Graz, Engelgasse 56	0316	32 79 80	38 39 56
Innsbruck	6020 Innsbruck, Fürstenweg 185	0512	28 13 66	29 32 21
Linz	4020 Linz, Auf der Gugl 30	0732	65 23 22 oder 52 600 920	
B) BUNDESSCHULLANDHEIME				
Mariazell	8630 Mariazell, Erzherzog-Johann-Weg 21	03882	2165	21 65 33
Raach	2640 Gloggnitz	02662	3315	33 15 22
Radstadt	5550 Radstadt, Schloß Tandalier	06452	4348	5960
Saalbach	5753 Hinterglemm	06541	6303	630 37

SCHULSPORT

Zukunft • Bildung • Kultur BM UK

BUNDESMINISTERIUM für UNTERRICHT und KULTURELLE ANGELEGENHEITEN

Abt. V/10, Schulsportbewerbe und Bundesschullandheime

A-1014 Wien, Freyung 1/IV/428, 413, 413a, 414
Postadresse: Postfach 65, 1014 Wien
Fax 01 / 53120 / 2599, e-mail: norbert.bayer@bmuk.gv.at

Leiter: Min.-Rat Mag. Norbert Bayer, Telefon 01 / 531 20 / 2294

Referat V/10a: Schulsportbewerbe
Michael Renner B. A., Telefon 01 / 531 20 / 2288,
e-mail: michael.renner@bmuk.gv.at
Mag. Karin Novak-Waska, Telefon 01 / 531 20 / 2289
e-mail: karin.novak-waska@bmuk.gv.at
FOI Elfriede Hangelmann, Telefon 01 / 531 20 / 2291
e-mail: elfriede.hangelmann@bmuk.gv.at

Mitglied der
Internationalen Schulsport Föderation (ISF)
gegründet 1971, 70 Mitgliederorganisationen

Generalsekretariat: c/o S.V.S.-Brüssel/Belgien, Fax 0032 / 2 / 420 31 71

Nicht nur der außerschulische Sport war im Vorjahr geprägt von großen Siegen der österreichischen Skifahrer und Langläufer, sondern auch der Schulsport. Die Bundesmeisterschaften der Schulen Österreichs der Alpinen wurden in Windischgarsten-Hinterstoder (OÖ) und die Bundesmeisterschaften der Skilangläufer in Göstling (NÖ) abgehalten, die Sieger qualifizierten sich für die internationalen Skimeisterschaften, die in Jesenik (CZE) durchgeführt wurden.

Die Burschen und Mädchen der Schulen HIB Saalfelden, Internatsschule Stams, Skihandelsschule Schladming, Skihauptschule Schladming und der Skihotelfachschule Bad Hofgastein konnten bei insgesamt acht Bewerben, die alle als Mannschaftswertungen durchgeführt wurden, drei erste Plätze, drei zweite Plätze, einen dritten Platz und einen sechsten Platz erringen.

Mit diesen hervorragenden Platzierungen kann man auch in Zukunft mit österreichischen Siegen im alpinen und nordischen Skilauf rechnen.

Das zweite große Event des vergangenen Schuljahres war die Teilnahme von insgesamt 48 österreichischen Schülerinnen und Schülern und 12 Betreuerinnen und Betreuern bei der Gymnasiade, die in Shanghai (CHN) stattgefunden hat. Die Entsendung der Teilnehmer erfolgte durch das Bundesministerium für Unterricht und kulturelle Angelegenheiten gemeinsam mit den zuständigen Fachverbänden. Diese Großveranstaltung in den Disziplinen Leichtathletik, Schwimmen, Turnen und Rhythmische Gymnastik war für die jungen Sportlerinnen und Sportler ein herrliches Erlebnis und stellt eine große Motivation für die Zukunft dar.

Ebenso in die große Welt des Spitzensportes und von Großveranstaltungen schnuppern konnten die 60 Teilnehmerinnen und Teilnehmer des WM-Camps während der Langlaufweltmeisterschaft in der Ramsau. Die Schülerlinnen und Schüler hatten die Aufgabe, den Langlaufsport auf Schulbasis zu präsentieren und erfüllten ihre Aufgabe hervorragend. Belohnt wurden sie außerdem noch durch eine Autogrammstunde mit dem österreichischen Langlaufteam.

BUNDESSIEGER 1998/99

Basketball			
Jg. 1981-84	Schülerinnen	BG/BRG Wels-Brucknerstraße	O
	Schüler	BHAK/BHAS Gmunden	O
Alpine Bundesskiwettkämpfe			
Kat. Ia Jg. 1984-86	Schülerinnen	HS Zell/See	S
	Schüler	HS Zell/See	S
Kat. Ib Jg. 1984-86	Schülerinnen	SkiHS Schladming	St
	Schüler	SkiHS Schladming	St
Kat. IIa Jg. 1982-84	Schülerinnen	BHAS/BHAK Waidhofen	N
	Schüler	BLA Bezau	V
Kat. IIb Jg. 1982-84	Schülerinnen	SkiHfS Bad Hofgastein	St
	Schüler	IFS Stams	T
Nordische Bundesskiwettkämpfe			
Kat. Ia Jg. 1984-86	Schülerinnen	HS II Kitzbühel	T
	Schüler	HIB Saalfelden	S
Kat. Ib Jg. 1984-86	Schülerinnen	Nord. Ski-HS Saalfelden	S
	Schüler	Nord. Ski-HS Saalfelden	S
Kat. IIa Jg. 1982-84	Schülerinnen	HIB Saalfelden	S
	Schüler	HIB Saalfelden	S
Kat. IIb Jg. 1982-84	Schülerinnen	IFS Stams	T
	Schüler	Ski-HAS Schladming	St
Bundesmeisterschaft Fußball			
Jg. 1981-84	Schüler	BG/BRG Graz-Oeversee	St
Leichtathletik-Schulcup			
Jg. 1982-84	Schülerinnen	BRG/BORG Dornbirn-Schoren	V
	Schüler	BRG/BORG Th. MilAk. Wr. Neust.	N
Sparkassen-Schülerliga Fußball			
Jg. 1.1.1986 u. jünger	Schüler	SHS Graz-Bruckner	St
Technikbewerb	Schüler	SHS Bad Vöslau	N
		BG/BRG Billrothstraße	W
Sparkassen-Schülerliga Volleyball			
Jg. 1.8.1984 u. jünger	Schülerinnen	SHS Trofaiach	St
"Olympiabewerbe der Schulen"			
Schulschwimmcup	Schülerinnen	Europagymnasium Linz Auhof	O
Jg. 1.8.1984- 31.7.1986	Schüler	SHS Spittal	K
"Olympiabewerbe der Schulen" **Vielseitigkeitsbewerb - Fernwettkampf** der 6. Schulstufe			
Schulen mit sportl. Schwerpunkt		SHS Wolfurt	V
Hauptschulen		HS Greifenburg	K

Basketball-Schulcup

1.8.1984 u. jünger	Schülerinnen	SHS Steyr-Tabor	O
	Schüler	BG/BRG Baden-Biondekgasse	N

Handball-Schulcup

1.8.1984 u. jünger	Schülerinnen	BRG Wien 16 Schuhmeierplatz	W
	Schüler	SRG Maria Enzersdorf	N

Orientierungslauf-Schulmeisterschaft

Mannschaftswertung (Einzellauf)

- 13 Jahre	Schülerinnen	BG/BRG Wien 23 Alt-Erlaa	W
	Schüler	HS Henndorf	S
14 u. 15 Jahre	Schülerinnen	SHS Wr. Neustadt	N
	Schüler	BG/BRG Oberschützen	B
16 bis 19 Jahre	Schülerinnen	BG/BRG Oberschützen	B
	Schüler	Stiftsgym. Kremsmünster	O

ÖBV – Badminton-Schulcup

Unterstufe	Schülerinnen u. Schüler	BRG/BORG Schwaz	T
Oberstufe	Schülerinnen	BRG/BORG Schwaz	T
	Schüler	HTL Steyr	O

ÖTV – Schultenniscup

1.8.1984 u. jünger	Schülerinnen u. Schüler	BG/BRG Klagenfurt-Mössingerstr.	K

ÖFBB – Schulmeisterschaft Faustball

Unterstufe	Schülerinnen	SHS Böheimkirchen I	N
	Schüler	HS Süd Laakirchen	O
Oberstufe	Schülerinnen	BG Admont	St
	Schüler	BG/BRG Vöcklabruck	O

ÖTTV – Tischtennis-Bundesmeisterschaft

Ab 9. Schulstufe m.	Schülerinnen	BRG/BORG Dornbirn-Schoren	V
Vereinsspieler/innen	Schüler	BRG/BORG Salzburg Akademiestr.	S
5.-8. Schulstufe m.	Schülerinnen	R.K.-HS Neusiedl/See	B
Vereinsspieler/innen	Schüler	HS 1 Vorchdorf	O
5.-8. Schulstufe ohne	Schülerinnen	HS Ried/Riedmark	O
Vereinsspieler/innen	Schüler	HS Lamprechtshausen	S

INTERNATIONALE SCHULWETTKÄMPFE 1998/99

ISF-Skiwettkämpfe/Jesenik, Tschechische Republik

Ski alpin

Kat.I	Schülerinnen	2. SkiHS Schladming	St
	Schüler	**1. SkiHS Schladming**	St
Kat.II	Schülerinnen	2. SkiHS Bad Hofgastein	S
	Schüler	**1. IFS Stams**	T

Ski nordisch

Kat.I	Schülerinnen	6. HIB Saalfelden	S
	Schüler	2. HIB Saalfelden	S
Kat.II	Schülerinnen	3. IFS Stams	T
	Schüler	**1. SkiHS Schladming**	St

ISF-Basketball/Jerusalem, Israel

Jg. 1981-84	Schülerinnen	20. BG/BRG Wels	O
	Schüler	16. BHAK/BHAS Gmunden	O

ISF-Leichtathletik/Reutlingen, Deutschland

Jg. 1982-85	Schülerinnen	13. BRG/BORG Dornbirn-Schoren	V
	Schüler	5. Ther. MilAk Wr. Neustadt	N

ISF-Fußball/Cagliari, Italien

Jg. 1981-84	Schüler	22. BG/BRG Graz-Oeversee	St

ISF-Schwimmcup/Frankreich

Jg. 1982-85	Schülerinnen	3. BORG f. Leistungssportler Wien 20, Unterbergerg.	W
	Schüler	7. BG Wr. Neustadt	N

GYMNASIADE
Shanghai, CHN

Leichtathletik

3000 m Lauf	Schüler	4. Martin Pröll
Weitsprung	Schüler	5. Isagani Peychär
100 m Hürden	Schülerinnen	5. Daniela Wöckinger
1500 m Lauf	Schülerinnen	6. Alexandra Kumpf
	Schüler	6. Peter Supan

Schwimmen

100 m Delphin	Schüler	A-Fin. 8. Alexander Kaspar
200 m Rücken	Schüler	A-Fin. 8. Lukas Ostermaier
4x100 m Lagen	Schüler	A-Fin. 8. Österreich
4x100 m Kraul	Schüler	A-Fin. 7. Österreich

Rhythmische Gymnastik	Schülerinnen	4. Österreich

Turnen

Mannschaft	Schülerinnen	8. Österreich
Mannschaft	Schüler	7. Österreich
Ringe	Schüler	6. Marco Mayr

BUNDESMINISTERIUM für WISSENSCHAFT und VERKEHR

siehe auch Bericht "HOCHSCHULSPORT"

A) UNIVERSITÄTSINSTITUTE FÜR SPORTWISSENSCHAFTEN (IfS)

		Vorwahl	*Telefon*	*Fax*
Wien	1150 Wien, Auf der Schmelz 6	01	4277 488 01	4277 9286
Graz	8010 Graz, Mozartgasse 14	0316	380 2325	380 97 90
Innsbruck	6020 Innsbruck, Fürstenweg 185	0512	507 4450	507 28 38
Salzburg	5020 Salzburg, Akademiestraße 26	0662	8044/4850	804 44 01

B) UNIVERSITÄTS-SPORTINSTITUTE (USI)

Graz	8010 Graz, Universitätsplatz 3	0316	380-0	380 2273
Innsbruck	6020 Innsbruck, Fürstenweg 185	0512	507 65-0	29 47 26
Linz	4040 Linz, Julius-Raab-Straße 10	0732	2468 619	24 68 620
Salzburg	5020 Salzburg, Mühlbacherhofweg 6	0662	8044 6650	804 44 01
Wien	1150 Wien, Auf der Schmelz 6	01	4277 170 36	4277 9170
Leoben	8700 Leoben, Peter-Tunner-Straße 15	03842	2069 468	2069 466
Klagenfurt	9020 Klagenfurt, Universitätsstraße 67	0463	2700 718	2700 7899

UNIVERSITÄTS-SPORT

ZENTRALER HOCHSCHULSPORTAUSSCHUSS ÖSTERREICHS

gegründet 1960

1150 Wien, Auf der Schmelz 6A
Telefon 01 / 4277-17039, Fax 01 / 4277-17040
e-mail: office@unisport.ac.at; http://www.unisport.ac.at/
Vorsitzender: Sektionschef Dr. Wolf Frühauf, BMWV/BMBWK
1014 Wien, Minoritenplatz 5
Telefon 01 / 53 120 / 5100, Fax 01 / 53 120 / 5105
e-mail: Wolf.Fruehauf@bmwf.gv.at
Sekretär: VB Mag. Markus Redl, siehe oben
e-mail: Markus.Redl@unisport.ac.at

Mitglied der
Fédération Internationale du Sport Universitaire (FISU)
gegründet 1948, 129 Nationen

FISU-Sekretariat Av. Franklin Roosevelt, 56, 1050 Brüssel, Belgien
Telefon 00 32 / 2 / 640 6873, Fax 00 32 / 2 / 640 1805
e-mail: fisuhq@fisu.ulb.ac.be; http://www.fisu.net/

Mitglied der
European University Sports Association (EUSA)
gegründet 1999, 25 Nationen

D-30167 Hannover, Am Moritzwinkel 6
Telefon 00 49 / 511 /762 5150, Fax 00 49 / 511 / 762 4965
e-mail: eusa@hochschulsport-hannover.de, http://www.eusa.de/

Österreichs Vertreter
Prof. Mag. Paul Ganzenhuber ist Vorsitzender der Technischen Kommission Skisprunglauf der FISU.
Sektionschef Dr. Wolf Frühauf ist Mitglied des Exekutivausschusses der EUSA.

Die Zahl von mehr als 132.000 Kursteilnahmen im Studienjahr 1998/99 unterstreicht die besondere Bedeutung der sieben Universitäts-Sportinstitute für den Sport und die Bewegung in der akademischen Gemeinschaft Österreichs. Die Universitäts-Sportinstute bieten Studierenden sowohl breitensportliche Vielfalt – beispielsweise stehen in Graz und Wien rund 120 verschiedene Sportarten am Programm – als auch Wettkampfsport. Hier reicht die Bandbreite von lokalen akademischen Meisterschaften bis hin zur Teilnahme an Universiaden. Bei der Sommeruniversiade in Palma de Mallorca (3.-13.7.1999) erreichten österreichische Athleten 2 Silber- und 1 Bronzemedaille. Speerwerfer Gregor Högler und Florett-Fechter Michael Ludwig sicherten sich beide bei ihrem altersbedingt letzten Universiade-Auftritt den akademischenVize-Weltmeistertitel

Die Neubauten an der Universitätssportanlage in Innsbruck können zum Teil (Wettspielhalle und Leichtathletik-Anlage) mit Sommersemester 2000 in Betrieb gehen. Das erweiterte Universitäts- und Landessportzentrum Rif-Salzburg wurde mit Wintersemester 1999/2000 eröffnet.

Der Zentrale Hochschulsportausschuss war vom 12.-14.11.1999 in Wien Gastgeber der Gründungskonferenz eines Europäischen Universitäts-Sportverbandes (EUSA). Diese Vereinigung europäischer FISU-Mitglieder soll gemeinsame Interessen im Prozess der europäischen Integration vertreten und über ein Netzwerk auch das Zusammenwirken von Hochschulen im Sport über nationale Grenzen hinweg besser koordinieren. Sektionschef Dr. Wolf Frühauf wurde in den Exekutivausschuss der EUSA gewählt.

Amtsdirektor Regierungsrat Gustav Posch, Sekretär des Zentralen Hochschulsportausschusses seit 1963 und 30 Jahre lang Mitglied der Kontrollkommission der FISU, ist mit Jahresende 1999 in den Ruhestand übergetreten. Als sein Nachfolger ist Mag. Markus Redl bestellt.

ÖSTERREICHISCHE AKADEMISCHE MEISTER 1999

Ski alpin			
Damen	Super-G	Vera LED	K
	Riesenslalom	Gudrun FEUCHTNER	T
	Slalom	Elisabeth GRUBER	T
Herren	Super-G	Florian NEURURER	T
	Riesenslalom	Oliver BINDER	W
	Slalom	Oliver BINDER	W
Skilanglauf			
Damen	5 km	Gudrun PFLÜGER	S
	3 x 5 km Staffel	Elke RABEDER/Petra GIRBL/ Gudrun PFLÜGER	S
Herren	10 km	Christian SCHWARZ	O
	3 x 10 km Staffel	Robert PYTLIK/Markus GRININGER/ Christian SCHWARZ	O
Fechten			
Damen	Florett	Hanna OTRUBA	W
	Degen	Mag. Therese LORENZ	W
	Säbel	Mag. Dorothea TANZMEISTER	W
Herren	Florett	Stefan GIERSZEWSKY	W
	Degen	Ralf GRAMMER	O
	Säbel	Stefan RATHAUSKY	W
Segeln			
Damen	Laser Radial	Verena WAGNER	T
Herren	Laser	Bertram FISCHER	S
Dreimannjolle		Reinhard SCHNEIDER/Christa WAZEK/ Claudia MATHIS	St
Universitäts-Wertung		Martin LEHNER/Alice FRITSCH/ Judith LIDY/Constanze HUMMELT/ Peter RESCH	W
Marathon			
Damen		Mag. Johanna BERGMANN	St
Herren		Stephan PITSCHEIDER	T
Staffel		Norbert BALDIA/Katharina BALDINGER/ Mag. Erwin HASENLEITHNER/ Alexandra BIEBER	W
Beach Volleyball			
Damen		Birgit BEINSEN/Lotte HUBMANN	St
Herren		Ingo GRUBER/Arno ZAWORKA	St
Orientierungslauf			
Damen	Einzel	Lucie BÖHM	S
Herren	Einzel	Mag. Thomas KREJCI	St
Mannschafts-OL		Lucie BÖHM/Tobias BREITSCHÄDEL/ Felix BREITSCHÄDEL	S

Tennis-Doppel

Damen-Doppel	Jutta RIBITSCH/ Daniela HINTERKÖRNER	W
Herren-Doppel	Dieter FRENZEL/Philip SAIKO	W
Mixed-Doppel	Doris BAUER/Markus JÖBSTL	O

SOMMERUNIVERSIADE 1999

3.-13.7.1999, Palma de Mallorca, ESP

Fechten

Herren	Florett	2. Michael LUDWIG	23 Länder	70 Teilnehmer
	Degen Mannschaft	3. Oliver KAYSER/Christoph MARIK/ Marcus ROBATSCH/Michael SWITAK	13 Länder	13 Mannschaften

Leichtathletik

Herren	Speer	2. Gregor HÖGLER 82,63m	21 Länder	24 Teilnehmer

Foto: C. Hofer
Silbermedaillengewinner der Sommeruniversiade,Gregor Högler.

Weitere Sportverbände

Internationale Sportverbände mit Sitz in Österreich

Interessenvertretungen

Sonstige Einrichtungen

Diverse Verbände und Einrichtungen des Sports

WEITERE SPORTVERBÄNDE

ARBEITSGEMEINSCHAFT ÖSTERR. WASSERRETTUNGSWESEN (ARGE ÖWRW)
1040 Wien, Prinz Eugen-Straße 12, Telefon 01 / 505 37 42 / 235
Dienstzeiten: Montag - Freitag 8 - 12 Uhr

AUTO-, MOTOR- UND RADFAHRERBUND ÖSTERREICHS (ARBÖ)
Zentrale und Sportsekretariat: 1150 Wien, Mariahilfer Straße 180
Telefon 01 / 89 121 / 219, Fax 01 / 89 121 287, Telex 136 581 Arbob

DIÖZESANSPORTGEMEINSCHAFT ÖSTERREICHS
3100 St. Pölten, Klostergasse 15-17, Tel. 02742/398-359 (Hubert Schreiner), Fax 02742/398-381 (Mo-Fr, 9.00-16.00 Uhr)

HAUPTVERBAND KATHOLISCHER ELTERNVEREINE ÖSTERREICHS - SPORTREFERAT
1010 Wien, Spiegelgasse 3, Telefon 01 / 51 552 - 675

KATH. JUGEND ÖSTERREICHS-SPORTREFERAT
1010 Wien, Johannesgasse 16, Tel. 512 16 21-0* (Mo bis Fr 9.00 - 17.00 Uhr)

ÖSTERREICHISCHE BERGSTEIGERVEREINIGUNG (ÖBV)
1010 Wien, Bäckerstraße 16/1/10, Telefon 01 / 512 54 88, Fax 01 / 512 548 84

ÖSTERREICHISCHE HIMALAYA-GESELLSCHAFT
1040 Wien, Prinz Eugen-Straße 12, Telefon 01 / 504 56 81
Dienstzeiten: Freitag 16.30 - 18.30

ÖSTERREICHISCHE HOCHSCHÜLERSCHAFT- Sportreferat
1010 Wien, Universitätsstraße 7, Parterre Zimmer 7, Telefon 01 / 401 03 / 26 34, 26 37, Fax 01 / 45 52 36
Dienstzeiten: Montag 10 - 12 Uhr, Mittwoch 16 - 18 Uhr, Freitag 10 - 12 Uhr

ÖSTERREICHISCHER AEROBIC VERBAND
4222 Langenstein, Georgestraße2, Tel. 07237 / 36 11, Fax 07237 / 47 05

ÖSTERREICHISCHER ALPENKLUB (ÖAK)
1060 Wien, Getreidemarkt 3, Telefon 01 / 581 38 58
Dienstzeiten: Dienstag und Donnerstag 17 - 19 Uhr

ÖSTERREICHISCHER ALPENVEREIN (OEAV)
Verwaltungsausschuß
6020 Innsbruck, Wilhelm-Greil-Straße 15, Telefon 0512 / 59 5 47, Fax 0512 / 57 55 28
Dienstzeiten: Mo-Do 8.30-12.30 und 13.30-17.00 Uhr, Fr 8.30-12.30 Uhr

ÖSTERREICHISCHER CRICKET VERBAND
1070 Wien, Apollogasse 3/42, Andrew Simpson Telefon 01 / 924 68 51, Fax 01/302 210 1124

ÖSTERREICHISCHER EISENBAHNERSPORT
1010 Wien, Nibelungengasse 11/8, Telefon 01 / 58 00 / 33 419, Fax 01 / 58 00 / 25 431
Dienstzeiten: Mo-Fr 8.00-15.00 Uhr

ÖSTERREICHISCHER FACHVERBAND FÜR SPORTWANDERN
2103 Langenzersdorf, Pamesserg. 13, Tel. 02244 / 35 36, Fax 02244 / 35 364

ÖSTERREICHISCHER GEHÖRLOSEN-SPORTVERBAND
1230 Wien, Breitenfurterstraße 401/25/R1, Telefon und Fax 887 49 31

ÖSTERREICHISCHER PRELLBALL-VERBAND
2130 Langenzersdorf, An den Schanzen 8-10/ Haus 4, Präs. H. Flicker, Telefon 02244 / 308 25

ÖSTERREICHISCHER RUGBY VERBAND
Andreas Schwab, 1180 Wien, Haizingergasse 36, Telefon + Fax 01/ 470 68 24

ÖSTERREICHISCHER SPORTAKROBATIK VERBAND
Norbert Ceipek, 2003 Leitzersdorf, Gartenstraße 16, Tel. + Fax 02266 / 655 16

ÖSTERREICHISCHER TOURISTENKLUB (ÖTK)
1010 Wien, Bäckerstraße 16, Telefon 01 / 512 38 44, Fax 01 / 512 16 57 / 74
Dienstzeit: Montag, Mittwoch 9 - 17 Uhr, Dienstag, Donnerstag 9 - 19 Uhr, Freitag 9 - 15 Uhr

ÖSTERREICHISCHER TOURISTENVEREIN (ÖTV)
1080 Wien, Laudongasse 16, Telefon 01 / 40 143 / 265
Dienstzeiten: Dienstag, Freitag 15 - 18 Uhr

ÖSTERREICHISCHER ZILLENSPORTVERBAND
4320 Perg, Kerngraben 4 , Tel. 07262 / 527 73

REICHSBUND FÜR TURNEN UND SPORT
1010 Wien, Ebendorferstraße 6/V, Telefon 01 / 42 54 06
Dienstzeiten: Montag und Mittwoch 8 - 17.30 Uhr, Dienstag 8 - 19 Uhr, Donnerstag 8 - 16 Uhr, Freitag 8 -12 (11.30) Uhr

SPECIAL OLYMPICS ÖSTERREICH
8970 Schladming, Coburgstraße 52, Tel. 03687 / 233 58, Fax 03687 / 238 59

TOURISTENVEREIN „NATURFREUNDE ÖSTERREICHS“ (TVN)
1150 Wien, Viktoriagasse 6, Telefon 01 / 892 35 34-0, Fax 01 / 892 35 34 / 36
Dienstzeiten: Montag, Mittwoch und Donnerstag 7.30 - 12 Uhr, 12.30 - 16 Uhr,
Dienstag 7.30 - 12 Uhr, 13.15 - 18 Uhr, Freitag 7.30 - 12 Uhr

VERBAND DER ÖSTERREICHISCHEN ARBEITER-FISCHEREI-VEREINE
1080 Wien, Lenaugasse 14, Telefon 01 / 40 32 176, Fax 01 / 40 32 176 / 20
Dienstzeiten: Montag, Mittwoch, Freitag 8 - 12.30 Uhr, Mittwoch 13.30 - 17.30 Uhr

VERBAND DER ZOLLWACHEBEAMTEN ÖSTERREICHS
1033 Wien, Vordere Zollamtsstraße 3, PF 68, Telefon 01 / 711 25 / 3625

ZENTRALE FÜR TRABER-ZUCHT UND -RENNEN IN ÖSTERREICH
1010 Wien, Nibelungengasse 3, Telefon 01 / 587 72 58, Fax 01 / 587 72 57 / 21
Dienstzeiten: Montag, Dienstag 7.15 - 16 Uhr, Mittwoch, Donnerstag 7.15 - 15.30 Uhr, Freitag 7 - 11.30 Uhr

INTERNATIONALE SPORTVERBÄNDE MIT SITZ IN ÖSTERREICH

EUROPÄISCHE HANDBALL FÖDERATION (EHF)
gegründet 1991, 46 Länder, Generalsekretär: Michael Wiederer
1120 Wien, Hoffingergasse 18, Tel. 801 510, 0664 / 410 52 43, Fax 801 51 49,
e-mail: office@eurohandball.com, http://www.eurohandball.com

ETU GENERAL SECRETARY
Erika König-Zenz, Mitglied des Präsidiums, 8010 Graz, Hans-Sachs-G. 7/4/2,
Tel. 0316 / 830 796, Fax 0316 / 830 739
e-mail: tri-duathlon.könig@magnet.at,

EUROPÄISCHE VOLKSSPORT-GEMEINSCHAFT ÖSTERREICH
Geschäftsstelle: 1160 Wien, Koppstraße 56/25, Telefon 01 / 49 23 264

INTERNATIONAL AMATEUR KICKBOXING SPORT ASSOCIATION (IAKSA)
8020 Graz, Heimgartenweg 26, Telefon 0316 / 58 59 80, Fax 0316 / 58 60 05
Dienstzeiten: Montag - Donnerstag 10 - 14 Uhr

INTERNATIONALER SKIBOB VERBAND
Präs. Richard Astleitner, 5301 Eugendorf, Pebering 52, Tel. 0662 / 662 531, Fax 0662 / 662 532

PANATHLON INTERNATIONAL 16. DISTRIKT
c/o Dr. Rudolf Thuri, 2700 Wr. Neustadt, Petzoldgasse 52, Tel. + Fax 02622 / 27 533

WORLD NINEPIN BOWLING ASSOC. (WNBA) SEKTION NINEPIN-BOWLING-CLASSIC
Johann Kriha, 1210 Wien, Bessemerstraße 10-16/7/15, Tel. + Fax 259 46 86

INTERESSENSVERTRETUNGEN

AKADEMIE DER FECHTKUNST ÖSTERREICHS (AdFÖ)
c/o Herr MR Dr. Albert Martincic, 8055 Graz, Josef Lanner-Straße 24, Telefon und Fax 0316 / 29 24 43

ARBEITSGEMEINSCHAFT FÜR EISKUNSTLAUF UND TANZEN AUF DEM EIS (AFEKT)
Günter Anderl, 7000 Eisenstadt, Postfach 161, Telefon 02682 / 641 33 oder 0664 / 301 29 40, Fax 02682 / 645 93

BUND ÖSTERREICHISCHER FUSSBALLEHRER
1080 Wien, Auerspergstraße 15, Telefon 01 / 409 13 33

ÖSTERREICHISCHE GESELLSCHAFT FÜR SPORTPHYSIOTHERAPIE (ÖGS)
Sekretariat: BSZ Südstadt, 2344 Maria Enzersdorf, Johann Steinböck-Straße 5, Telefon und Fax 02236 / 268 33 / 34

ÖSTERREICHISCHER SCHILEHRERVERBAND
Erich Melmer, 6752 Dalaas 88, Tel. 05585 / 7500 und 05585 / 7309, Fax 05585 / 7677

ÖSTERREICHISCHE SPORTWISSENSCHAFTLICHE GESELLSCHAFT (ÖSG)
IfS Salzburg, 5020 Salzburg, Akademiestraße 26, Telefon 0662 / 8044, Fax 0662 / 8044 / 401

ÖSTERREICHISCHER SPORTLEHRERVERBAND
1040 Wien, Prinz-Eugen-Straße 12, Karl Brunner: 1170 Wien, Ottakringerstraße 11/1, Telefon 01 / 408 16 39

ÖSTERREICHISCHER TENNISLEHRERVERBAND
3002 Purkersdorf, Wr. Straße 76, Telefon 02231 / 616 77
Dienstzeit: Dienstag und Donnerstag von 14.00 bis 16.00 Uhr

ÖSTERREICHISCHER VERBAND DER STAATLICH GEPRÜFTEN TRAINER UND LEHRWARTE FÜR EISKUNSTLAUF UND TANZEN AUF DEM EIS
c/o Astrid Zojer, 9020 Klagenfurt, Akazienhofstraße 106, Telefon 0463 / 424 62

VERBAND DER LEIBESERZIEHER ÖSTERREICHS (VdLÖ)
1150 Wien, Auf der Schmelz 6, Universitätssportzentrum, Telefon 01 / 4277 / 28634, Fax 01 / 4277 / 9286
Vorsitzender: Dr. Heinz Ertl

VERBAND DER ÖSTERREICHISCHEN SCHILEHRWARTE
c/o Ing. Fritz Mares, 1030 Wien, Hetzgasse 42/11, Telefon 01 / 292 25 81, 713 32 42, Fax 01 / 290 13 84

VERBAND DER SPORTWISSENSCHAFTER ÖSTERREICHS (VSÖ)
Sportwissenschaftliches Zentrum, 1090 Wien, Rotenlöwengasse 17, Telefon 01 / 310 84 64

VERBAND DER TENNISINSTRUKTOREN ÖSTERREICHS
8010 Graz, Raiffeisenstraße 50, Telefon 0316 / 46 10 61; Bürozeiten: Montag, Mittwoch, und Donnerstag von 9 - 12 Uhr

VERBAND ÖSTERREICHISCHER SPORTÄRZTE (VÖSpÄ)
1150 Wien, Auf der Schmelz 6, Telefon 01 / 4277 / 48870, Fax 01 / 4277 / 48879
Präsident: O. Univ. Prof. Dr. N. Bachl, IfS, 1150 Wien, Auf der Schmelz 6

VEREINIGUNG ÖSTERREICHISCHER SPORTTHERAPEUTEN UND SPORTMASSEURE (VÖSM)
Sekretariat: BSZ Südstadt, 2344 Maria Enzersdorf, Johann Steinböck-Straße 5, Telefon 02236 / 268 33 / 34

SONSTIGE EINRICHTUNGEN

BUNDESSPORTEINRICHTUNGEN GESELLSCHAFT mbH

Zentrale: 1120 Wien, Schönbrunner Allee 53, Telefon 01 / 803 01 61-0, Fax 01 / 803 01 61-9
e-mail: austria@bsfz.at

Bundessport- und Freizeitzentren (BSFZ)		*Vorwahl*	*Telefon*	*Fax*
Blattgasse	1030 Wien, Blattgasse 6	01	712 43 73	712 36 51
Faaker See	9583 Faak/See, Halbinselstr.14	04254	2120	2120 42
Maria Alm/Hintermoos	5761 Maria Alm bei Saalfelden	06584	7561	7561-30
Obertraun	4831 Obertraun	06131	239 oder 411	239-423
Schloß Schielleiten	8223 Stubenberg	03176	8811 oder 8812	8811-342
Südstadt	2344 Maria Enzersdorf, Johann-Steinböck-Straße 5	02236	26 833-0	26 833-111

Die Standorte St. Christoph und Kitzsteinhorn werden vom Österr. Skiverband, der Standort Spitzerberg vom Österr. Aero Club geführt, Eigentümer ist jedoch die Bundessporteinrichtungen Gesellschaft mbH.

Bundes Ski Akademie Kitzsteinhorn	5710 Kaprun	06547	8510	8510-13
Bundes Ski Akademie St. Christoph	6580 St. Anton/Arlbg.	05446	2627	3582
Flugsportzentrum Spitzberg	2405 Bad D.-Altenburg	02165	62249-0	62249-40

FORUM SPORTPSYCHOLOGIE

Univ. Doz. Dr. Günter Amesberger, 1150 Wien, Auf der Schmelz 6, Telefon 01 / 4277 / 48820, Fax 01 / 4277 /48819

GESCHÄFTSSTELLE FÜR DIE VERWALTUNG DER BESONDEREN BUNDES-SPORTFÖRDERUNGSMITTEL (TOTO)

1040 Wien, Prinz Eugen-Straße 12, Telefon 01 / 505 37 42 / 260 oder 261

INSTITUT FÜR MEDIZINISCHE UND SPORTWISSENSCHAFTLICHE BERATUNG (IMSB)

Geschäftsführung, Sekretariat sowie die Abteilungen Sportmedizin, Sportwissenschaft, Anthropologie/Ernährung und Freizeitsport: 2344 Maria Enzersdorf, Johann Steinböck-Straße 5, Telefon 02236 / 22 928, Fax 02236 / 41 877
http://www.asn.or.at/imsb

ÖSTERREICHISCHE SPORTHILFE

1030 Wien, Rennweg 44, Telefon 01 / 799 40 80 oder 799 40 90, Fax 01 / 799 40 99
e-mail:sporthilfe@austria.vienna.at, Internet: http://www.asn.or.at/sporthilfe

ÖSTERREICHISCHER SPITZENSPORTAUSSCHUSS

1040 Wien, Prinz Eugen-Straße 12, Telefon 01 / 505 37 42 / 214, Fax 01 / 505 62 35

ÖSTERREICHISCHES ANTI-DOPING-COMITÉ

1040 Wien, Prinz Eugen-Straße 12, Telefon 01 / 505 37 42 / 264, Telefon und Fax 01 / 505 80 35
Dienstzeiten: Montag - Donnerstag 8 - 16.15 Uhr, Freitag 8 - 14.15 Uhr
e-mail: oeadc@asn.or.at, http://www.asn.or.at/oeadc

ÖSTERREICHISCHES DOKUMENTATIONS- UND INFORMATIONSZENTRUM FÜR SPORTWISSENSCHAFTEN (ÖDISP)

1150 Wien, Auf der Schmelz 6, Telefon 01 / 4277 / 488 35

ÖSTERREICHISCHES INSTITUT FÜR SCHUL- UND SPORTSTÄTTENBAU (ÖISS)

1040 Wien, Prinz Eugen-Straße 12, „Haus des Sports", Telefon 01 / 505 37 42 / 251
http://www.asn.or.at/oeiss

ÖSTERREICHISCHES INSTITUT FÜR SPORTMEDIZIN (ÖISM)

1150 Wien, Auf der Schmelz 6, Telefon 01 / 4277 / 488 70, Fax 01 / 4277 / 48879

ÖSTERREICHISCHES OLYMPIA - UND SPORTMUSEUM

1130 Wien, Eduard Klein-Gasse 2 (Amtshaus Hietzing), Mittwoch bis Samstag von 10.00 bis 16.00 Uhr Telefon 01 / 877 62 59 (Geschäftsführung: Tel. 01 / 505 37 42 / 224 ADir. Kniewasser, Fax 01 / 505 62 35).

ÖSTERREICHISCHE SPORTWISSENSCHAFTLICHE GESELLSCHAFT (ÖSG)

IfS Salzburg, 5020 Salzburg, Akademiestraße 26, Telefon 0662 / 8044, Fax 0662 / 8044 / 401

ÖISS

Österreichisches Institut für Schul- und Sportstättenbau

eine Stiftung des Bundes (Bundeskanzleramt, Bundesministerium für Unterricht und kulturelle Angelegenheiten; Wissenschaft und Verkehr; Wirtschaftliche Angelegenheiten) und aller Bundesländer

Aufgabenstellung:

Erarbeitung und Herausgabe allgemeingültiger Grundlagen (Richtlinien, Empfehlungen) für Planung, Bau und Betrieb von Schulen, Sport- und Freizeitanlagen sowie die Vergabe von Forschungsaufträgen

Mitarbeit bei Erstellung und Überarbeitung von einschlägigen Normen auf nationaler und auf internationaler (europäischer) Ebene

Beratung von Bauherren, Planern und Betreibern von Schulen, Sport- und Freizeitanlagen zur Vermeidung von Fehlplanungen und damit von Fehlinvestitionen

Information aller mit dem Schul-, und Sportstätten- und Freizeitanlagenbau Befaßten und Interessierten

Fortschreibung einer gesamtösterreichischen Sportstättenstatistik auf EDV-Basis als Fortsetzung des Österreichischen Sportstättenplanes

Auskünfte und Beratung:

- **Zentrale Wien**
  Haus des Sports
  Prinz-Eugen-Straße 12, 1040 Wien
  Telefon 01 / 505 37 42 bis 46 /250 bis 254
  Fax 01 / 505 37 42 / 255
- **Außenstelle Linz**
  Haus des Sports
  Stockbauernstraße 8, 4020 Linz
  Telefon 0732 / 66 98 01
  Fax 0732 / 66 98 01 / 45
- **Außenstelle Salzburg**
  Michael Pacherstraße 36, 5020 Salzburg
  Telefon 0662 / 8042 / 4649
  Fax 0662 / 8042 / 4198
- **Außenstelle Graz**
  Wartingergasse 43/VIII, 8010 Graz
  Telefon 0316 / 877/ 2044
  Fax 0316 / 877/ 2041
- **Außenstelle Innsbruck**
  Olympiastraße 10, 6020 Innsbruck
  Telefon 0512 / 33838 / 17
  Fax 0512 / 33838 / 9
- **Außenstelle Dornbirn**
  Messestraße 4a
  6850 Dornbirn
  Telefon 05572 / 305 / 319
  Fax 05572 / 305 / 326

Landessportbeiräte

Landessporträte

Landessportämter

Landessport-organisationen

VERBINDUNGS-STELLE

VERBINDUNGSSTELLE DER BUNDESLÄNDER

beim Amt der Niederösterreichischen Landesregierung

1014 Wien, Schenkenstraße 4
Telefon 01 / 535 37 61, Fax 01 / 535 60 79
Dienstzeit: Montag - Freitag 8 - 16 Uhr

Leiter: Dr. Peter Brand

BURGENLAND

AMT DER BURGENLÄNDISCHEN LANDESREGIERUNG

7000 Eisenstadt, Landhaus, Freiheitsplatz 1
Telefon 02682 / 600 / 2780, Fax 02682 / 600 / 2060
Dienstzeit: Montag - Donnerstag 7.30-12 Uhr und 12.30-16 Uhr
Freitag 7.30 - 13 Uhr

Landessportreferent: Landesrat Dr. Peter Rezar

Beamteter Referent: W. Hofrat Dr. Elfriede Stippl

Im Jahr 1999 hat der Bgld. Landtag für den Sport ATS 21,4 Mio. bereitgestellt. Davon wurden für die Errichtung und Erhaltung von Sportanlagen rund ATS 9 Mio., für die Förderung des Spitzensports ATS 3,52 Mio., für die Führung von Leistungszentren ATS 2 Mio. bereitgestellt.

Für die anteilsmäßigen Kosten des Landes bei der Inanspruchnahme der sportmedizinischen Untersuchungen war ein Betrag von ATS 285.000.– vorgesehen.

Die organisatorischen Aufgaben der drei Dachverbände wurden mit je ATS 300.000.– unterstützt. Weiters wurden Förderungen in der Höhe von rund ATS 5 Mio. an Fachverbände und Vereine für die Ausrichtung von Veranstaltungen, die Teilnahme an Meisterschaften und sonstige organisatorische Aufgaben gewährt.

Verdiente Sportler, Funktionäre und Mannschaften wurden mit dem Landessportehrenzeichen ausgezeichnet.

KÄRNTEN

AMT DER KÄRNTNER LANDESREGIERUNG

Abteilung 6, Landessportsekretariat
9021 Klagenfurt, Viktringer Ring 15
Telefon 0463 / 536 / 30 625 oder 30 626, Fax 0463 / 536 / 30600
e-mail: post.sport@ktn.gv.at
Dienstzeit: Montag - Donnerstag 8.30 - 14 Uhr, Freitag 8.30 - 12 Uhr

Landessportreferent:
Landessportreferent:LHStv. Ing. Mathias Reichhold

Landessportsekretär: Stefan Genser

Derzeit gibt es in Kärnten 3 Dachverbände, 46 Fachverbände und 1.227 Sportvereine, die am Meisterschaftsbetrieb in den anerkannten Sportarten teilnehmen.

Am Veranstaltungssektor wurden im Berichtsjahr unter anderem das Qualifikationsturnier zur Eishockey A-Weltmeisterschaft in der Eishalle Klagenfurt mit dem erfolgreichen Abschneiden Österreichs, der Beach-Volleyball-Weltcup in Klagenfurt-See, ein Moto-Cross-WM-Lauf in Launsdorf, der Federation-Cup der Damen im Tennis in Klagenfurt und der Tennis-Davis-Cup Österreich - Schweden in Pörtschach mit dem

Aufstieg Österreichs in die Weltgruppe, der Internationale Iron-Man-Triathlon in Klagenfurt, die Berglauf-Europameisterschaft in Bad Kleinkirchheim sowie der Weltcup in Skispringen in Villach/Möltschach durchgeführt.

Die Hauptarbeit im organisatorischen Bereich betraf die internationale Bewerbung mit Italien und Slowenien um die Durchführung der Olympischen Winterspiele 2006 im Dreiländereck. Leider haben die IOC-Delegierten im Juni die Entscheidung für Turin getroffen. Trotzdem war die Bewerbung für den Sport im Lande erfolgreich:

Die Kontakte mit den Nachbarregionen konnten ausgebaut werden und die Planungsarbeiten für zukünftige Sportstättenprojekte wurden mit der Erstellung des BID-Buches begonnen. Zusätzlich ist geplant, den Sportbereich auch in der Nachfolgegesellschaft der „Klagenfurt 2006-Organisations-GesmbH." einzubauen.

Am Sportstättensektor erwähnenswert ist die Überdachung der Kunsteisbahn in Völkermarkt sowie der Beginn der Ausbauarbeiten der 2. Baustufe des Bundesleistungszentrums und Landesleistungszentrums Ski alpin in Innerkrems. Als Leiter dieses Trainingszentrums konnte der Erfolgstrainer des Österreichischen Skiverbandes, Dr. Raimund Berger, gewonnen werden.

Auf schulischer Ebene wurde in Spittal/Drau eine dislozierte Klasse des Oberstufenrealgymnasiums für Leistungssportler in Klagenfurt installiert, die im Schuljahr 1999/2000 den Betrieb aufgenommen hat und derzeit Talente in den Sparten Ski, Schwimmen und Fußball auf schulischer und sportlicher Ebene betreut.

Die Vorarbeiten für die Gründung einer Außenstelle des Heeressportzentrums in Kärnten sind seit über drei Jahren abgeschlossen. Die vom Bundesheer gewünschte Infrastruktur kann aufgrund eines Regierungsbeschlusses über den Ausbau des Sportheimes Faakersee zur Verfügung gestellt werden. Die Spitzensportler im Land hoffen nun auf das „grüne Licht" vom zuständigen Ministerium für Landesverteidigung.

NIEDER-ÖSTERREICH

AMT DER NIEDERÖSTERREICHISCHEN LANDESREGIERUNG

Abteilung WST 5
Landhausplatz 1, Haus 13, 3100 St. Pölten

Telefon 02742 / 200 / 2699, Fax 02742 / 200 / 3066
Sprechstunden: Dienstag von 8 - 12 Uhr

Politischer Referent: Landeshauptmann-Stv. Liese Prokop

Beamteter Sportreferent: WHR Dr. Ludwig Binder

Landessportrat: Landhausplatz 1, Haus 13, 3100 St. Pölten

Telefon 02742 / 200/ 2699, Fax 02742 / 200 / 3066

NÖ Landessportschule St. Pölten
3100 St. Pölten, Dr. Adolf Schärf-Straße 25
Telefon 02742 / 295, Fax 02742 / 2954

Landessportstelle: 2344 Maria Enzersdorf-Südstadt
Johann Steinböck-Straße 5
Telefon 02236 / 26 739, Fax 02236 / 26 739 / 13

Für den Sport standen im Jahr 1999 ca. ATS 97 Mio. zur Verfügung. Davon wurden für die Errichtung, Erhaltung und Modernisierung von Sportstätten ATS 47 Mio. zur Verfügung gestellt. Von den zahlreichen Vorhaben wurden auch Mittel für den Ausbau der Anlagen des NÖ Fußballverbandes in Lindabrunn und die Einrichtung einer Nachtpiste am Semmering zur Verfügung gestellt.

Der Spitzensport wurde mit ca. ATS 14 Mio. gefördert. 27 Leistungszentren erhielten für ihre vorbildliche Arbeit ATS 5 Mio..

Die 3 Dachverbände und 47 anerkannten Fachverbände erhielten für ihren Verwaltungsaufwand bzw. als Entgelt für den Trainer- und Lehrwarteeinsatz an die ATS 10 Mio.

Dazu kommen noch Förderungen für den Ankauf kostenaufwendiger Sportgeräte, Zuschüsse zur Sport-Kollektivunfallversicherung, zu Hallenmieten, zu den sportmedizinischen Untersuchungen sowie Unterstützung für den qualifizierten Jugendsport.

Niederösterreich war auch im Jahr 1999 Austragungsort bedeutender Sportveranstaltungen, wie der Weltcuprennen am Semmering, der Volleyball-Europameisterschaft in Wr. Neustadt und mehrerer Reitsportturniere.

AMT DER OBERÖSTERREICHISCHEN LANDESREGIERUNG LANDESSPORTREFERAT-LANDESSPORTORGANISATION

4020 Linz, Stockbauernstraße 8
Telefon 0732 / 66 98 01, Fax 0732 / 66 98 01 / 45
Dienstzeiten: Montag - Freitag 7.30 - 13 Uhr, Montag, Dienstag, Donnerstag 14 - 18 Uhr

Landessportreferent: Landeshauptmann Dr. Josef Pühringer

Landessportdirektor: Alfred Hartl

Landessportleistungszentrum: Auf der Gugl 30, 4020 Linz

Für Oberösterreich begann das Jahr 1999 äußerst erfolgreich mit dem Gewinn der Goldmedaille von Christian Hoffmann bei der Nordischen Ski-Weltmeisterschaft in der Ramsau mit der österreichischen Langlaufstaffel. Fortgesetzt wurde diese Erfolgsserie durch die 2-fache Weltmeisterin Heidi Achleitner im Skibob, den Vize-Weltmeister Andreas Hagara (Segeln), den Europa- und Vizeweltmeister Mario Knögler (Schießen), die Europameisterin Britta Grebe-Llewellyn (Wasserski), den Kickbox-Weltmeister Ivan Kulev und den Europameistertitel der Damen im Stockschießen.

Unser Bundesland Oberösterreich kann 1999 mit einem Ergebnis von 171 13/15 Staatsmeistertiteln und 47 Europa- und Weltmeisterschaftsmedaillen aufwarten und ist damit in der Bundesländertabelle an 1. Stelle.

Besonders hervorzuheben sind in diesem Zusammenhang auch unsere äußerst erfolgreichen Behindertensportlerinnen und -sportler. Dabei sind es vor allem der Europameister im Rollstuhlfahren Dr. Christoph Etzlstorfer, der Europameister im Judo Walter Hanl, die 4-fache Europameisterin Gabriele Huemer und der 2-fache Europameister Leopold Ertl (beide Ski), die unser Bundesland im heurigen Jahr erfolgreich vertreten haben.

Damit die oberösterreichischen Spitzensportlerinnen und -sportler ganzjährig optimale Trainingsbedingungen vorfinden, wird Anfang 2000 mit der Errichtung der neuen Mehrzweck- bzw. Sporthalle in Linz begonnen. Nach 33 Monaten Bauzeit soll dieses Projekt fertiggestellt sein. Diese für multifunktionelle Verwendung ausgestattete Halle wird für 3 Hauptgruppen ausgerichtet sein:

1. Internationale und nationale sportlich bedeutende Ereignisse
2. Kulturelle Events aller Art
3. Schulwettkämpfe und Trainingsbetrieb

Das Jahr 1999 stand ganz im Zeichen „10 Jahre BORG für Leistungssportler". Mit nur 13 Schülern in fünf verschiedenen Sportarten wurde unter schwierigsten Bedingungen dieses Schulmodell vor 10 Jahren gestartet. Zahlreiche Titel bei internationalen und nationalen Bewerben belegen eindrucksvoll die ausgezeichnete Arbeit, die in diesem Schulzweig geleistet wird. Im Schuljahr 1999/2000 besuchen nunmehr 82 Schülerinnen und Schüler das BORG für Leistungssportler in Linz.

Um den oö. Nachwuchssportlern eine optimale Vorbereitung für diverse Wettkämpfe zu ermöglichen, verfügte Landeshauptmann Dr. Josef Pühringer, der auch im heurigen Jahr sein 10jähriges Jubiläum als Landessportreferent feiert, dass zusätzlich ATS 1, 5 Mio. für Vereine mit ausgezeichneter Nachwuchsarbeit zur Verfügung gestellt werden.

Aber auch für die chancenreichsten oö. Olympioniken, die im österreichischen Spitzensportmodell für Sydney 2000 berücksichtigt sind, gibt es ein eigenes Förderprogramm.

Den in Oberösterreich gemeldeten 2.858 Sportvereinen, die überwiegend in den drei Dachverbänden und 52 Fachverbänden integriert sind, stehen derzeit 5.336 Sportanlagen, die sowohl von den Spitzensportlern als auch von den Hobbysportlern genützt werden, zur Verfügung.

Das neue Heeresleistungssportzentrum (HLSZ) auf der Gugl, das im Juni 1998 eröffnet wurde, stellt ein optimales Trainingszentrum für Hochleistungssportler dar. Mit dieser Integration der HSNS in das Landessportleistungszentrum wurden die Infrastruktur verbessert und die Trainingsmöglichkeiten für die derzeit 36 Spitzensportlerinnen und Spitzensportler erweitert und damit wesentliche Verbesserungen für die Vorbereitungen auf nationale und internationale Wettkämpfe erreicht.

Der Verein „Freunde des OÖ. Spitzensportes", der nunmehr bereits 8 Jahre in unserem Bundesland besteht, ist eine ganz wesentliche Stütze für den heimischen Sport. Durch Beitragszahlungen tragen über 100 Firmen wesentlich zur Unterstützung der oö. Spitzensportlerinnen und -sportler bei. Für die Vorbereitung auf Europa- und Weltmeisterschaften bzw. Olympische Spiele, aber auch für Maßnahmen der Sportmedizin und Trainingsbegleitung erhalten die oberösterreichischen Athletinnen und Athleten in unbürokratischer Art und Weise von diesem Verein Direktförderungen.

SALZBURG

Sport Land Salzburg

AMT DER SALZBURGER LANDESREGIERUNG LANDESSPORTBÜRO

5020 Salzburg, Aigner Straße 14
Telefon 0662 / 80 42 / 25 24, Fax 0662 / 80 42 / 25 54
e-mail:post@sportbuero.land-sbg.gv.at; http://www.land-sbg.gv.at
Amtszeit: Montag 7.30-17.30 Uhr, Dienstag-Donnerstag 7.30-16 Uhr
Freitag 7.30-12 Uhr

Landessportreferent: Landesrat Dr. Othmar Raus, Amt der Salzburger Landesregierung, 5020 Salzburg, Kaigasse 13
Telefon 0662 / 80 42 / 22 07 oder 25 86

Leiter des Landessportbüros: Dr. Peter Pilsl

Landessportorganisation Salzburg
5020 Salzburg, Aigner Straße 14, Haus des Sports
Telefon 0662 / 80 42 / 25 24, Fax 0662 / 80 42 / 25 54

Vorsitzender der Landessportorganisation:
Landesrat Dr. Othmar Raus

Geschäftsführer: Dr. Peter Pilsl

Organisation des Salzburger Sports
Landessportorganisation, bestehend aus 58 Sport-Dach- und Fachverbänden, 1.500 Sportvereinen (inkl. Sektionen)

In der heftig geführten Debatte um das Stadion in Wals/Siezenheim ist nach der negativen UEFA-EM-Entscheidung nur noch eine kleinere Stadionversion im Gespräch. Ebenso offen ist die Standortfrage einer Veranstaltungshalle. Bezüglich des Sportzentrums Salzburg Mitte (Nonntal) scheint sich eine großräumige Lösung in Verbindung mit der Universität anzubahnen. Tatsächlich realisiert wurde die Spielhalle Josef-Preis-Allee. Diese Schul-, Trainings- und Veranstaltungshalle steht unter der Verwaltung der Landessportorganisation und bringt eine wesentliche Entlastung im dicht gedrängten Hallenterminkalender.

Ebenso konnten die Zubauten mit einem Investitionsvolumen von ATS 75 Mio. im Universitäts- und Landessportzentrum Salzburg/Rif fertiggestellt werden. Neben einer Leichtathletikhalle wurden auch Universitätseinrichtungen wie Labors und Diagnoseräume eingerichtet. Außerdem stehen nun ein Wohnheim und eine Reihe von Büros zur Verfügung. Für spätere Ausbauten wurden bereits Reserveflächen angeschafft.

Aktionen wie „Jugend zum Sport“ (reichhaltiges Sportangebot in den Ferien) oder „Schule und Sport“ (Betreuung der Schüler durch Trainer aus den Dach- und Fachverbänden) haben sich bereits zu Klassikern entwickelt und begeistern jährlich zehntausende Kinder und Jugendliche. Auch auf EuRegio-Ebene konnte Schülern der Sport nähergebracht werden. In einem grenzüberschreitenden Projekt wurde im Rahmen von EuRegio-Schultagen tausenden Kindern eine Teilnahme an einer Sportgroßveranstaltung ermöglicht (Snowboard-WM in Bischofswiesen, Rodel-WM in Königssee, Nordische Junioren-WM in Saalfelden sowie WM-Springen in Bischofshofen).

„Salzburg in Bewegung“ ist eine Initiative von Land, Universität sowie der Gebietskrankenkasse Salzburg. Diese Kampagne setzt sich verstärkte Aktivitäten im Bereich Freizeit- und Gesundheitssport zum Ziel und soll in den nächsten 4 Jahren zu vermehrtem aktiven Sportkonsum unter der Salzburger Bevölkerung beitragen. Neben der Schaffung neuer Aktionen soll vor allem auch der Zugang zu bewährten Sportangeboten erleichtert werden.

Auch die Arbeit im Landessportbüro befindet sich im Umbruch. Neue Internetangebote und elektronischer Datenverkehr erleichtern den Funktionären in vielen Bereichen ihre Arbeit. Viele Ansuchen können schon rein telekommunikativ abgewickelt werden.

Das Sportbudget 1999 beträgt rund ATS 74 Mio. Für Sportstätten sind mehr als ATS 26 Mio. vorgesehen, das Universitäts- und Landessportzentrum schlägt mit ATS 11 Mio zu Buche. Die Mittel, die insgesamt für Jugendsport aufgewendet werden, betragen ATS 4,2 Mio., die Ausgaben für Spitzensport, Leistungszentren und Landestrainer (inkl. Sydney-Olympiaförderung) belaufen sich auf ATS 5,2 Mio. Für die außerordentlichen Erfolge der letzten Jahre erhielt der Salzburger Landesskiverband ATS 1 Mio. für die Nachwuchsarbeit.

Das Jahr 1999 stand auch im Zeichen zahlreicher Großveranstaltungen. Vor allem die Großschanzenbewerbe der Nordischen WM in Bischofshofen waren ein Publikumsmagnet. Die Nordischen Junioren kürten ihre Weltmeister in Saalfelden. Der Alpine Skizirkus machte in Flachau halt. Die Flugsportler trafen sich in Bramberg (Paragliding) und Thalgau (Fallschirmspringen, Junioren) bei den Weltmeisterschaften. Darüber hinaus waren noch Hüttau (Junioren-WM Naturbahnrodeln), Mittersill (Judo-EM der Blinden) und Filzmoos (EM 3D-Bogenschießen) Ausrichter internationaler Meisterschaften. Kaprun erhielt den Zuschlag für die WM 2002 in der aufstrebenden Sportart Mountainbike.

Erfolgreich waren auch Salzburgs AthletInnen. 33 Medaillen bei Welt- und Europameisterschaften waren die reiche Ausbeute. Alexandra Meißnitzer war die Skikönigin der Saison 98/99. Zweimal WM-Gold (SG und RTL), Gesamtweltcup und die Weltcupwertungen SG und RTL waren der Lohn für eine sensationelle Saison. Hermann Maier wurde ebenfalls Doppelweltmeister (AF und SG), gewann den SG-Weltcup und konnte somit an seine Erfolge aus dem Vorjahr nahtlos anknüpfen. Dr. Alois Stadlober (WM 2. Platz 10km) und Michael Botwinov (WM 3. Platz 50 km) errangen mit der österreichischen Goldstaffel den Weltmeistertitel im Langlauf. Thomas Stangassinger gewann den Slalomgesamtweltcup, Ursula Fingerlos setzte sich in der Snowboard-Boardercross-Weltcupwertung an die Spitze. Nina Schlegel (Snowboard RTL), Kerstin Mörtenhuemer (Skibob, RTL, SG, Komb.), Kurt Engl (Alpine Komb.), Manfred Gstatter (SG), und Thomas Hörl (Sprunglauf Team) wurden Juniorenweltmeister.

Mit Blick Richtung Olympische Spiele 2000 ist der Erfolg von Roman Hagara und Hans Peter Steinacher besonders erfreulich. Sie errangen den WM-Titel in der Tornadoklasse und sind eine der größten heimischen Hoffnungen auf olympisches Edelmetall.

Insgesamt gewannen Salzburgs Sportler 1999 16mal Gold, 11mal Silber und 8mal Bronze bei Weltmeisterschaften sowie 1mal Gold, 4mal Silber und 8mal Bronze bei Europameisterschaften. Dazu kommen noch eine Silber und eine Bronzemedaille bei den Weltwinterspielen der Behinderten.

STEIERMARK

AMT DER STEIERMÄRKISCHEN LANDESREGIERUNG

Landessportabteilung
8010 Graz, Haus des Sports, Jahngasse 1
Telefon 0316 / 877 / 2182 oder 2183
Fax 0316 / 877 34 56
e-mail: post@spa.stmk.gv.at
Parteienverkehr: Montag - Freitag 8 - 12 Uhr sowie nach telefonischer Vereinbarung

Landessportreferent: Landesrat Dr. Gerhard Hirschmann

Leiter der Landessportabteilung: Dr. Friedrich Stehlik

Landessportzentrum Steiermark: 8010 Graz, Jahngasse 1
Telefon 0316 / 822395 oder 0316 / 877 / 4386

Landessportorganisation:
8010 Graz, Jahngasse 1
Telefon 0316 / 877 / 4103 oder 4102
Fax 0316 / 877 34 56

Vorsitzender der Landessportorganisation:
Landesrat Dr. Gerhard Hirschmann

Geschäftsführung: Dr. Friedrich Stehlik

Ausrichtung der 43. Nordischen Ski-Weltmeisterschaft 1999 Ramsau am Dachstein

Die Nordische Ski-WM 1999 war aus sportlicher sowie aus organisatorischer Sicht ein Höhepunkt des steirischen Sportjahres 1999. Die Leistungen unserer Aktiven, allen voran Mario Stecher, haben für einzigartige Spitzenränge gesorgt. Es war eine perfekt vorbereitete und durchgeführte WM.

„Nacht des Sports Steiermark 99" mit Unterstützung der Landessportorganisation

In Zusammenarbeit mit der Sporthilfe konnten bei der diesjährigen Sporthilfe Gala am 17. April 1999 im Grazer Congress wieder zahlreiche Ehrengäste begrüßt werden. Diese Veranstaltung diente dem Zweck, finanzielle Ressourcen für unsere Spitzensportler zu eröffnen. Im Rahmen dieser stimmungsvollen Gala wurden der „Sportler des Jahres 1998", Hans Knauss und die „Mannschaft des Jahres 1998", SK Puntigamer Sturm Graz, ausgezeichnet.

Ferienwochen im Landessportzentrum

Über die Sommermonate 1999 wurden bereits zum zweiten Mal Ferienwochen im Areal des Landessportzentrums mit großem Erfolg durchgeführt. Mit erweiterten Angeboten, einer Ausweitung der Betreuungszeitauf 11 Stunden täglich im „Zweischichtbetrieb" konnte eine Verdoppelung der Teilnehmer auf 440 erreicht werden.

Zusätzlich wurde in der Semesterferienwoche für Mädchen und Buben im Alter von 8-14 Jahren eine Trainingswoche im Landessportzentrum abgehalten. 100 Kinder nahmen dieses Angebot an und konnten in erlebnis- und bewegungsorientierten Workshops ihrem Spieltrieb freien Lauf lassen.

Die Mitarbeiter des Primärsportmodells übernahmen die Betreuung für diese gelungenen Aktionen.

Die Steiermark bleibt auch im Jahr 1999 die Fußballhochburg Österreichs. SK Puntigamer Sturm Graz wurde Österreichischer Fußballmeister 1998/99, Cupsieger 1998/1999 und Supercupsieger 1999 und vertrat Österreich hervorragend in der Champions League. GAK Liebherr Graz erreichte den 3. Platz in der max.Bundesliga der Saison 1998/99 und vertrat Österreich im UEFA Cup.

1. Steirischer Schulsporttag am A1-Ring

Am 2. Juli 1999 wurde mit großem Erfolg der 1. Steirische Schulsporttag am A1-Ring vom Landesschulrat für Steiermark in enger Zusammenarbeit mit der LSO Steiermark veranstaltet. Die Steirischen Fachverbände waren eingeladen, den Schülerinnen und Schülern eine Vielfalt von sportlichen Betätigungsmöglichkeiten vorzustellen und sie für viele Sportarten – Trendsport- sowie traditionelle Sportarten – bleibend zu begeistern.

Sportgroßveranstaltungen in der Steiermark

Ski Weltcup Schladming, Nachtslalom 7. Jänner 1999; Super G Schladming, 9. Jänner 1999; Nord. Ski-WM in Ramsau a. Dachstein, 18. - 28. 2. 1999; Snowboard Weltcup, Kreischberg, 5. bis 7. März 1999; Duathlon EM in Bad Waltersdorf, Blumau, 7. bis 14. Juni 1999; EM im Geländereiten in Kornberg, 5. bis 11. Juli 1999; Formel 1 Grand Prix, Spielberg A1 Ring, 25. Juli 1999; Tennis CA Challenge 99, Graz, 7. bis 15. August 1999; Heißluftballon-WM 1999 in Bad Waltersdorf, 28.8. - 5.9.1999; Super Bike WM, A1 Ring Spielberg, 29. August 1999; Grasski-WM Gaal, Bezirk Knittelfeld, 30.8.-5.9.1999; FIA 4 GT Langstrecken WM, A1 Ring Spielberg, 20. September 1999; Grazer Herbst Marathon, 17. Oktober 1999.

Diese sportlichen Aktivitäten und Veranstaltungen stellen einen kleinen Auszug aus dem Bereich des „Sportlandes Steiermark" dar.

Bedarfsanalyse Sport für das Bundesland Steiermark

Im Auftrag der Steirischen Landesregierung wurde eine „Bedarfsanalyse Sport" für das Bundesland Steiermark von der Landessportabteilung in Zusammenarbeit mit nominierten Vertretern der Dach- und Fachverbände, von Vereinen, von Vertretern diverser Sportinstitutionen sowie unter Einbindung des Institutes für Sportwissenschaften der Karl-Franzens-Universität Graz (ISPO), Bundesanstalt für Leibeserziehung (BAfL), Landesschulrat für Steiermark (LSR) und des Institutes für Sport- und Leistungsmedizin des Landes Steiermark (ISLM) erarbeitet.

Die Themenbereiche: Breitensport, Nachwuchsförderung bzw. Talentfindungsmaßnahmen, Traineraus- und fortbildung bzw. Trainereinsatz, Spitzensport, Leistungszentren, Dachverbände, Fachverbände, Sport in steirischen Gemeinden, Schule und Sport, Entwicklungstendenzen im Sport – Zukunft, Institut für Sport- und Präventivmedizin, Sportstättenbau, Vereine, Versehrten- und Behindertensport, Budgetanalyse. Die „Bedarfsanalyse Sport" wurde den Organen der Landessportorganisation zur Beratung vorgelegt.

Referat: Lehrgangswesen und außerschulischer Sportunterricht

An Lehrgängen für Trainer, Lehrwarte und Übungsleiter in der Steiermark, die z.T. spartenspezifisch, z.T. spartenübergreifend angeboten wurden, haben insgesamt 935 Personen teilgenommen.

Bei den **INFO-Bezirksveranstaltungen** in den steirischen Bezirken wurden Trainer, Funktionäre sowie aktive Sportler über Vereinsrecht, Sportmedizin, Sportpsychologie und die Arbeit der Jugendsportmultiplikatoren informiert.

Der Bereich **Sportmedizin** hat eine wichtige Stellung innerhalb derJugend-Nachwuchsprojekte. Durch die akkreditierten LSO-Untersuchungsstellen, welche die Sportverbände mit ihren Jugendkadern nützen können, wird die Trainingsberatung entscheidend verbessert.

TIROL

AMT DER TIROLER LANDESREGIERUNG

Abteilung Sport
6020 Innsbruck, Wilhelm-Greil-Straße 17
Telefon 0512 / 508 / 2390, Fax 0512 / 508 / 2395
e-mail: sport@tirol.gv.at
Dienstzeiten: Montag - Donnerstag 7.30 - 12.30 und 13.30 - 17.30 Uhr
Freitag 7.30 - 12 Uhr
Politischer Sportreferent: Landesrat Fritz Astl

Beamteter Sportreferent (Vorstand der Abteilung Sport):
Hofrat Mag. Friedl Ludescher

Tiroler Landessportrat: p.A. Amt der Tiroler Landesregierung
Geschäftsführer: Hofrat Mag. Friedl Ludescher

Das Tiroler Sportjahr 1999 stand ganz im Zeichen der Weiterentwicklung und Umsetzung der im Jahre 1998 und davor begonnen Projekte. Dies betrifft insbesondere den Sportstättenbau. Aber auch auf dem Veranstaltungssektor und bei den sportlichen Leistungen hat Tirol im Jahre 1999 wieder beachtliche Akzente gesetzt. Ein Sportbudget von ATS 181 Mio. spricht für sich.

Sportstättenbau

Zuvorderst muss natürlich der Baubeginn des Fußballstadions „Tivoli-Neu“ im Frühjahr 1999 erwähnt werden. Fast gleichzeitig ist am Universitätssportgelände in Innsbruck mit dem Bau der neuen Leichtathletikanlage und der großen Ballspielhalle - lichte Höhe 12,5 m - begonnen worden. Die Bautätigkeit schritt bei beiden Projekten so rasch voran, dass man im Spätsommer des Jahres 1999 schon die Firstfeiern durchführen konnte. Der Ausbau der Universitätssportanlagen wurde durch die Adaptierung des Pulverturmgeländes für das Institut für Sportwissenschaften ideal ergänzt.

Eine schon fast ähnliche Dimension wie die Sportbauten in Innsbruck hat das multifunktionale Sportzentrum in Telfs, das neben einer Dreifachturnhalle auch zwei Kunsteisbahnen umfasst, von denen eine in origineller Weise überdacht ist.

In diesem Jahr wurde auch mit den großen Sport- und Infrastrukturbauten für die Skiweltmeisterschaft 2001 in St. Anton begonnen. Bei den Sportbauten sind insbesondere die Geländekorrekturen und die neuen Pisten mit den notwendigen Beschneiungsanlagen und entsprechender Verkabelung für Beleuchtung, Zeitnehmung und digitale Übertragungseinrichtungen zu erwähnen. Auch die große WM-Halle ist in ihren Grundstrukturen fertiggestellt worden und steht selbstverständlich so wie alle Rennstrecken zur Vor-Weltmeisterschaft Anfang 2000 zur Verfügung.

Zwei besondere Leckerbissen im Sportbau sollten nicht unerwähnt bleiben. Nämlich die Skiroller- und Inlineskaterbahn in Hochfilzen, mit der der Traum des HSV und des Biathlon-Leistungszentrums Hochfilzen erfüllt worden ist, sowie der einzigartige Kletterturm beim Kraftwerk Langkampfen in der Nähe von Kufstein, der im Winter auch vereist werden kann (Eisklettern). Mit diesen Sportbauten hat Tirol wieder einmal Akzente gesetzt und - so hoffen wir - richtungsweisende Ideen für die Zukunft des Sportbaus geliefert.

Sportveranstaltungen

Dass Tirol ein Eldorado für Sportveranstaltungen von besonderer Güte ist, weiß inzwischen jeder, der mit dem Sport in Österreich einigermaßen vertraut ist. Neben den zahlreichen Wintersportveranstaltungen im Ski-, Skilanglauf-, Skisprung-, Bob- und Rodelbereich im Winter und den diversen internationalen Bewerben im Straßenradsport-, Mountainbike-, Triathlon-, Berglauf- und Reitbereich möchte ich nur einige Besonderheiten erwähnen. Mit großer Freude hat man in der gesamten Öffentlichkeit registriert, daß der „Olympiaberg“ Patscherkofel wieder Weltcupreife errungen hat. Heuer wurde erstmals seit den Olympischen Winterspielen 1976 wieder ein Weltcup Super-G auf der leicht veränderten Olympiaabfahrtsstrecke durchgeführt. Das Sensationelle daran war einerseits die Platzierung von 9 Österreichern an der Spitze sowie die tausenden Zuschauer, die die Piste säumten.

Aber auch im Veranstaltungsreigen der Sommersportarten gab es zahlreiche Neuerungen. Als Sensation muss der Aufstieg des Kitzbüheler EA-Generali-Tennisturniers in die Top 20-Tennisveranstaltungen der

Welt erwähnt werden. Dieser Status ist auch für die nächsten 10 Jahre gesichert. Einen großen Sprung vorwärts machte auf Veranstaltungsebene auch die junge Sportart Inlineskating mit zwei Großveranstaltungen, nämlich einem Langstreckenrennen, dem „Inlinemarathon" in Innsbruck und den „Air & Style Skater Contest" im August am Tivoli, der von beinahe 10.000 Jugendlichen besucht wurde.

Sportliche Leistungen

Tirols SportlerInnen hatten in diesem Jahr wieder bemerkenswerte sportliche Leistungen zu bieten, die in ganz Österreich und darüber hinaus große Anerkennung gebracht haben. Zuvorderst ist im internationalen Stellenwert der sportliche Aufstieg der Tiroler Tennisdamen (Schett, Plischke, Wartusch, Russegger) zu sehen, wobei der Vorstoß von Barbara Schett in die Top 10 nicht genug gewürdigt werden kann. Auch die Namen Benjamin Raich und Andi Widhölzl aus dem Wintersportbereich sind erwähnenswert.

Ganz hervorragend geschlagen haben sich in Tirol aber die Ballsportarten. Der Höhenflug des FC Tirol und seine Siegesserie im Frühjahr und auch in der neuen Spielsaison ist österreichweit bestens bekannt. Die Fußballeuphorie in Tirol ist kaum mehr zu überbieten. Aber auch bei anderen Ballspielarten, wie z.B. im Volleyball und im Handball gibt es viel Positives zu berichten. Die Zweitligisten ATSV Innsbruck (Handball) und VC Tirol (Volleyball) haben sich in diesem Jahr in die höchste österreichische Liga emporgespielt und sich große Ziele gesetzt. Volleyball ist seit einem Jahr neben Fußball *die* erfolgreiche und aufstrebende Wettkampfsportart in Tirol. Mit neuen Marketing- und Managementkonzepten und frischen Kräften bei den Akteuren will man auch weiterhin bei Europabewerben mitmachen. Die Volleyballdamen der TI/SVR sind im Europacup bereits weit vorgedrungen. Als besonderes Zuckerl hat sich der VTT Hagebau auf die INTERLIGA spezialisiert und schon ausgezeichnete Erfolge erzielt.

Verbesserte Rahmenbedingungen für SportlerInnen und Sportorganisationen

Im Jahr 1999 wurde erstmals die „Sportmedizin Neu" landesweit eingeführt, die eine Neustrukturierung der sportmedizinischen Vorsorge in Tirol beinhaltet. Neben den beiden Instituten für Sport- und Kreislaufmedizin in Innsbruck und St. Johann werden auch die niedergelassenen Sportärzte zur Basisuntersuchung von Jugendlichen in dieses Konzept eingebunden. Das neue Konzept findet nicht nur in Tirol sondern darüber hinaus auch in anderen Bundesländern großes Interesse.

Die Sportpsychologie ist immer wieder ein wichtiges Thema für SportlerInnen und Trainer. In einem Fortbildungslehrgang in Sportpsychologie werden derzeit knapp 20 Akademiker aus den Bereichen Psychologie, Sportwissenschaften und Medizin intensiv fortgebildet. Ende dieses Jahres oder spätestens im Laufe des nächsten Jahres wird dieser Personenkreis die Ausbildung abschließen und dem Tiroler Sport, insbesondere den Verbänden und Vereinen aber auch Einzelpersonen und den Trainern als Beraterinnen und Berater zur Verfügung stehen.

In diesen Bereich gehört auch die sportübergreifende Trainerfortbildung der Arbeitsgemeinschaft zur Betreuung des Spitzensports. Mit großer Freude haben die drei westlichen Bundesländer Tirol, Vorarlberg und Salzburg nun auch einen vierten Partner innerhalb der ABS gefunden, nämlich Oberösterreich. Der Umfang und die Qualität der durch die ABS initiierten und geförderten Projekte werden sich – so weit dies überhaupt möglich ist – weiter verbessern, sodass einer Anerkennung der ABS auch auf gesamtösterreichischer Ebene hoffentlich nichts mehr im Wege steht.

Insgesamt eine stolze Bilanz für den Sport in Tirol – nicht nur im Wettkampf- und Spitzensport sondern insbesondere auch auf sportorganisatorischer und sportbaulicher Ebene sowie im Gesundheits- und Breitensportbereich.

VORARLBERG

AMT DER VORARLBERGER LANDESREGIERUNG

6901 Bregenz, Landhaus, Römerstraße 15
Telefon 05574 / 511 / 24310, Fax 05574 / 511-27 095
e-mail: siegi.stemer@vlr.gv.at; markus.feldkircher@vlr.gv.at
Dienstzeiten: Montag - Freitag 8 - 12 Uhr und 13 - 16.45 Uhr

Landessportreferent: Landesrat Mag. Siegi Stemer DW 2700

Beamteter Sportreferent: Mag. Udo Albl DW 24310
Michael Bitschnau DW 24311
Mariette Böhler DW 24305

Landessportstätte: Vorarlberger Landessportschule
6850 Dornbirn, Birkenwiese, Telefon 05572 / 24 465; Bettenzahl: 45

Sportinformation Vorarlberg: 6850 Dornbirn, Messestraße 4a,
Telefon 05572/305-319, Fax DW 326, e-mail: si@sportinfo.VOL.at

Die Vorarlberger Landesregierung hat dem Sport im Jahre 1999 ca. ATS 80 Mio. zur Verfügung gestellt. Davon entfielen ATS 25 Mio. auf Förderungen an Gemeinden und Vereine zur Errichtung und Erweiterung bzw. für Sanierungen, Adaptierungen und Verbesserungen bestehender Sportanlagen.

Die Förderungssumme für den "Mannschaftsspitzensport bei gesamtösterreichischen oder internationalen Bewerben" beträgt rund ATS 17 Mio. "Nachwuchsmannschaften", die an gesamtösterreichischen Meisterschaften oder Endspielen teilnahmen, konnten zusammen mit ATS 2,3 Mio. unterstützt werden.

Den alpinen Vereinen Vorarlbergs - Alpenverein und Naturfreunde - wurden zur Erfüllung ihrer wesentlichen Aufgaben bei der Erhaltung von Schutzhütten und Wanderwegen Beiträge in Höhe von ATS 750.000,– gewährt.

Für das "Sport-Informations-Zentrum Vorarlberg (SIV)" wurden ATS 2,5 Mio. aufgewendet.

Zentrales Anliegen stellt die Förderung des "Breiten- und Spitzensportes" dar. Die gesetzten Maßnahmen erforderten 1999 Mittel in Höhe von ATS 19 Mio. Davon erhielten die 53 Fach- und die 3 Dachverbände rd. ATS 10,2 Mio.

Rund ATS 2,5 Mio. wurden für die Durchführung und Beschickung von "Großsportveranstaltungen" als außerordentliche Beiträge gewährt. Für die Abhaltung von Kursen, Benützung der Hallen, Erfordernisse der Landessportschule wurden rund ATS 2,6 Mio. aufgebracht.

Die „Arbeitsgemeinschaft zur Betreuung des Spitzensportes (ABS)" erhielt ATS 130.000,–.

Die vier "Sportbusse" des Landes - die an fast 1.000 Tagen im Einsatz standen - erforderten Aufwendungen von rund ATS 1 Mio.

Im Rahmen der neuen "Individualförderung für SpitzensportlerInnen" sowie für Ehrengaben nach besonderen Leistungen wurden rund ATS 1 Mio. aufgewendet.

Die neue Gruppe "Förderung des Jugend- und Nachwuchssportes" beansprucht Mittel in Höhe von ATS 11,8 Mio. Davon entfallen an Entschädigungen für die zahlreichen Übungsleiter in rund 450 Vereinen zusammen über ATS 7,1 Mio.

Die Trainingszentren des Landes erhalten Förderungen in Höhe von rund ATS 3,5 Mio. An das BORG Dornbirn flossen Förderungsmittel in Höhe von ATS 370.000,-, um leistungsorientierten Jugendlichen besondere Voraussetzungen für die Koordination von Schule und Sport zu schaffen. Für die Aktion "Jugendsportverein des Jahres" wurden Förderungsmittel in Höhe von ATS 121.000,– ausgeschüttet.

WIEN

AMT DER WIENER LANDESREGIERUNG

Magistratsabteilung 51 - Sportangelegenheiten
"Wiener Prater Stadion - Ernst Happel Stadion", Sekt. F
1020 Wien, Meiereistraße 7, Telefon 01 / 4000 / 84 111
Fax 01 / 4000 / 99 80 51
e-mail: post@m51.magwien.gv.at
Dienstzeit: Montag - Freitag 8.00 - 15.30 Uhr

Politischer Landessportreferent: Vizebürgermeisterin Grete Laska

Beamteter Landessportreferent: Bereichsdirektor Dr. Ferdinand Podkowicz

Wiener Landessportorganisation

Wiener Landessportrat

Wiener Landessportfachrat

Zu den wesentlichen Aufgaben des Sportamtes gehören die Baumaßnahmen auf dem Sportsektor und der Betrieb von Sportstätten. Das Investitionsprogramm in den von der Wiener Stadthalle-KIBA Betriebs- und Veranstaltungsgesellschaft m.b.H. im Wege eines Geschäftsführungsauftrages betriebenen Sportanlagen der Stadt Wien wird weiterhin schrittweise verwirklicht. Die 1997 begonnene Generalsanierung des Ferry-Dusika-Hallenstadions wurde 1999 abgeschlossen und diese neue multifunktionale Halle mit der Volleyball-EM im September 1999 eröffnet. In einigen Fällen baut die Stadt Wien nicht selber, sondern unterstützt durch Subventionen den Neu- oder Umbau von Sportanlagen. So wurden dem ASKÖ-Landesverband Wien, der SPORTUNION und dem ASVÖ namhafte Subventionen für den Ausbau ihrer Verbandssportanlagen zur Verfügung gestellt. Das 1991 begonnene Sanierungsprogramm, das in Zusammenarbeit mit dem Wr. Fußballverband ausgearbeitet wurde, um die Wr. Fußballplätze in einen zeitgemäßen Zustand zu bringen, wurde auch 1999 fortgesetzt. Die Sanierungsarbeiten umfassten je nach Notwendigkeit die Sanierung des Rasenspielfeldes, die Errichtung von Kunstrasenfeldern oder die Neuerrichtung von Kabinengebäuden. Insgesamt wurden bisher 36 Sportanlagen fertiggestellt.

Auf Wunsch berät die Abteilung auch die Wiener Sportorganisationen bei der Durchführung von Bauvorhaben. Seit dem Beitritt Wiens zum Österr. Institut für Schul- und Sportstättenbau ergibt sich die Möglichkeit, in eine umfangreiche Sportdokumentation Einsicht zu nehmen, sodass durch Vereinheitlichung und Systematisierung bei der Errichtung von Sportbauten die Voraussetzung für eine intensive Beratung geschaffen werden konnte.

Die Gremien der Wiener Landessportorganisation (Wr. Landessportrat, Landessportpräsidium, Wiener Landessportfachrat und Fachausschuß) stellen eine geeignete Plattform für alle Beratungen dar, die zur Lösung der Probleme des Wiener Sports erforderlich sind. Der Wiener Landessportrat verteilt die Subventionsmittel für die Fachverbände und den Leistungssport. Aus Mitteln der Leistungssportförderung wurde allen Vereinen, deren Mannschaften an in mehreren Phasen ausgetragenen gesamtösterreichischen Meisterschaften der beiden obersten Spielklassen teilnahmen, ein bestimmter Prozentsatz der Fahrtkosten rückvergütet, nämlich ATS 800.000,–. Den Teilnehmern an Europacupbewerben wurde rund ein Drittel der Fahrtkosten ersetzt – (ATS 200.000,–) wobei die Entschädigungshöhen je nach der Entfernung gestaffelt waren. Für die Förderung der Tätigkeit von Verbandstrainern, Nachwuchssportlern und Verwaltungsförderung der Fachverbände wurden 1999 ATS 2,4 Mio. aufgewendet.

Die Abteilung betrieb im Jahre 1999 17 Jugendspielplätze und 14 öffentlich zugängliche Ball- und Kleinkinderspielplätze, die den städtischen Schulen, Kindergärten und Horten sowie privaten Jugend-, Turn- und Sportorganisationen zur Benützung überlassen wurden. Die 10 von der Stadt Wien verwalteten Sporthallen wurden den Dach- und Fachverbänden wochentags für Trainingszwecke und an Wochenenden für den Meisterschaftsbetrieb zur Verfügung gestellt. Weitere 8 Spielplätze und 109 Sportanlagen wurden Wiener Sportorganisationen zur Verfügung gestellt. Die Sportanlagen in Wien 10, Triester Straße, 10, Laxenburger Straße - Heubergstättenstraße, 10, Franz Koci-Straße, 10, Eibesbrunnergasse, 16, Kendlerstraße 38, 16, Roterdstraße und 20, Lorenz Müller-Gasse werden von der Abteilung selbst geführt, ebenso das neuerrichtete Kanu- und Ruderzentrum auf der Donauinsel. Seit 1966 verfügt die Stadt Wien über einen Schlepplift in Wien 14, Mauerbachstraße 172 (Hohe Wand-Wiese), der von den Wintersportlern sehr gerne benützt wird. Aufgrund des großen Interesses am Langlaufsport wurden von der Stadt Wien bei Schneelage im Prater ab Ecke Hauptallee-Kaiserstraße, auf der Sofienalpe ab Parkplatz Hotel Sofienalpe, auf der Donauinsel abwärts der Steinspornbrücke, auf den Steinhofgründen ab dem Eingang in das Erholungsgebiet und im Donaupark ab dem Donauturm Langlaufloipen präpariert und der Bevölkerung zur Verfügung gestellt.

Die städtischen Turnsäle, Schwimmhallen, Sporthallen, sowie die von der Wiener Stadthalle-KIBA Betriebs- und Veranstaltungsgesellschaft m.b.H. verwalteten Trainings- und Wettkampfanlagen werden den Sportorganisationen im Ausmaß von 10.183 Stunden pro Woche zur Verfügung gestellt. Diese Organisationen werden bei der Errichtung von Baulichkeiten und der Durchführung von Sportveranstaltungen durch die Gewährung namhafter Subventionen unterstützt und erhalten weitere Beihilfen für die Durchführung von Erhaltungs- sowie für die zum Betrieb notwendigen Verwaltungsmaßnahmen.

Mit den Jugendsportaktionen „Sportplatz der offenen Tür“, „Jugendeislaufaktion“, „Fahrt zum Schnee“, „Spielschwimmen“, „Talent-Leistungsschwimmen“, „Talent-Spezial“ und „Talent-Turnen“ wird der direkte Kontakt zur Wiener Jugend gesucht.

Sehr gut angenommen wurde die vor allem für Hausfrauen gedachte Aktion „Frau und Sport in Wien“. Sie findet an Vormittagen und frühen Nachmittagen statt, und das Angebot reicht von Tennis, Squash, Schwimmen u.v.a.m. bis hin zur Selbstverteidigung. Für die Kinder wird eine eigene Betreuung angeboten. Diese Aktionen wurden in Zusammenarbeit mit diversen Sportverbänden durchgeführt.

Die benötigten Anlagen wurden von der Stadt Wien zur Verfügung gestellt oder zu bestimmten Terminen vermietet. Weiters wurden die organisatorischen Arbeiten wie Anmeldung und Einteilung der Teilnehmer vorgenommen und die Tätigkeit der eingesetzten Mitarbeiter (Sportlehrer und -studenten sowie Verbandstrainer) überwacht.

Die Aufgaben und Tätigkeiten des Sportamtes umfassen eine breite Palette von Sportförderungsmaßnahmen direkter und indirekter Art und tragen beträchtlich zur Entwicklung des Wiener Sports bei.

Register der Verbände und Organisationen

SEVILLA '99